utb 5900

Eine Arbeitsgemeinschaft der Verlage

Brill | Schöningh – Fink · Paderborn
Brill | Vandenhoeck & Ruprecht · Göttingen – Böhlau · Wien · Köln
Verlag Barbara Budrich · Opladen · Toronto
facultas · Wien
Haupt Verlag · Bern
Verlag Julius Klinkhardt · Bad Heilbrunn
Mohr Siebeck · Tübingen
Narr Francke Attempto Verlag – expert verlag · Tübingen
Psychiatrie Verlag · Köln
Ernst Reinhardt Verlag · München
transcript Verlag · Bielefeld
Verlag Eugen Ulmer · Stuttgart
UVK Verlag · München
Waxmann · Münster · New York
wbv Publikation · Bielefeld
Wochenschau Verlag · Frankfurt am Main

Zekirija Sejdini · Jonas Kolb

Wissenschaftliches Forschen und Arbeiten in der Islamischen Theologie

Eine Einführung

BRILL | SCHÖNINGH

Die Autoren:
Prof. Dr. Zekirija Sejdini ist Leiter des Instituts für Islamische Theologie und Religionspädagogik der Universität Innsbruck und hat dort die Professur für Islamische Religionspädagogik inne.

Priv.-Doz. Dr. Jonas Kolb forscht und lehrt zu den Bereichen muslimische Lebenswelten, bildungsbezogene Fragestellungen im Kontext von pluralen Gegenwartsgesellschaften sowie Forschungsmethoden und Techniken des wissenschaftlichen Arbeitens.

Lektorat: Dr. Thomas Hildebrandt

Abbildungen: Anne Nimmesgern, a@undneffe.com

Umschlagabbildung: https://www.canstockphoto.com/ancient-arabic-book-95703989.html

Bücher, Online-Angebote oder elektronische Ausgaben sind erhältlich unter **www.utb.de**

Bibliografische Information der Deutschen Nationalbibliothek

Die Deutsche Nationalbibliothek verzeichnet diese Publikation in der Deutschen Nationalbibliografie; detaillierte bibliografische Daten sind im Internet über https://www.dnb.de abrufbar.

Printed in Germany.
Herstellung: Brill Deutschland GmbH, Paderborn
Einbandgestaltung: siegel konzeption | gestaltung

UTB-Band-Nr: 5900
ISBN 978-3-8252-5900-6
eISBN 978-3-8385-5900-1

Inhalt

TEIL III: DIE METHODEN DES FORSCHENS

TEIL IV: DIE TECHNIKEN DES WISSENSCHAFTLICHEN ARBEITENS

Einleitung

Zum Einstieg

Die Techniken des wissenschaftlichen Forschens und Arbeitens sind zentrale Bereiche der wissenschaftlichen Ausbildung und einer jeden akademischen Tätigkeit. Sie spielen in allen Phasen des Studierens und Forschens eine elementare Rolle. Dies umfasst alle wissenschaftlichen Disziplinen, also auch die Islamische Theologie. Nicht erst für eine Abschluss- oder eine weiterführende Forschungsarbeit sollten Sie Expertise in diesen Dingen entwickeln, sondern bereits bei der ersten Seminararbeit, bei der Literatursuche für das erste Referat sind die Themen des vorliegenden Buches unumgänglich. Es kann also nicht früh genug damit begonnen werden, sich das nötige Wissen zu den Methoden und Techniken des wissenschaftlichen Forschens und Arbeitens anzueignen.

Es gibt eine Vielzahl von Lehrwerken zum Thema. Manche von ihnen sind universaler Natur, andere sind auf bestimmte Fachbereiche oder Disziplinen ausgerichtet. Deshalb könnte man mit Recht fragen, warum es denn ein weiteres Buch braucht, das sich um diese Themen dreht. Die Antwort ergibt sich daraus, dass das vorliegende Buch auf das Forschen und Arbeiten in einem zwar traditionsreichen, in Europa aber noch sehr jungen wissenschaftlichen Bereich ausgerichtet ist: den der Islamischen Theologie.

Auf Basis unserer persönlichen Erfahrungen – wir sind seit den Anfängen der islamisch-theologischen Studien im deutschsprachigen Raum in diesem Wissenschaftsbereich in Forschung und Lehre tätig – können wir feststellen, dass in puncto wissenschaftliches Forschen und Arbeiten in dieser Disziplin noch Verbesserungsbedarf besteht.

Ein solcher Befund kommt nicht überraschend, wenn man bedenkt, dass die Islamische Theologie im deutschsprachigen Raum erst vor wenigen Jahren Einzug in die universitären Gefilde gehalten hat.

Das Anliegen des Buches

Angesichts dieser Ausgangslage setzen wir uns zum Ziel, mit dem vorliegenden Werk zur Etablierung einer guten Arbeits- und Forschungspraxis in der Islamischen Theologie beizutragen. Dabei bildet die Entwicklungsgeschichte des Faches im deutschsprachigen Raum den Rahmen dieses Buches.

Diese Geschichte ist mit der Eingliederung der Islamischen Theologie in universitäre Kontexte eng verknüpft. Seit diesem Schritt macht das Fach einen Etablierungsprozess durch, der mit einigen Herausforderungen verbunden ist. Zum einen geht es dabei um die Differenzierung zwischen dem Glauben selbst und der theologischen Reflexion dieses Glaubens, was aufgrund der Alltagspräsenz der Religion vielen Menschen nicht leichtfällt. Zum anderen unterliegt die akademische Arbeit im westeuropäischen Kontext bestimmten Standards, auch im theologischen Bereich, die nicht überall auf der Welt in dieser Weise berücksichtigt werden. Somit besteht die Herausforderung vor allem darin, zwischen den Prinzipien der traditionellen islamischen Gelehrsamkeit und heutigen akademischen Herangehensweisen zu vermitteln. Die Sensibilisierung in diesem Bereich beeinflusst auch die Einstellung der Studierenden gegenüber dem wissenschaftlichen Arbeiten. Die Entwicklung einer entsprechenden Haltung erscheint uns in der Situation, in der sich die Islamische Theologie gegenwärtig befindet, von besonderer Bedeutung, auch für die angemessene Anwendung von methodischem Know-how.

Als eine sich an europäischen Universitäten etablierende Wissenschaft ist die Islamische Theologie – wie jede andere Disziplin auch – dazu herausgefordert, bestimmte Standards einzuhalten, die die akademische Landschaft verlangt. Angesichts der Entwicklungen in dieser Disziplin bedarf es einer Auseinandersetzung mit verschiedenen Fragestellungen auf verschiedenen Ebenen, um auch in der Islamischen Theologie wissenschaftlich hochwertige Arbeiten zu garantieren.

Besonders im Bereich der Theologie besteht der latente Verdacht, dass das Arbeiten unter Einhaltung wissenschaftlicher Kriterien unmöglich ist. Notwendig ist die Beachtung wissenschaftlicher Standards auch deshalb, weil sich Theologie – verstanden als „die systematische, rational begründbare und glaubensverbundene Reflexion einer Religion" (Engelhardt 2017, 86) – nicht selten durch eine spannungsgeladene Beziehung zur Wissenschaft auszeichnet. Dies betrifft alle Religionen, deren systematische Reflexion Eingang in den Wissenschaftsbetrieb gefunden hat. Die Kritik entzündete sich oftmals an der Nachprüfbarkeit der Aussagen, der Ergebnisoffenheit, den Forschungsmethoden und an der Autonomie als Wissenschaftsdisziplin. Auch wenn sich das inzwischen teilweise geändert hat, wird die Wissenschaftlichkeit der theologischen Forschung auch heute immer wieder angezweifelt.

In der Lehre und Forschung ist auch die Islamische Theologie dazu herausgefordert, sich diesen Fragen zu stellen. Deshalb ist ein zentrales Anliegen des vorliegenden Buches, ein Gespür und Verständnis dafür zu vermitteln, was es heißt, wissenschaftlich zu arbeiten und zu forschen – bzw. was das wissenschaftliche Arbeiten vom alltäglichen Sprechen oder etwa auch von einer Predigt unterscheidet. Ausgeführt werden dabei zentrale Merkmale und Kriterien, die das wissenschaftliche Forschen und Arbeiten im Kontext der Islamischen Theologie ausmachen.

Eine wichtige Vorarbeit haben in diesem Kontext bereits Dina El Omari und Daniel Roters mit ihrer *Einführung in das wissenschaftliche Arbeiten* (2019) geleistet. Während in jenem Werk besonders das wissenschaftliche Schreiben, Textsorten und Präsentationsarten sowie der Umgang mit Quellen im Mittelpunkt stehen, widmet sich das vorliegende Buch Fragen, die für das wissenschaftliche Forschen und Arbeiten in der Islamischen Theologie von grundlegender Bedeutung sind. Dabei konzentrieren wir uns auf drei Bereiche: den Ablauf des Forschungsprozesses, die Methoden des Forschens und die Techniken des wissenschaftlichen Arbeitens.

Der erste Fokus des Buches liegt auf der Darstellung der verschiedenen Schritte des Forschungsprozesses. Welche Designs für eine Forschung denkbar sind, welche Phasen eine Forschung auszeichnen und wie diese miteinander zusammenhängen, wird oft übersehen. Jede Forschung bedarf einer Vorbereitung und Planung sowie einer Analyse und Präsentation. All diese Schritte sind sorgfältig durchzuführen. Wird auch nur eine dieser Phasen oberflächlich behandelt, hat dies negative Auswirkungen auf das Gesamtprodukt. Daneben gibt es Aspekte, die eine besonders konstitutive Rolle in der Forschung spielen. Dazu zählt nicht zuletzt die Auswahl der Fragestellung. Da es beim Einstieg in ein Thema oft nicht so einfach ist, eine angemessene Fragestellung zu entwickeln, lassen wir dieser Herausforderung umfangreiche Aufmerksamkeit zukommen und stellen detailliert dar, welche Vorgehensweisen sich anbieten, um eine Fragestellung zu formulieren und einzugrenzen.

Zudem befassen wir uns ausführlich mit den Methoden des Forschens, die in der Islamischen Theologie zum Einsatz kommen können. Dabei ist der Anspruch nicht, alle Facetten einer Forschungsmethode umfassend zu diskutieren. Vielmehr geht es uns darum, die wichtigsten Merkmale und Verfahrensschritte nachzuzeichnen sowie darzulegen, welche Analysemethoden geeignet sind, um bestimmte Themen sowie spezifische Fragestellungen zu behandeln.

Hinweisen möchten wir aber auch auf die Grenzen des vorliegenden Buches. Seine bloße Lektüre wird nicht ausreichen, um schon beim ersten Versuch eine islamisch-theologische Forschungsfrage methodisch angemessen und korrekt untersuchen zu können. Eine solche Erwartung übersteigt die Grenzen des Möglichen. Forschungserfahrungen und Methodenkenntnisse lassen sich am besten aneignen durch *learning by doing*, also durch das aktive Forschen und die schrittweise Anwendung von Forschungsmethoden. Mit unserem Buch möchten wir den Einstieg in die verschiedenen Methoden des Forschens erleichtern und einen Überblick über diverse Zugänge geben. Ermutigen möchten wir dazu, über Forschungsmethoden aktiv nachzudenken, sich im Feld der Möglichkeiten bewusst zu orientieren, etwaige Unsicherheiten und Denkblockaden zu zerstreuen sowie erste Schritte des Forschens eigenhändig zu unternehmen. Hierfür soll der vorliegende Band als Leitfaden, Ratgeber und Lösungshilfe dienlich sein.

Unsere gesammelte Darstellung von wissenschaftlichen Analysemethoden ist auf die Disziplin der Islamischen Theologie in ihrer Breite und Diversität ausgerichtet. Dabei halten wir uns an die traditionelle und etablierte Aufteilung der islamisch-theologischen Subdisziplinen, die sich mit wenigen Abstrichen sowohl in den Denominationen einzelner Professuren an deutschsprachigen Universitäten als auch in den Curricula der islamisch-theologischen Studien wiederfinden. Diese Aufteilung zeigt die grundsätzliche Trennung in einerseits Subdisziplinen, in denen textanalytische Methoden Anwendung finden, wie Koranwissenschaften (*ʿulūm al-Qurʾān*) und Hadithwissenschaften (*ʿulūm al-ḥadīṯ*), sowie andererseits Bereiche, die unter anderem auf empirische Verfahren zurückgreifen, wie die Islamische Religionspädagogik. Sowohl die textanalytischen Verfahren als auch die empirischen Analysemethoden werden im Rahmen des vorliegenden Buches behandelt und in ihrer Relevanz für die Gesamtdisziplin erkundet.

Die Darstellung dient auch dem Ziel, einen Grundstein zur Etablierung einer empirischen Theologie im Islam zu legen. Die Tradition der empirischen Theologie (Dinter/Heimbrock/Söderblom 2007) verfolgt grundsätzlich das Anliegen, dass theologische Reflexionen im engen Dialog mit empirischen Befunden und den alltagspraktischen Bedürfnissen der Gläubigen stehen sollen. Evidenzbasierte Analysen sind demnach als wichtige Impulse zu sehen, um theologische Auseinandersetzungen zu veranschaulichen, sie lebensnah zu führen sowie sie zu befruchten und zu bereichern (Schulz 2013, 25–55).

Neben den Phasen und den Methoden des Forschens beleuchten wir auch verschiedene Techniken des wissenschaftlichen Arbeitens. Wie für alle anderen Disziplinen sind diese auch für die Islamische Theologie von größter Bedeutung. Das betrifft wissenschaftliche Arbeitstechniken wie das Recherchieren, Lesen, Schreiben, Argumentieren und Zitieren. Zum Einsatz kommen diese Techniken bei allen denkbaren Präsentationsformen im Studium wie auch in der Forschung – sei es in Masterarbeiten, Dissertationen, Monografien, Aufsätzen in Fachzeitschriften und bei Vorträgen auf Konferenzen. Beleuchtet werden die wissenschaftlichen Arbeitstechniken in diesem Buch stets vor dem Hintergrund von Fragen, die sich im islamisch-theologischen Kontext stellen.

Insgesamt streben wir an, einen Überblick über die verschiedenen Facetten und Fragen zu geben, die bei wissenschaftlichen Tätigkeiten im Bereich der Islamischen Theologie auftreten können. Die Methoden und Techniken sind daher immer so dargestellt, dass ihre praktische Relevanz und Anwendung in der Disziplin leicht nachzuvollziehen sind. Beispielsweise wird, wenn es um wissenschaftliches Schreiben geht, unter anderem der Frage nachgegangen, wie mit arabischen Quellen und mit Transliterationen umzugehen ist. Beim Zitieren wiederum setzen wir uns damit auseinander, was beim Gebrauch von wichtigen islamischen Quellen wie Koran und Hadith zu beachten ist.

Betonen möchten wir zudem, dass in Ratgebern und Lehrwerken oftmals Einblicke nur in spezifische Forschungsmethoden oder nur in eine bestimmte Technik des Arbeitens wie etwa das Schreiben gegeben wird. In diesem Buch verfolgen wir aber den Anspruch, einen Gesamtüberblick über die verschiedenen relevanten Methoden des Forschens und Arbeitens in der Islamischen Theologie zu vermitteln. So betten wir spezifische Methoden und Techniken in den Prozess des wissenschaftlichen Forschens und Arbeitens ein, und wir streben an, den Zusammenhang zwischen den dargestellten Forschungsbefunden und den systematischen Verfahren wissenschaftlichen Arbeitens, auf deren Basis diese Befunde hergeleitet werden, aufzuzeigen.

Die AdressatInnen des Buches

Sowohl für das Studium als auch für die Lehre und Forschung ist es unerlässlich, die Techniken des wissenschaftlichen Arbeitens und Forschens nachzuvollziehen und sich anzueignen. Ein Hauptziel des vorliegenden Buches ist es deshalb, Studierende und NachwuchsforscherInnen für diese Themen zu sensibilisieren und ihnen einführende Kenntnisse zu diesen relevanten Fragen zu vermitteln. Da unsere Ausführungen somit sowohl für EinsteigerInnen als auch für Fortgeschrittene gedacht sind, ist das Werk als eine Kombination aus einem Lehrbuch für Studierende und einem Arbeitsbuch für die wissenschaftliche Praxis zu verstehen.

Dass wir unterschiedliche Zielgruppen ansprechen möchten, zeigt sich auch in der Struktur und Aufbereitung der von uns behandelten Themen. Unsere Darstellungen sind relativ knapp gehalten. Dabei möchten wir nicht so tun, als stünde alles Relevante für die beschriebenen Methoden und Techniken in diesem Buch. Dies ist nicht der Anspruch des vorliegenden Werkes und kann es aus Platzgründen auch gar nicht sein, da die bereits vorhandene Literatur zu den behandelten Bereichen sehr umfassend ist. Unser

Werk führt hingegen in die Methoden des Forschens und die Techniken des wissenschaftlichen Arbeitens ein und zeigt an griffigen Beispielen auf, wie diese in der Praxis anzuwenden sind und worauf dabei zu achten ist. Die Darstellung ist dennoch ausführlich genug, dass sie auch fortgeschrittenen Studierenden und bereits Forschenden von Nutzen sein kann. Die Anleitungen zur Anwendung der Forschungsmethoden sind dabei so aufbereitet, dass wir diese jeweils anhand eines durchgängigen Musterthemas durchexerzieren. Bildlich gesprochen umfasst unser ‚Kochbuch' verschiedene ‚Rezepte' dafür, wie dieselben ‚Zutaten' (Musterthema) auf unterschiedlichen Wegen (Forschungsmethoden) zu ‚Gerichten' (Ergebnissen) ‚zubereitet' werden können, die spezifischen Qualitätskriterien unterliegen. Dadurch legen wir dar, welche Merkmale eine spezifische Methode auszeichnet, wie sie angewandt wird, für welche Fragestellungen sie besonders geeignet ist und wie sie sich von anderen Methoden unterscheidet. Zur Vertiefung geben wir am Ende eines jeden Kapitels Literaturangaben zur weiterführenden Beschäftigung mit den referierten Inhalten.

Die Anwendungsbeispiele zu den Phasen einer Forschung, den Methoden des Forschens und den Techniken des wissenschaftlichen Arbeitens stammen allesamt aus dem Bereich der islamisch-theologischen Studien und sind damit in erster Linie für Studierende und Forschende der Islamischen Theologie gedacht. Ansprechen möchten wir damit aber auch Studierende und Forschende anderer Theologien und Religionspädagogiken, der Bildungs- und Erziehungswissenschaft sowie noch weiterer Disziplinen, in denen die beschriebenen Methoden und Techniken ebenfalls Verwendung finden können.

Danksagung

Ein Lehr- und Arbeitsbuch schreibt sich nicht von allein, sondern bedarf der Unterstützung verschiedener Personen. Bedanken möchten wir uns sehr herzlich bei unseren FachkollegInnen Maria Juen und Mehmet H. Tuna für ihre Anmerkungen zu den Phasen eines Forschungsprozesses, bei Rahel Fischbach, Yaşar Sarıkaya und Abdullah Takim für ihr Feedback zu textanalytischen Methoden sowie bei Martina Kraml und Martin Rothgangel für ihre Rückmeldungen zu empirischen Analyseinstrumenten. Ihnen gebührt Dank besonders dafür, dass sie uns mit ihren Expertisen unterstützt und uns konstruktives Feedback zu unserem Manuskript gegeben haben. Auf dieser Basis konnten wir die Qualität unserer Ausführungen weiter verbessern. Unser Dank gilt auch unserer Grafikerin Anne Nimmesgern, die unsere schriftlichen Ausführungen visualisierte, sowie unserem Lektor Thomas Hildebrandt, der unser Manuskript umsichtig redigierte. Besonders bedanken möchten wir uns zudem bei Nadine Klassen und dem Verlag Ferdinand Schöningh, die von unserem Buchprojekt von der ersten Minute an überzeugt waren und für unsere Anliegen immer ein offenes Ohr hatten. Unser Dank gebührt auch unseren Studierenden der Islamischen Religionspädagogik an der Universität Innsbruck, deren Fragen und Ansichten in die Darstellung und didaktische Aufbereitung der hier vorgestellten Methoden und Techniken eingeflossen sind, Hajret Beluli, der wertvolle Recherchearbeiten für uns durchgeführt hat, sowie nicht zuletzt unseren KollegInnen am Institut für Islamische Theologie und Religionspädagogik der Universität Innsbruck, deren Expertisen – im Zuge einer Vielzahl von Diskussionen und Debatten – ihren Niederschlag in dem vorliegenden Buch gefunden haben.

Die Struktur des Buches

Das vorliegende Buch gliedert sich in fünf Teile. In **Teil I: Ausgangspunkte** befassen wir uns zum einen mit der Frage, was Wissenschaft und Wissenschaftlichkeit auszeichnet und welche Gütekriterien beim Prozess des Forschens und wissenschaftlichen Arbeitens zu berücksichtigen sind (Kap. 1). Zum anderen schildern wir die Genese der Islamischen Theologie als akademische Disziplin im deutschsprachigen Raum und diskutieren die Frage, wie es um Kriterien der Wissenschaftlichkeit in den Theologien bestellt ist (Kap. 2). Der anschließende **Teil II: Die Phasen des Forschungsprozesses** widmet sich dem Ablauf des Forschungsprozesses und beleuchtet die verschiedenen Phasen des Forschens – von den planenden Anfängen bis zur Darstellung der Befunde (Kap. 3–6).

In **Teil III: Die Methoden des Forschens** werden verschiedene Forschungsinstrumente dargestellt, die in der Islamischen Theologie angewandt werden bzw. zur Anwendung kommen können. Unterschieden wird dabei grundsätzlich zwischen textanalytischen (Kap. 7) und empirischen Verfahren (Kap. 8). Während bei ersteren die Methoden der Korananalyse (Kap. 7.1), der Hadithanalyse (Kap. 7.2), der Dokumentenanalyse (Kap. 7.3) und der Diskursanalyse (Kap. 7.4) vorgestellt werden, differenzieren wir bei letzteren zwischen Methoden der Erhebung (Kap. 8.1) und der Auswertung (Kap. 8.2). Bei denen der Erhebung führen wir verschiedene Formen des qualitativen Leitfadeninterviews (Kap. 8.1.1), die Gruppendiskussion (Kap. 8.1.2), narrative Interviews (Kap. 8.1.3), die Methode der Beobachtung (Kap. 8.1.4), die des Lauten Denkens (Kap. 8.1.5) sowie die Fragebogenerhebung (Kap. 8.1.6) aus. Bei den Methoden der Auswertung stellen wir die qualitative Inhaltsanalyse (Kap. 8.2.1), die Grounded Theory (Kap. 8.2.2), die Narrationsanalyse (Kap. 8.2.3), die dokumentarische Analyse (Kap. 8.2.4) und die statistische Analyse (Kap. 8.2.5) dar. Danach beschreiben wir in einer Zusammenschau die Unterschiede und Gemeinsamkeiten dieser Methoden (Kap. 9).

In **Teil IV: Die Techniken des wissenschaftlichen Arbeitens** wenden wir uns dann den verschiedenen Arbeitsverfahren zu, die wissenschaftliche Tätigkeiten kennzeichnen. Dem Recherchieren (Kap. 10), Lesen (Kap. 11), Schreiben (Kap. 12), Argumentieren (Kap. 13) und Zitieren (Kap. 14) widmen wir jeweils eigene Kapitel, in denen wir auf die Merkmale dieser Techniken und ihre Anwendung in der Islamischen Theologie eingehen.

Im Schlusskapitel lassen wir die behandelten Themen Revue passieren. Abgerundet wird das Buch mit zwei Listen, die bei der Transkription verbaler empirischer Daten und bei der Umschrift aus dem Arabischen Unterstützung bieten.

Für die einzelnen Kapitel mit ihrer Darstellung der jeweiligen Methoden und Techniken wurden mehr Texte herangezogen als im Fließtext angegeben. Für eine vollständige Liste der konsultierten Quellen verweisen wir auf die weiterführende Literatur am Ende jedes Kapitels sowie auf das Literaturverzeichnis am Schluss des Buches.

Grundsätzlich verwenden wir eine gendergerechte Sprache durch den Gebrauch des Binnen-Is (z. B. ‚StudentInnen') sowie genderneutrale Formulierungen (z. B. ‚Studierende'). Wenn dezidiert nur die männliche Form verwendet wird (z. B. ,Koranexegeten'), sind auch nur männliche Personen gemeint.

Beim Umgang mit arabischen Begriffen orientieren wir uns an den Regeln der Transliteration der Deutschen Morgenländischen Gesellschaft (DMG; siehe Kap. 12.7). Arabische Ausdrücke wiederum, die in der deutschen Sprache weite Verbreitung gefunden haben (wie ,Koran' und ,Hadith'), geben wir, ebenso wie die Namen muslimischer ForscherInnen, die in westlicher Schreibweise geläufig sind (z. B. ,Fazlur Rahman'), ohne Umschrift wieder.

Teil I: Ausgangspunkte

1 Wissenschaft und Theologie

1.1 Was sind Wissenschaft und wissenschaftliches Arbeiten?

Um wissenschaftlich korrekt arbeiten zu können, ist zunächst ein Verständnis dafür zu entwickeln, was Wissenschaft ist und welche Merkmale das wissenschaftliche Arbeiten auszeichnen. Gleichzeitig sollte man wissen, was damit nicht gemeint ist.

Auch wenn eine Bandbreite von Formen von Wissenschaft existiert, die sich voneinander unterscheiden, gibt es doch eine gewisse Schnittmenge und ein Grundverständnis davon, was Wissenschaft im Kern ausmacht. Danach zeichnet sich Wissenschaft grundsätzlich dadurch aus, dass sie Daten sammelt, erforscht, interpretiert und auswertet, um unter anderem neue Einsichten zu gewinnen, Prozesse sichtbar zu machen, Zusammenhänge aufzuzeigen, Phänomene zu beschreiben und Begriffe zu definieren. Die Besonderheit des wissenschaftlichen Arbeitens und die Unterschiede zu anderen Erkenntnisformen – wie alltagsweltlichen Beobachtungen und dem sogenannten ‚Hausverstand' – werden in dieser Beschreibung aber nicht zur Gänze abgedeckt. Daher ist es nun erforderlich, Merkmale und Prinzipien von Wissenschaft konkret zu benennen. Theo Hug und Gerald Poscheschnik definieren den Begriff wie folgt:

> Wissenschaft ist eine Sammelbezeichnung für unterschiedliche Formen des gesellschaftlich organisierten Forschungshandelns, die in methodisch reflektierter und nachvollziehbarer Weise auf die Bearbeitung spezifischer Gegenstände und abgegrenzter, historischer oder zeitgenössischer Fragestellungen zielen. (Hug/Poscheschnik 2020, 28)

Wissenschaft wird hier als Sammelbezeichnung definiert. Damit wird gesagt, dass es ganz unterschiedliche Formen von Wissenschaft bzw. diverse Wissenschaftstraditionen gibt, sodass von der *einen* Wissenschaft im Singular streng genommen keine Rede sein kann (Franck 2017, 269–271). Gängige wissenschaftliche Verfahren und Verständnisse der Naturwissenschaften, der Theologie und der Pädagogik sind nicht deckungsgleich und können Unterschiede aufweisen.

Durch die Diversifizierung der Wissenschaft haben sich unterschiedliche Sichtweisen auf die konkreten Merkmale von wissenschaftlichem Arbeiten und von Wissenschaftlichkeit entwickelt, und es haben sich spezifische Arbeitstechniken und Verfahren in den diversen Fachbereichen herausgebildet. Gemeinsam ist den verschiedenen Formen, dass sie als ein sozial organisiertes Forschungshandeln zu verstehen sind. Dabei steht nicht so sehr die Frage im Mittelpunkt, mit welchen inhaltlichen Themen sich Wissenschaften befassen, sondern es geht um die Prozesse, Arbeitsweisen, Verfahren und Abläufe, die etwas zu Wissenschaft machen bzw. es als Wissenschaft charakterisieren.

Nicht nur zwischen den Wissenschaftsdisziplinen bestehen aber Unterschiede, sondern es gibt auch unterschiedliche Formen des wissenschaftlichen Arbeitens. Darunter zu verstehen sind Prozesse, Schritte, Techniken und Handlungsweisen, die Wissenschaft ausmachen. Verbreitete Formen des wissenschaftlichen Arbeitens sind unter anderem:

- das Recherchieren und Zitieren von wissenschaftlichen Quellen,
- das Lesen, Exzerpieren und Paraphrasieren wissenschaftlicher Literatur,
- das Halten von Referaten und Vorträgen,
- das Verfassen von Seminararbeiten, wissenschaftlichen Essays und Qualifikationsarbeiten (z. B. Bachelorarbeit, Masterarbeit und Dissertation),
- das wissenschaftliche Schreiben und Argumentieren,
- die Durchführung von textbasierten oder empirischen Forschungsprojekten,
- das Analysieren, Interpretieren und Auswerten von Daten,
- das Abhalten von Lehrveranstaltungen in Hochschulkontexten,
- das Fortbilden von MultiplikatorInnen, wie etwa von Lehrpersonen,
- das Verfassen und Veröffentlichen wissenschaftlicher Publikationen (z. B. Monografien, Sammelbände, Aufsätze in Sammelbänden und Artikel in Fachzeitschriften),
- die Begutachtung von Zeitschriftenartikeln in Peer-Review-Verfahren und von BewerberInnen für wissenschaftliche Positionen sowie
- die Einwerbung von Drittmitteln für Forschungsprojekte und Fortbildungen.

Diese Liste ist noch umfangreich und ungeordnet. Eine erste Systematisierung kann dadurch vorgenommen werden, dass wir die wissenschaftlichen Arbeitstechniken von den Formaten des wissenschaftlichen Arbeitens unterscheiden. Unter den Arbeitstechniken sind das Recherchieren, Argumentieren, Lesen, Exzerpieren, Paraphrasieren, Verfassen, Zitieren und Schreiben, das Analysieren, Interpretieren und Auswerten sowie das Vortragen, Fortbilden, Referieren und Lehren in Hochschulkontexten zu verstehen. Diese Bandbreite an Techniken, die in abgewandelter Form auch im Alltag ihren Platz haben, stellt die Grundlage für jede Form des wissenschaftlichen Arbeitens dar.

Als Formate des wissenschaftlichen Arbeitens sind hingegen unter anderem Vorträge, Referate, Monografien, Aufsätze, Seminararbeiten und Qualifikationsarbeiten zu fassen. Ob es nun um das Verfassen von Monografien und Aufsätzen oder um das Halten eines Vortrags geht: Voraussetzung hierfür ist stets, dass diese Aktivitäten auf basalen wissenschaftlichen Arbeitstechniken wie dem Recherchieren, Argumentieren und Zitieren wissenschaftlicher Quellen fußen.

Die Formate des wissenschaftlichen Arbeitens sind ihrerseits zum einen zu differenzieren in verbale (z. B. Referate und Vorträge) sowie schriftliche Formen (z. B. Monografien, Sammelbände, Aufsätze und Seminararbeiten). Zum anderen ist eine Klassifizierung dahingehend vorzunehmen, ob sich das Format auf die Aufarbeitung bereits bestehenden Wissens beschränkt (wie z. B. bei Referaten, Seminararbeiten und oftmals bei Bachelorarbeiten) oder ob dem bestehenden Wissensstand Neues hinzugefügt wird. Die Forschungsprozesse können in verschiedene Formate wie Monografien, Aufsätze in Sammelbänden, Artikel in Fachzeitschriften, Dissertationen und Vorträge münden. Das Forschen an sich ist also als Teilbereich unter dem Sammelbegriff des wissenschaftlichen Arbeitens zu sehen. Das vorliegende Buch widmet sich sowohl verschiedenen besonders relevanten Aspekten des Forschens als auch wichtigen grundlegenden Techniken des wissenschaftlichen Arbeitens.

In der folgenden Tabelle sind die wichtigsten Formen des wissenschaftlichen Arbeitens systematisch aufgelistet.

Tabelle 1: Verbreitete Formen des wissenschaftlichen Arbeitens

Wissenschaftliche Arbeitstechniken	**Formate des wissenschaftlichen Arbeitens**
• Recherchieren • Zitieren • Lesen • Exzerpieren • Paraphrasieren • Schreiben • Argumentieren • Analysieren • Interpretieren • Auswerten • Vortragen • Referieren • Fortbilden • Lehren	• Referate • Vorträge • Seminararbeiten • wissenschaftliche Essays • Qualifikationsarbeiten (z. B. Bachelorarbeiten, Masterarbeiten und Promotionsschriften) • textbasierte oder empirische Forschungsprojekte • Monografien • Sammelbände • Aufsätze in Sammelbänden • Artikel in Fachzeitschriften • Gutachten für Zeitschriftenartikel in Peer-Review-Verfahren und für BewerberInnen für wissenschaftliche Positionen • Drittmittelanträge für Forschungsprojekte und Fortbildungen

Auch wenn zwischen Wissenschaftstraditionen, Disziplinen und Arbeitsformen diverse Unterschiede bestehen, gibt es Prinzipien, die über die Disziplinen hinweg akzeptiert werden. Was genau macht also ein Forschungshandeln zu Wissenschaft? Hug und Poscheschnik unterscheiden dabei sechs Punkte (Hug/Poscheschnik 2020, 29):

- die Beschreibung der Zielsetzungen und Erkenntnisinteressen,
- die systematische und überprüfbare Darlegung der Prozesse und Ergebnisse,
- die Definition wichtiger Begriffe, Konzepte und Theorien,
- die konsistente und eindeutige sprachliche Darstellung,
- die Begründung der Gültigkeit und Reichweite der Aussagen und Analysen sowie
- die Kritisierbarkeit der Arbeitsweisen, Konzepte, Verfahren, Daten und Befunde.

Die aufgelisteten Merkmale von Wissenschaft erweitern wir um eine weitere Anforderung, nämlich die eigenständige Gedankenarbeit und Ehrlichkeit. In den folgenden Abschnitten werden die Aspekte, die Wissenschaft ausmachen, jeweils näher dargestellt.

Beschreibung der Zielsetzungen und Erkenntnisinteressen

Kann wissenschaftliches Arbeiten richtungslos und ohne festes Ziel erfolgen? Diese Frage ist klar zu verneinen. Ein erstes Merkmal von wissenschaftlichen Formaten ist also, dass Erkenntnisinteressen beschrieben und offengelegt werden müssen. In wissenschaftlichen Texten erfolgt dies meist in Form von Fragestellungen bzw. Forschungsfragen. Präzise und transparent darzulegen sind diese in allen wissenschaftlichen Texten – unabhängig davon, ob es sich um Seminararbeiten, Bachelor- oder Masterarbeiten, Dissertationen, Monografien, Zeitschriftenartikel oder Forschungsanträge handelt.

Warum jemand ein spezifisches Forschungshandeln betreibt, ist also zu begründen und für Außenstehende nachvollziehbar zu machen. Die Anliegen und Zielsetzungen der wissenschaftlichen Arbeit und Forschung gilt es daher stets präzise zu umreißen. Es empfiehlt sich daher, die Fragestellungen bzw. die Forschungsfragen auch in Form von Fragen konkret auszuformulieren (ebd., 72 f.). Zum Teil kann es auch sinnvoll sein, explizit Nicht-Ziele zu benennen, also zu sagen, was die Arbeit gerade *nicht* anstrebt.

Grundsätzlich lassen sich zwei unterschiedliche Formen von Zielsetzungen in der Wissenschaft voneinander unterscheiden. Bei der ersten Variante wird keine unmittelbare zweckgebundene Wissensgenerierung angestrebt. Erwünscht ist hier vielmehr eine Ansammlung und Anhäufung von Wissen um des reinen Verstehens willen. Hierbei handelt es sich oftmals um explorative Grundlagenforschung sowie um deskriptive oder erklärende Herangehensweisen, die darauf aus sind, ein Phänomen oder einen bestimmten Gegenstand systematisch zu erforschen (Kornmeier 2013, 56–66).

Bei der zweiten Variante steht die Praxisorientierung im Vordergrund. In diesem Fall wird – im Sinne einer Aktionsforschung – eine praktische Anwendung angestrebt. Es sollen also Handlungsanleitungen erarbeitet werden und ein praktischer Nutzen aus der Forschung erwachsen. Die Anwendungsorientierung kann unterschiedlich aussehen. So fallen nicht nur die Entwicklung von didaktischen Konzepten und die Ausarbeitung von Unterrichtsmaterialien, sondern auch der Abbau von Vorurteilen und Klischees als Ziele in diese Kategorie (Hug/Poscheschnik 2020, 99 f.).

Beide Varianten sind Idealtypen, die in der wissenschaftlichen Praxis in Reinform kaum vorkommen. In der Regel sind beide Zielsetzungen in unterschiedlichem Ausmaß Bestandteil der wissenschaftlichen Arbeit und Forschung – im Allgemeinen, aber auch in der Islamischen Theologie.

Die systematische und überprüfbare Darlegung der Prozesse und Ergebnisse

Das zweite Merkmal von Wissenschaftlichkeit betrifft die Wege und Arbeitsschritte, mit denen Forschende zu ihren Befunden kommen. Beim wissenschaftlichen Arbeiten dürfen diese Prozesse nicht ignoriert werden. Verfahren, die den Befunden und Erkenntnissen notwendigerweise zugrunde liegen, dürfen also nicht ausgeklammert werden, sondern sind konstitutiver Bestandteil des wissenschaftlichen Forschens und Arbeitens, weshalb sie stets systematisch und überprüfbar darzulegen sind (Voss 2018, 31 f.).

Wissenschaft ist nicht gleich Wissenschaft. Nicht nur gibt es unterschiedliche Disziplinen mit ihren jeweiligen Verfahren, Methoden, Traditionen, Kommunikationsformen und zum Teil divergierenden Auffassungen darüber, was Wissenschaft ist bzw. sein sollte, sondern es gibt auch verschiedene Typen von WissenschaftlerInnen. Die Arbeitsweise von einigen ähnelt eher der von SammlerInnen, KlassifiziererInnen oder DetektivInnen, andere agieren eher wie Forschungsreisende, KünstlerInnen, HandwerkerInnen oder Poeten, noch weitere sind eher PhilosophInnen, Gläubige oder MystikerInnen (Rost 2010, 32).

Allen WissenschaftlerInnen ist gemeinsam, dass sie nach Wissen und Erkenntnis suchen und damit Fragen und Phänomenen auf den Grund gehen wollen (El Omari/Roters 2019, 13). Die jeweilige Vorgehensweise dabei kann sehr unterschiedlich sein. So gibt es ForscherInnen, die sich mit schriftlichen theologischen Quellen beschäftigen und dafür mit hermeneutischen Methoden zur Interpretation von Texten und theologischen Schriften arbeiten. Andere führen qualitative Interviews, werten deren Transkriptionen mithilfe spezifischer Verfahren aus und ziehen dabei Rückschlüsse auf subjektive Bedeutungswelten. Noch andere versuchen, durch quantitative empirische Forschung Zusammenhänge und Wirkungen zu erklären und Gesetzmäßigkeiten zu erkennen (Rost 2010, 32).

Die genannten Techniken, Methoden und Analyseformen sind allesamt wissenschaftlich legitim. Notwendig ist jedoch, dass die WissenschaftlerInnen die verschiedenen Schritte – von der Datensammlung über die Interpretationsmethoden bis hin zur Ausarbeitung der Befunde und Ergebnisse – erläutern, beschreiben und argumentativ begründen und damit intersubjektiv nachvollziehbar machen (Franck 2017, 274).

Wichtig ist hierbei eine wissenschaftliche Systematik. Gemeint ist damit, dass zum einen Aufbau, Methoden und Gliederung einer Arbeit einer inneren Logik folgen, die explizit benannt und begründet werden (Niedermair 2010, 20 f.). Zentral ist zum anderen, dass wissenschaftliche Arbeitstechniken – wie Zitieren, Recherchieren, Paraphrasieren und Argumentieren – angewandt werden. Erst ein Verfahren, das in dieser Form systematisch dokumentiert wird und kontrolliert erfolgt, erlaubt Nachprüfbarkeit. Auch erleichtert es die Nachahmung der wissenschaftlichen Arbeit für ähnlich gelagerte Vorhaben.

Definition wichtiger Begriffe, Konzepte und Theorien

Eine weitere Frage beim wissenschaftlichen Arbeiten betrifft den Umgang mit Begriffen, Konzepten und Theorien. Diese sind stets zu benennen und zu erläutern. Was unter einem Begriff, einem Konzept und einer Theorie zu verstehen ist, darf also nicht einfach vorausgesetzt und damit offengelassen werden. Begriffe, Konzepte und Theorien, die im Rahmen einer Arbeit oder Forschung eine wichtige Rolle spielen, sind zu definieren sowie in ihrem Bedeutungsgehalt und ihrer Verwendungsweise offenzulegen (Voss 2018, 36). Dies ist eine Voraussetzung, um nachvollziehen zu können, was im Mittelpunkt der Arbeit steht und unter welchen Perspektiven ein Forschungsgegenstand untersucht wird (Franck 2017, 203 und 274 f.).

Wichtig ist die Definition von Begriffen schon deshalb, weil sie oftmals vielschichtig sind und auf sehr unterschiedliche Weise verstanden werden (Kruse 2018, 122–125). So gibt es etwa mehrere Definitionen dessen, was unter ‚Integration' zu verstehen ist und welche Dimensionen hierfür von Bedeutung sind. In einer neutralen Perspektive beschreibt der Begriff die Chancen der Teilhabe von Gesellschaftsmitgliedern an wichtigen Bereichen wie dem Arbeitsmarkt, dem Bildungssystem und dem Wohnungsmarkt (Treibel 2015, 35–43). In den Medien und in politischen Debatten wird die Frage der Integration jedoch meist nur auf Menschen mit Migrationshintergrund bezogen, obwohl eigentlich jedes Individuum in modernen Gesellschaften davon betroffen sein kann.

Unterschiedliche Begriffsverständnisse sind grundsätzlich legitim und in der Wissenschaft anwendbar. Wenn jedoch im Rahmen einer wissenschaftlichen Arbeit ein Thema in den Blick genommen wird, ist es unerlässlich, die dabei angewandten Verständnisse der benutzten Begriffe vorab zu definieren, um Verwechslungen, Missverständnisse und Unklarheiten zu vermeiden.

Das gilt auch für theologische Begriffe. Setzt man sich etwa wissenschaftlich mit dem Thema ‚Offenbarung' auseinander, ist dieser Begriff ebenfalls zunächst zu klären. Von Bedeutung ist dies, weil in den unterschiedlichen religiösen Traditionen unterschiedliche Verständnisse von Offenbarung existieren. Zum einen unterscheidet sich das Konzept zwischen christlichen und islamischen theologischen Traditionen. Zum anderen gibt es aber auch innerhalb der Islamischen Theologie Differenzen zwischen den verschiedenen Subdisziplinen, was die Verwendungsweise des Begriffs angeht.

Konsistente und eindeutige sprachliche Darstellung

Ein wichtiges Thema ist auch der Schreibprozess. Das wissenschaftliche Schreiben unterliegt nicht denselben Regeln wie das Verfassen von alltagsweltlichen Texten wie E-Mails, SMS, Chatnachrichten, Berichten und Briefen, sondern es gibt für wissenschaftliche Texte gesonderte Maßstäbe. Denn wissenschaftliches Schreiben und Argumentieren erfordert eine gewisse Tiefe, Präzision und Ausführlichkeit. Das oberste Gebot ist hierbei, dass Wissen präzise und unmissverständlich kommuniziert wird (Kruse 2018, 83). Dies ist notwendig, um den bearbeiteten Fragestellungen und den erforschten Themen gerecht zu werden, Zusammenhänge zwischen konkreten Aspekten deutlich zu machen, Bezüge zu bestehenden Modellen, Theorien und Studien herzustellen und nicht in unbewiesenen, pauschalen oder oberflächlichen Behauptungen zu verweilen.

Argumentationen und sprachliche Darstellungen müssen dabei in sich schlüssig sein, einer konsistenten Logik folgen und dürfen sich nicht widersprechen. Zu berücksichtigen ist dies in den unterschiedlichen Phasen des wissenschaftlichen Arbeitens und Forschens (Rost 2010, 213). Dies ist nicht erst bei der Verschriftlichung einer Forschungsarbeit notwendig, sondern auch bereits bei der Auswahl von methodischen Vorgehensweisen und bei der Definition von zentralen Begriffen. Dies bedeutet aber keineswegs, dass Befunde verschwiegen werden sollten, die nicht in das Gesamtbild der Ergebnisse einer Analyse passen. Für die möglichst wirklichkeitsgetreue Darstellung ist es unerlässlich, auch Resultate und Fälle zu beleuchten, die scheinbar widersprüchlich sind.

Wissenschaftliche Texte sind durch einen spezifischen Stil gekennzeichnet. Auch wenn es viele andere Beispiele gibt, sind WissenschaftlerInnen prinzipiell dazu angehalten, verständlich, präzise und schlicht zu schreiben. Der wissenschaftliche Charakter zeigt sich nicht, wie oft irrtümlich angenommen, in komplizierten, verschachtelten und von Fremdwörtern gespickten Konstruktionen. Im Mittelpunkt steht vielmehr, dass ein Thema präzise und eindeutig dargestellt wird. Unumgänglich dafür ist die Verwendung einer Fachsprache, um an die bestehenden Kommunikationsformen in einem Fachbereich anzuknüpfen. Dadurch schließt die Arbeit an den Stand der Forschung an und eröffnet LeserInnen einen fachbezogenen Kontext (Lieberknecht/May 2019, 13).

Weitere Eigenheiten, die für das wissenschaftliche Arbeiten und insbesondere für die wissenschaftliche Schreibarbeit zentral sind, sind formale sowie bestimmte technische Aspekte. Dazu zählen zum Beispiel das Zitieren, Paraphrasieren und Argumentieren, das Literaturverzeichnis, ein konsistentes Arbeitskonzept, ein methodisches Vorgehen sowie ein sorgfältiges Layout (Kruse 2018, 145 f.).

Begründung der Gültigkeit und Reichweite der Aussagen und Analysen

Ein weiteres Merkmal betrifft die Frage, über wen oder was Wissenschaft Aussagen treffen kann und wie damit zu verfahren ist. Es widerspricht der gebotenen Präzision, im Zuge des wissenschaftlichen Arbeitens in der Schwebe zu belassen, für wen oder was die getroffenen Befunde zutreffen bzw. nicht zutreffen. Die Gültigkeit und die Reichweite von Befunden und Ergebnissen sind im Zuge des Arbeitens also transparent darzulegen, zu diskutieren und zu begründen (Hug/Poscheschnik 2020, 29). Folglich muss konkret dargestellt werden, inwiefern Aussagen und Schlussfolgerungen verallgemeinerbar sind, welche Bedeutung sie für soziale und politische Themen haben und auf Basis welcher zeitlichen und räumlichen Kontexte sie entstanden sind.

Mit ‚Reichweite' ist dabei der Umfang gemeint, in dem die Ergebnisse und Schlüsse einer Analyse auf andere Bereiche übertragbar sind. In einer Arbeit, die zum Beispiel die Ausprägungen von Gottesbildern bei muslimischen SchülerInnen untersucht, ist zu präzisieren, für welchen Personenkreis die Ergebnisse eine Aussagekraft haben. Gelten diese nur für die SchülerInnen, die an der Analyse teilgenommen haben, oder lassen sie sich auf alle muslimischen SchülerInnen weltweit verallgemeinern? Oder gelten sie etwa nur für solche SchülerInnen, die dieselbe Klasse bzw. Schulstufe und denselben Schultyp besuchen, die in derselben Region leben, in der die Erhebung stattfand, oder vielleicht nur für weibliche oder nur für männliche Heranwachsende?

Die Reichweite der Aussagen und Analysen hängt von den angewandten Methoden ab. Hier besteht ein Kontinuum zwischen dem, dass Befunde nur für die erforschten Personen gültig sind, und dem, dass die Schlussfolgerungen eine repräsentative Aussagekraft für eine bestimmte Grundgesamtheit haben. Da bei qualitativen Verfahren meist nur ein kleiner Personenkreis erforscht wird, sind die Schlussfolgerungen entsprechend einzugrenzen. Bei quantitativen Ansätzen, bei denen in der Regel ein größeres Sample befragt wird, kann man die Reichweite indes weiter fassen.

Kritisierbarkeit der Arbeitsweisen, Konzepte, Verfahren, Daten und Befunde

Ein weiteres Charakteristikum des wissenschaftlichen Arbeitens hängt von der Frage ab, welchen Anspruch wissenschaftliche Erkenntnisse erheben können. Können Ergebnisse, Befunde, entwickelte Konzepte, Modelle und Theorien als etwas begriffen werden, das zeitlose Gültigkeit beansprucht und somit abgeschlossen ist? Nein, denn Wissenschaft kann nie als vollendet bzw. statisch gesehen werden, sondern immer nur als momentaner Status quo, als in dem Moment bestmögliche Annäherung an die Realität, die es zu verbessern und weiterzuentwickeln gilt (Voss 2018, 30 f.).

Das Verhältnis von Wissenschaft und Kritik ist daher sehr eng, und das zum einen, weil wissenschaftliche Analysen immer herausgefordert sind, überprüft zu werden – sei es durch die interessierte Öffentlichkeit oder durch ein Fachpublikum. Dies betrifft nicht nur Theorien und Schlussfolgerungen, sondern auch die Art und Weise, wie textanalytische bzw. empirische Methoden angewandt werden und wie Datenmaterial interpretiert und ausgewertet wird.

Zum anderen stehen Wissenschaft und Kritik deshalb in einer engen Beziehung, weil die wissenschaftlichen Versuche, die Wirklichkeit abzubilden bzw. ihr bestmöglich gerecht zu werden, falsch sein können. Der österreichisch-britische Philosoph Karl Raimund Popper (gest. 1994) hat sich in dem von ihm entwickelten wissenschaftstheoretischen Ansatz des Kritischen Rationalismus intensiv mit dieser Verbindung auseinandergesetzt. Popper weist darauf hin, dass sich die Wissenschaft von metaphysischen Entwürfen vor allem dadurch abhebt, dass sie Konzepte, Modelle und Theorien formuliert, die widerlegbar sind und an der Erfahrung scheitern können. Wissenschaftliche Theorien seien also per se kritisierbar und dürften keine universale, zeitlose Gültigkeit beanspruchen. Stattdessen sei Wissenschaft dynamisch, müsse stets weiterentwickelt werden und dürfe nicht als statisch oder zeitlos gültig betrachtet werden (Popper 1935).

Da bestehende Theorien immer wieder herausgefordert werden – oder im Sinne von Popper: immer wieder herausgefordert werden müssen –, gilt es auch, sich von der Vorstellung zu verabschieden, Wissenschaft sorge für sichere Erkenntnis oder biete absolute Gewissheit. Denn, wie Friedrich Rost sagt:

> Wissenschaften verursachen auch Verunsicherung und Desorientierung, weil sie letztendlich keine Gewissheit und damit auch keine Sicherheit vermitteln können. Auch das von den Wissenschaften erzeugte Wissen bleibt „Vermutungswissen" (Karl R. Popper), d. h. es kann sich trotz aller Sorgfalt und Prüfung späterhin als falsch erweisen. (Rost 2010, 31)

Auch die Islamische Theologie muss diesem Anspruch gerecht werden und ist daher dazu aufgefordert, zwischen metaphysischen Entwürfen in der Religion und wissenschaftlich belegbaren Phänomenen zu unterscheiden. Der Glaube an die Existenz bestimmter Ereignisse und Personen, die in den heiligen Texten vorkommen, kann zwar für den persönlichen Glauben von zentraler Bedeutung sein, ist jedoch an und für sich noch kein ausreichender Beleg für die wissenschaftliche Verifizierbarkeit derselben.

Eigenständige Gedankenarbeit und Ehrlichkeit

Abseits der von Hug und Poscheschnik genannten Kriterien ist die eigenständige Gedankenarbeit (Bohl 2008, 11–13) ein weiteres relevantes Merkmal des wissenschaftlichen Arbeitens. Von zentraler Bedeutung ist dies, weil wissenschaftliches Arbeiten nicht bedeutet, sich auf die bloße Wiedergabe von vorliegenden Texten zu beschränken oder sich ausschließlich der Überlegungen anderer zu bedienen, ohne eigene Gedankenarbeit zu leisten. Wissenschaftliches Arbeiten zeigt sich vielmehr in einer differenzierten, eigenständigen und vertieften Auseinandersetzung mit einem Phänomen, einem Gegenstand oder einer Fragestellung. Das heißt, die Ursachen für beobachtete Phänomene interpretativ zu erläutern, Zusammenhänge herzustellen, Begriffe zu durchleuchten, Definitionen zu analysieren, Quellenanalyse zu betreiben, empirisch erhobene Daten zu interpretieren, Argumentationen zu kritisieren und eigene Perspektiven zu begründen. Eine solche Beschäftigung erfordert ein umfassendes themenspezifisches Wissen sowie Neugier und Engagement, um sich mit verschiedenen Quellen systematisch zu befassen.

Bei dem oben erwähnten Ziel, die Ausprägung von Gottesbildern unter muslimischen SchülerInnen zu untersuchen, bedeutet dies zum einen, dass die Erhebungen, die Auswertung und die Ergebnisdarstellung eigenhändig erfolgen sollten. Zum anderen können, wenn zum Beispiel Interviews geführt werden, bei deren Analyse nicht nur Zitate aneinandergereiht werden. Der wissenschaftliche Charakter stellt sich erst dann her, wenn die Aussagen der Befragten interpretiert und gedeutet werden. Hierfür sind eine Hinführung zum Zitat, eine Interpretation und Reflexion des Gesagten, eine Verbindung zu den nachfolgenden Textstellen und Zitaten sowie – und dieser Aspekt ist besonders wichtig – der Bezug zu der aufgeworfenen Fragestellung notwendig. Der Anspruch von Wissenschaft ist es, Datenmaterial nicht nur deskriptiv auszubreiten, sondern darüber hinausgehende Deutungen und Zusammenhänge – in Form von Hypothesen, Konzepten, Ansätzen, Modellen und Theorien – herzustellen und anzubieten (Franck 2017, 277 f.).

Das Prinzip der eigenständigen Gedankenarbeit hängt eng mit Ehrlichkeit zusammen, die durch bestimmte Regeln gesichert wird. Verwendete Quellen sind offenzulegen. Wer sich hingegen fremder Gedanken bedient, ohne dies kenntlich zu machen, begeht geistigen Diebstahl. Dies betrifft nicht nur direkte Zitate, in denen Quellenbelege wörtlich Eingang in die eigene Arbeit finden, sondern auch indirekte Zitate, wenn also Aussagen oder Ideen sinngemäß von anderen AutorInnen übernommen werden (Lammers/von Stosch 2014, 36). Plagiatsfälle und das Nichtanführen von verwendeten Quellen – sowie in manchen Fällen sogar das Manipulieren von Daten – finden in der wissenschaftlichen Praxis aber leider immer wieder statt (Voss 2018, 34).

Leider hat sich in der letzten Zeit auch das Ghostwriting zunehmend verbreitet. Diese Praxis, dass nicht genannte Auftragsschreiber einen wissenschaftlichen Text im Namen eines Autors oder einer Autorin verfassen, widerspricht dem Geist der Wissenschaft und ist als Täuschung zu bewerten. Und es kann auch strafrechtliche Konsequenzen haben, wenn der Autor bzw. die Autorin eine eidesstattliche Erklärung abgibt, dass eine solche Qualifikationsarbeit von ihm bzw. ihr eigenständig verfasst worden sei.

Dass eine Verfremdung oder fälschliche Wiedergabe von wissenschaftlichen Quellen zu unterlassen ist, ist ein zentraler Aspekt wissenschaftlicher Ehrlichkeit. Ein derartiges Vorgehen widerspricht grundsätzlich sowohl den Kriterien wissenschaftlichen Arbeitens als auch dem wissenschaftlichen Arbeitskodex.

In den vorangegangenen Abschnitten wurden Merkmale wissenschaftlichen Arbeitens ausgeführt, die fach- und disziplinenübergreifend anerkannt werden. Hingewiesen werden muss aber auch darauf, dass der Kern von Wissenschaft nicht allein durch die aufgelisteten Prinzipien erfasst werden kann. Wissenschaftliches Arbeiten ist also mehr als die Addition der oben genannten Kriterien. So erfordert sie zum Beispiel auch die Einhaltung verantwortlicher ethischer Standards wie der Menschlichkeit, der Würde von Individuen und des Umweltschutzes (ebd., 35).

Im Prozess des wissenschaftlichen Arbeitens und Schreibens offenbaren sich permanent zahlreiche Spannungsfelder – zum Beispiel zwischen Eigeninteresse und Machbarkeit, eigener Meinung und wissenschaftlicher Begründung sowie vorhandenen Ressourcen und wissenschaftlichen Ansprüchen –, die in zufriedenstellender Form bewältigt werden müssen. Eine Definition des wissenschaftlichen Arbeitens kann sich daher nicht nur auf statische, scheinbar unveränderliche Merkmale berufen, sondern zeigt sich vor allem in der individuellen Forschungspraxis. Für wissenschaftliches Arbeiten ist nicht zuletzt eine große Portion Neugier und Offenheit für neue Erkenntnisse notwendig, die zu Beginn der Forschungen nicht von vornherein feststehen.

Weiterführende Literatur

El Omari, Dina/Roters, Daniel (2019): *Einführung in das wissenschaftliche Arbeiten.* Freiburg i. B.: Kalam.

Franck, Norbert (2017): *Handbuch Wissenschaftliches Arbeiten.* 3. Aufl., Paderborn: Schöningh.

Hug, Theo/Poscheschnik, Gerald (2020): *Empirisch forschen: Die Planung und Umsetzung von Projekten im Studium.* 3. Aufl., München: UVK.

Raffelt, Albert (2003): *Theologie studieren: Wissenschaftliches Arbeiten und Medienkunde.* Freiburg i. B.: Herder.

Rost, Friedrich (2010): *Lern- und Arbeitstechniken für das Studium.* 6. Aufl., Wiesbaden: VS Verlag für Sozialwissenschaften.

Voss, Rödiger (2018): *Wissenschaftliches Arbeiten: ... leicht verständlich.* 6. Aufl., München: UVK.

1.2 Wissenschaftliche Gütekriterien. Oder: Was macht gute Forschung und Wissenschaft aus?

Weshalb sind Gütekriterien wichtig?

Jedem wissenschaftlich arbeitenden Menschen stellen sich während des Forschens unweigerlich Fragen zur Angemessenheit der eigenen Vorgehensweise und zur Qualität der durchgeführten Verfahren sowie der gewonnenen Ergebnisse. Ist ‚alles Gold, was glänzt'? (Hug/Poscheschnik 2020, 114) Oder wie kann die Qualität wissenschaftlicher Arbeiten ansonsten bewertet werden? Diese Fragen betreffen alle ForscherInnen jeder wissenschaftlichen Disziplin, unabhängig von den angewandten Verfahren.

Über die Jahre haben sich bestimmte Prüfsteine etabliert, um zu beurteilen, was unter guter und schlechter Forschung zu verstehen ist. Jedoch können nicht alle Kriterien auf alle methodischen Verfahren angewandt werden. So können Maßstäbe, die für standardisierte empirische Methoden vorgesehen sind, nicht ohne Weiteres an qualitative oder textanalytische Verfahren angelegt werden. Zu dieser Frage gibt es unterschiedliche Auffassungen. Inwiefern Gütekriterien universale oder methodenspezifische Gültigkeit haben, ist noch nicht abschließend beantwortet worden und wird in der Literatur weiterhin diskutiert (Steinke 2013; Przyborski/Wohlrab-Sahr 2014, 21–34).

In der Islamischen Theologie steht die Diskussion über die Frage, welche Gütekriterien und Mindestanforderungen angemessen sind, erst am Anfang. Wegen der Vielzahl der Subdisziplinen stellen wir sowohl allgemeine als auch methodenspezifische Kriterien vor. Zu den Maßstäben, die universale Gültigkeit beanspruchen, zählen *Objektivität*, *Reliabilität* und *Validität*; als methodenspezifische Kriterien sind dagegen *intersubjektive Nachvollziehbarkeit*, *Triangulation*, *Angemessenheit* und *Reichweite* zu verstehen (siehe Abb. 1).

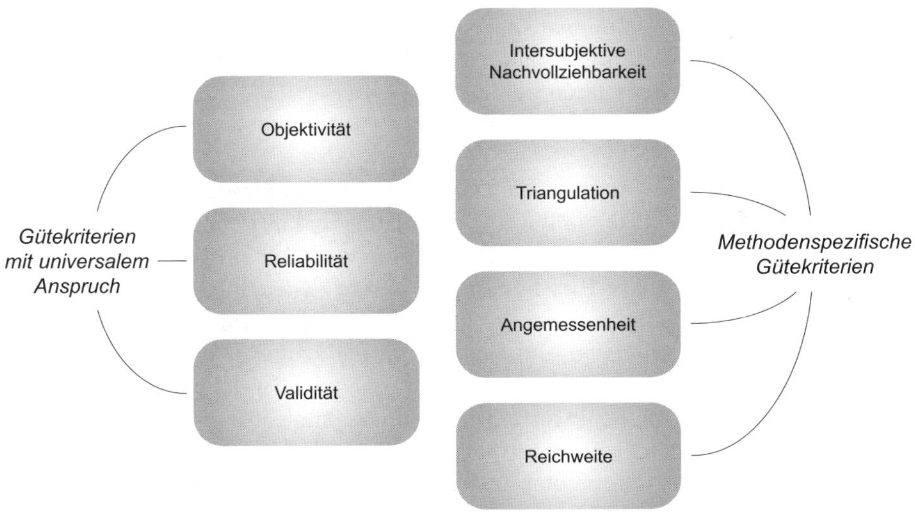

Abbildung 1: Wissenschaftliche Gütekriterien

Gütekriterien mit universalem Anspruch

Es ist ein weit verbreiteter Ansatz, die Qualität wissenschaftlicher Forschung – ungeachtet der jeweiligen Disziplin, der erforschten Themenbereiche und der gewählten Methoden – stets anhand derselben Kriterien zu beurteilen. Zur Anwendung kommen hierbei ‚Einheitskriterien' bzw. ‚klassische' Gütekriterien (Przyborski/Wohlrab-Sahr

2014, 21), die universale Gültigkeit beanspruchen bzw. denen eine solche zugeschrieben wird.

Ein erstes solches Gütekriterium mit universalem Anspruch betrifft die Frage, ob ForscherInnen zu ihren Überlegungen, Daten und Befunden nur aus einem rein persönlichen Befinden oder aus Voreingenommenheit kommen oder ob andere ForscherInnen unter gleichen Bedingungen dieselben Schlussfolgerungen ziehen. Die Frage ist also: Gibt es Verzerrungen bei der Durchführung einer Untersuchung aufgrund persönlicher Beeinflussungen bzw. wie *objektiv* ist die Forschung?

Daneben stellt sich stets die Frage, ob die Ergebnisse nur auf Zufall beruhen. War die Tagesverfassung eines Interviewpartners bzw. einer -partnerin ausschlaggebend und hat dazu geführt, dass die Aussagen so und nicht anders ausgefallen sind? Und hätte das Antwortverhalten an einem anderen Tag ganz anders aussehen können? Wie zufällig und *reliabel* sind also die Aussagen und Ergebnisse einer Forschung?

Darüber hinaus stellt sich immer die Frage, ob die von den ForscherInnen erarbeiteten Aussagen, Analysen und Schlussfolgerungen tatsächlich das untersuchen bzw. belegen, was sie beanspruchen zu tun. Oder gibt es Verzerrungen bei der Untersuchung, Fehler bei der Erhebung und eine Beeinflussung bei der Analyse, sodass die Forschung nicht mehr *valide* und glaubwürdig ist?

Die geschilderten Fragen thematisieren die drei Gütekriterien Objektivität, Reliabilität und Validität, die einen universalen Anspruch haben und nicht disziplinspezifisch sind. In den folgenden Abschnitten werden diese Kriterien näher beschrieben.

Objektivität

Das erste universale Gütekriterium, die Objektivität, beschreibt den Umstand, dass ein Untersuchungsergebnis in Durchführung, Auswertung und Interpretation durch subjektive Ansichten des bzw. der Forschenden nicht verzerrt wird oder willkürlich erfolgt. Zur Folge hat dieser Maßstab, dass Forschungsmethoden so zu konzipieren und durchzuführen sind, dass unterschiedliche ForscherInnen bei gleichen Bedingungen zu weitgehend übereinstimmenden Ergebnissen kommen (Hug/Poscheschnik 2020, 115 f.).

Wenn beispielsweise ein Forschungsvorhaben untersucht, welche Haltung gegenüber Andersgläubigen im Koran befürwortet wird und was daraus für die Gegenwart gelernt werden kann, bietet sich hierfür ein textanalytischer Zugang an. Bei der Bearbeitung des Themas gilt es dann, die untersuchten Textstellen im Koran in einem ersten Schritt nach transparenten Kriterien auf diejenigen Passagen einzugrenzen, in denen der Umgang mit Andersgläubigen thematisiert wird. Je nachdem, um was für eine wissenschaftliche Arbeit es sich handelt (Masterarbeit, Dissertation, Monografie etc.), ist eine umfangreichere oder eingeschränktere Auswahl von Textstellen vonnöten, da das Thema in einer Vielzahl von Zusammenhängen in unterschiedlicher Weise aufgegriffen wird. So finden sich im Koran sowohl Stellen, die als exklusivistisch, d. h. Andersgläubige vom religiösen Heil ausschließend, verstanden werden können (z. B. Koran 3:19, 5:3), als auch solche, in denen eine pluralistische bzw. inklusivistische Haltung gegenüber Menschen anderen Glaubens suggeriert wird (z. B. Koran 2:62). In einem zweiten Schritt gilt es dann, die

Vorgehensweise bei der hermeneutischen Analyse der zu untersuchenden Passagen festzulegen. Besonderes Augenmerk kommt dabei der Frage zu, inwiefern bzw. auf welche Weise die Textstellen historisch kontextualisiert werden oder ob allein das geschriebene Wort analysiert wird. In einem abschließenden dritten Schritt können aus der hermeneutischen Analyse der Textstellen dann Folgerungen für zeitgenössische Fragen und Herausforderungen gezogen werden.

Nur wenn die genannten Schritte sorgfältig erfolgt sind, wenn also die Auswahl der Koranverse, ihre Interpretation und ihr Transfer in die Gegenwart gründlich und auf nachvollziehbare Weise durchgeführt wurden, kann von einer objektiven Analyse die Rede sein. Denn erst dann sind die Vorgehensweise und die Analysemaßstäbe ausreichend genau dargelegt, damit andere ForscherInnen bei der Bearbeitung der Fragestellung überhaupt zu sich deckenden Ergebnissen gelangen können.

Dass empirische Forschung dem Kriterium der Objektivität unterliegen soll, wird immer wieder kritisch diskutiert (Flick 2012, 499 f.). Denn verlangt wird damit, dass subjektive Aspekte aus dem Forschungsprozess auszuklammern seien. Vor allem bei qualitativen empirischen Verfahren lässt sich das Kriterium im Sinne einer völligen Entsubjektivierung bei der Durchführung, Auswertung und Analyse kaum anwenden. Man denke nur daran, dass der Aspekt der Subjektivität in solchen Verfahren eine zentrale Rolle spielt. So unterscheidet sich der Gehalt von qualitativen Leitfadeninterviews, Gruppendiskussionen und Beobachtungen, je nachdem, wer die Erhebung durchführt, auch wenn die Untersuchungssituation gleich ist oder wenn genau derselbe Leitfaden verwendet wird. Subjektive Aspekte lassen sich aus qualitativen Methoden nicht ausklammern, sondern sind zumeist konstitutiver Teil der Verfahren. Deshalb werden empirische Methoden so konzipiert, „dass sie unabhängig vom Einfluss der Forscherin [*sic*] angewandt werden können" (Hug/Poscheschnik 2020, 115 f.).

In diesem Sinne ist der Aspekt der Subjektivität kein Einfallstor für Willkür, da man sich um intersubjektive Übereinstimmung bemüht. Über diese Verfahren soll sichergestellt werden, dass Interpretationen, Befunde und Ergebnisse nicht die subjektiven Vorlieben, Wünsche oder Interessen einer bestimmten Person widerspiegeln, „sondern von anderen Forschern ebenso gewonnen werden könnten" (ebd., 116).

Reliabilität

Mit dem zweiten allgemeinen Gütekriterium, der Reliabilität, ist die Zuverlässigkeit und Genauigkeit einer Messmethode gemeint. Als reliabel gilt eine Methode, wenn sie Befunde liefert, die frei von zufälligen Einflussfaktoren sind. Das heißt, dass man bei einer Wiederholung der Erhebung unter denselben Bedingungen und an denselben Objekten zu einem anderen Zeitpunkt zu denselben Ergebnissen kommen sollte. Je größer die Übereinstimmung bei den Befunden ist, desto reliabler ist das methodische Verfahren. Ermitteln lässt sich die Reliabilität unter anderem durch eine Untersuchungswiederholung (Retest-Methode) sowie durch eine erneute, gleichwertige Untersuchung (Paralleltest-Methode) (ebd.).

Das Prinzip der Randomisierung wird oftmals als Voraussetzung für Reliabilität betrachtet. Gemeint ist damit, dass die untersuchten Personen, Gruppen, Fallbeispiele, Bücher oder Werke rein zufällig ausgewählt wurden. Eine solche Zufallsauswahl liegt dann vor, wenn jedes Element der Grundgesamtheit (der Personen, Gruppen etc.) die gleiche Chance hat, in der untersuchten Stichprobe berücksichtigt zu werden.

Bei empirischen Untersuchungen ist das Prinzip der Reliabilität nicht immer anwendbar, da Erhebungen unter identischen Bedingungen zu einem späteren Zeitpunkt nicht immer möglich sind. Für die qualitative Methode der Beobachtung, mit der oftmals alltägliche Gegebenheiten untersucht werden, ist es eine besondere Herausforderung, dem Prinzip der Reliabilität zu entsprechen, da die erforschten Situationen nicht replizierbar sind, sondern einem dynamischen Wandel unterliegen. Wenn die Beobachtung etwa dafür eingesetzt wird, Interaktionen und Abläufe beim Freitagsgebet in einer Moscheegemeinde zu untersuchen, ist die erforschte Situation später nicht unter gleichen Bedingungen replizierbar. In solchen Fällen kann die Reliabilität durch eine reflexive und systematische Dokumentation des Forschungsprozesses erhöht werden (Flick 2012, 492).

Validität

Der Maßstab der Validität wird in der Regel als ‚Gültigkeit' umschrieben und gilt ebenfalls als Gütekriterium für Forschungsmethoden mit universalem Anspruch. Kurz gesagt geht es hier um die Frage, ob „der Forscher sieht, was er […] zu sehen meint" (Kirk/Miller 1986, 21, zit. nach Flick 2012, 493). Valide ist eine Forschung also dann, wenn sie genau das untersucht bzw. misst, was sie zu untersuchen bzw. zu messen beansprucht. Die Validität kann dabei auf unterschiedliche Weise beurteilt werden (Hug/Poscheschnik 2020, 117). Eine valide Methode, die beispielsweise die Religiosität untersucht, muss so konstruiert sein, dass sie alle Facetten und Bereiche des Phänomens erfassen und Aufschluss darüber geben kann.

Wenn beispielsweise in einem qualitativen Leitfadeninterview einer Muslimin die Frage gestellt wird, ob sie Hühnerfleisch isst, so ist eine verneinende Antwort darauf noch keineswegs ein Indiz dafür, dass sie sich halal ernährt oder dass sie Vegetarierin ist. Aussagen werden nur darüber getroffen, dass sie eben Hühnerfleisch aus unbestimmten Gründen nicht isst. Falls die Frage nach dem Essen von Hühnerfleisch die einzige auf Fleisch bezogene Frage im Leitfaden ist, so ist es unzulässig, daraus auf eine halal-konforme Ernährung oder auch auf Vegetarismus zu schließen. Ein solches Vorgehen würde dem Kriterium der Validität widersprechen.

Methodenspezifische Gütekriterien

In der Literatur hat sich heute weitgehend die Einsicht durchgesetzt, dass Gütekriterien nicht zwingend in Form von Einheitskriterien angewandt werden können. Folglich kann nicht jede Forschung – unabhängig von der Disziplin, dem Thema und den Methoden – anhand derselben Maßstäbe beurteilt werden. Ausschlaggebend sind hier vielmehr Kriterien, die einen methodenspezifischen Charakter haben und auf das konkrete Forschungsfeld, die spezifische Forschungstradition und die gewählte Vorgehensweise angepasst sind. Bei empirischen und textanalytischen Forschungen ist diese Art der Kriterien von besonderer Relevanz (Steinke 2013).

Regelmäßig gefragt wird in der empirischen Forschung nach der Nachvollziehbarkeit des Forschungsprozesses. Da bei empirischen Methoden situationsbezogene Faktoren eine Standardisierung per se unmöglich machen, ist eine identische Replikation einer solchen Untersuchung nicht möglich. Wie aber können dann trotzdem die erhobenen Daten, die vorgenommenen Analysen und die gezogenen Schlussfolgerungen für andere Personen *nachvollziehbar* und überprüfbar sein?

Eine weitere Frage betrifft die Einschätzung der Analysen und die Gültigkeit von Befunden und Schlussfolgerungen. Können Analysen und Ergebnisse vor allem dann Geltung beanspruchen, wenn die getätigten Interpretationen durch eine forschende Einzelperson vorgenommen wurden, wenn zur Erläuterung und Interpretation möglichst wenige theoretische Erklärungen bereitgestellt werden und wenn zur Analyse eines Phänomens nur eine bestimmte Form der Annäherung erfolgt? Oder ist für die Geltungsbegründung der Erkenntnisse ein Ansatz vonnöten, der möglichst viele Perspektiven und Zugänge miteinander verbindet, sie also *trianguliert*?

Weitere Fragen, mit denen ForscherInnen bei ihrer Arbeit oft konfrontiert sind, lauten, ob eine Methode gut und richtig durchgeführt wurde, ob das Untersuchungsinstrument passend gewählt ist und woran dies beurteilt werden kann. Entspricht eine Studie qualitativen Standards, weil die forschende Person sehr bewandert ist in der Anwendung einer spezifischen Forschungsmethode, oder weist eine Forschung eine hohe Qualität auf, weil die methodische Vorgehensweise besonders *angemessen* ist zur Bearbeitung einer Fragestellung?

Ein letztes methodenspezifisches Gütekriterium betrifft die Frage, welche Aussagen auf Basis der durchgeführten Untersuchung getroffen werden können. Ist eine Forschung deshalb von hoher Qualität, weil daraus Erkenntnisse über eine möglichst hohe Zahl von Fällen abgeleitet werden können, weil die Analysen nur für die tatsächlich untersuchten Fälle Gültigkeit haben oder weil die *Reichweite* der Befunde auf transparente und kritische Weise diskutiert wird?

Die genannten Fragen skizzieren Gütekriterien mit methodenspezifischem Charakter. Darunter fallen die *intersubjektive Nachvollziehbarkeit*, die *Triangulation*, die *Angemessenheit* und die *Reichweite*. Im Folgenden werden diese Maßstäbe genauer beschrieben.

Intersubjektive Nachvollziehbarkeit

Beim Prinzip der intersubjektiven Nachvollziehbarkeit handelt es sich um ein methodenangemessenes Gütekriterium, das insbesondere für qualitative empirische Verfahren und textanalytische Methoden Gültigkeit beansprucht. Im Fokus steht dabei, dass die Fülle von Entscheidungen, die im Verlauf eines Forschungsprozesses getroffen werden, transparent gemacht und argumentativ begründet werden sollen. Dies umfasst alle Schritte von der Entwicklung der Fragestellung, über die Begründung der gewählten methodischen Verfahren, die Durchführung von Methoden und die Interpretation des Datenmaterials bis hin zur Präsentation der Schlussfolgerungen. Auf dieser Basis können der Forschungsprozess und seine Ergebnisse bewertet werden. Insofern bestehen bei diesem Kriterium Ähnlichkeiten zum Maßstab der Objektivität (Steinke 2013, 324–326).

Bei einer textanalytischen Forschung zu der Frage, inwiefern im Koran zum Beispiel religiös-pluralistische Positionen vertreten werden und wie diese in islamisch-religionspädagogische Kontexte einfließen könnten, gilt es, die verschiedenen Schritte der Analyse transparent und offen darzulegen. Dies betrifft Fragen auf mehreren Ebenen, also etwa welche Koranverse aufgrund von welchen Auswahlkriterien untersucht werden, welche hermeneutischen Schritte bei der Auswertung und Analyse durchgeführt werden und welche religionspädagogischen Schlussfolgerungen gezogen werden. Zudem ist es erforderlich, alternative Interpretationen durch den Einbezug abweichender Lesarten der betreffenden Stellen anzuführen. Eine besondere Herausforderung ist es dabei, der großen Vielschichtigkeit des Korans gerecht zu werden. So stellt er weder ein Lehrbuch dar, in dem theologische Positionen systematisch behandelt werden, noch nutzt er eine einfach verständliche Sprache. Auch werden thematische Fragen wie die des religiösen Pluralismus an verschiedenen Stellen auf unterschiedliche Weise aufgegriffen, was differierende Deutungen zulässt (Berger 2010, 26). Eine Auseinandersetzung mit der genannten Frage erfordert daher auch eine Beschäftigung mit Versen, in denen eine exklusivistische oder eine inklusivistische Haltung gegenüber anderen Religionen bzw. Andersgläubigen zum Ausdruck kommt. Auf die Auswahl der Textstellen ist ein besonderes Augenmerk zu legen, damit die Analyse intersubjektiv nachvollziehbar ist und die getroffenen Entscheidungen im Forschungsprozess transparent dargelegt werden.

Eine empirische Forschung wiederum, die etwa mittels qualitativer Leitfadeninterviews Einstellungen muslimischer SchülerInnen gegenüber Andersgläubigen untersuchen will, muss transparent den Weg von der Samplingstrategie über die Erhebung und Aufbereitung der Befragungen bis hin zur Interpretation der Daten darlegen, sodass diese Schritte auch für Außenstehende nachvollziehbar sind. Nur so können Befunde, Ergebnisse und Schlüsse plausibel aufgezeigt und intersubjektiv nachvollziehbar gemacht werden. Es ist dabei keineswegs angebracht, Widersprüche, ungelöste Fragen und abweichende Fälle, die sich nicht stimmig ins Gesamtbild der Studienergebnisse einfügen, zu verheimlichen. Vielmehr sollten diese selbstkritisch reflektiert und offen dargelegt werden, um Einwänden und Kritik vorzubeugen. Nur durch eine transparente Vorgehensweise können scheinbar unstimmige oder widersprüchliche Ergebnisse intersubjektiv nachvollziehbar gemacht werden (Hug/Poscheschnik 2020, 117).

Triangulation

Mit dem Gütekriterium der Triangulation ist die Kombination von verschiedenen Datenquellen, Forschungsperspektiven, Theorien und Methoden bei der Auseinandersetzung mit einem Phänomen gemeint. Ursprünglich stammt der Begriff aus der Landvermessung und beschreibt das Prinzip, dass die exakte Bestimmung eines Ortes erst durch Vermessungen von mehreren bekannten Punkten aus möglich ist (Flick 2013b). Seit den 1950er Jahren hat der Begriff Einzug in die empirische Forschung erhalten. Zu unterscheiden ist dabei laut Norman Denzin zwischen vier Formen (1989, 237–241):

1. Unter **Daten-Triangulation** ist zu verstehen, dass verschiedene Datenquellen (z. B. Dokumente, Bücher, Beobachtungsdaten, statistische Daten, Interviewmaterial) zur

Erforschung eines Phänomens untersucht werden. Bezogen auf die Gottesbilder muslimischer Jugendlicher bedeutet dies etwa, dass zur Analyse verschiedene Quellen – wie qualitative Interviews, Beobachtungen und Tagebuchaufzeichnungen – herangezogen werden. Die differierenden Datengattungen zeigen dabei jeweils unterschiedliche Facetten der Gottesbilder auf und ermöglichen ein detailliertes Gesamtbild des erforschten Phänomens.

2. Mit **ForscherInnen-Triangulation** ist gemeint, dass verschiedene Personen Daten generieren und dass die Interpretation und Auswertung des Datenmaterials durch eine Gruppe von ForscherInnen erfolgt, um subjektive Verzerrungen zu vermeiden. Bei der Analyse von Gottesbildern bietet es sich dann etwa an, dass die qualitativen Leitfadeninterviews durch verschiedene Personen durchgeführt und in Gruppen gemeinsam mit anderen ForscherInnen interpretiert und analysiert werden. Besonders das gemeinsame Interpretieren von Daten sorgt für eine konsensuelle Validierung von Ergebnissen im Sinne einer reflektierten Subjektivität.
3. Unter **Theorien-Triangulation** ist zu verstehen, dass ein Forschungsgegenstand aus unterschiedlichen theoretischen Blickwinkeln untersucht wird. Die Annäherung an Daten unter Einbeziehung verschiedener Theorien und Hypothesen eröffnet häufig neue Erkenntnismöglichkeiten. Gottesbilder muslimischer Jugendlicher können so etwa aus theologischer, religionspädagogischer, bildungswissenschaftlicher oder soziologischer Perspektive in den Blick genommen werden. Durch eine solche mehrperspektivische Herangehensweise lassen sich die unterschiedlichen Dimensionen der beobachteten Befunde ausloten.
4. Als **Methoden-Triangulation** werden multimethodische bzw. mehrperspektivische Analysen bezeichnet, auch Mixed-Methods-Ansätze genannt, die eine Fragestellung mit verschiedenen Methoden untersuchen. Durch die Verbindung unterschiedlicher Methoden können differierende Aspekte ein und desselben Forschungsgegenstandes untersucht werden. Jede Methode verfügt über eigene Möglichkeiten, um sich dem erforschten Phänomen anzunähern. Durch die Methoden-Triangulation können die Potenziale einer einzelnen Erhebungsmethode durch weitere Instrumente ergänzt werden, um der Wirklichkeit des erforschten Phänomens möglichst nahezukommen.

Angemessenheit

Bei dem Gütekriterium der Angemessenheit bzw. der Indikation geht es um die Frage, welche Methoden zur Bearbeitung einer Forschungsfrage ausgewählt werden. Das Prinzip stammt ursprünglich aus dem medizinischen Bereich und zielt darauf ab, welche Behandlungsform für eine spezifische gesundheitliche Beeinträchtigung angebracht ist (Flick 2012, 512 f.). Während etwa ein Druckverband zur Behandlung von Migräne nicht förderlich ist, kann er bei stark blutenden Wunden von großer Hilfe sein. Aspirin hingegen hilft zwar nicht bei Schnittverletzungen, meist aber gegen Kopfschmerzen.

Angewandt auf die Wissenschaft lässt sich das Prinzip der Angemessenheit bzw. der Indikation so formulieren: Welcher methodische Ansatz und welche Vorgehensweise sind zur Bearbeitung einer spezifischen Frage und eines bestimmten Gegenstandes am besten geeignet? Möchten wir uns in einer wissenschaftlichen Arbeit zum Beispiel mit Gotteserfahrungen beschäftigen, ist zu überlegen, welche Methoden am ehesten Aussagen über dieses Phänomen liefern können. Da es sich hierbei um ein Thema handelt, das eng mit biografischen Erfahrungen und Erlebnissen sowie mit individuellen Sinnkonstruktionen zusammenhängt, sind hierfür offene und qualitative empirische Verfahren wie problemzentrierte Leitfadeninterviews und narrative Interviews am besten geeignet. ExpertInneninterviews und Dokumentenanalysen zum Beispiel sind dagegen weniger zielführend, da sie stärker auf Objekte bzw. auf subjektunabhängige Aspekte wie ExpertInnenwissen hin ausgerichtet sind. Auch die Beobachtung ist als Methode bei einem solchen Thema nicht dienlich, da sie das zu erforschende Phänomen nicht angemessen erfassen kann. Um das passende methodische Instrumentarium und die geeignete Vorgehensweise für eine Fragestellung auswählen zu können, sollte man möglichst schon im Vorfeld über die Vor- und Nachteile sowie die Stärken und Schwächen von Methoden und Designs Bescheid wissen (Hug/Poscheschnik 2020, 117).

Reichweite

Ein weiteres Gütekriterium des wissenschaftlichen Forschens und Arbeitens ist die Frage der Reichweite. Gemeint ist damit, dass die Gültigkeit und die Limitationen von Befunden und Ergebnissen konkret benannt werden. Während man die Wissenschaft früher oft als ein universales System mit einem ganzheitlichen Erklärungsanspruch betrachtete und die Hoffnung hegte, dadurch die Welt insgesamt erklären zu können, ist man heute deutlich bescheidener geworden (Rost 2010, 31). Die Entwicklungen der letzten Jahrzehnte haben gezeigt, dass die Wissenschaft das menschliche Bedürfnis, die Welt im Ganzen zu verstehen, allein nicht erfüllen kann. Daher sind die Limitationen und die Reichweite von Befunden stets kritisch offenzulegen (Steinke 2013, 329; Hug/Poscheschnik 2020, 119).

Die Aussagekraft und Reichweite der Befunde darzulegen, ist besonders bei empirischer Forschung wichtig. Verdeutlicht werden soll dies an einem Beispiel: In einer Studie, bei der mit problemzentrierten Leitfadeninterviews 20 in Hamburg wohnhafte MuslimInnen türkischer Herkunft zwischen 18 und 25 Jahren danach befragt wurden, ob und wie sie Online-Foren für religiöse Zwecke nutzen, ist darzulegen, für wen die Ergebnisse gelten. Können etwa Aussagen über die Nutzung von Online-Foren in religiösen Fragen getroffen werden, die für alle MuslimInnen jeglichen Alters zutreffen? Angesichts der umfassenden Fragestellung und des überschaubaren Samples wäre dies natürlich absolut vermessen und unangebracht. Sehr wohl können aber Aussagen darüber getroffen werden, wie junge muslimische Erwachsene türkischer Herkunft, die in deutschen Großstädten leben, im Angesicht religiöser Fragen mit Online-Foren umgehen.

Während bei qualitativen empirischen Forschungen das untersuchte Sample meist relativ klein und der Geltungsbereich der Befunde damit entsprechend einzugrenzen ist, können bei quantitativen empirischen Vorgehensweisen, bei denen größere Gruppen erforscht werden, meist deutliche weiter reichende Aussagen getroffen werden.

Abschließend gilt es nochmals hervorzuheben, dass Gütekriterien Mindestanforderungen definieren, um eine wissenschaftliche Arbeit oder Forschung als ‚gelungen' einzustufen (Hug/Poscheschnik 2020, 114). Es liegt auf der Hand, dass es zwischen Gütekriterien und Merkmalen wissenschaftlichen Arbeitens zu Schnittmengen kommen kann.

Nach der Darstellung der methodenspezifischen und der universalen Gütekriterien bleibt festzuhalten, dass in der Islamischen Theologie eine diesbezügliche Diskussion erst am Anfang steht. Denn die Frage, was gute Forschung ist und anhand welcher Kriterien dies beurteilt werden kann, ist hier noch keinesfalls gelöst. Die Debatte über diese Frage wird die junge Disziplin also noch über einen längeren Zeitraum begleiten.

Aufgrund der in der Islamischen Theologie bisher praktizierten Forschungsmethoden lässt sich sagen, dass für das Fach bis dato die methodenspezifischen Gütekriterien besonders ausschlaggebend sind. Dies bedeutet aber nicht, dass die Gütekriterien mit universalem Anspruch irrelevant sind. Vielmehr dürfen diese Maßstäbe – also Objektivität, Validität und Reliabilität – keinesfalls außer Acht gelassen werden.

Weiterführende Literatur

Denzin, Norman K. (1989): *The Research Act: A Theoretical Introduction to Sociological Methods*. 3. Aufl., Englewood Cliffs, NJ: Prentice-Hall.

Flick, Uwe (2012): *Qualitative Sozialforschung: Eine Einführung*. 5. Aufl., Reinbek: Rowohlt [v. a. Teil VII: Geltungsbegründung, Darstellung und Perspektiven qualitativer Forschung, S. 485–567].

Hug, Theo/Poscheschnik, Gerald (2020): *Empirisch forschen: Die Planung und Umsetzung von Projekten im Studium*. 3. Aufl., München: UVK.

Rost, Friedrich (2010): *Lern- und Arbeitstechniken für das Studium*. 6. Aufl., Wiesbaden: VS Verlag für Sozialwissenschaften.

Rothgangel, Martin/Hermisson, Sabine (2018): „Forschung evaluieren". In: Pirner, Manfred L./Rothgangel, Martin (Hg.): *Empirisch forschen in der Religionspädagogik: Ein Studienbuch für Studierende und Lehrkräfte*. Stuttgart: Kohlhammer, S. 329–341.

Steinke, Ines (2013): „Gütekriterien qualitativer Forschung". In: Flick, Uwe/von Kardoff, Ernst/dies. (Hg.): *Qualitative Forschung: Ein Handbuch*. 10. Aufl., Reinbek: Rowohlt, S. 319–331.

1.3 Das Verhältnis von Wissenschaft und Theologie

Was ist Theologie?

Um das Verhältnis von Wissenschaft und Theologie beleuchten zu können, braucht es zuerst eine Annäherung an die Frage, wie Theologie begrifflich zu fassen ist. Als ‚Theologie' ist grundsätzlich der Versuch zu verstehen, die Lehren einer Religion über Gott und seine Beziehung zu den Menschen systematisch darzustellen. Der Begriff leitet sich von den griechischen Wörtern *theós* (‚Gott') und *lógos* (‚Wort, Rede, Lehre') ab. Theologie bedeutet somit die Lehre von Gott (oder von Göttern) im Allgemeinen (Jung 2004, 14), und nach Martin Luther (1883, 305) ist ein Theologe bzw. eine Theologin eine Person, die von Gott redet. Im Fokus stehen dabei die Lehren über die Inhalte eines spezifischen Glaubens im Allgemeinen und über seine Glaubensdokumente im Besonderen.

Theologie fußt somit auf der Offenbarung, auf heiligen Texten oder auf anderen religiösen Quellen. Theologie ist aber nicht mit den Quellen bzw. Texten identisch, sondern sie ist das Ergebnis menschlichen Nachdenkens darüber. Auch wenn wir unter ‚Theologie' oft vor allem eine Disziplin an Universitäten verstehen, kann sie nicht auf ihre akademisch betriebene Form reduziert werden. Als glaubensbezogene Reflexionsbemühung findet das ‚Theologisieren' auch im alltäglichen Nachdenken statt, wenn es um den Glauben oder um Gott geht (Axt-Piscalar 2013, 9).

Die Praxis der Theologie ist folglich das Nachdenken über Glaubensinhalte sowie über religiöse Quellen und deren Interpretation, die Auseinandersetzung mit der Offenbarung und den Konsequenzen für die menschliche Existenz sowie die Beschäftigung mit der Frage nach den vorrationalen Bedingungen des Glaubens. Deshalb stellt die Theologie laut der evangelischen Theologin Christine Axt-Piscalar keine gewöhnliche akademische Wissenschaft dar. Denn mit einer bloßen Definition von Theologie

> ist freilich noch nichts darüber gesagt, wie dem Menschen Theologie als Rede von Gott überhaupt möglich ist. Da Gott ganz offensichtlich kein gegebener ‚Gegenstand' unserer Wahrnehmung ist, wie dies für andere Gegenstände der Fall ist, kommt der Frage nach der Möglichkeit der Gotteserkenntnis im Zusammenhang der Verständigung darüber, was Theologie sein kann und zu sein hat, ein besonderes Gewicht zu. Können wir überhaupt von Gott wissen und wenn ja, *wie* können wir von Gott wissen, um daraufhin begründet und verantwortet von Gott reden zu können? (ebd., 1)

Als Disziplin an deutschsprachigen Universitäten sind die etablierten wissenschaftlichen Maßstäbe auch für die Theologie verbindlich. Besondere Merkmale der Theologie sind in diesem Zusammenhang ihr systematischer, rational begründbarer und mit dem Glauben verbundener Charakter (Engelhardt 2017, 86). ‚Systematisch' meint dabei, dass sich die Reflexion einer Religion an einem sinnvoll miteinander in Beziehung stehenden Kanon von Quellen, Methoden und Theorien orientiert. ‚Rational begründbar' wiederum bedeutet, dass die Theologie ihre Aussagen so formuliert, dass sie einen Begründungsanspruch einlösen können und nachvollziehbar sind. Wichtig ist dabei, dass die zugrunde liegenden Prämissen offengelegt werden und die Erkenntnisbemühungen der Theologie auch für Menschen außerhalb des eigenen Glaubens verständlich und nachvollziehbar gemacht werden müssen (Göcke 2018b, 152). Somit gilt das Prinzip der intersubjektiven Überprüfbarkeit bzw. der rationalen Akzeptierbarkeit (Schärtl 2018, 241) von Prämissen, Zielsetzungen, Methoden und Erkenntnisbemühungen auch im Fall der Theologie, also über Glaubensgrenzen hinweg. Dies besitzt folglich auch für die Islamische Theologie Gültigkeit (Vimercati Sanseverino 2016, 174).

Ein weiteres Merkmal der Theologie ist, dass es sich bei ihr um eine glaubensgebundene Wissenschaftsdisziplin handelt. Denn theologische Reflexionsbemühungen vollziehen sich stets auf der Grundlage eines religiösen Sinnsystems, dem von einer konkreten Glaubensgemeinschaft Relevanz zugewiesen wird. Zur Folge hat dies, dass Theologien im Gegensatz zu anderen Disziplinen als AdressatInnen nicht nur ein wissenschaftliches Fachpublikum und Teilbereiche der Gesellschaft haben, sondern auch eine Gemeinschaft von Gläubigen und entsprechenden Glaubensinstitutionen.

Theologie zwischen *Faith* und *Cumulative Traditions*

Eine wesentliche Eigenschaft der Theologie an deutschsprachigen Universitäten ist ihre konfessionelle Bindung. Dadurch ist sie an die jeweilige Glaubensgemeinschaft, deren Lehre sie vertritt, mehr oder weniger gebunden. Der Islam kennt jedoch keine kirchenähnlichen Strukturen, was der Islamischen Theologie in Lehre und Forschung mehr Freiheit und Selbstständigkeit ermöglicht – zumindest in der Theorie. Dennoch werden gegenüber der Islamischen Theologie an westlichen Universitäten immer wieder Vorbehalte geäußert, sei es aus den Reihen der eigenen Glaubensgemeinschaft oder von außerhalb (Engelhardt 2017, 121–161). Im ersteren Fall können sich diese unter anderem aus der Angst vor einer Glaubensverwässerung bzw. vor einem Abfall vom Glauben, im letzteren aus der Angst vor einer Entsäkularisierung öffentlicher Universitäten speisen (Brunner 2012). Daher ist es wichtig, darauf hinzuweisen, dass dem Glauben in der Theologie zwar eine zentrale Rolle zukommt, aber dennoch zwischen Theologie und Glaube zu unterscheiden ist. Der Religions- und Islamwissenschaftler Wilfred Cantwell Smith liefert ein solides Konzept, das diesen Unterschied veranschaulicht. So differenziert er zwischen *faith*, *belief* und *cumulative traditions*, um die Religion und die Religiosität des Menschen angemessen zu verstehen (1991a, 156 f., 1991b, 171 f.). Dabei bildet *faith* im Sinne des persönlichen Glaubens „die objektiv nicht feststellbare Beziehung einer menschlichen Person zur transzendenten Wirklichkeit“ (Renz 2002, 71). *Cumulative traditions* hingegen sind „die äußeren Formen und Manifestationen von ‚Religion‘, in denen sich die personale Beziehung ausdrückt“ (ebd.). Gemeint sind damit die institutionalisierten und ritualisierten Formen des Glaubens, die sich in Handlungen, Ritualen, Schriften, Narrationen und Organisationen manifestieren. Nach Smith zählt dazu „alles, was von einer Person zur anderen überliefert werden kann, von einer Generation zur nächsten, und was ein Historiker beobachten kann“ (1991a, 156 f., zit. nach Renz 2002, 71). Entsprechend handelt es sich bei den *cumulative traditions* also nicht um ein statisches Gebilde, sondern um einen dynamischen Prozess, der die persönlichen Glaubenserfahrungen von Menschen verschiedener Epochen umfasst.

Damit steht *faith* für die personale und innere Dimension des Glaubens und der Ausdruck *cumulative traditions* für dessen objektivierbare Ausprägungen. Den *cumulative traditions* ordnet Smith auch die Dimension *belief* zu (1987). Darunter versteht er das, „was Menschen einer bestimmten religiösen Tradition in einer spezifischen Epoche und an einem besonderen Ort für wahr halten“ (Schmidt-Leukel 2019, 46).

Diese verschiedenartigen Dimensionen von Religion stehen in einem engen Verhältnis zueinander, sodass sie sich gegenseitig beeinflussen. Glaubensvorstellungen (*belief*) formen und nähren laut Smith den persönlichen Glauben (*faith*) (Renz 2002, 73). Geformt, gestaltet und geschützt wird dieser Glaube ebenfalls durch die *cumulative traditions*. Gleichsam stützt der persönliche Glaube aber auch diese Traditionen, denn „der Glaube [geht] der Tradition voraus und transzendiert sie" (ebd., 72).

Für das wissenschaftliche Forschen und Arbeiten in der Islamischen Theologie sind die genannten Dimensionen von Religion relevant. Sie ermöglichen eine Unterscheidung, die zeigt, dass im Mittelpunkt theologischer Reflexionen oftmals die *cumulative traditions* und damit die institutionalisierten und ritualisierten Formen von Religion bzw. Religiosität stehen. Vorrangig werden dabei sämtliche Quellen, Texte und Meinungen der Gelehrten analysiert und neu interpretiert. Der persönliche Glaube bleibt von theologischen Bemühungen weitgehend unberührt.

In methodologischer Hinsicht stellt sich hier zudem die Frage nach dem Spezifikum des Theologischen. Dabei ist ein Verweis auf die Abgrenzung zwischen Materialobjekt und Formalobjekt von Vorteil. Während unter dem Materialobjekt das Objekt bzw. die Gesamtheit aller Objekte, „auf die die Erkenntnis gerichtet ist" (Schöndorf 2010, 149), zu verstehen ist, wird mit dem Formalobjekt die „spezielle Hinsicht, unter der die betreffenden Gegenstände untersucht werden" (ebd.), bezeichnet. Kennzeichnend für die theologische Perspektive ist die zugrunde liegende Annahme, dass es Gott gibt. Diese Prämisse ermöglicht es, jedes Phänomen – ob es sich nun um das interreligiöse Zusammenleben, ökologische Fragen oder die Situation am Arbeitsplatz handelt – als ein theologisches Thema zu deuten. Im Rahmen des vorliegenden Buches liegt das Theologische vor allem in der Perspektive, unter der etwas in den Blick genommen wird, womit das Formalobjekt in den Vordergrund rückt.

Anzumerken ist dabei jedoch, dass die Theologie als Wissenschaft nicht an die Stelle der Glaubenswahrheiten gesetzt werden darf. Stattdessen sollten theologische Erkenntnisse, wie es in anderen Wissenschaften der Fall ist, immer nur als vorläufig verstanden werden. In diesem Sinne kann sich die Theologie als Wissenschaft durch einen fragenden Charakter auszeichnen (Sejdini 2022, 132). Zudem ist sie herausgefordert, ihren wissenschaftlichen Geist vor allem im Sinne von Nachvollziehbarkeit und intersubjektiver Überprüfbarkeit der Erkenntnisse und Ergebnisse sicherzustellen.

Neben den erwähnten Vorbehalten gegenüber der Theologie von Gläubigen selbst wird die Theologie auch seitens der wissenschaftlichen Community nicht von allen Seiten vorbehaltlos anerkannt und erfährt mitunter Widerspruch. Der folgende Abschnitt widmet sich daher kurz dem Verhältnis von Theologie und Wissenschaft.

Das Spannungsfeld von Theologie und Wissenschaft

Theologie und Wissenschaft stehen im europäischen Kontext seit geraumer Zeit in einer spannungsgeladenen Beziehung. Die Wissenschaftlichkeit der christlichen Theologie wurde in Europa im Verlauf der Geschichte immer wieder infrage gestellt. Auch in der Gegenwart ist das weiterhin der Fall. Dabei richtet sich die Hauptkritik auf die Nach- und

Überprüfbarkeit ihrer Aussagen und Hypothesen sowie auf die Ergebnisoffenheit und die intersubjektive Nachvollziehbarkeit ihrer Forschung.

Solche Kritik wurde unter anderem durch wissenschaftstheoretische Strömungen wie dem Logischen Empirismus des frühen 20. Jahrhunderts, durch die von dem Soziologen Max Weber (1988a, 1988b) angestoßene Debatte über die ‚Wertfreiheit' bzw. ‚Werturteilsfreiheit' der Wissenschaft sowie durch den Kritischen Rationalismus nach Karl Raimund Popper formuliert. Auf die Infragestellung des wissenschaftlichen Charakters der Theologie durch Letzteren wird hier exemplarisch eingegangen.

Zugespitzt lässt sich das Wissenschaftsverständnis des Kritischen Rationalismus auf die Formel bringen, dass die Existenz einer universellen, objektiven Wahrheit bzw. Realität, die unabhängig von den Subjekten besteht, vorausgesetzt wird. Alles Wissen, das von Menschen generiert wurde und wird, ist wiederum hypothetisch. Alle Beobachtungen, Modelle und Theorien sind hypothesengeleitete Versuche, die Realität abzubilden. Das Ziel wissenschaftlichen Forschens und Arbeitens liegt darin, sich der objektiven Wahrheit möglichst anzunähern, indem die theoretischen Ansätze immer weiterentwickelt werden (Popper 2009, 236). Aufgabe der Forschenden ist damit nach Popper „das unablässige *Suchen* nach Wahrheit" (1989, 225 [Herv. im Orig.]).

Eine solche Annäherung kann dadurch erfolgen, dass Hypothesen und Annahmen aus bestehenden Modellen und Theorien überprüft und im Zuge dessen entweder bestätigt (‚verifiziert') oder widerlegt (‚falsifiziert') werden. Aus der Perspektive des Kritischen Rationalismus lässt sich somit folgender Qualitätsmaßstab für das wissenschaftliche Forschen und Arbeiten formulieren:

> Als wissenschaftlich können nur solche Erkenntnisgewinnungsversuche anerkannt werden, die sich der möglichen Falsifikation des vorausgesetzten hypothetischen Wissens in möglichst genau beschriebenen und arrangierten Prüfsituationen aussetzen. (Werbick 2010, 45 f.)

Die Kritik des Kritischen Rationalismus läuft darauf hinaus, dass die grundlegendsten Annahmen wissenschaftlicher Analysen frei von persönlichen Wertorientierungen zu sein haben und dass Hypothesen zur Disposition gestellt, überprüft und bestätigt werden müssen. Im Fall der Theologie kulminiert diese Forderung letztlich darin, dass die Offenbarung Gottes nach strengen wissenschaftlichen Kriterien begründet und einer Prüfung unterzogen werden muss. Solche Forderungen nach ‚Gottesbeweisen' rütteln jedoch an den Grundfesten der Theologie, und deren VertreterInnen halten dieses Ansuchen in der Regel für unzulässig. In der Folge sah sich die Theologie dem Vorwurf ausgesetzt, sie könne den Wahrheitsanspruch ihres Glaubens nicht begründet darlegen, sondern nur voraussetzen. Mit anderen Worten: Die Theologie könne die Existenz ihrer Grundannahmen – Offenbarung und Prophetentum – nicht beweisen und müsse daher auf die Verifikation ihrer Sätze im Diesseits verzichten.

Dass Theologien derartiger Kritik ausgesetzt sind, hat nicht nur negative Konsequenzen. Denn laut Jürgen Habermas (2004, 461) hatte dies auch zur Folge, dass „die Religion [...] vor die Schranken der Vernunft zitiert" wurde. Folglich war auch die Theologie dazu herausgefordert, sich mit der Infragestellung ihres wissenschaftlichen Charakters zu beschäftigen. Christliche TheologInnen haben sich mit dieser Frage intensiv beschäftigt und versucht, der Kritik zu begegnen.

Die diesbezüglichen Debatten können hier nur verkürzt und oberflächlich skizziert werden. Es sei jedoch gesagt, dass die entwickelten Argumentationen vor allem darauf gerichtet sind, dass Glaubenswissen differenziert betrachtet werden müsse und nicht zwingend gleich behandelt werden könne wie empirisches und naturwissenschaftliches Wissen. Während es für die Naturwissenschaften denkbar sei, dass deren Grundannahmen und Hypothesen überprüft werden, so stelle sich für die Theologie als glaubensbezogene Wissenschaft die Situation anders dar.

Reagiert werden kann auf die Kritik des Kritischen Rationalismus grundsätzlich mit der Unterscheidung des Glaubensbegriffs nach Wilfred Cantwell Smith. Im Mittelpunkt von theologischen Überlegungen stehen vorrangig *cumulative traditions* bzw. die tradierten Glaubensvorstellungen (*belief*). Der persönliche Glaube (*faith*) ist hingegen nicht der primäre Gegenstand. Die Kritik des Kritischen Rationalismus ist folglich nur bei Analysen angebracht, die sich auf die Bereiche der *cumulative traditions* bzw. auf deren Teilbereich der tradierten Glaubensinhalte beziehen. Persönliche Glaubensüberzeugungen müssen und können von dieser Kritik dagegen unberührt bleiben.

Gestützt wird diese Position auch durch Argumente des katholischen Theologen Jürgen Werbick. Dieser betont, dass die Grundannahme des Glaubens, dass Gott existiert, nicht einfach so validierbar sei (Werbick 2010, 67 f.). Auch lasse sich der Glaube nicht ohne Weiteres als Hypothese verstehen, die einer Überprüfung anhand rein rationaler Kriterien unterzogen werden kann – oder wie Werbick es ausdrückt: „Glauben kann man doch nicht hypothetisch" (ebd., 52). Religiöse Überzeugungen lassen sich nicht allein am Maßstab der Logik oder der Rationalität bewerten. Auch handele es sich bei einem religiösen Bekenntnis nicht um eine bloße ‚Meinung', die durch rationale Argumente möglicherweise widerlegt oder als zutreffend deklariert werden könne (ebd., 51–58).

Infrage gestellt wird zudem, dass Wissenschaft überhaupt im Sinne einer ‚Wertfreiheit' vollkommen losgelöst sein könne von Wertorientierungen, prägenden Präferenzen und Schwerpunktsetzungen. In der akademischen Landschaft – nicht nur in der Theologie – hat sich stattdessen ein Wissenschaftsverständnis durchgesetzt, das der lebensweltlichen Einbettung von Wissenschaft und Wissen sowie von ergebnisoffenen Arbeits- und Forschungstechniken eine zentrale Rolle zuerkennt. Intersubjektiv nachvollziehbar werden die daraus resultierenden Erkenntnisse jedoch erst, wenn die zugrunde liegenden Annahmen transparent gemacht und offengelegt werden.

Neben der Behauptung, dass die Theologie nicht ergebnisoffen arbeite und von Hypothesen ausgehe, die sich nicht überprüfen ließen, wird noch weitere Kritik an der Disziplin geäußert. Diese geht davon aus, dass Theologien nicht nur von der Idee des reinen wissenschaftlichen Erkenntnisgewinns geleitet sind, sondern dass sie ihre Lehre auch auf die spezifische Glaubensgemeinschaft und deren Glaubensinstitutionen ausrichten und dass diese Institutionen in manchen Fällen über ein Mitspracherecht verfügen, was Personalentscheidungen betrifft. Erfolgen kann dies etwa in Form der *Missio canonica*, des *Nihil obstat* und der sogenannten ‚Fühlungnahme', was manche als Einschränkung der wissenschaftlichen Autonomie deuten (Göcke 2018b, 157).

Die christliche Theologie reagiert auf diesen Kritikpunkt mit der Feststellung, dass Glaubensinstitutionen dafür mitverantwortlich seien, dass entsprechende theologische Fakultäten an Universitäten bestehen. Der evangelische Theologe Martin Jung bringt dies so auf den Punkt: „Nur weil es Kirchen gibt, gibt es Theologie" (Jung 2004, 43). Eine Einflussnahme auf die Hochschultheologien könne den Glaubensinstitutionen daher nicht prinzipiell in Abrede gestellt werden. Denn den Institutionen könne nicht per se das Recht abgesprochen werden, die religiöse Bedeutung und die Normativität der theologisch erarbeiteten Aussagen zu überprüfen.

Abseits der genannten Kritikpunkte gelten christliche Theologien heute in der Regel als anerkannte Disziplinen in der deutschsprachigen Wissenschaftslandschaft (Tapp 2018). Dies ist besonders dem Umstand zu verdanken, dass sie sich der Kritik an der Theologie – woher sie auch kam – großteils stellten und darum bemüht waren, nachvollziehbare Antworten darauf zu geben. In der Forschung und Lehre führte dies dazu, dass ein breit anerkanntes Spektrum an wissenschaftlichen Grundfragen sowie eine Verständigung darüber bestehen, mit welchen Methoden und Arbeitstechniken bestimmte Themen untersucht werden können (Engelhardt 2017, 85–97).

Weiterführende Literatur

Axt-Piscalar, Christine (2013): *Was ist Theologie? Klassische Entwürfe von Paulus bis zur Gegenwart.* Tübingen: Mohr Siebeck.

Engelhardt, Jan F. (2017): *Islamische Theologie im deutschen Wissenschaftssystem: Ausdifferenzierung und Selbstkonzeption einer neuen Wissenschaftsdisziplin.* Wiesbaden: Springer VS.

Göcke, Benedikt Paul (Hg.) (2018a): *Die Wissenschaftlichkeit der Theologie: Bd. 1: Historische und systematische Perspektiven.* Münster: Aschendorff.

Jung, Martin H. (2004): *Einführung in die Theologie.* Darmstadt: WBG.

Schmidt-Leukel, Perry (2019): *Wahrheit in Vielfalt: Vom religiösen Pluralismus zur interreligiösen Theologie.* Gütersloh: Gütersloher Verlagshaus.

Smith, Wilfred Cantwell (1987): *Faith and Belief.* 2. Aufl., Princeton, NJ: Princeton Univ. Press.

Werbick, Jürgen (2010): *Einführung in die theologische Wissenschaftslehre.* Freiburg i. B.: Herder.

2 Einführung in die Islamische Theologie

2.1 Was ist Islamische Theologie?

Die Islamische Theologie hat eine reiche Tradition. Ihre Blüte erlebte sie zwischen dem 8. und 12. Jahrhundert christlicher Zeitrechnung. Entwickelt hat sie sich mehrheitlich außerhalb Europas, vor allem auf der Arabischen Halbinsel und im Nahen Osten. Damit durchlief sie eine eigene geschichtliche Entwicklung, die ihre eigenen Voraussetzungen für die islamische Gelehrsamkeit mit sich brachten (Anawati 1983; Krämer 2007). Dies führte zum einen dazu, dass diese Gelehrsamkeit in den genannten Regionen in einer historisch gewachsenen Form fest verankert ist. Zum anderen bewirkte es, dass die regionalen Bedingungen in der Art, wie diese Gelehrsamkeit in den jeweiligen Kontexten betrieben wird, ihren Niederschlag finden. Herausgebildet haben sich dabei eigene wissenschaftliche Methoden, Gütekriterien und Kommunikationswege, die sich mit den Wissenschaftstraditionen in Europa nicht eins zu eins decken.

Der Begriff ‚Theologie' steht eng mit der christlichen Religion in Verbindung, weil er durch das Christentum geprägt ist und Theologie über eine lange Zeit an den europäischen Universitäten vorrangig als christliche Disziplin betrieben wurde. Dies gilt auch für weitere theologische Begriffe wie ‚Religion', ‚Weltanschauung' und ‚Ideologie', die ebenfalls in westlichen Kontexten geprägt wurden (Waardenburg 2002, 73).

Im Bewusstsein dieser Gegebenheiten wird der Begriff ‚Theologie' in diesem Buch nicht auf einen konkreten Glauben oder eine spezifische Gottesvorstellung bezogen, sondern er konzeptionalisiert auf neutrale Weise die Lehren einer Religion von Gott und seiner Beziehung zum Menschen. Weil die Islamische Theologie als akademische Disziplin in Europa noch jung ist, ist die Etablierung von Begrifflichkeiten ein wichtiger Teil der Arbeit, den die VertreterInnen dieses Faches zu leisten haben. Die Herausforderung liegt hier darin, Theologie inhaltlich und begrifflich aus der eigenen Perspektive sowie im Einklang mit der eigenen Tradition zu definieren.

Im Islam gibt es für die ‚Lehre von Gott' bzw. die ‚Rede von Gott' unterschiedliche Begriffe, deren Bedeutung in den vergangenen Jahrhunderten stets umstritten war. Anzuführen sind hier etablierte Bereiche der islamischen Wissenschaftstraditionen wie die *ʿaqīda*, worunter die islamische Dogmatik bzw. Glaubenslehre zu verstehen ist, und der *kalām*, der eine systematisch-diskursive Form der Theologie ist und ebenso wie die *ʿaqīda* nur einen Teilbereich der islamischen Wissensproduktion beschreibt. Als Dachbegriff für alle Bereiche religiöser Erkenntnisbemühungen finden wir in der Geschichte der islamischen Wissensproduktion kein adäquates Pendant zur Theologie. Daher ist die Frage, wie die junge Disziplin im deutschsprachigen Raum zu bezeichnen ist, durchaus umstritten und hat zu kontroversen Diskussionen geführt.

Durchgesetzt haben sich mittlerweile meist die Bezeichnungen ‚Islamische Theologie' und ‚Islamisch-theologische Studien' als Eigenbezeichnungen dieses Wissenschaftsbereichs. Nach Ömer Özsoy lässt sich unter

> der Bezeichnung »islamische Theologie« […] die Gesamtheit der islamischen Wissenschaften (*al-ʿulūm al-islāmīya*) mit allen traditionellen Ausprägungen verstehen. Die islamischen Wissenschaften blicken auf eine sehr lange Wissenschaftstradition zurück, die sich nie als Sonderhermeneutik verstand, sondern sich gegenwärtig geltenden Wissenschaftsprinzipien wie rationalen Methoden- und Argumentationsstrukturen sowie Selbstkritik stets verpflichtet sah. (Özsoy 2015, 59)

Nach dieser offenen Vorgehensweise sind alle Bereiche und (Sub-)Disziplinen, die sich mit Fragen des islamischen Glaubens auseinandersetzen, Bestandteil der Islamischen Theologie. Oft widmen sich die Reflexionsbemühungen dieses Faches den *cumulative traditions* bzw. den Glaubensinhalten (*belief*). Erschlossen werden können diese Inhalte durch unterschiedliche Methoden des wissenschaftlichen Arbeitens, die sich in der Disziplin etabliert haben. Den Bereich des persönlichen Glaubens (*faith*) – also das, woran MuslimInnen glauben, und ihre subjektiven Beziehungen zu Gott – gilt es dabei differenziert zu betrachten. Erforscht werden muss also, wie der Glaube in der Realität ausgeprägt ist, um Kenntnisse über die Lebenswelten und die Erfahrungsräume derjenigen zu erlangen, für die die Reflexionsbemühungen des Faches gedacht sind.

2.2 Die Entwicklung der Islamischen Theologie und ihrer Teilbereiche im deutschsprachigen Kontext

Die Wurzeln der islamischen Gelehrsamkeit reichen in den Nahen Osten zurück, aber auch in Westeuropa hat der Islam eine lange Geschichte. Die Einbindung der Islamischen Theologie als wissenschaftliche Disziplin an europäischen Universitäten ist hingegen ein relativ neues Phänomen, das in Österreich und Deutschland in den letzten Jahren aus diversen Gründen vorangetrieben wurde. Naturgemäß steht die Konzeptionalisierung der Islamischen Theologie im westlichen akademischen Kontext erst am Anfang.

Die Initialzündung für die Etablierung des Faches in Deutschland erfolgte durch die *Empfehlungen zur Weiterentwicklung von Theologien und religionsbezogenen Wissenschaften an deutschen Hochschulen* durch den Deutschen Wissenschaftsrat im Jahr 2010 (Wissenschaftsrat 2010). In der Folge wurden über die Jahre deutschlandweit verschiedene islamisch-theologische Zentren gegründet. Zudem gibt es in Österreich mit den Universitäten Wien und Innsbruck sowie in der Schweiz mit den Universitäten Fribourg/Freiburg und Luzern weitere Standorte, an denen Islamische Theologie betrieben wird. Die Bezeichnungen der Forschungseinrichtungen in den drei Ländern, die Namen der Lehrstühle und die inhaltliche Ausrichtung unterscheiden sich in diversen Punkten (Schweitzer/Ulfat 2022, 70 f.; Brandner/Kolb/Gelengec 2022, 184).

Seit ihrer Gründung befinden sich die genannten Einrichtungen in einer Phase der Orientierung und Selbstvergewisserung (Sejdini 2022, 13–21). Neben organisatorischen Anfangsschwierigkeiten haben die Standorte zusätzlich auch islamspezifische und situationsbedingte Herausforderungen zu meistern. Darunter fallen besonders die hohen Erwartungen gesellschaftlicher und politischer Akteure im Hinblick auf Themen wie Integration, Deradikalisierung und religiöser Extremismus, die an das Fach herangetragen werden (Aslan 2008, 74; Brunner 2012). Im Vergleich zu anderen Disziplinen und Theologien hat die Islamische Theologie nicht nur ein Fachpublikum anzusprechen, sondern auch noch eine Vielzahl weiterer Faktoren zu bewältigen. So hat sie einen Umgang zu finden mit religionsrechtlichen Fragen, mit der nicht-theologischen Islamforschung, mit der traditionellen islamischen Gelehrsamkeit, mit der etablierten islamischen Theologie außerhalb Europas sowie mit den muslimischen Gemeinschaften, Moscheevereinen und Verbänden im eigenen Land. Zugleich ist das Fach dazu aufgefordert, für die Ausbildung von Studierenden, die Entwicklung von Studiengängen, die Einbindung in den Universitätsbetrieb, die Entwicklung von Kommunikations- und Publikationsformen, die Durchführung von Forschungsprojekten und die Etablierung wissenschaftlicher Standards zu sorgen (Agai et al. 2014). Weiterhin spielt die Islamische Theologie eine zentrale Rolle in der Imamausbildung.

Dieses vielfältige Spannungsfeld, in dem unterschiedlichste Faktoren zu berücksichtigen sind, macht die akademische Etablierung der Islamischen Theologie zu keinem leichten Unterfangen. Vielmehr führt es zu einer Überstrapazierung der Disziplin und zu einem gewissen Unbehagen in dieser – oder wie Ömer Özsoy es in einem Interview mit dem Berliner Tagesspiegel formulierte: „Die Islamische Theologie soll die Integration fördern, die Muslime moderieren und den Islam neuformieren – das alles auf einmal kann keine Disziplin schaffen." (zit. nach Brunner 2012, 103)

Seit der Gründung islamisch-theologischer Zentren und Institute an deutschsprachigen Universitäten hat sich die Islamische Theologie zunehmend ausdifferenziert. Jan Felix Engelhardt, der sich in einer Studie zur Etablierung des Faches in Deutschland (2017) mit diesem Prozess befasst, identifiziert als wichtigen Indikator hierfür die Bezeichnungen der eingerichteten Lehrstühle bzw. die Denominationen der Professuren. Dabei stellt er fest, dass diverse Subdisziplinen innerhalb des Faches bestehen, die in Abbildung 2 dargestellt sind.

Gemessen an der Anzahl der Professuren kommt diesen Subdisziplinen in den jeweiligen Zentren ein unterschiedliches Gewicht zu. Während Bereichen wie der islamischen Mystik (*taṣawwuf*), der islamischen Philosophie (*falsafa*), der Geschichte des Islams (*tārīḫ al-islām*) und der hier nicht aufgeführten islamischen Dogmatik (*ʿaqīda*) eine nachgeordnete Stellung zukommt, erfahren die Hadithwissenschaften (*ʿulūm al-ḥadīṯ*), die Koranwissenschaften (*ʿulūm al-Qurʾān*), die islamische Jurisprudenz (*fiqh*) sowie die systematisch-diskursive Theologie (*kalām*) einen großen Stellenwert. Mit Blick auf ihre wichtige Rolle hinsichtlich des islamischen Religionsunterrichts an den öffentlichen Schulen hat sich die Islamische Religionspädagogik zu einer der wichtigsten, weil anwendungsbezogensten Subdisziplinen entwickelt (ebd., 164).

Einige Bereiche der Islamischen Theologie zeichnen sich durch einen eher deskriptiven Charakter aus, befassen sich mit historischen Fragen und bevorzugen in der Forschung hermeneutische bzw. textanalytische Forschungsansätze. Dazu zählen etwa die Koranwissenschaften und die Hadithwissenschaften. Diese streben danach, theologische

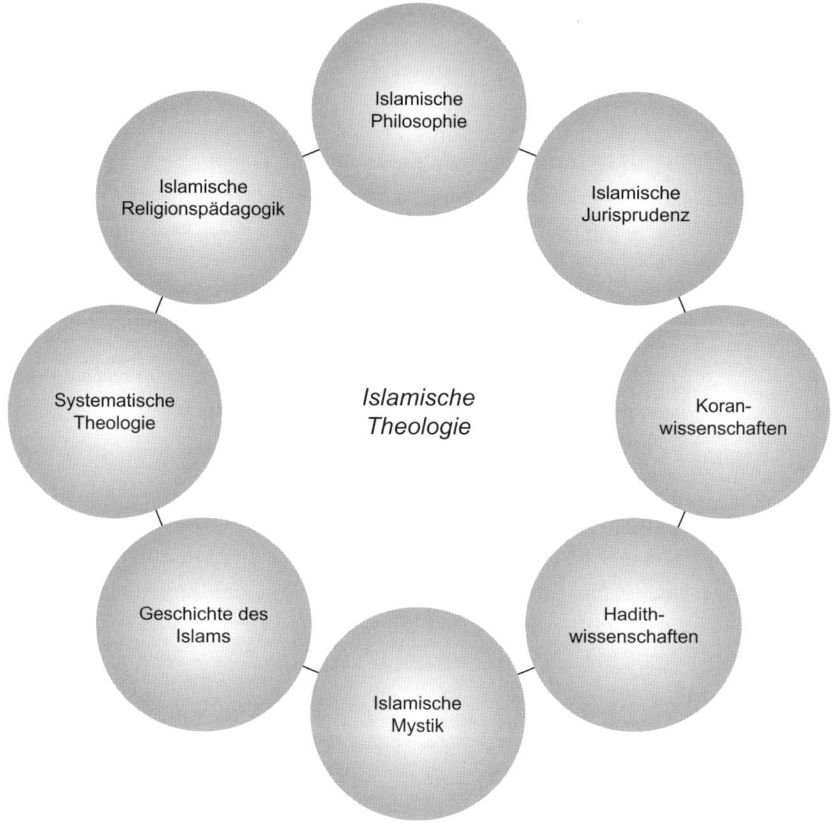

Abbildung 2: Die Islamische Theologie und ihre Subdisziplinen

Quellen zu beschreiben, zu analysieren, zu erläutern und zu interpretieren. Daneben bestehen Subdisziplinen, die normativ veranlagt sind, wie zum Beispiel die islamische Jurisprudenz. Diese beschäftigt sich mit der Grundlage religiöser Normen und der Frage ihrer Gültigkeit. Daneben existieren praktisch orientierte Bereiche wie die Islamische Religionspädagogik, die sich für Fragen der Gegenwart interessieren und in denen auch empirische Forschungsmethoden zur Anwendung kommen (Kolb 2022, 12–19).

2.3 Gegenwärtige Herausforderungen für die Islamische Theologie

Die islamische Gelehrsamkeit hat eine reichhaltige Tradition, die über viele Jahrhunderte und in unterschiedlichsten zeitlichen und räumlichen Kontexten entwickelt wurde. Dass die Islamische Theologie in den letzten Jahren in den säkularen Wissenschaftsbetrieb an europäischen Universitäten Eingang gefunden hat, ist deshalb eine neue Situation. Sich in diesen Kontext einzufügen und dabei den gewachsenen historischen Traditionen der eigenen Geistesgeschichte verpflichtet zu bleiben, stellt eine umfangreiche und vielseitige Herausforderung für das Fach dar.

Auch wenn die Islamische Theologie hierbei noch am Anfang steht, hat sie bereits erste Schritte durchlaufen. Angestoßen wurden etwa bereits diverse Binnendifferenzierungen der Disziplin, die die gewachsenen Traditionen mit den heutigen Anforderungen zu vereinen suchen (Engelhardt 2017, 8 f.). Über zahlreiche Methoden und Arbeitstechniken, die dem Wissenschaftsverständnis an europäischen Universitäten entsprechen, besteht aber noch keine Übereinkunft.

Ähnlich wie die Katholische, die Evangelische und die Jüdische Theologie vor ihr hat sich auch die Islamische Theologie der Tatsache zu stellen, dass ihre Wissenschaftlichkeit infrage gestellt wird. Entfacht werden kann dies an denselben Fragen, mit denen auch christliche Gelehrte konfrontiert sind: Wie nachprüfbar sind theologische Aussagen, wie ergebnisoffen die Analysen, wie nachvollziehbar die Forschungsmethoden, und wie sehr ist die Autonomie der Wissenschaftsdisziplin gewährleistet? Auch wenn sich die christlichen Theologien mit diesen Fragen in der Vergangenheit schon ausführlich befasst haben (bzw. sich bis heute damit befassen), ist die Islamische Theologie gefordert, sich auf ihre ganz eigene Art und Weise mit diesen Kritikpunkten auseinanderzusetzen sowie ihre eigenen Antworten darauf zu finden, da diese auch mit den eigenen Traditionen auszuhandeln sind.

Dass sich die Islamische Theologie den genannten Fragen stellt und Antworten darauf findet, ist von großer Relevanz, da sie, wie schon gesagt, nicht nur ein wissenschaftliches Fachpublikum und eine interessierte kritische Öffentlichkeit anspricht, sondern sich auch den muslimischen Gläubigen und ihren Glaubensinstitutionen zu stellen hat (Agai et al. 2014, 18–22). Letztere, also konkret die Moscheevereine und Dachverbände, hängen mitunter Wissenschaftsverständnissen an, die von den in der akademischen Landschaft etablierten Maßstäben abweichen. So sind für die Glaubensinstitutionen die Prinzipien der historisch gewachsenen islamischen Gelehrsamkeit in der Regel von hohem Gewicht. Der Umgang mit diesen Traditionsbeständen und der institutionalisierten Gemeinschaft stellt eine Herausforderung dar, mit der das Fach ein Auskommen zu finden hat.

Prinzipiell ist die Islamische Theologie dazu angehalten, theologische Fragen und naturwissenschaftliche Erkenntnisse in ihre Reflexionsbemühungen einzubeziehen. Die Auseinandersetzung mit Glaubensfragen wie Offenbarung und Schöpfung sollte die naturwissenschaftlichen Erkenntnisse also nicht außer Acht lassen. Anzustreben ist vielmehr ein konstruktiver Dialog mit diesen Erkenntnissen. Ein solcher Ansatz entspricht auch theologischen Grundlagen, denn die

> Aufgabe der Offenbarung besteht in der Stimulierung der Menschen zur wissenschaftlichen Auseinandersetzung und nicht in der Übermittlung einer eigenen Art von wissenschaftlichen Erkenntnissen. (Sejdini 2016, 28)

Der Versuch, naturwissenschaftliche Erkenntnisse – etwa zur Evolutionsbiologie – mithilfe der koranischen Schöpfungsgeschichte theologisch zu verifizieren, stellt wiederum eine theologische Verengung dar und widerspricht quasi der Grundintention der Offenbarung (Özsoy 2006a).

Generell bietet die Etablierung der akademischen Islamischen Theologie in Europa einzigartige Möglichkeiten für die Disziplin in Bezug auf ihre reichhaltige Tradition. Dabei geht es aber nicht um eine „Perpetuierung bisheriger islamischer Wissensbestände" (Schulze 2012, 183), sondern um eine Weiterentwicklung islamischer Ansätze in noch ungewohnten Kontexten. Ein Bruch mit der eigenen Tradition ist dabei keineswegs anzustreben, sondern es geht vielmehr um eine Anpassung an die Verfahrensweisen und Kommunikationswege der Arbeit an säkularen Universitäten.

Weiterführende Literatur

Agai, Bekim et al. (2014): „Islamische Theologie in Deutschland: Herausforderungen im Spannungsfeld divergierender Erwartungen". In: *Frankfurter Zeitschrift für Islamisch-Theologische Studien*, 1 (1), S. 7–28.

Engelhardt, Jan F. (2017): *Islamische Theologie im deutschen Wissenschaftssystem: Ausdifferenzierung und Selbstkonzeption einer neuen Wissenschaftsdisziplin.* Wiesbaden: Springer VS.

Khalfaoui, Mouez/Ehret, Jean (Hg.) (2021): *Islamische Theologie in Deutschland: Ein Modell für Europa und die Welt.* Freiburg i. B.: Herder.

Özsoy, Ömer (2015): „Islamische Theologie als Wissenschaft: Funktionen, Methoden, Argumentationen". In: Gharaibeh, Mohammed/Begic, Esnaf/Schmid, Hansjörg/Ströbele, Christian (Hg.): *Zwischen Glaube und Wissenschaft: Theologie in Christentum und Islam.* Regensburg: Pustet, S. 56–68.

Schulze, Reinhard (2012): „Islamische Studien und Islamwissenschaft: Sieben Thesen zur notwendigen Differenzierung". In: Khorchide, Mouhanad/Schöller, Marco (Hg.): *Das Verhältnis zwischen Islamwissenschaft und Islamischer Theologie: Beiträge der Konferenz Münster: 1.–2. Juli 2011.* Münster: agenda, S. 183–191.

Sejdini, Zekirija (2022): *Rethinking Islam in Europe: Contemporary Approaches in Islamic Religious Education and Theology*. Berlin: De Gruyter.

Teil II: Die Phasen des Forschungsprozesses

Mit Blick auf den nun näher zu behandelnden Prozess des Forschens ist erneut darauf hinzuweisen, dass sich die Islamische Theologie noch in der Etablierung befindet. Immer wieder wird innerhalb der Disziplin darüber diskutiert, inwiefern diese über eigenständige Methoden verfügt, ob methodische Ansätze aus anderen Wissenschaftsbereichen wie den Sozialwissenschaften zu unkritisch übernommen werden und welche Konsequenzen das hat. Erschwert wird die Debatte dadurch, dass es bis heute keine zusammenführende Darstellung unterschiedlicher Forschungsmethoden in dieser Disziplin gibt.

Das vorliegende Buch soll deshalb in den Ablauf von wissenschaftlichen Forschungs- und Arbeitsprozessen einführen sowie das Spektrum der in der Islamischen Theologie bereits angewandten und potenziell anwendbaren Forschungsmethoden vorstellen. Dabei sind wir der Meinung, dass trotz unterschiedlicher methodischer Zugänge die interdisziplinäre Auslegung der Islamischen Theologie unumgänglich ist. Vor allem, wenn es darum geht, wissenschaftliche Standards einzuhalten und Forschungsprozesse richtig zu gestalten, ist hier der Blick über den Tellerrand von Bedeutung.

Bevor wir die verschiedenen Methoden näher beleuchten, die in dem Fach zum Einsatz kommen bzw. kommen können, geben wir in diesem Kapitel zunächst Einblicke in die verschiedenen Stadien des wissenschaftlichen Forschungsprozesses. Obwohl jeder Forschungsprozess seine speziellen Eigenheiten hat, lassen sich doch verschiedene Phasen unterscheiden, in die sich ein jeder solcher Prozess gliedert. Dabei lassen sich zumindest vier zentrale Phasen unterscheiden:

1. Vorbereitung (siehe Kap. 3)
2. Planung (siehe Kap. 4)
3. Analyse (siehe Kap. 5)
4. Präsentation (siehe Kap. 6)

Je nach Spezifikum und Ausrichtung der wissenschaftlichen Arbeit sind die vier Phasen unterschiedlich ausgeprägt und variieren in ihrem Umfang. Das betrifft insbesondere die Analyse (Phase 3).

Im Rahmen des vorliegenden Buches konzentrieren wir uns auf zwei Arten von Forschungsmethoden: textanalytische und empirische. Es werden allerdings auch andere Kategorisierungen[1] für Methoden der religionsbezogenen Forschung vorgeschlagen (Riegel/Gennerich 2015; Riegel/Rothgangel 2023).

Bei Forschungsvorhaben, in denen empirische Methoden zur Anwendung kommen, ist die Phase der Analyse hinsichtlich des Umgangs mit den Daten in die drei folgenden Abschnitte zu untergliedern:

---

1 So differenziert Bernd Schröder zwischen historischen, empirischen, systematischen, vergleichenden und didaktischen bzw. handlungsorientierenden Methoden (Schröder 2012, 274, 2016, 240). Clauß Peter Sajak dagegen listet empirische, klassisch-hermeneutische und ideologiekritische Zugänge auf (Sajak 2012, 71 f.), während Jan Woppowa empirische, normative und handlungsorientierende Vorgehensweisen einander gegenüberstellt (Woppowa 2018, 19 f.). In unserer Darstellung gehen wir auch auf vergleichende, historische und handlungsorientierende Zugänge ein.

1. Erhebung
2. Aufbereitung
3. Auswertung

Bei Forschungen wiederum, in denen mithilfe von textanalytischen bzw. hermeneutischen Methoden gearbeitet wird, werden indes keine neuen Daten erhoben, sondern es wird auf vorhandene Texte zurückgegriffen. Die Phase der Analyse ist in solchen Arbeiten mit Blick auf das untersuchte Material entsprechend in zwei Unterabschnitte zu unterteilen:
1. Materialbestimmung und -auswahl
2. Auswertung

In der folgenden Abbildung ist der Ablauf der Forschungsphasen schematisch dargestellt.

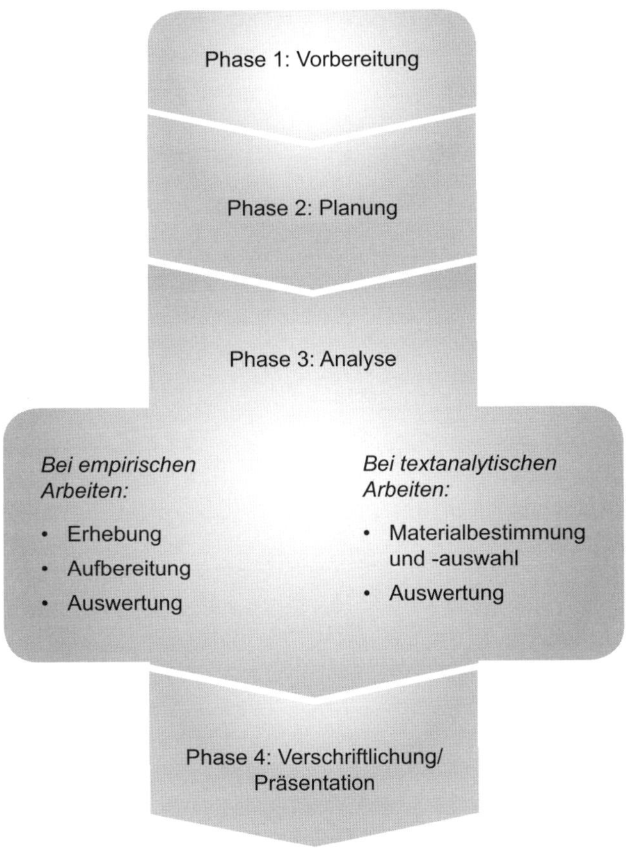

Abbildung 3: Der Ablauf eines Forschungsvorhabens

Die genannten Phasen können nicht immer klar voneinander getrennt werden, denn in der Praxis kommt es immer wieder vor, dass die Phasen ineinandergreifen. Zu verstehen ist das Ablaufmodell daher als ein Orientierungsplan für Forschungen, wie der Weg von ersten Überlegungen und Vorbereitungen über die Entwicklung einer Fragestellung bis hin zu fundierten Ergebnissen verlaufen sollte. Anzustreben ist also, sich bei Forschungen an das Modell zu halten, wobei in der Realität Abweichungen vorkommen können.

In den folgenden Abschnitten (Kap. 3–6) wird erläutert, was die verschiedenen Phasen des Forschungsablaufs auszeichnet.

3 Vorbereitung

3.1 Von den ersten Ideen zum Thema

Das Thema einer wissenschaftlichen Arbeit zu finden, ist manchmal ganz einfach, zum Beispiel wenn DozentInnen oder ProfessorInnen Themen vorgeben und sich Studierende für jenes davon entscheiden können, das ihnen zusagt. Eine solche Auswahlmöglichkeit ist aber nur selten der Fall. Die Regel ist vielmehr, dass Studierende dazu aufgefordert sind, sich ein Thema selbst auszusuchen.

Am Beginn jeder Forschung stehen meistens Ideen, Einfälle und vage Überlegungen. Ausgelöst werden können diese durch Alltagserfahrungen und alltägliche Beobachtungen (Hug/Poscheschnik 2020, 20–24). So kann etwa die Beobachtung, dass MuslimInnen in manchen Bereichen des Lebens die Pflichtgebete nicht verrichten, den Ausgangspunkt für ein wissenschaftliches Forschungsvorhaben darstellen.

Zu dieser Idee kann in der Folge ein langsames Herantasten erfolgen, zum Beispiel indem man erste Überlegungen anstellt, mit Gedanken jongliert und wissenschaftliche Literatur liest, die sich mit dieser Frage beschäftigt (Esselborn-Krumbiegel 2014, 33–69).

Eine Idee zu formulieren und zu konkretisieren, ist nicht immer einfach. Mit verschiedenen kreativen Methoden wie Brainstorming und Mind Mapping, um nur zwei Beispiele zu nennen, lassen sich diese Prozesse unterstützen. Mithilfe solcher Techniken kann das Denken angeregt und fokussiert werden (Esselborn-Krumbiegel 2012, 37–62).

Um aus der Beobachtung, dass MuslimInnen in Situationen des Alltags nicht immer den Pflichtgebeten nachkommen, ein Thema für eine wissenschaftliche Forschung zu entwickeln, sollte das Phänomen konkretisiert werden. Denkbar wäre für eine Forschung etwa das Thema ‚Das rituelle Pflichtgebet am Arbeitsplatz von MuslimInnen' oder etwas allgemeiner formuliert: ‚Religiöse Normen im Berufsleben von MuslimInnen'.

Nicht aus jeder Idee lässt sich ein Thema für eine wissenschaftliche Arbeit entwickeln. Die Ideen und das Thema müssen bestimmten Voraussetzungen entsprechen. Zum einen muss ein Bezug zum aktuellen Forschungstand und zu wissenschaftlichen Vorarbeiten bestehen. Eine intensive Auseinandersetzung mit den bestehenden Forschungen und Publikationen zu den Ideen und Überlegungen ist in dieser Phase unerlässlich. Deshalb ist es notwendig, in dieser Phase die Techniken des Recherchierens (siehe Kap. 10) und des Lesens (siehe Kap. 11) anzuwenden.

Zum anderen müssen Ideen und Themen nach überprüfbaren Kriterien methodisch bearbeitbar sein, wenn sie im Rahmen von wissenschaftlichen Forschungen untersucht werden sollen. Dies ist der Fall, wenn man etablierte textanalytische oder empirische Forschungsmethoden anwendet. Die potenziell einsetzbaren Methoden können dabei sehr unterschiedlich sein. So sind für die Auseinandersetzung mit dem Thema ‚Religiöse Normen im Berufsleben von MuslimInnen' verschiedene methodische Herangehensweisen denkbar, darunter qualitative Leitfadeninterviews, Dokumentenanalysen, Gruppendiskussionen, Beobachtungen, Analysen theologischer Quellen sowie Fragebogenerhebungen.

Bei der Themenfindung sind sowohl inhaltliche als auch organisatorische Kriterien zu berücksichtigen (Hug/Poscheschnik 2020, 66–72):

- Inhaltliche Kriterien
  - Wie lässt sich das Thema erforschen? Mit welchen Methoden kann dabei vorgegangen werden?
  - Welche bisherigen Studien gibt es zum Thema? Existieren dabei etwaige Leerstellen bei der Erforschung des Themas?
  - Besteht eine Notwendigkeit, sich mit dem Thema wissenschaftlich zu beschäftigen? Warum ist die Forschung zu dem Thema von Bedeutung? Für wen haben die zu erwartenden Erkenntnisse Relevanz?
  - Wie umfangreich wird eine sinnvolle, ausreichend tiefe Bearbeitung des Themas sein? Ist das gewählte Thema beispielsweise zu breit angelegt, oder gibt es für eine Forschungsarbeit eher zu wenig her? Lassen sich in dem genannten Beispielthema also etwa alle religiösen Normen, die in beruflichen Kontexten relevant sein können, in einer einzigen Forschung untersuchen, oder ist eine Einschränkung auf bestimmte Normen sinnvoll?
  - Können Sie das Thema überhaupt ausreichend bearbeiten, verfügen Sie also zum Beispiel über die notwendigen methodischen und sprachlichen Fertigkeiten? Sind für die Bearbeitung des Themas also etwa bestimmte Fremdsprachenkenntnisse oder Erfahrungen mit Forschungsmethoden notwendig, über die Sie nicht verfügen?

- Organisatorische Kriterien
  - Gibt es im Falle einer Qualifikationsarbeit eine geeignete Betreuungsperson, die Sie bei der Bearbeitung des Themas begleiten kann? Was sagt diese Person zu dem Thema und dem Vorhaben?
  - Welche Materialien müssen beschafft werden? Gibt es etwa überhaupt genügend Literatur, steht diese im Bearbeitungszeitraum zur Verfügung, oder müssen Sie auf anderes Material ausweichen? Welchen Zugang zu Datenmaterial haben Sie? Müssen Sie Daten auf empirischem Wege erst selbst erheben, oder können Sie auf bereits bestehende Texte bzw. Dokumente zugreifen?
  - Inwiefern verfügen Sie – auch vor dem Hintergrund Ihrer privaten Situation – über zeitliche und finanzielle Ressourcen, um sich der Forschungsarbeit widmen zu können?
  - Sind Sie bereit, sich intensiv und über einen längeren Zeitraum mit dem gewählten Thema systematisch und nach intersubjektiv nachvollziehbaren Kriterien zu beschäftigen?

Es ist sehr wichtig, sich diesen Fragen vor dem Beginn der Arbeit zu stellen, um das in Betracht gezogene Forschungsvorhaben gut einschätzen zu können. Leider wird oft der Fehler begangen, dass Themengebiete zur wissenschaftlichen Bearbeitung vorschnell hergenommen werden, was in den späteren Phasen meist zu Schwierigkeiten führt. Besonders bei Qualifizierungsarbeiten sollte stets der damit verbundene Zeitaufwand einkalkuliert werden, um das Thema in dem dafür vorgesehenen zeitlichen Rahmen bewältigen zu können.

3.2 Die Entwicklung der Fragestellung

Nach der Festlegung auf ein Thema gilt es, eine Fragestellung zu entwickeln. Eine solche ist ein zentraler Schritt, von dem der Erfolg eines wissenschaftlichen Vorhabens abhängt. Eine Fragestellung gibt der Arbeit eine bestimmte Richtung vor und grenzt sie ein (Kruse 2018, 105 f.).

Die Fragestellung steht am Beginn jeder wissenschaftlichen Arbeit, unabhängig davon, ob es sich um eine Dissertation, eine Studie, einen Forschungsantrag, eine Bachelor- oder Masterarbeit oder eine Seminararbeit handelt. Wer eine Frage formuliert, möchte darauf eine Antwort haben, und so kann man sagen, dass eine wissenschaftliche Arbeit eine Antwort auf eine zuvor entwickelte Fragestellung ist. Diese ist dabei stets so zu wählen, dass sie sich in dem vorgesehenen Zeitraum – bei einer Masterarbeit etwa innerhalb von sechs Monaten – in der notwendigen Tiefe, Detailliertheit, Genauigkeit und Sorgfalt bearbeiten lässt (Lieberknecht/May 2019, 43).

Je nach Umfang der Arbeit kann eine Fragestellung aus mehreren Teilfragen bestehen. Während es bei einer Seminararbeit oder einem Essay schon rein aus Platzgründen oft ratsam ist, sich mit nur einer Forschungsfrage zu begnügen, sind für eine Masterarbeit, eine Dissertation und ein Forschungsprojekt verschiedene Forschungsfragen sinnvoll, die miteinander in Beziehung stehen. Falls es mehrere Einzelfragen gibt, ist es jedoch wichtig, dass das Interesse des Vorhabens in einer zentralen Leitfrage zusammengefasst wird (Hug/Poscheschnik 2020, 72 f.).

Ein für Studierende und junge ForscherInnen häufiges Problem ist, dass ein Thema fälschlicherweise mit einer Fragestellung gleichgesetzt wird. Wenn jemand beispielsweise vorhat, sich mit dem Thema ‚Religiöse Normen im Berufsleben von MuslimInnen' zu befassen, wurde damit noch längst keine Fragestellung formuliert. Das Thema ist der Fragestellung übergeordnet und ist als inhaltlicher Rahmen zu verstehen, in dem sich die Forschungsfragen bewegen. Um zu einer bearbeitbaren Fragestellung zu gelangen, ist es daher besonders wichtig, den gewählten Untersuchungsgegenstand einzugrenzen. Je unpräziser und unklarer die Fragestellung gefasst ist, desto größer ist die Gefahr, dass das Forschungsvorhaben scheitert. Das kann beispielsweise daran liegen, dass man sich mit Fragen und Aspekten beschäftigt, die vom eigentlichen Thema abweichen, oder dass man Berge an Material erhebt, die man aus Platzgründen später nicht in die Arbeit einfließen lassen kann.

In den folgenden Abschnitten wird beschrieben, wie man zu einer Fragestellung kommen kann. Zu differenzieren ist dabei zwischen zwei Schritten: einer ersten grundsätzlichen Annäherung an die Fragestellung und einer daran anknüpfenden Eingrenzung derselben nach spezifischen Kriterien.

3.2.1 Erste Annäherung an die Fragestellung

Die Formulierung einer Fragestellung und die Eingrenzung des Untersuchungsfokus ist oft schwieriger als gedacht. Die Frage, nach welchen Gesichtspunkten die Fragestellung konkretisiert werden kann, bereitet nicht selten Probleme. Eine Konkretisierung kann ausgehend von persönlichen Interessen, vom bereits bestehenden Forschungsstand oder von der inhaltlichen Bedeutung des Vorhabens erfolgen. Diese Aspekte beeinflussen sich gegenseitig – wie in Abbildung 4 dargestellt – und sind bei der Formulierung der Fragestellung jeweils zu berücksichtigen.

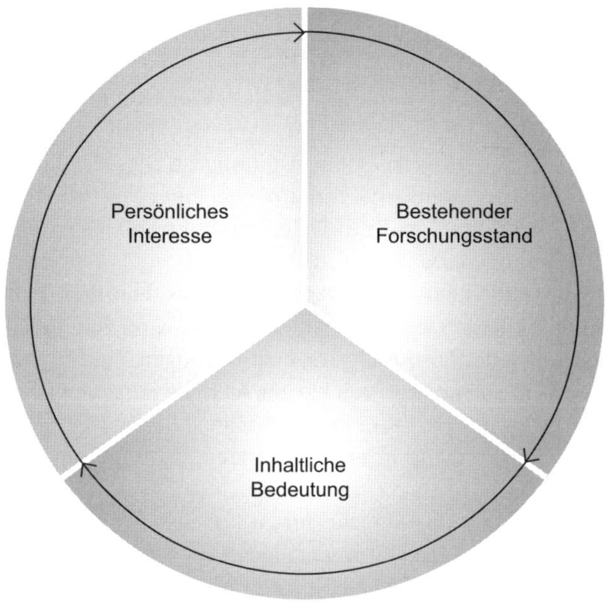

Abbildung 4: Erste Annäherung an eine Fragestellung

Die erste Annäherung an die Fragestellung ist als ein mehrstufiger Prozess zu verstehen. In dessen Rahmen wird das Untersuchungsvorhaben schrittweise fokussiert. Hierfür ist es ratsam, sich die folgenden Fragen zu stellen:

- *Persönliches Interesse: Was interessiert mich genau an dem Thema, und was möchte ich dabei herausfinden?*
  Unser Beispielthema ‚Religiöse Normen im Berufsleben von MuslimInnen' liefert ein Konglomerat an unterschiedlichen Aspekten, Facetten, Phänomenen, Perspektiven und Zugängen. Mit welchem Ausschnitt des Themas Sie sich befassen wollen, hängt

nicht zuletzt davon ab, was Ihre persönlichen Interessen sind. Treibt Sie zum Beispiel schon seit einiger Zeit eine Frage im Zusammenhang mit religiösen Normen in beruflichen Kontexten von MuslimInnen um? Oder haben Sie aufgrund eigener Betroffenheit oder auch aufgrund von Erfahrungen anderer Menschen das Bedürfnis, sich mit spezifischen religiösen Normen im Berufsleben im Rahmen einer wissenschaftlichen Forschung auseinanderzusetzen?

Wenn persönliche Interessen für ein Forschungsvorhaben ausschlaggebend sind, ist es um so erforderlicher, den Untersuchungsschwerpunkt einzugrenzen und zu spezifizieren, um das Thema wissenschaftlich bearbeiten zu können. In einem ersten Schritt ist dabei zu reflektieren, inwiefern die Begrifflichkeiten des Themas klar verständlich und präzise umrissen sind.

Zu klären ist dabei im Falle unseres Beispiels zum einen, was mit ‚Berufsleben' genau gemeint ist. Naheliegend ist hierbei, dass darunter der Arbeitsplatz und der berufliche Kontext verstanden werden. Im Falle von freiberuflich tätigen Personen oder Menschen im Homeoffice kann zwischen privaten und beruflichen Kontexten jedoch nicht immer sauber getrennt werden. Zudem ist zu fragen, ob nur aktuelle berufliche Tätigkeiten oder auch frühere Anstellungen und vergangene berufliche Kontexte erforscht werden sollen. Um den Fokus der Untersuchung zu konkretisieren und eine geeignete Fragestellung zu formulieren, ist es wichtig, sich über diese Punkte Gedanken zu machen.

Zum anderen ist zu bestimmen, was mit dem Begriff ‚religiöse Normen' gemeint ist. Wichtig ist dies, weil der Ausdruck einen großen Interpretationsspielraum zulässt. Denkbar ist etwa, dass darunter religiöse Vorgaben bezüglich des äußerlichen Erscheinungsbildes oder der Kleidungsgewohnheiten zu fassen sind. Es können genauso auch Essens- und Trinkgewohnheiten damit gemeint sein oder religiöse Rituale wie das Fastengebot im Ramadan, Pflichtgebete oder das Freitagsgebet, wenn diese in die Arbeitszeit fallen. Ob alle Bereiche religiöser Normen in beruflichen Kontexten oder nur ausgewählte Aspekte untersucht werden sollen, gilt es bei der Entwicklung der Fragestellung festzulegen. Die verwendeten Begrifflichkeiten müssen dabei so gewählt und die Fragestellung so formuliert werden, dass sie alle Aspekte umfassen, die im Rahmen der Analyse untersucht werden sollen.

Nach den begrifflichen Klärungen ist es für die Entwicklung einer Fragestellung in einem zweiten Schritt hilfreich zu konkretisieren, was Sie an dem gewählten Thema besonders interessiert. In Anlehnung an unser Musterthema könnten Sie unter anderem die folgenden Perspektiven angehen:

- eine theologische Analyse religiöser Normen im Kontext des Berufslebens in den heiligen Schriften oder aus der Sicht von Gelehrten,
- eine religionspädagogische Analyse zu der Frage, wie das Thema im Schulunterricht behandelt wird,
- oder eine religionssoziologische Untersuchung zu der Frage, welche Formen des Umgangs mit religiösen Normen am Arbeitsplatz berufstätige MuslimInnen entwickeln und wovon diese beeinflusst werden.

Jeder der genannten perspektivischen Zugänge ist denkbar. Sie alle haben Auswirkungen darauf, welche Forschungsmethoden zur Anwendung kommen, welches Datenmaterial Sie analysieren und worauf der Schwerpunkt Ihres Forschungsvorhabens liegt.

Selbst wenn Sie sich etwa dafür entscheiden, den dritten Weg einzuschlagen, gilt es, weitere Präzisierungen vorzunehmen. So können Sie sich dafür interessieren,

- ob berufstätige MuslimInnen Kenntnis von den für das Berufsleben relevanten religiösen Normen haben,
- ob die Betreffenden darüber Bescheid wissen, wie muslimische Berufstätige agieren sollten, um den religiösen Normen nachkommen zu können,
- oder wie diese mit religiösen Normen im beruflichen Alltag verfahren und welche Strategien sie dabei entwickeln.

Jede der genannten Ausrichtungen und Zielsetzungen ist legitim. Dass Sie eine Fokussierung vornehmen, ist aber dennoch unumgänglich, um eine bewältigbare Fragestellung entwickeln zu können.

- *Bestehender Forschungsstand: Wie steht mein Vorhaben zum bisherigen Forschungsstand? Oder: Gibt es Leerstellen in der Forschung, zu deren Bearbeitung ich beitragen möchte?*

Für die Fokussierung auf den Ausschnitt eines Themas ist es notwendig, mit dem diesbezüglichen Forschungsstand vertraut zu sein und daran anzuknüpfen. Erst vor diesem Hintergrund kann die bloße Reproduktion bereits vorliegender Studien vermieden werden, und nur so lassen sich Aspekte und Facetten eines Themas identifizieren, die in den bisherigen wissenschaftlichen Auseinandersetzungen mit demselben noch zu wenig Aufmerksamkeit bekommen haben. Bevor eine Fragestellung präzisiert werden kann, ist es also unerlässlich, zunächst die bestehende Literatur zum Thema zu finden und zu sichten.

Bei der Sichtung des Forschungsstandes kann es der Fall sein, dass man zu dem Schluss kommt, dass bestimmte Aspekte des Untersuchungsgegenstandes bis dato kaum erforscht wurden. In diesem Fall bietet es sich an, die Fragestellung in diese Richtung zu lenken und so zu formulieren, dass die Fokussierung auf die Forschungslücke klar zum Ausdruck kommt. So könnte sich bei der Sichtung etwa herausstellen, dass in diesbezüglichen empirischen Studien fast nur MuslimInnen in einem Angestelltenverhältnis befragt wurden und Freiberufliche bis dato keine Berücksichtigung erfahren haben. In diesem Fall würde es sich anbieten, sich auf Selbstständige und Freiberufliche zu fokussieren, um diese Forschungslücke zu schließen. Die Identifikation einer solchen Lücke ist für ein wissenschaftliches Vorhaben unentbehrlich. Sie verleiht der Untersuchung nicht nur Relevanz, sondern daraus erwächst überhaupt auch erst ihre Berechtigung.

- *Inhaltliche Bedeutung: Was ist an dem Thema wissenschaftlich relevant, und wofür sind die zu erwartenden Ergebnisse von Bedeutung?*
Nicht alle Aspekte unseres Beispielthemas sind für die Wissenschaft von Bedeutung. Die wissenschaftliche Relevanz hängt stets davon ab, wofür die Analyse wichtig ist und wozu sie beitragen kann. Damit können die Facetten des Themas, die es zu untersuchen gilt, eingegrenzt werden.

Denkbar ist beispielsweise, dass eine textanalytische Auseinandersetzung mit theologischen Schriften oder mit den Ansichten islamischer Gelehrter erfolgen soll, die der Frage nachgeht, wie diese die religiösen Normen in Bezug auf das Berufsleben von MuslimInnen konzipieren. Neben anderen Fokussierungen ist es auch möglich, einen an muslimischen Lebenswelten orientierten Themenzuschnitt zu verfolgen. Wissenschaftlich relevant sind hierbei besonders Aspekte, die nicht nur für die untersuchten Individuen von Bedeutung sind, sondern in denen auch Regelmäßigkeiten bzw. Gesetzmäßigkeiten zum Ausdruck kommen, denen eine überindividuelle Relevanz zukommt und die eine größere Anzahl von berufstätigen MuslimInnen betreffen bzw. betreffen können.

Ungeachtet der methodischen und disziplinären Perspektive ist zu begründen, weshalb eine Forschung zu dem gewählten Themenausschnitt durchgeführt wird. Das Kriterium der inhaltlichen Bedeutung ist eine notwendige Voraussetzung einer Fragestellung. In wissenschaftlichen Arbeiten wird dies in der Regel in der Problemstellung dargelegt. Dabei ist die Wichtigkeit des Vorhabens zu begründen und zu untermauern. Erfolgt dies nicht, kann der Eindruck entstehen, die Arbeit behandele eine belanglose Frage. Belegt werden kann die Relevanz des gewählten Themas auf unterschiedliche Weise.

Eine gängige Strategie ist es, ausgehend von Literaturrecherchen eine Forschungslücke zu identifizieren. Die Existenz einer solchen Leerstelle muss aber gut belegt und nachgewiesen werden. Wenn eine wissenschaftliche Arbeit auf eine solche Forschungslücke abzielt, hat sie einen innovativen Charakter und verspricht, über den bisherigen Stand der Forschung hinauszugehen.

Während Innovation zwar ein wichtiges Kriterium für Fragestellungen darstellt, muss dieses aber nicht bei jeder wissenschaftlichen Arbeit gleichermaßen erfüllt sein. Bei einer Seminar- oder Bachelorarbeit darf nicht erwartet werden, dass die Fragestellung innovativ ist und über den aktuellen Forschungsstand hinausgeht. Dies ist aufgrund des begrenzten Umfangs einer solchen Arbeit nicht möglich. Bei Dissertationen und anderen Forschungsprojekten hingegen muss das Kriterium der Innovation sehr wohl erfüllt sein, da es für solche Arbeiten eine notwendige Voraussetzung darstellt, dass sie wissenschaftliches Neuland betreten und zum bereits bestehenden Forschungsstand neue Erkenntnisse beitragen.

Abseits davon kann die Relevanz einer Fragestellung auch durch konkrete Bezüge zur Realität begründet werden – im Falle unseres Beispielthemas etwa dadurch, dass diesem für einen Großteil der MuslimInnen eine zentrale Rolle für die konkrete Alltagsgestaltung zukommt. Das Forschungsinteresse kann aber auch damit legitimiert werden, dass das Thema von Bedeutung ist für das Wohlbefinden von MuslimInnen am Arbeitsplatz, für Konflikte in beruflichen Kontexten oder für die bessere Eingliederung von MuslimInnen in den Arbeitsmarkt.

3.2.2 Inhaltliche Eingrenzung der Fragestellung

Nach der ersten Annäherung an die Fragestellung ist es ratsam, diese nach spezifischen Kriterien zu konkretisieren. In Abbildung 5 sind mögliche inhaltliche Eingrenzungen eines wissenschaftlichen Forschungsvorhabens dargestellt.

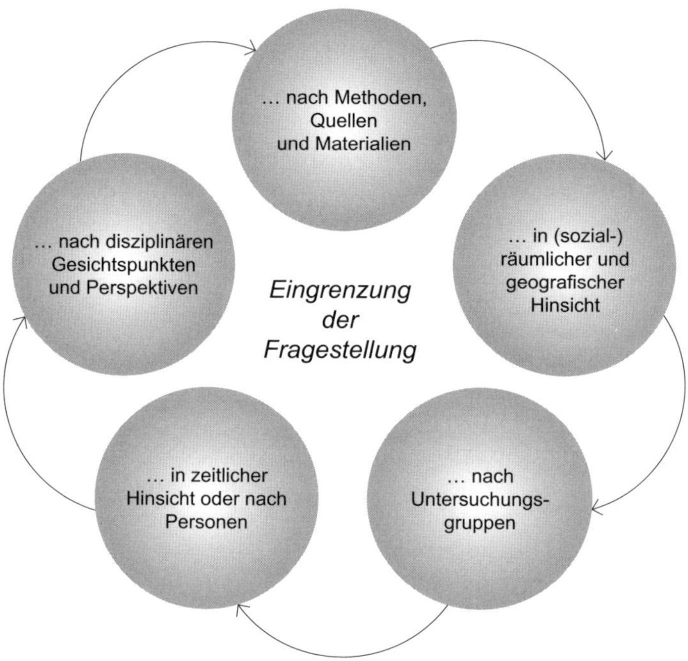

Abbildung 5: Kriterien zur inhaltlichen Eingrenzung der Fragestellung

Im Folgenden werden die unterschiedlichen Möglichkeiten, eine Fragestellung inhaltlich zu konkretisieren, dargestellt. Eine Konkretisierung und Eingrenzung ist möglich ...

- *... nach Methoden, Quellen und Materialien.*
  Wenn das Thema feststeht, muss entschieden werden, mithilfe welcher Methoden sowie auf Basis welcher Quellen und Materialien die Analyse erfolgen soll. Dabei ist es unumgänglich, sich auf eine spezifische Vorgehensweise festzulegen, um eine Fragestellung formulieren zu können. Bei unserem Musterthema ist es zum Beispiel denk-

bar, dass eine textanalytische Auseinandersetzung mit religiösen Quellentexten, mit den Schriften islamischer Gelehrter oder auch mit religiösen Rechtsgutachten (Fatwas) erfolgt. Im Fokus eines solchen Zugangs stehen die religiösen Normen und ihre Analyse. Die zu untersuchenden Quellen sind konkret zu benennen und einzugrenzen. Ausformuliert ist für ein solches Vorhaben die folgende Fragestellung zielführend:

➢ *Welche religiösen Normen in Bezug auf das Berufsleben von MuslimInnen finden sich in Koran und Sunna sowie in den Schriften und Rechtsgutachten islamischer Gelehrter?*

Ebenso möglich ist, dass der Zusammenhang zwischen religiösen Normen und Berufsleben empirisch erforscht wird. Ein Zugang könnte dabei sein, dass der Umgang mit religiösen Normen durch MuslimInnen im Berufsleben untersucht wird. Um zu einer bearbeitbaren Fragestellung zu gelangen, sind jedoch Fragen in Bezug auf die zu erforschende Personengruppe zu konkretisieren. Denkbar ist, dass zum Beispiel freiberufliche MuslimInnen im Mittelpunkt stehen. Entsprechend könnte eine mögliche Fragestellung für solch ein Erkenntnisinteresse sein:

➢ *Welchen Umgang mit religiösen Normen pflegen freiberuflich tätige MuslimInnen?*

- *... in (sozial-)räumlicher und geografischer Hinsicht.*

Bei einer empirischen Untersuchung unseres Beispielthemas gilt es, die Fragestellung in (sozial)räumlicher und geografischer Hinsicht zu konkretisieren. Zum einen ist hier zu klären, um welche Pflichten und Vorschriften es geht. In Frage kämen solche, die in (sozial)räumlicher Hinsicht das Familienleben, strafrechtliche Aspekte, das Alltagsleben im Generellen oder den Arbeitsplatz betreffen. Da das Thema auf berufstätige MuslimInnen fokussiert ist, liegt es nahe, die Fragestellung auf den Umgang mit religiösen Normen am Arbeitsplatz einzugrenzen.

Zum anderen ist die Personengruppe geografisch zu konkretisieren. Mit einer räumlich nicht näher eingegrenzten Fragestellung wären muslimische Berufstätige weltweit zu erforschen, was aber nicht bewerkstelligt werden kann. Um die Machbarkeit des Vorhabens zu gewährleisten, muss die Fragestellung zum Beispiel auf einen Staat, eine Region oder eine Stadt eingegrenzt werden. Diese Entscheidung hängt nicht zuletzt davon ab, welchen Umfang die wissenschaftliche Arbeit hat, da dies Auswirkungen auf die Größe des Samples hat. Eine mögliche Fragestellung wäre hier, wie der Umgang mit religiösen Normen am Arbeitsplatz durch MuslimInnen aussieht, die in Kleinstädten im deutschsprachigen Raum wohnhaft sind. Die Forschungsfrage könnte dann wie folgt lauten:

➢ *Wie gehen MuslimInnen in Kleinstädten (in Hessen, Bayern, Tirol etc.) mit religiösen Normen am Arbeitsplatz um?*

- *... nach Untersuchungsgruppen.*

Weiterhin ist bei unserem Beispielthema zu klären, was genau unter der zu erforschenden Untersuchungsgruppe verstanden wird. Zu differenzieren ist also, wer dieser Gruppe angehört und wer nicht. Das ist wichtig, weil der Umgang mit religiösen

Normen durch MuslimInnen in beruflichen Kontexten sehr unterschiedlich sein kann. Prinzipiell einzuschränken ist die Personengruppe aufgrund des Erkenntnisinteresses auf berufstätige Personen.

Je nach Alter, Familienstand, beruflicher Position, Bildungsgrad und ethnischer Zugehörigkeit kann es jedoch weitere Diskrepanzen geben, die bei der Formulierung der Fragestellung berücksichtigt werden könnten. Während den religiösen Normen am Arbeitsplatz für Lehrlinge, Auszubildende und BerufsanfängerInnen im Vergleich zu den beruflichen Vorgaben womöglich ein geringeres Gewicht zukommt, kann das bei berufstätigen MuslimInnen, die eine Leitungsfunktion am Arbeitsplatz ausüben oder auf ein jahrzehntelanges Arbeitsleben verweisen können, ganz anders aussehen. Markante Unterschiede sind zudem zwischen abhängig Beschäftigten und FreiberuflerInnen, zwischen AkademikerInnen und ungelernten Arbeitskräften sowie nicht zuletzt zwischen berufstätigen Männern und Frauen zu erwarten. Eine mögliche Fragestellung könnte hier so formuliert sein:

➢ *Welchen Einfluss hat die berufliche Situation von MuslimInnen auf ihren Umgang mit religiösen Normen am Arbeitsplatz am Beispiel bestimmter Gruppen (wie AkademikerInnen, Auszubildenden, Führungskräften, FreiberuflerInnen etc.)?*

Wird die zu untersuchende Personengruppe nicht weiter spezifiziert, sodass die Fragestellung alle berufstätigen MuslimInnen einschließt, muss das empirische Sample auch der Unterschiedlichkeit der beruflichen Konstellationen und der einflussnehmenden Faktoren (Alter, Bildungsgrad, berufliche Position, Berufserfahrung, Familienstatus etc.) gerecht werden. Besonders in qualitativen empirischen Analysen ist ein solch breites Sample jedoch nicht bewältigbar, da in der Regel nur eine geringe Personenanzahl erforscht werden kann.

- *... in zeitlicher Hinsicht oder nach Personen.*

Wenn unser Beispielthema textanalytisch bearbeitet werden soll, gilt es vor der Ausformulierung der Fragestellung zu klären, welche zeitlichen Horizonte konkret in die Analyse einbezogen werden sollen. In der Vergangenheit sind zu diesem Thema vielfältige Arbeiten und Aussagen islamischer Gelehrter in räumlich wie zeitlich sehr unterschiedlichen Kontexten entstanden. Damit das gewählte Material nicht den Rahmen des Machbaren sprengt, ist es notwendig, eine sinnvolle, klar umrissene und bearbeitbare Auswahl in zeitlicher Hinsicht oder nach Personen festzulegen.

Ein denkbarer Zuschnitt wäre beispielsweise, dass Werke moderner islamischer Gelehrter der zweiten Hälfte des 20. Jahrhunderts dahingehend untersucht werden, welche Haltung sie zur Frage der religiösen Normen im beruflichen Kontext entwickelten. Die Analyse ist dann angehalten, sich auf eine bearbeitbare Anzahl von gezielt ausgewählten Gelehrten in diesem Zeitraum zu fokussieren, deren Ansätze jeweils separat zu beleuchten und im Anschluss miteinander in Beziehung zu setzen und zu vergleichen. Eine mögliche Fragestellung könnte hier so lauten:

➢ *Wie behandeln islamische Gelehrte in der zweiten Hälfte des 20. Jahrhunderts die Frage von religiösen Normen im Berufsleben von MuslimInnen?*

Ein anderer denkbarer Zuschnitt des Materials in zeitlicher Hinsicht wäre, dass Fatwas, die in einer bestimmten Region in einem spezifischen Zeitraum erteilt wurden und sich mit unserem Beispielthema befassen, analysiert werden. Durch derartige Fokussierungen wird das Material so eingegrenzt, dass es sich im Rahmen einer wissenschaftlichen Untersuchung bearbeiten lässt. Dabei ist zu bedenken, dass die Art der Arbeit den Umfang des Materials bestimmt.

- *... nach disziplinären Gesichtspunkten und Perspektiven.*
  Eingrenzen lässt sich das Beispielthema auch nach disziplinären Gesichtspunkten und Perspektiven. Wenn etwa ein religionspädagogischer Zugang gewählt wird, sollte das in der Formulierung der Fragestellung deutlich gemacht werden. Zu formulieren wäre diese dementsprechend wie folgt:
  - *Welche religionspädagogischen Schlussfolgerungen können aus dem Umgang mit religiösen Normen am Arbeitsplatz durch MuslimInnen gezogen werden, und wie können diese didaktisch im Religionsunterricht aufbereitet werden?*

  Aber auch weitere disziplinäre Annäherungen sind vorstellbar, zum Beispiel aus Sicht der systematisch-diskursiven Theologie, der Hadithwissenschaften oder der islamischen Jurisprudenz.

  Außer nach disziplinären Gesichtspunkten kann man den Untersuchungsfokus auch ausgehend von spezifischen Perspektiven eingrenzen. So kann es sein, dass Sie bei der Analyse des Forschungsstandes zu der Erkenntnis gelangen, dass Arbeiten zu Ihrem Thema fast ausschließlich von männlichen Gelehrten verfasst wurden, wobei vielleicht bestimmte geschlechtsspezifische Aspekte, Schwerpunktsetzungen oder Wertungen mitschwingen. Insofern würde ein Forschungsvorhaben Neuland betreten und innovativ sein, wenn darin gezielt die Sichtweisen weiblicher Gelehrter untersucht werden. Die Fragestellung für solch ein Forschungsanliegen könnte dann so lauten:
  - *Wie werden das Verhältnis religiöser Normen und beruflicher Kontexte sowie die daraus resultierenden Auswirkungen auf das Berufsleben von MuslimInnen in weiblich-theologischer Perspektive gefasst und behandelt?*

  Untersucht werden könnte dabei auch, welchen Einfluss geschlechtsbezogene Perspektiven islamischer Gelehrter auf deren Interpretationen theologischer Fragen nehmen. Ein solches Design erfordert, dass Deutungen von weiblichen und männlichen Gelehrten, die sich dezidiert mit dem besagten Thema auseinandersetzen, jeweils in einem ersten Schritt gesondert untersucht werden. In einem zweiten Schritt kann der Einfluss des Geschlechts der Gelehrten auf deren theologische Deutungen analysiert werden. In diesem Fall könnte die Fragestellung so lauten:
  - *Welchen Einfluss haben die geschlechtsbezogenen Perspektiven von islamischen Gelehrten auf die Behandlung und Interpretation religiöser Normen am Arbeitsplatz, und was sind die Konsequenzen daraus für das Berufsleben von MuslimInnen?*

In den vorangegangenen Abschnitten wurde bei unserem Beispielthema der zu untersuchende Themenausschnitt nach unterschiedlichen Kriterien eingegrenzt und eine passende Fragestellung entwickelt. Nicht immer sind die genannten Kriterien klar voneinander abgrenzbar, mitunter überlappen sie sich. So bedeutet eine Konkretisierung in zeitlicher Hinsicht oft auch eine Eingrenzung nach methodischen oder quellenbezogenen Gesichtspunkten. In der folgenden Textbox sind denkbare Fokussierungen unseres Musterthemas mit möglichen Formulierungen für eine Fragestellung auf einen Blick zusammengefasst.

Textbox 1: Eingrenzung des Beispielthemas ‚Religiöse Normen im Berufsleben von MuslimInnen' nach inhaltlichen Kriterien mit möglichen Fragestellungen

- Eingrenzung nach Methoden, Quellen und Materialien:
  - ➢ *Welche religiösen Normen in Bezug auf das Berufsleben von MuslimInnen finden sich in Koran und Sunna sowie in den Schriften und Rechtsgutachten islamischer Gelehrter?*
  - ➢ *Welchen Umgang mit religiösen Normen pflegen freiberuflich tätige MuslimInnen?*

- Eingrenzung in (sozial-)räumlicher und geografischer Hinsicht:
  - ➢ *Wie gehen MuslimInnen in Kleinstädten (in Hessen, Bayern, Tirol etc.) mit religiösen Normen am Arbeitsplatz um?*

- Eingrenzung nach Untersuchungsgruppen:
  - ➢ *Welchen Einfluss hat die berufliche Situation von MuslimInnen auf ihren Umgang mit religiösen Normen am Arbeitsplatz am Beispiel bestimmter Gruppen (wie AkademikerInnen, Auszubildenden, Führungskräften, FreiberuflerInnen etc.)?*

- Eingrenzung in zeitlicher Hinsicht oder nach Personen:
  - ➢ *Wie behandeln islamische Gelehrte in der zweiten Hälfte des 20. Jahrhunderts die Frage von religiösen Normen im Berufsleben von MuslimInnen?*

- Eingrenzung nach disziplinären Gesichtspunkten und Perspektiven:
  - ➢ *Welche religionspädagogischen Schlussfolgerungen können aus dem Umgang mit religiösen Normen am Arbeitsplatz durch MuslimInnen gezogen werden, und wie können diese didaktisch im Religionsunterricht aufbereitet werden?*
  - ➢ *Wie werden das Verhältnis religiöser Normen und beruflicher Kontexte sowie die daraus resultierenden Auswirkungen auf das Berufsleben von MuslimInnen in weiblich-theologischer Perspektive gefasst und behandelt?*

> ➢ *Welchen Einfluss haben die geschlechtsbezogenen Perspektiven von islamischen Gelehrten auf die Behandlung und Interpretation religiöser Normen am Arbeitsplatz, und was sind die Konsequenzen daraus für das Berufsleben von MuslimInnen?*

3.2.3 Kriterien einer wissenschaftlichen Fragestellung

Bei theologischen und religionspädagogischen Forschungsvorhaben ist es wichtig, im Vorfeld zu klären, ob und wie das Forschungsinteresse als wissenschaftliche Fragestellung eingegrenzt werden kann. Für dieses Ziel stechen zusammengefasst vier notwendige Kriterien hervor: Relevanz, Innovation, Machbarkeit und Bearbeitbarkeit (Hug/Poscheschnik 2020, 75 f.).

Die **Relevanz** ist eine Grundvoraussetzung dafür, dass eine Fragestellung überhaupt als ‚wissenschaftlich' bezeichnet werden kann. Mit diesem Kriterium werden die Gründe benannt, weshalb eine Fragestellung bearbeitet werden soll. Wenn die Bedeutung eines Forschungsvorhabens nicht begründet werden kann, ist die Fragestellung ohne Belang und die Forschung sollte nicht durchgeführt werden.

Innovativ ist eine Fragestellung, wenn sie den Forschungsstand voranbringt, also über die bisherigen Erkenntnisse hinausgeht und diesen neue Aspekte hinzufügt. Hier geht es also darum, ob eine Fragestellung Gesichtspunkte untersucht, die bis dato übersehen wurden. Besonders wichtig ist dies für umfangreichere Forschungen; bei Seminar- oder Bachelorarbeiten, die oft nur den bestehenden Forschungsstand zu einem Thema zusammenfassen, ist das Kriterium der Innovation hingegen nachrangig.

Das Kriterium der **Machbarkeit** bezieht sich darauf, ob die Bearbeitung einer Fragestellung im dafür vorgesehenen Zeitraum umsetzbar ist. Zu berücksichtigen sind hierbei die eigenen methodischen und sprachlichen Kenntnisse sowie die Leistungsfähigkeit bzw. die Arbeitskapazitäten, um ein Forschungsvorhaben durchzuführen.

Mit dem Kriterium der **Bearbeitbarkeit** ist gemeint, ob eine Forschungsfrage sich überhaupt beantworten lässt. Es geht also darum, ob die gewählten Methoden, Quellen und Eingrenzungen des Themas sich dazu eignen, um Antworten auf die formulierte Fragestellung zu liefern.

In Textbox 2 werden die vier genannten Kriterien noch einmal angeführt. Anhand der dort aufgelisteten Fragen können Sie überprüfen, inwiefern Sie diese Kriterien bei der Entwicklung Ihrer wissenschaftlichen Fragestellung berücksichtigt haben.

Textbox 2: Vier Kriterien für eine wissenschaftliche Fragestellung

Relevanz:
- Worin besteht der praktische oder theoretische Nutzen der Forschungsfrage?
- Welchen Zweck hat die Forschung, weshalb ist die Auseinandersetzung mit der Fragestellung also von Bedeutung?
- Wer hat etwas davon, dass die Forschungsfrage beantwortet wird?
- Was würde fehlen, wenn die Fragestellung nicht gestellt würde?

Innovation:
- Wo gibt es Lücken im Forschungsstand zu dem gewählten Themengebiet?
- Welche Aspekte zu diesem Themengebiet wurden noch nicht ausreichend erforscht?
- Was ist das Innovative an der gewählten Fragestellung?
- Was verspricht die Forschungsfrage Neues zum bestehenden Forschungsstand beizutragen?

Machbarkeit:
- Inwiefern ist die entwickelte Fragestellung im vorgesehenen Ausmaß und Zeitrahmen umsetzbar und durchführbar?
- Ist das Forschungsvorhaben angesichts des zu leistenden Arbeitsvolumens, der eigenen Kapazitäten und der eigenen Leistungsfähigkeit machbar?

Bearbeitbarkeit:
- Kann die Forschungsfrage mit den gewählten Methoden bearbeitet werden?
- Ist die Forschungsfrage mit der gewählten Vorgangsweise zu beantworten?

Quelle: Hug, Theo/Poscheschnik, Gerald (2020): *Empirisch forschen: Die Planung und Umsetzung von Projekten im Studium.* 3. Aufl., München: UVK, S. 75 f.

3.2.4 Zur Formulierung einer wissenschaftlichen Fragestellung. Oder: Was ist eine passende Forschungsfrage?

Alle oben genannten Zielsetzungen, Fokussierungen, Eingrenzungen, Erwartungen, Hoffnungen und Interessen, die die Auseinandersetzung mit dem gewählten Forschungsthema beeinflussen können, sind grundsätzlich legitim. Im Vorfeld einer wissenschaftlichen Analyse gilt es jedoch, sich dieser Aspekte bewusst zu werden, indem Sie sich selbst mit Ihrer Motivlage kritisch und selbstreflektiert auseinandersetzen. Diese Schritte unterstützen Sie dabei, den Fokus Ihrer angestrebten Untersuchung zu präzisieren. Am Ende dieses

Reflexionsprozesses sollten Sie bei einer Fragestellung anlangen, die – je nach Charakter des Vorhabens – so eingegrenzt ist, dass sie im Rahmen einer wissenschaftlichen Analyse bearbeitet und beantwortet werden kann.

Ihre Fragestellung bzw. die Forschungsfragen sollten Sie unbedingt ausformulieren. Wenn dies nicht erfolgt, besteht die Gefahr der Unverbindlichkeit und Schwammigkeit. Je präziser eine Fragestellung ausformuliert ist, desto klarer lässt sich eine Untersuchung planen, strukturieren, konzeptionieren und verfassen. Folglich ist es bei der Formulierung der Fragestellung notwendig, dass Sie bereits eine gewisse Vorstellung davon haben, wie Sie die Forschungsfragen bearbeiten wollen. Ihre Fragestellung sollte aber auch offen sein für neue oder auch überraschende und unerwartete Erkenntnisse. Das Verhältnis von Offenheit und Strukturiertheit der Fragestellung sollte ausgewogen sein.

Bei der Formulierung der Fragestellung verbietet es sich daher, geschlossene Ja/Nein-Konstruktionen zu verwenden. Zielführend ist es vielmehr, offene W-Fragen zu nutzen, die mit Fragewörtern wie ‚wie', ‚warum', ‚inwiefern', ‚welche' und ‚was' beginnen.

Ein Negativbeispiel für eine Fragestellung für unser Beispielthema ‚Religiöse Normen im Berufsleben von MuslimInnen' lautet daher etwa wie folgt:

➢ *Können MuslimInnen, die im Bildungsbereich tätig sind, im beruflichen Alltag religiösen Normen nachkommen?*

Problematisch bei dieser Fragestellung ist, dass die Formulierung nur mit ‚ja' oder ‚nein' beantwortet werden kann. Sie erweckt den Eindruck, dass die Komplexität der Aspekte, die beim Zusammenspiel von religiösen Normen in beruflichen Kontexten eine Rolle spielen, sich auf ein bloßes Ja/Nein-Schema reduzieren lässt. Eine solche Formulierung der Fragestellung ist daher für ein wissenschaftliches Vorhaben unzulässig.

Von Interesse ist für eine Forschung zudem nicht nur, ob MuslimInnen den religiösen Normen am Arbeitsplatz nachkommen können oder nicht, sondern ob dabei bestimmte Herausforderungen bestehen, wie sie mit problematischen Situationen umgehen, welche Lösungsstrategien sie entwickeln und was dies bei den Betroffenen auslöst. Daher ist eine Fragestellung möglichst offen zu formulieren, um vielfältige Phänomene, Facetten und Aspekte in die Beantwortung einfließen lassen zu können. Diese Vorgehensweise liefert am Ende ausreichende Erkenntnisse, um sich auch eine Meinung darüber bilden zu können, ob MuslimInnen im Bildungsbereich religiösen Normen am Arbeitsplatz nachkommen können oder nicht.

Ein Positivbeispiel für eine gelungene Fragestellung wäre daher:

➢ *Inwiefern können MuslimInnen, die im Bildungsbereich tätig sind, im beruflichen Alltag religiösen Normen nachkommen?*

Im Mittelpunkt dieser Fragestellung steht der tatsächliche Umgang mit religiösen Normen, also die Frage, inwiefern MuslimInnen diesen entsprechen oder davon abweichen. Beantwortet werden kann ein solches Forschungsinteresse nicht mit einem schlichten ‚ja' oder ‚nein', sondern durch detaillierte und fundierte Analysen. Das Positivbeispiel unterscheidet sich von dem Negativbeispiel nur in einem einzigen Wort: dem Fragewort ‚inwiefern'. Die Frage, ob berufstätige MuslimInnen im Bildungssektor religiösen Normen am Arbeitsplatz nachkommen können oder nicht, kann auch bei dieser Formulierung sehr wohl beantwortet werden. Die Antwort fällt hier allerdings differenzierter aus und wird der Komplexität gegenwärtiger Lebensrealitäten eher gerecht als ein holzschnittartiges ‚ja oder nein?'.

Noch grundsätzlicher als die Fragestellung ist die Frage, ob jedes Erkenntnisinteresse wissenschaftlicher Natur ist und wissenschaftlich bearbeitet werden kann. Wie kann eine wissenschaftliche Fragestellung also aussehen, und was sind Kriterien dafür? Sind die folgenden Fragen zum Beispiel wissenschaftlicher Natur?

- *Gibt es Gott?*
- *Ist alles von Gott vorherbestimmt?*

Diese Fragen beschäftigen viele Menschen, ob gläubig oder nicht, und sind für den persönlichen Glauben von Relevanz. Wissenschaftlich können diese Fragen aber nicht beantwortet werden, weil sie in Form einer wissenschaftlichen Fragestellung nicht bearbeitbar sind. Es gibt keine wissenschaftlichen Methoden, um ‚Gottesbeweise' anzustellen, die auf Basis objektiver und intersubjektiv nachvollziehbarer Kriterien für alle Menschen nachprüfbar wären. Dies gilt auch für das umgekehrte Anliegen, sodass die Nichtexistenz Gottes genauso wenig mit wissenschaftlichen Methoden belegt werden kann wie seine Existenz.

So berechtigt die Frage nach der Existenz Gottes für den persönlichen Glauben auch sein mag, bestehen doch keine methodischen Möglichkeiten, durch diese Fragestellung zu validierbaren Ergebnissen zu gelangen. Damit ist aber noch nichts über die Frage an sich gesagt. Es geht nur darum klarzustellen, dass Themen, die die Transzendenz betreffen, mit wissenschaftlichen Methoden nicht zu bearbeiten sind.

Die unzulässige Frage ‚Gibt es Gott?' kann jedoch zu einer wissenschaftlichen Fragestellung modifiziert werden. Eine Alternative könnte etwa sein:

- *In welcher Weise beschäftigt sich al-Ġazālī mit dem Problem der Existenz Gottes in seinem Werk Iḥyā' ʿulūm ad-dīn?*

Ein solches Erkenntnisinteresse stellt eine wissenschaftliche Fragestellung dar. Diese richtet sich auf eine Schrift des islamischen Gelehrten al-Ġazālī (gest. 1111) und strebt danach, dessen Auseinandersetzung mit dem Thema der Existenz Gottes nach einem textanalytischen Verfahren zu untersuchen. Das angestrebte methodische Verfahren ist konkret und das formulierte Erkenntnisinteresse bearbeitbar, da ein bestehendes Werk einer thematisch fokussierten Analyse unterzogen werden soll. Entsprechend kann eine solche Fragestellung zu Ergebnissen führen, die für alle Interessierten nachvollziehbar und plausibel dargestellt werden können.

Auch die Frage ‚Ist alles von Gott vorherbestimmt?' ließe sich modifizieren, um zu einer wissenschaftlichen Fragestellung zu gelangen. Denkbar wäre hier etwa die folgenden Formulierungen:

- *Wie werden die Themen freier Wille und Vorherbestimmung im Koran gefasst?*
- *Wie wird die Frage des freien Willens und der Vorherbestimmung durch die Vertreter der theologischen Strömung der Muʿtazila gelöst, und wie begründen sie ihre Position?*

Beide Formulierungen stellen wissenschaftliche Fragestellungen dar. Ein konkretes Thema (freier Wille und Vorherbestimmung) steht hierbei im Mittelpunkt und soll anhand bestimmter Quellen (der Koran oder bestimmte Schriften der Muʿtazila) bearbeitet werden. Derartig formulierte Erkenntnisinteressen sind thematisch fokussiert und können mittels einer spezifischen methodischen Vorgehensweise untersucht werden. Die Fragestellung kann auf diesem regelgeleiteten und systematischen Weg zu validierbaren Befunden führen und ist deshalb als ‚wissenschaftlich' zu qualifizieren.

Weil der Fragestellung im Rahmen einer wissenschaftlichen Arbeit eine zentrale Rolle zukommt, haben wir die Aspekte, die bei ihrer Entwicklung zu beachten sind, detailliert behandelt. Sobald die Fragestellung ausformuliert ist, ist die Phase der Vorbereitung abgeschlossen. Darauf folgt die zweite Phase: die der Planung.

4 Planung

Nach der Formulierung der Forschungsfragen sind als Nächstes die Vorgehensweisen zu bestimmen und wichtige planerische Dinge zu entscheiden. Dazu zählen die Festlegung eines theoretischen Analyserahmens, die Entscheidung für Forschungsmethoden und ein Forschungsdesign sowie oft auch die Entwicklung von Hypothesen. Diese Festlegungen setzen eine Auseinandersetzung mit dem bestehenden Forschungsstand voraus. Daher sind auch in dieser Phase das Recherchieren (siehe Kap. 10) und das Lesen (siehe Kap. 11) als Arbeitstechniken von großer Bedeutung. Die angestellten Überlegungen und Konkretisierungen sollten in der Phase der Planung in ein Exposé einfließen, wie es in Textbox 3 beschrieben wird.

Textbox 3: Was ist ein Exposé?

Bei einem Exposé handelt es sich um einen Bauplan, der zeigt, wie die wissenschaftliche Arbeit aussehen soll. Es umfasst in der Regel folgende Teile:

- Einleitung mit einer Hinführung zum Thema, Problemstellung und Begriffsklärungen
- Darstellung des Forschungsstandes, Entwicklung der Fragestellung bzw. Forschungsfragen sowie Hypothesen
- Methodisches Design, Vorgehensweise bei der Datenerhebung und -analyse
- Strukturierter Zeit- und Arbeitsplan
- Aufbau der Arbeit/vorläufige Gliederung
- Verwendete Literatur

Weitere Bestandteile des Exposés können unter anderem ein Entwurf des Leitfadens sein, wenn qualitative Leitfadeninterviews geplant sind.

Quelle: Huemer, Birgit/Rheindorf, Markus/Gruber, Helmut (2012): *Abstract, Exposé und Förderantrag: Eine Schreibanleitung für Studierende und junge Forschende.* Wien: Böhlau [v. a. Kap. 2: Das Exposé für eine Abschlussarbeit, S. 47–128].

Durch die Bestimmung eines theoretischen Begriffsrahmens wird auch die Perspektive definiert, aus der ein spezifisches Phänomen oder Themengebiet betrachtet wird. Dabei sind zentrale Begrifflichkeiten und Konzepte zu klären. Im Anschluss kann ein analytischer Rahmen erarbeitet werden, der im weiteren Verlauf der Arbeit zur Anwendung kommt.

Auszuwählen ist in dieser Phase auch ein Forschungsdesign, das dazu geeignet ist, die Fragestellung auf angemessene Weise zu bearbeiten (Flick 2013a). Dieses Design ist der übergeordnete methodologische Plan, nach dem die Studie aufgebaut wird. In der empirischen Forschung sind laut Hug und Poscheschnik (2020, 90) unter anderem folgende Designs möglich:

- Einzelfallanalyse: Hier wird eine spezifische Person, Personengruppe, Organisation oder ein spezifisches Werk eines bzw. einer Gelehrten untersucht.
- Vergleichsstudie: Ein Design, bei dem mindestens zwei verschiedene Fälle (Personen, Organisationen etc.), zwei verschiedene Werke eines bzw. einer Gelehrten oder die Arbeiten verschiedener Gelehrter analysiert und miteinander verglichen werden.
- Feldforschung: Hier werden auf empirische Weise Daten im natürlichen Alltagskontext erhoben oder alltägliche Interaktionen untersucht.
- Survey: Das ist ein Design für quantitative empirische Forschungen, bei dem eine in der Regel große Personenanzahl einer Grundgesamtheit, also eine Stichprobe, zu einem bestimmten Thema mittels Fragebögen befragt wird.
- Vollerhebung: Davon spricht man, wenn Daten von allen Mitgliedern der Grundgesamtheit erhoben werden. In der Praxis ist dieses Design nur in Ausnahmefällen anwendbar, wenn die Grundgesamtheit ausreichend klein und für die Forschung erreichbar ist.
- Panel: Das ist eine Sonderform des Surveys. Hierbei handelt es sich um eine Längsschnittuntersuchung, bei der eine Personengruppe zu einem bestimmten Thema mehrmals zu verschiedenen Zeitpunkten befragt wird, wodurch ein zeitlicher Verlauf analysiert werden kann.
- Aktions- oder Praxisforschung: Sie zielt darauf ab, ein Phänomen nicht nur zu beschreiben und zu analysieren, sondern auch Handlungsanleitungen bzw. Praxisempfehlungen zu entwickeln, indem zum Beispiel schulische Lehreinheiten zu einem spezifischen Thema entwickelt und umgesetzt werden.
- Evaluationsforschung: Mit diesem Design lässt sich empirisch analysieren, wie bestimmte Maßnahmen und Interventionen wirken, zum Beispiel, welche Effekte neu entwickelte Lehreinheiten auf SchülerInnen haben.
- Meta-Analyse: Sie hat zum Ziel, einen Überblick über verschiedene bereits vorliegende Studien oder über verschiedene Schriften von Gelehrten zu geben und diese gegebenenfalls miteinander zu vergleichen.

Welche der genannten Designs in der Praxis anwendbar sind, unterscheidet sich von Fall zu Fall. Während in textanalytischen Arbeiten etwa die Einzelfallanalyse, die Vergleichsstudie und die Meta-Analyse zum Einsatz kommen können, sind bei empirischen Verfahren prinzipiell alle der genannten Designs anwendbar.

Außer über die Auswahl des Designs ist auch über die methodische Vorgehensweise zu entscheiden. Grundsätzlich besteht im Bereich der Islamischen Theologie die Möglichkeit, zwischen textanalytischen bzw. hermeneutischen und empirischen Ausrichtungen zu wählen. Während letztere sich dadurch auszeichnen, dass Daten neu erhoben werden, analysieren textanalytische Verfahren schon bestehendes Material. Empirische Methoden können unter anderem Gruppendiskussionen, problemzentrierte Leitfadeninterviews, Beobachtungen und Fragebogenerhebungen sein. Zu den textanalytischen Verfahren wiederum zählen die Korananalyse, die Hadithanalyse, die Dokumentenanalyse und die Diskursanalyse.

Abhängig vom Forschungsdesign kann es zudem sinnvoll sein, Hypothesen zu bilden (Meinefeld 2013). Dabei handelt es sich um wohlbegründete Annahmen, was die Zusammenhänge zwischen Variablen bzw. Merkmalen und deren Ausprägungen im erforschten Themenbereich angeht. Variablen bzw. Merkmale sind Faktoren, die ein zu untersuchendes Phänomen kennzeichnen oder beeinflussen. Ein Phänomen kann durch verschiedene Variablen – wie Religionszugehörigkeit, Religiosität, Migrationshintergrund, Bildungsabschluss, Alter, Geschlecht und Familienstand – geprägt sein. Jedes der genannten Merkmale kann verschiedene Ausprägungen aufweisen. Bei der Variablen ‚Migrationshintergrund' kann zum Beispiel zwischen den Merkmalsausprägungen ‚erste', ‚zweite', ‚dritte' und ‚vierte Migrationsgeneration' sowie ‚kein Migrationshintergrund' differenziert werden.

Gute Hypothesen sind klar und eindeutig und benennen einen konkreten Zusammenhang zwischen verschiedenen Merkmalen und deren Ausprägungen, der bis dahin weder bestätigt noch widerlegt ist. Entwickelt werden Hypothesen nicht einfach ‚aus dem Blauen heraus', sondern vor dem Hintergrund bestehender wissenschaftlicher Forschung zu dem gewählten Themengebiet. Oftmals fordern sie bestehende Erkenntnisse heraus (Rost 2010, 34 f.).

In der empirischen Forschung helfen Hypothesen,

- den Zugang zu fokussieren,
- die Methode zu strukturieren sowie
- die passenden Formulierungen für Fragebögen und Leitfäden zu finden.

Im Falle unseres Beispielthemas ‚Religiöse Normen im Berufsleben von MuslimInnen' können Hypothesen auf Basis bestehender Forschungen gebildet werden. So deuten bisherige Studien zu muslimischer Religiosität etwa darauf hin, dass sich MuslimInnen weniger stark an religiösen Normen orientieren, wenn sie in ihrem sozialen Umfeld viel mit Menschen anderen Glaubens zu tun haben (Aslan/Kolb/Yildiz 2017, 294, 382 und 440). Aus diesem Ergebnis kann nun eine Hypothese entwickelt werden, die im Rahmen der Forschung näher untersucht werden soll. Sie könnte lauten:

> *Der Umgang berufstätiger MuslimInnen mit religiösen Normen am Arbeitsplatz hängt von ihrem sozialen Umfeld ab. Je mehr Kontakt die Betreffenden zu Andersgläubigen haben, desto mehr neigen sie zu einer Vernachlässigung der religiösen Normen am Arbeitsplatz.*

In der Hypothese wird ein Zusammenhang zwischen den Variablen ‚Umgang mit religiösen Normen am Arbeitsplatz' und ‚soziales Umfeld' formuliert. Angenommen wird, dass ein häufiger Kontakt berufstätiger MuslimInnen zu Menschen anderen Glaubens dazu führt, dass sie religiösen Normen am Arbeitsplatz weniger nachkommen. In diesem Fall würde der Faktor ‚Kontakt mit Andersgläubigen' eine Vernachlässigung religiöser Normen auslösen und wäre daher als ‚unabhängige Variable' zu bezeichnen. Die andere Variable ‚Umgang mit religiösen Normen am Arbeitsplatz' hängt von der ersten Variablen ab, daher spricht man hier von der ‚abhängigen Variablen' (Unser/Riegel 2022, 202).

In unserem Beispiel haben wir die Hypothese also auf Basis von Literaturrecherchen formuliert. Sie fußt auf der genannten Studie und wurde ausgehend von deren Befunden entwickelt. Der Zusammenhang zwischen praktizierten Normen und sozialem Umfeld wurde in der besagten Studie selbst aber nicht überprüft. Unsere Literaturrecherchen haben uns damit gezeigt, dass dieser Zusammenhang bisher weder widerlegt noch bestätigt wurde, sondern im Rahmen einer wissenschaftlichen Analyse zu prüfen ist, was wir uns nun vornehmen. Damit betritt unsere Untersuchung also Neuland.

Über die Notwendigkeit von Hypothesen herrscht in der Methodenliteratur keine Einigkeit. Unterschiedliche Auffassungen bestehen besonders in den verschiedenen empirischen Traditionen. Bei quantitativen Forschungen kommt Hypothesen eine zentrale Rolle zu, sodass sie in der Planungsphase zwingend gebildet werden müssen. Bei qualitativen Verfahren hingegen sind Hypothesen von geringerer Bedeutung und werden oft erst zum Abschluss der Untersuchung aus den Ergebnissen und Befunden heraus formuliert.

5 Analyse

Auf die Vorbereitung und Planung folgt die Phase der Analyse. Zu unterscheiden ist hier grundsätzlich zwischen empirischen und textanalytischen Vorgehensweisen.

Empirische Verfahren
Bei Forschungsarbeiten, in denen empirisch gearbeitet und somit neues Datenmaterial erhoben wird, stellt die Phase der Analyse einen Dreischritt dar. Zu differenzieren ist hier zwischen Erhebung, Aufbereitung und Auswertung.

Erste Teilphase: Erhebung
In der Phase der Erhebung werden empirische Erhebungsmethoden angewandt. Deren Ziel ist es, Daten über den Forschungsgegenstand und zur Beantwortung der Forschungsfrage zu gewinnen. Häufig verwendete Methoden sind das qualitative Leitfadeninterview und die quantitative Befragung mit einem standardisierten Fragebogen. Gängige Verfahren und empirische Erhebungsmethoden, die auch in der Islamischen Theologie Anwendung finden können, sind folgende:
- Gruppendiskussion
- Narratives Interview
- Beobachtung
- Qualitative Leitfadeninterviews
- Fragebogenerhebung
- Methode des Lauten Denkens

Die Fragebogenerhebung stellt in der Liste die einzige quantitative Erhebungsform dar. Genannt werden hier vorrangig qualitative Methoden. ‚Qualitative Leitfadeninterviews' ist dabei als ein Sammelbegriff zu verstehen, der ExpertInneninterviews, strukturierte Interviews, problemzentrierte Interviews und weitere Interviewformen gleichermaßen umfasst. Detailliert dargestellt werden all diese Erhebungsinstrumente in Kapitel 8.1.

Zweite Teilphase: Aufbereitung
Charakteristisch für empirische Erhebungsmethoden ist, dass die generierten Daten aufbereitet werden müssen, damit sie interpretiert und analysiert werden können. Diese Phase umfasst nach Hug und Poscheschnik (2020, 104 f.) drei Momente: Fixierung, Selegierung und Strukturierung (siehe Abbildung 6).

Die **Fixierung** betrifft den Vorgang, dass mitunter flüchtige Daten oder Beobachtungen vertextlicht werden, damit sie für die Analyse fixiert und dauerhaft verfügbar sind. Falls Sie die Methode der Beobachtung als Erhebungsinstrument verwenden und damit zum Beispiel Interaktionen zwischen Imamen und Gemeindemitgliedern untersuchen, müssen Sie Ihre Beobachtungen in Form von Memos oder strukturierten Protokollen möglichst bald nach der Beobachtung schriftlich dokumentieren. Andernfalls würden Sie das

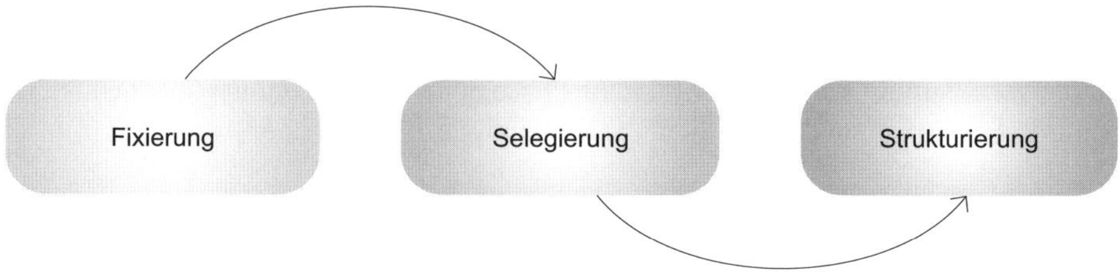

Abbildung 6: Drei Momente der Aufbereitung

Beobachtete schnell wieder vergessen, sodass es für eine wissenschaftliche Analyse nicht mehr genutzt werden kann.

Wenn qualitative Leitfadeninterviews angewandt werden, lassen sich die aufgezeichneten verbalen Daten ebenfalls nicht einfach so auswerten, sondern das Material muss erst in schriftlichen Text umgewandelt und fixiert werden. Die Verschriftlichung kann gemäß bestehender Transkriptionsregeln bzw. in Anlehnung an diese (wie z. B. GAP oder TiQ) sowie mithilfe von Transkriptionssoftware (wie z. B. f4, f4transkript oder easytranscript) erfolgen. Festzulegen ist dabei insbesondere, ob non-verbale, parasprachliche Aspekte (wie Seufzen oder Lachen) sowie Pausen und Betonungen transkribiert werden sollen und wie mit dialektalen Färbungen umgegangen wird (Kowal/O'Connell 2013). Es wird empfohlen, die getroffenen Regelungen in einer Transkriptionstabelle (siehe Kap. 16.1) zu dokumentieren.

Bei einer quantitativen Fragebogenerhebung ist es vor der Analyse notwendig, dass die ausgefüllten Fragebögen in die Datenbank einer Auswertungssoftware (z. B. SPSS, Stata oder R) eingepflegt werden. Unter Umständen müssen im Fall von Online-Fragebögen die erhobenen Daten auch in die Auswertungssoftware exportiert werden.

Die **Selegierung** betrifft den Vorgang, dass innerhalb des Datenmaterials eine Auswahl stattfindet. Oftmals wird für die Beantwortung einer Forschungsfrage nicht das gesamte erhobene Material, sondern ein bestimmter Ausschnitt daraus analysiert – zum Beispiel bestimmte thematische Passagen aus qualitativen Leitfadeninterviews. Wenn qualitative Interviews abgebrochen wurden und keinen analytischen Mehrwert für die Auswertung haben oder sie aufgrund schlechter Tonqualität nicht brauchbar sind, können sie hier ebenfalls aussortiert werden. Bei standardisierten Fragebögen wird bei der Selegierung wiederum eine Bereinigung der erhobenen Daten durchgeführt. Das ist zum Beispiel dann nötig, wenn Befragte nur einen Bruchteil des Fragebogens ausgefüllt und die Beantwortung nach wenigen Fragen abgebrochen haben.

Bei der **Strukturierung** geht es darum, Ordnung in die empirischen Daten zu bringen. Dies kann bei qualitativen Leitfadeninterviews dadurch erfolgen, dass InterviewpartnerInnen mit Pseudonymen versehen werden. Bei quantitativen Befragungen kann es so aussehen, dass die erhobenen Variablen geordnet oder zu Indizes zusammengefasst werden. Der Übergang dieser Schritte zur Phase der Auswertung ist fließend.

Dritte Teilphase: Auswertung

Die Auswertung ist das Herzstück eines jeden empirischen Forschungsprojekts. Beim empirischen Forschen reicht es nicht aus, die erhobenen Daten bloß wiederzugeben. Das Ziel ist es vielmehr, Zusammenhänge aufzuzeigen und Erklärungsmuster zu liefern, die die beobachteten Phänomene, Einstellungen und Umgangsformen begründen. Durch die bloße Aneinanderreihung von Interviewpassagen lässt sich dies nicht erfüllen. In der Auswertung geht es darum, die Daten quasi ‚zum Sprechen zu bringen', indem sie analysiert und interpretiert werden. ‚Interpretation' meint dabei, Aussagen über die Daten zu treffen, die über die wörtliche Bedeutung des Gesagten hinausgehen.

Es gibt spezifische Auswertungsmethoden, die vom Forschungsgegenstand, von der entwickelten Fragestellung, von der gewählten Erhebungsmethode und vom erhobenen Datenmaterial abhängen. In der qualitativen Forschung kann man sich beispielsweise zwischen Analyseverfahren der Grounded Theory, der qualitativen Inhaltsanalyse, der Narrationsanalyse und der dokumentarischen Methode entscheiden. In der quantitativen Forschung stehen andere Auswertungsmethoden wie die univariate Statistik und die bivariate Statistik zur Verfügung.

Jede Auswertungsmethode hat eigene Verfahrensschritte, um das Datenmaterial zu analysieren (Schmidt 1997). Eine Vielzahl dieser Verfahren ist codebasiert. Zu unterscheiden sind hierbei verschiedene Codierungsschritte auf der einen Seite sowie der Prozess der Kategorienbildung auf der anderen, in deren Verlauf die Daten segmentiert, in Sinneinheiten zerlegt und schrittweise abstrahiert werden. Bei der Codierung werden Ausschnitte des Datenmaterials mit ausgewählten Begriffen (Codes) verknüpft. Codes sind Sinneinheiten, die durch einzelne Wörter oder Stichpunkte benannt werden, oft auch zunächst nah am Gesagten. Die Codes können zu Codefamilien bzw. zu Kategorien zusammengefasst werden. Codierverfahren und die Kategorienbildung sind in der Regel die zentralen Elemente von Auswertungsmethoden (Kruse 2015, 379–383).

Textanalytische Verfahren

Forschungen, in denen textanalytische Verfahren zum Einsatz kommen, laufen anders ab als empirische Arbeiten. Angewandt werden diese Methoden zum Beispiel in den Koran- und den Hadithwissenschaften sowie in der islamischen Jurisprudenz. Die Methoden unterscheiden sich abhängig davon, welches Material untersucht wird. So kann es sich um theologische Quellen handeln, um historische Schriften islamischer Gelehrter oder um Unterrichtsmaterialien. Es gibt spezifische Verfahren, um das Textmaterial je nach Thema, Fragestellung und fachlicher Disziplin zu untersuchen. Zu differenzieren ist dabei unter anderem zwischen folgenden Methoden:

- Methoden der Korananalyse
- Methoden der Hadithanalyse
- Dokumentenanalyse
- Diskursanalyse

Da in textanalytischen Verfahren bestehendes Textmaterial untersucht wird, muss kein neues Datenmaterial erhoben werden, wodurch die Schritte der Erhebung und der Aufbereitung wegfallen. Zwischen Methoden der Erhebung und solchen der Auswertung ist bei dieser Gattung daher nicht zu unterscheiden. Zu differenzieren ist jedoch zwischen den Phasen der Materialbestimmung und Materialauswahl sowie der Auswertung.

Erste Teilphase: Materialbestimmung und -auswahl

In dieser Teilphase geht es darum, das Material zu bestimmen, das später interpretiert und analysiert werden soll. Es ist also zu entscheiden, welche Texte untersucht werden. Für textanalytische Vorgehensweisen können der Koran, Hadithsammlungen, historische Dokumente, Schriften islamischer Gelehrter, Lehrpläne, Unterrichtsmaterialien und weitere Texte in Frage kommen. Wenn der Koran im Fokus steht, sollte zudem festgelegt werden, ob mit einer oder auch mehreren Übersetzungen gearbeitet wird und welche das sein sollen.

Daneben ist es wichtig, eine Auswahl des zu analysierenden Textmaterials zu treffen. Weil textanalytische Verfahren sehr aufwändig sein können, muss sich das Material in einem bewältigbaren Rahmen halten. Je nach Charakter der Forschung kann das zu bearbeitende Textkorpus unterschiedlich umfangreich sein. Festzulegen ist dabei nach transparenten Kriterien, welche Texte bzw. Textausschnitte in die Analyse einbezogen werden und welche nicht.

Zweite Teilphase: Auswertung

Die Beschreibung und Interpretation des gewählten Textmaterials bildet den Schwerpunkt textanalytischer Arbeiten. Die Auswertung orientiert sich zumeist an hermeneutischen Prinzipien, die darauf abzielen, Texte anhand spezifischer Kriterien zu verstehen und auszulegen. Je nach den untersuchten Textgattungen sind hier verschiedene Schritte vorzunehmen. Unterrichtsmaterialien und Schriften islamischer Gelehrter zum Beispiel sind nach anderen Maßstäben zu analysieren als der Koran. Insbesondere zur Analyse theologischer Quellen wurden in der Geschichte der islamischen Gelehrsamkeit eine Vielzahl an unterschiedlichen hermeneutischen Zugängen entwickelt.

6 Präsentation

In der Phase der Präsentation werden die analytischen Schritte sowie die Interpretation und die Auswertung der Daten in eine Form gebracht, die für andere verständlich und nachvollziehbar ist. Dies gilt für textanalytische und für empirische Verfahren. In der Regel werden die Ergebnisse einer Forschung in Form eines verschriftlichten Textes präsentiert, also einer Seminararbeit, einer Masterarbeit, einer Dissertation, einer Monografie, eines Buchbeitrags oder eines Fachartikels.

Technisch gibt es für diese Präsentation viele Möglichkeiten. Bei empirischen Verfahren kann etwa mit Einzelfallanalysen, Vergleichen, Fallprofilen, Gegenüberstellungen, Typenbildungen (Kelle/Kluge 2010) und anderen Methoden gearbeitet werden. Auch kann es mitunter sinnvoll sein, die Ergebnisse zusätzlich durch Tabellen, Grafiken oder Bilder zu vermitteln, um die Aufnahmebereitschaft der LeserInnen zu erhöhen und bestimmte Inhalte besser zu transportieren (Lehmann 2017, 144). Darzulegen ist hier zudem die Reichweite der Analyse im Sinne von Fragen wie: Welche theoretischen Folgerungen können aus der Untersuchung gezogen werden? Wie weitreichend sind die getroffenen Schlussfolgerungen? Dies gilt für die Präsentation empirischer Vorgehensweisen ebenso wie für die von textanalytischen Verfahren.

Unbedingt zu beachten sind bei der Verschriftlichung auch spezifische Arbeitstechniken wie das Zitieren und Belegen (siehe Kap. 14), eine präzise Ausdrucksweise sowie formelle Richtlinien wie die Notwendigkeit von Deckblatt, Inhaltsverzeichnis und Bibliografie. Zudem sollten bei der Präsentation der Analysen die Aussagen und Argumente gemäß der Arbeitstechnik des wissenschaftlichen Argumentierens (siehe Kap. 13) überzeugend sowie intersubjektiv nachvollziehbar dargestellt werden.

Nicht zuletzt sollte bei der Verschriftlichung auch darauf geachtet werden, dass die Analyse für die LeserInnen interessant ist. Wissenschaftliche Texte müssen keineswegs langweilig und trocken sein. Man kann aus den Analysen eine Geschichte entwickeln, die LeserInnen fesselt und dabei wissenschaftlichen Ansprüchen genügt. Entsprechend spielt in dieser Phase des Forschungsprozesses auch die wissenschaftliche Arbeitstechnik des Schreibens und Formulierens (siehe Kap. 12) eine zentrale Rolle.

Weiterführende Literatur

Flick, Uwe (2012): *Qualitative Sozialforschung: Eine Einführung*. 5. Aufl., Reinbek: Rowohlt [v. a. Teil III – Forschungsdesign, S. 121–192].

––––– (2013a): „Design und Prozess qualitativer Forschung". In: ders./von Kardoff, Ernst/Steinke, Ines (Hg.): *Qualitative Forschung: Ein Handbuch*. 10. Aufl., Reinbek: Rowohlt, S. 252–265.

Haußmann, Werner/Pirner, Manfred L. (2018): „Von der Forschungsidee zum Forschungsdesign". In: Pirner, Manfred L./Rothgangel, Martin (Hg.): *Empirisch forschen in der Religionspädagogik: Ein Studienbuch für Studierende und Lehrkräfte.* Stuttgart: Kohlhammer, S. 41–53.

Hug, Theo/Poscheschnik, Gerald (2020): *Empirisch forschen: Die Planung und Umsetzung von Projekten im Studium.* 3. Aufl., München: UVK.

Pirner, Manfred L./Tribula, Christa/Roth, Andrea (2018): „Dokumentation und Präsentation von Forschung“. In: Pirner, Manfred L./Rothgangel, Martin (Hg.): *Empirisch forschen in der Religionspädagogik: Ein Studienbuch für Studierende und Lehrkräfte.* Stuttgart: Kohlhammer, S. 297–313.

Schöneck, Nadine M./Voß, Werner (2005): *Das Forschungsprojekt: Planung, Durchführung und Auswertung einer quantitativen Studie.* Wiesbaden: VS Verlag für Sozialwissenschaften.

Voss, Rödiger (2018): *Wissenschaftliches Arbeiten: ... leicht verständlich.* 6. Aufl., München: UVK.

Teil III: Die Methoden des Forschens

Im vorangegangenen Teil des Buches haben wir uns mit dem Ablauf und den verschiedenen Schritten eines wissenschaftlichen Forschungsprozesses beschäftigt. In diesem Teil befassen wir uns nun mit der Frage, welche Methoden des Forschens in der Islamischen Theologie zum Einsatz kommen können. Da hierfür eine Vielzahl an Zugängen denkbar ist, haben wir die bestehenden Forschungsinstrumente systematisiert. Im folgenden Kapitel 7 stellen wir zunächst die textanalytischen Verfahren vor, bevor wir uns in Kapitel 8 den empirischen Methoden zuwenden.

Dabei ist uns bewusst, dass auch andere Klassifikationen von Forschungsmethoden denkbar sind (siehe z. B. Sajak 2012; Schröder 2012, 2016; Woppowa 2018; Riegel/Rothgangel 2023). Daher beziehen wir in unsere Darstellung auch vergleichende, klassisch-hermeneutische, historische und praxisorientierte methodologische Zugänge mit ein. Dabei beleuchten wir sowohl Analyseverfahren, die in der Islamischen Theologie bereits Verwendung finden, als auch solche, bei denen dies noch nicht der Fall ist, die hier aber potenziell eingesetzt werden können.

7 Textanalytische Methoden

In diesem Kapitel wird ein Spektrum an Forschungsmethoden vorgestellt, das sich mit der Analyse von Texten beschäftigt. Unter dem Begriff ‚textanalytische Methoden' subsumieren wir dabei solche Forschungsstrategien, die im Gegensatz zu empirischen Verfahren das zu untersuchende Datenkorpus nicht eigens erheben, sondern bereits existierende Textquellen untersuchen. Geprägt sind diese Methoden durch hermeneutische Zugänge. Darunter verstehen wir ein systematisches Bemühen, Sinnzusammenhänge in Texten jeglicher Art zu verstehen, zu interpretieren, zu deuten und zu bewerten (Dierk 2005; Rittelmeyer/Parmentier 2007, 1). Wie die jeweiligen Verfahren aussehen, wie sie Schritt für Schritt durchgeführt werden und welche Anleihen bei prominenten Theoretikern der Hermeneutik wie Hans-Georg Gadamer (gest. 2002) dabei bestehen, wird im Folgenden erklärt.

Die mittels textanalytischer Methoden untersuchten Texte können sehr unterschiedlicher Art sein. Im Fall der Islamischen Theologie zu differenzieren ist hierbei zwischen den Primärquellen der Religion, worunter der Koran sowie die Sunna des Propheten, also der sogenannte Hadith, zu verstehen sind, und den Primärquellen einer wissenschaftlichen Untersuchung, also zum Beispiel die Schriften islamischer Gelehrter wie Traktate, Korankommentare, Fatwasammlungen und Ähnliches, aber auch etwa Schulbücher und Lehrpläne. Eine zentrale Stellung kommt hier den Primärquellen der Religion zu, da sie die Urtexte der Religion zu den Themen Metaphysik, Transzendenz, Existenz Gottes und Glaubensvorstellungen darstellen und ursprüngliche Erfahrungen sowie nicht zuletzt auch die zentralen Botschaften und Handlungsanleitungen dieser Religion für den Menschen umfassen (Tanaseanu-Döbler/Döbler 2011). Die verschiedenen Textarten dürfen dabei nicht auf dieselbe Weise untersucht werden, sondern jede Gattung hat ihre eigenen Analysemethoden. So können Schulbücher zum Beispiel nicht wie Textstellen aus dem Koran analysiert und interpretiert werden.

In der weit verzweigten Geschichte der islamischen Gelehrsamkeit haben sich über die Jahrhunderte verschiedene Methoden der theologischen Erkenntnisgewinnung etabliert, in denen hermeneutische Prinzipien eine wichtige Rolle spielen (Barth/Elsas 1997; Amirpur 2014; Sya'bani 2019; Eckholt/Mallouki 2021). Zu beachten ist dabei, dass diese Gelehrsamkeit eine Vielfalt von Subdisziplinen umfasst, die oftmals eigene methodische Zugänge verfolgen. Zu den wichtigsten klassischen Bereichen gehören die islamische Jurisprudenz (*fiqh*), die systematisch-diskursive Theologie (*kalām*) sowie die Koran- (*ʿulūm al-Qurʾān*) und die Hadithwissenschaften (*ʿulūm al-ḥadīṯ*). Daneben gibt es eine Reihe weiterer Disziplinen, die mit der Zeit entstanden sind und die eine gewisse Eigenständigkeit erlangt haben. Dazu zählen die islamische Mystik (*taṣawwuf*), die islamische Philosophie (*falsafa*), die Geschichte des Islams (*tārīḫ al-islām*) und die Islamische Religionspädagogik.

Die traditionellen Methoden der theologischen Erkenntnisgewinnung im Islam werden im Folgenden gewürdigt und durch aktuelle Entwicklungen in der akademischen Theologie im europäischen Kontext ergänzt. Im Fokus stehen dabei zwei etablierte Methoden, die sich mit den Primärquellen des Islams befassen, nämlich die Korananalyse (Kap. 7.1) und die Hadithanalyse (Kap. 7.2).

Darüber hinaus werden mit den Verfahren der Dokumentenanalyse (Kap. 7.3) und der Diskursanalyse (Kap. 7.4) textanalytische Zugänge aus den Bereichen Philosophie und Sozialwissenschaften beleuchtet, die in den verschiedenen Bereichen der Islamischen Theologie zur Anwendung kommen können. Vorgestellt werden diese Methoden jeweils anhand des Musterthemas ‚Religiöse Normen im Berufsleben von MuslimInnen'.

Die Darstellung umfasst eine allgemeine Einführung in die Merkmale und Besonderheiten der jeweiligen Methode sowie in die Anwendungsweisen und Potenziale für die jeweilige islamisch-theologische Teildisziplin. Die Ausführungen sind dabei so kompakt gehalten wie möglich. Für eine vertiefte Auseinandersetzung sei jeweils auf die weiterführenden Literaturhinweise verwiesen.

7.1 Methoden der Korananalyse

Allgemeines

Der Koran ist als das Wort Gottes die zentrale Quelle des Islams und damit auch die Grundlage aller theologischen Disziplinen. Offenbart wurde der Koran sukzessive über einen Zeitraum von rund 23 Jahren an den Propheten Muhammad. Erst nach seinem Ableben wurde er durch dessen GefährtInnen gesammelt und in Buchform gebracht. Gegliedert ist der Koran weder klar chronologisch noch klar thematisch. Das hat unter anderem zur Folge, dass sich Aussagen zu spezifischen Themen in den verschiedenen Suren verstreut finden, wo sie zumeist in unterschiedliche Kontexte eingebettet sind und voneinander abweichende Lesarten zulassen.

Wegen der großen Bedeutung des Korans sowie seiner Vielschichtig- und Vieldeutigkeit wurden in der islamischen Geschichte zahlreiche, oft sehr ausgefeilte Methoden zu seiner Interpretation entwickelt, die man zur Entschlüsselung seiner Botschaften anwenden kann. Der Koran, der sich durch einen speziellen sprachlichen Stil auszeichnet, den die islamische Tradition unter dem Begriff der ‚Unnachahmlichkeit' bzw. des ‚Wundercharakters' (*iʿǧāz*) fasst (El Omari 2016, 69), lässt sich ohne bestimmte Analysewerkzeuge nicht so einfach verstehen.

Charakteristika und Besonderheiten

Die Frage, wie der Koran interpretiert werden kann, hat die Gelehrten seit der Anfangszeit des Islams viel beschäftigt. Ihre Reflexion dazu füllt ganze Bibliotheken. Hier finden sich Analysen zur Form, zur Sprache, zur Chronologie der Verse, Suren und Abschnitte, zu den Offenbarungsanlässen (*asbāb an-nuzūl*), zu Fragen der Abrogation (*nasḫ*), zur Allgemeinheit und Konkretheit der Aussagen sowie zu weiteren Themen.

Die folgende Darstellung kann daher nur einen kleinen Ausschnitt der diesbezüglichen Ansätze behandeln und muss sich auf die wichtigsten Zugangsformen beschränken. Wir fokussieren dabei auf einige zentrale Leitlinien in der Geschichte der Koranexegese und auf die Darlegung ausgewählter zeitgenössischer Ansätze.

Tafsīr und *ta'wīl*

Mit Blick auf die Arten der Koranauslegung wird traditionellerweise zwischen *tafsīr* und *ta'wīl* unterschieden (Bobzin 1999, 110). Beide Begriffe beschreiben verschiedene historisch gewachsene Konzepte von Exegese. Sie werden einander oft dichotomisch gegenübergestellt, weisen aber auch viele Überschneidungen auf. Beide Ansätze haben das Ziel, die Aussagen des Korans deskriptiv zu entschlüsseln und stehen damit im Gegensatz etwa zur islamischen Jurisprudenz (*fiqh*), die aus dem Koran normative Vorschriften abzuleiten versucht.

Das Wort ***tafsīr*** leitet sich vom arabischen Wort *al-fasr* ab, das so viel wie ‚Aufdeckung', ‚Enthüllung' und ‚Deutlichkeit' bedeutet. Demzufolge meint *at-tafsīr* „im sprachlichen Sinne *al-kašf* (Aufdeckung), *al-bayān* (Deutlichkeit) und *al-īḍāḥ* (Erklärung) [...], und das sowohl im materiellen als auch im ideellen Sinne" (Akash 2006, 41). Die Disziplin hat eine quasi ‚archäologische' Ausrichtung, die das Ziel der Rekonstruktion verfolgt. Dies umfasst die Erfassung sowohl der Bedeutung einzelner Wörter als auch des Sinns von Textstellen. Entwickelt haben sich verschiedene Formen des *tafsīr*. Historisch differenziert wurde hier etwa zwischen dem sogenannten ‚*tafsīr* durch Meinung' (*at-tafsīr bi-r-ra'y*) und dem ‚*tafsīr* durch Überliefertes' (*at-tafsīr bi-l-ma'ṯūr*) (El Omari 2016, 112). Während sich erstere Form stärker auf freies Räsonieren, Interpretieren und Äußern von Meinungen bezieht, zum Beispiel bei aṭ-Ṭabarī (gest. 923) und Ibn Kaṯīr (gest. 1373), stützt sich letztere hauptsächlich auf den Hadith, also auf Aussagen des Propheten und von GefährtInnen, zum Beispiel bei al-Qurṭubī (gest. 1272) und al-Baydāwī (gest. 1290).

In der Auseinandersetzung zwischen den beiden genannten Formen spiegelt sich auch die Debatte über die Hierarchie der religiösen Quellen und über die Frage wider, welche Rolle der Vernunft bzw. der Überlieferung bei der Exegese des Korans zukommen. Die beschriebene Trennung ist allerdings weit komplexer, als es die Aufteilung vermuten lässt. So kann weder der *tafsīr bi-l-ma'ṯūr* auf die Vernunft verzichten, noch kann sich der *tafsīr bi-r-ra'y* von den Überlieferungen lossagen. Vielmehr stellen beide Richtungen einander ergänzende Zugänge dar. Der Unterschied zwischen den zwei Methoden besteht folglich darin, welche Gewichtung die Überlieferungen und die Vernunft erfahren, und nicht darin, dass einer der beiden Zugänge komplett ausgeschlossen wird.

Zu erwähnen sind zudem linguistische *tafsīr*-Werke, in denen vorwiegend sprachliche Aspekte, Fragen der Grammatik und der Wortbedeutung im Mittelpunkt stehen, wie zum Beispiel in dem Werk *Anwār at-tanzīl* von al-Bayḍāwī (gest. 1290).

Abgegrenzt wird der *tafsīr* in der Regel vom ***ta'wīl***, was sich im Sinne von ‚Ausdeutung' verstehen lässt. Es gibt unterschiedliche Auffassungen dazu, was *ta'wīl* genau ist und in welcher Beziehung er zum *tafsīr* steht. Das reicht von Ansichten, die keinen Unterschied zwischen diesen beiden Begriffen sehen, wie etwa bei aṭ-Ṭabarī (gest. 923), der das Wort *ta'wīl* im Titel seiner Koranauslegung verwendet, bis zu Meinungen wie von al-Māturīdī (gest. 944), demzufolge der *tafsīr* wegen ihrer Zeugenschaft einzig den GenossInnen des

Propheten zustehe, während alle anderen Interpretationen als *taʾwīl* zu bezeichnen seien (Ullah 2017, 66). Eine besondere Affinität zum *taʾwīl* im Sinne einer allegorischen Deutung weist die sufische Koranauslegung auf, die auch als *išārī*-Auslegung bezeichnet wird. Diesem Zugang liegt der Gedanke zugrunde, dass der Koran verborgene Hinweise beinhaltet, die es aufzudecken gilt, um den ‚wahren Sinn' hinter der äußeren Bedeutung der Wörter zu enthüllen. Die Geheimnisse des koranischen Textes können laut dieser Sichtweise nur jene erkennen, die in ihrem Bemühen, dem sufischen Weg zu folgen, einen besonders hohen geistigen Zustand erreicht haben (Akash 2006, 55).

Während es also schwierig ist, bei diesem Thema eine klare Linie vorzugeben, ohne dabei eine bestimmte Sichtweise zu favorisieren und andere zu vernachlässigen, wollen wir uns für den Zweck dieses Buches an einem Verständnis von *taʾwīl* orientieren, das sich trotz Divergenzen innerhalb der sunnitischen Koranauslegung durchgesetzt hat. Demzufolge wird *taʾwīl* in Fällen angewandt, in denen der Wortlaut eines Verses mehrere Deutungen zulässt. Die Auswahl einer dieser Deutungen bedarf neben schlüssigen Argumenten aus dem Koran selbst auch Verweisen auf die Sunna. Die ‚naheliegende Interpretation' (*at-taʾwīl al-qarīb*) erfordert ein eher geringes Maß an Verweisen und Begründungen, die ‚ferne Interpretation' (*at-taʾwīl al-baʿīd*) hingegen eine Vielzahl (El Omari 2016, 111).

Unabhängig von der konkreten Art stellt die Interpretation des Korans eine besondere Herausforderung dar, da es sich um einen heiligen Text handelt, dessen Auslegung von unterschiedlichen Faktoren abhängt wie zum Beispiel davon, ob ein Vers als ‚eindeutig' (*muḥkam*) oder ‚mehrdeutig' (*mutašābih*) eingestuft wird, ob er vor oder nach der Auswanderung (*hiǧra*) offenbart wurde – ob es sich also um einen ‚mekkanischen' oder einen ‚medinensischen' Vers handelt – sowie ob und welche Offenbarungsanlässe (*asbāb an-nuzūl*) bei seiner Herabsendung eine bestimmte Rolle spielten. Mit letzterem Begriff werden die konkreten historischen Hintergründe bezeichnet, die der Offenbarung eines gegebenen Koranabschnitts vorausgingen. Sie geben wichtige Hinweise auf den Kontext eines Verses, was für das Verständnis oft hilfreich, ja unabdingbar sein kann (Wild 2001, 33). Wegen der unterschiedlichen Faktoren, die auf die Auslegung des Korans einwirken, hat sich in der vormodernen Koranexegese die Einsicht durchgesetzt, dass eine einzige verbindliche Deutung des Textes unmöglich ist, dass also immer nur denkbare Lesarten des Korans angeboten werden können und dass soziokulturelle und historische Aspekte bei der Interpretation grundsätzlich zu berücksichtigen sind.

Eine Herausforderung bei der Koranauslegung kann sein, dass manche seiner Aussagen nicht miteinander im Einklang oder auch im Widerspruch zueinander zu stehen scheinen. Problematisch ist das vor allem bei Versen mit normativem Gehalt. Bei Themen, zu denen im Koran mehrere voneinander abweichende Aussagen getätigt werden, wird das Prinzip der Abrogation (*nasḫ*) angewandt. Dabei geht es darum, dass eine chronologisch früher offenbarte Koranstelle in ihrer normativen Gültigkeit durch eine andere, später offenbarte Stelle aufgehoben wird. Abgeleitet wird das Prinzip aus dem Koran selbst (Koran 2:106). So gibt es zur Frage der Beurteilung des Alkoholkonsums, um ein prominentes Beispiel zu nennen, drei relevante Verse, die damit in Verbindung gebracht werden. Im ersten ist in positivem Ton davon die Rede, dass aus Datteln und Trauben berauschender Trank hergestellt wird (Koran 16:67). Im zweiten wird die Trunkenheit während des Gebets untersagt (Koran 4:43). Und im dritten wird der Alkoholkonsum gemeinsam mit dem Glücksspiel endgültig verboten (Koran 5:90). Nach dem Prinzip der Abrogation sind die Aussagen der Verse, die vor dem endgültigen Alkohlverbot hinabgesandt wurden, durch den letzten Vers aufgehoben. Somit ist es nicht erlaubt, mit dem Hinweis darauf, dass der Koran lediglich die Trunkenheit während des Gebets verbiete, schlusszufolgern, dass es kein generelles Alkoholverbot gebe.

Die muslimische Koranexegese ist seit ihren Ursprüngen alles andere als monolithisch, denn es gibt eine Reihe von unterschiedlichen Zugängen zum Text, die maßgeblich den Ausgang der Interpretation bestimmen. Diese Vielfalt wurde auch in der Fachwelt wiederholt festgestellt (Goldziher 1920, Bauer 2011). Gegenwärtig gibt es jedoch auch die Tendenz, diese Vielfalt zu reduzieren, die Deutungshoheit an sich zu reißen und einer einzigen Sichtweise Gültigkeit zuzusprechen. Wenn eine spezifische Interpretation des Korans als alleinig gültige und einzig wahre angesehen wird, werden also wichtige Teile der islamischen Tradition ausgeblendet (Amirpur 2014, 2018).

Bei der wissenschaflichen Arbeit mit dem Koran sollte man sich stets vor Augen halten, dass seine Verse weder rein wortwörtlich zu verstehen sind noch jede Aussage darin eine zeitlos gültige Botschaft beinhaltet. Wichtig ist vor allem, den Entstehungskontext und die damit verbundene Interdependenz zwischen der Offenbarung und der Lebensrealität der ersten EmpfängerInnen des Korans zu berücksichtigen.

Dementsprechend ist der Koran kein Baukasten, aus dem willkürlich und nach Gutdünken Aussagen kontextlos herausgegriffen und als einzig gültige Wahrheit hingestellt werden können. Stattdessen gilt es, eine umfassende koranische Sichtweise auf ein spezifisches Thema zu ermitteln, indem bei der Analyse alle miteinander zusammenhängenden Verse und ihre Entstehungskontexte berücksichtigt werden.

Moderne koranexegetische Ansätze

Im Laufe des 20. Jahrhunderts wurden verschiedene moderne Formen der Koranexegese entwickelt. Skizziert werden nachfolgend vier ausgewählte Koranexegeten oder Schulen. Dabei handelt es sich um:

- Sayyid Quṭb,
- Fazlur Rahman,
- die Ankaraner Schule
- und Naṣr Ḥāmid Abū Zayd.

Der erste hier vorzustellende Ansatz stammt von dem Ägypter **Sayyid Quṭb** (gest. 1966). Seine Schriften sind vor allem anti-westlich, islamistisch und anti-kolonialistisch motiviert (Khatab 2006, 113–115). Im Zentrum seines Denkens steht die Reform der Gesellschaft, die von der spirituellen Transformation des Individuums ausgehen soll. Quṭb gilt als eine der Schlüsselfiguren der Muslimbruderschaft und wurde aufgrund seiner politischen Aktivitäten unter dem ägyptischen Präsidenten Gamal Abdel Nasser hingerichtet.

Er wird seitdem als Märtyrer verklärt und gilt bis heute als einer der wichtigsten antimodernistischen Theoretiker des Islamismus.

Zu Quṭbs Hauptwerken zählt ein Korankommentar mit dem Titel *Fī ẓilāl al-Qur'ān* (,Im Schatten des Korans') (1982), der 30 Bände umfasst und an dem Quṭb zwischen 1951 und 1965 während seiner Inhaftierung in Ägypten gearbeitet hat. Darin entwickelt Quṭb eine Lesart, derzufolge im Koran die Grundlage für ein Gesellschaftssystem gelegt sei. Gekennzeichnet sei der Islam als ein universales System, das sämtliche Lebensbereiche regele und die politische Herrschaft beanspruche.

Im Rahmen seines Korankommentars nimmt Quṭb eine Neuinterpretation des Konzepts der *ǧāhilīya* vor, womit die vorislamische Zeit der ‚Unwissenheit' bezeichnet wird (Shepard 2003). Darunter versteht er nicht nur einen Zustand der Unwissenheit, vor dem er warnt, sondern auch einen Ausdruck von Unglauben. Während in traditioneller Lesart solche MuslimInnen, die die islamischen Normen und Pflichten nicht verrichten, dennoch als MuslimInnen gelten, sieht Quṭb diese als Ungläubige (*kuffār*) an, denen nach dem Leben getrachtet werden könne. Staatliche Souveränität gehe nach Quṭb zudem nicht von den Menschen aus, sondern allein von Gott. Seine Forderung läuft darauf hinaus, dass eine Regierung streng nach Gottes Gesetzen und in Übereinstimmung mit der Scharia zu handeln habe.

Ein zentrales Kennzeichen von Quṭbs Denken ist seine anti-westliche Sichtweise. So stellt er die vom Islam geprägten Staaten als vom Westen abhängig und unterdrückt dar. Sein Programm zielt auf die Transformation muslimischer Gesellschaften, die Überwindung nationaler Grenzen und anderer Ordnungssysteme ab, die er als inkompatibel mit dem Islam ansieht. Zudem nimmt er eine Hierarchisierung der Religionen vor, wobei er den Islam allen anderen Religionen gegenüber als überlegen ansieht (Dörfler 2014).

In Quṭbs Koranexegese werden mehrdeutige Passagen als eindeutig dargestellt, und es wird nur eine Lesart angeboten. Bestehende pluralistische und inklusivistische Haltungen im Koran werden zugunsten exklusivistischer Auslegungen übergangen. Eine historische Kontextualisierung wird tendenziell vernachlässigt; vielmehr schreibt Quṭb der wörtlichen Bedeutung der koranischen Aussagen eine zeitlose Gültigkeit zu. Geleitet ist die Exegese von einer politischen Agenda. Religion erscheint dabei als ein legitimierender Rahmen für politische Forderungen und von Sozialkritik.

Ein weiterer Ansatz stammt von **Fazlur Rahman** (gest. 1988). Geboren in Britisch-Indien, auf dem Gebiet des heutigen Pakistan, promovierte er in Oxford und kehrte Anfang der 1960er Jahre in sein Heimatland zurück. Seine islamisch-theologischen Ansätze riefen jedoch traditionelle Gelehrten auf den Plan, die ihn als Leugner des Korans brandmarkten. Rahman kehrte Pakistan darauf für immer den Rücken und ging nach Nordamerika.

Die Grundzüge seiner Koranexegese entwarf Rahman in seinen Werken *Major Themes of the Qur'an* (1980) sowie *Islam and Modernity* (1982). Darin entwickelt er seine Methode des sogenannten *double movements*. Geleitet ist dieser Ansatz von dem Ziel, den Koran so zu interpretieren, dass sozio-historische Kontexte systematisch berücksichtigt werden und ein thematisches Gesamtbild entsteht (Pink 2016, 782). In einem ersten

Schritt wird die Verkündigungssituation rekonstruiert. Es geht dabei darum zu eruieren, was an einer Aussage von lokaler und zeitlich begrenzter Bedeutung ist und was als allgemeingültig eingestuft werden kann. Dieser Prozess kann als eine Art Destillierung von Kerngedanken bezeichnet werden. Erst vor diesem Hintergrund lasse sich der Koran verstehen.

Im zweiten Schritt nimmt sich Rahman gegenwärtige sozio-historische Kontexte vor und wendet die koranischen Kerngedanken auf diese Rahmenbedingungen an. In beiden Schritten spielt die Beziehung zwischen Text und Angesprochenen eine konstitutive Rolle. Erreicht werden könne dies nicht durch eine isolierte Betrachtung einzelner Verse, also losgelöst von ihren Kontexten, sondern nur durch eine ganzheitliche Berücksichtigung aller Aussagen zu einem Themengebiet. Auf diesem Wege arbeitet Rahman etwa die Begründung einer pluralistischen Religionstheologie heraus (Seker 2019, 117 f.).

Rahmans Ansatz greift jene Traditionslinien der islamischen Gelehrsamkeit auf, die die Berücksichtigung der historischen Kontexte und die Reflexion historischer Umstände als unverzichtbar für das Verständnis des Korans betrachten (1995). Wörtliche Verständnisse und jede Art der bruchstückhaften Behandlung des Korans lehnt er ab. Sein Zugang zielt darauf ab, übergeordnete ethische Prinzipien und zeitlos gültige Normen aus dem Koran abzuleiten und auf situative Bedingungen der Gegenwart zu übertragen.

Ein dritter moderner Ansatz in der Koranexegese ist jener der sogenannten **Ankaraner Schule**. Zu dieser Strömung zählen Ömer Özsoy, Mehmet Paçacı – der sich mittlerweile von dieser Richtung distanziert hat – und Mustafa Öztürk (Körner 2005, 2006). Inspiriert unter anderem durch die Hermeneutik von Hans-Georg Gadamer entwickelten sie das Modell von Rahman weiter. Eine wichtige Rolle spielt dabei die Beziehung zwischen Text und Angesprochenen. Die Ankaraner Schule verwehrt sich gegen ein Verständnis des Korans – besonders, was die Rechtsbestimmungen betrifft – als zeitlos gültige, wörtlich zu verstehende Offenbarung, sondern betrachtet ihn als Botschaft an eine spezifische Bevölkerungsgruppe in spezifischen sozio-historischen Kontexten. Verstanden wird der Koran zudem als verschriftlichte Rede. Durch seine Kanonisierung, also durch seine Umwandlung in ein autoritatives gebundenes Buch (*muṣḥaf*), stehe der Koran nunmehr als ein schriftlicher Text zur Verfügung, was unweigerlich den Zugang zu ihm verändere. Das habe auch Auswirkungen auf die Interpretationsverfahren, denn der Koran brauche zu seiner Auslegung stets eine Reflexion des Ursprungskontextes (Özsoy 2006a, 2006b, 86).

Das zentrale Merkmal der Ankaraner Schule ist – ähnlich wie bei Rahman – ihr historisch-kritischer Zugang zum Koran. Demnach könne dessen Botschaft nur durch die Einbettung seiner Aussagen in sozio-historische Kontexte entschlüsselt werden. Auf dieser Basis sei es möglich, zwischen historisch gebundenen Aussagen, die nicht ohne Weiteres auf die Gegenwart übertragen werden können, und zeitlos gültigen Botschaften zu differenzieren. Aktuelle Fragen könnten folglich nicht durch die bloße Betrachtung des wörtlichen Gehalts koranischer Aussagen beantwortet werden, da sie im Koran nicht behandelt würden. Es sei stattdessen notwendig, die zeitlos gültigen Botschaften aus dem Text zu destillieren (El Omari 2016, 132 f.).

Ein verwandtes Konzept stammt von **Naṣr Ḥāmid Abū Zayd** (gest. 2010). Der Ägypter arbeitete als Koran- und Literaturwissenschaftler an ägyptischen Universitäten, bevor er nach religiös motivierten Anfeindungen gegen seine Person Mitte der 1990er Jahre das Land verließ und bis zu seinem Tod in diversen akademischen Kontexten in den Niederlanden tätig war.

Abū Zayd hat sich vor allem aus linguistischer Sicht mit dem Koran befasst und deshalb auch die sprachwissenschaftlichen Zugänge zu diesem in seiner Tradition untersucht. Entwickelt hat er seinen hermeneutischen Ansatz insbesondere in dem Buch *Mafhūm an-naṣṣ: Dirāsa fī ʿulūm al-Qurʾān* (‚Das Konzept des Textes: Eine Studie zu den Koranwissenschaften') (1990). Im Zentrum steht dabei die dynamische Beziehung zwischen dem Koran und seiner Interpretation bzw. zwischen dem Text und denjenigen, die ihn lesen (Abū Zayd 2015, 117). Anleihen nimmt Abū Zayd dabei unter anderem bei den hermeneutischen Ansätzen von Eric D. Hirsch Jr. (1978) und Hans-Georg Gadamer (1960).

Der ursprüngliche Gehalt des Wortes Gottes ist für Abū Zayd heilig und unbegreiflich, jedoch nicht sein uns überlieferter sprachlicher Ausdruck, den er als das Ergebnis eines dialogischen Prozesses begreift. Für die Analyse des Korans sei es notwendig, sich der dialektischen Beziehung zwischen ihm und seinen ersten AdressatInnen gewahr zu sein (Amirpur 2014, 144). Dabei kritisiert Abū Zayd, dass in der islamischen Tradition der Fokus vor allem auf den Intentionen Gottes gelegen habe. Stattdessen müsse man sich aber auch der Kultur und der sozio-historischen Kontexte der AdressatInnen widmen, die sich in Wortwahl und Stil des Heiligen Buches widerspiegelten (Seker 2019, 123).

Abū Zayd begründet dies damit, dass der Koran über eine längere Zeitspanne hinweg offenbart wurde, weshalb sich darin auch Bezüge auf die vorislamische Zeit und andere damalige Kontexte finden. Demnach sei eine Rekonstruktion der Offenbarungssituation und der geschichtlichen Gegebenheiten bei der Interpretation unumgänglich. Durch diese Vorgehensweise ließen sich die Aussagen des Textes von ihrer geschichtlich-kulturellen Gestalt differenzieren – im Sinne einer objektiven Auslegung –, denn der Koran sei nicht nur an seine ersten AdressatInnen gebunden. Das Ziel liege darin, das wechselseitige Verhältnis zwischen Gottes Wort und seinen ersten EmpfängerInnen in die Gegenwart und in die aktuellen Lebensumstände zu transferieren. Abū Zayd versucht, die Historizität des Korans möglichst ideologiefrei offenzulegen, wobei er sich Mitteln der Sprach- und Literaturwissenschaften sowie hermeneutischen Ansätzen bedient, ohne das Erbe der traditionellen Koranwissenschaften jedoch außer Acht zu lassen.

In der letzten Zeit haben sich verschiedene AutorInnen verstärkt geschlechterbezogenen Fragen in der islamisch-theologischen Forschung zugewandt, um zu einem holistischen Islamverständnis beizutragen. Zu nennen sind hier AutorInnen, die sich der Rolle der Frau allgemein und speziell von weiblichen Gelehrten in der Geschichte des Islams sowie der Stellung und Position von Frauen in Koran und Hadith widmen (u. a. Ahmed 1992; Sayeed 2013). Darunter sind Ansätze, in denen der Koran aus einer weiblichen Perspektive gelesen wird. Zum einen finden sich hier Werke von weiblichen Gelehrten wie ʿĀʾiša ʿAbd ar-Raḥmān, auch bekannt unter ihrem Pseudonym Bint aš-Šāṭiʾ (gest. 1998), und Laleh Bakhtiar (gest. 2020), die im ersten Fall eine Re-Lektüre (ʿAbd ar-Raḥmān 1962) und im zweiten Fall eine geschlechtersensible Neuübersetzung des arabischen Originaltextes (Bakhtiar 2006) vornehmen. Zum anderen wurden besonders im englischsprachigen Raum in den letzten Jahrzehnten koranexegetische Werke vorgelegt, die weibliche bzw. feministische (Wadud 1999) sowie genderneutrale, anti-patriarchale Lesarten (Barlas 2002, 2023) verfolgen. Auch im deutschsprachigen Raum werden derartige Zugänge vermehrt aufgegriffen und diskutiert (u. a. Müller 2016; Seker 2020; El Omari 2021).

Die dargestellten Ansätze zeigen auf, dass sowohl historisch als auch in der Moderne ganz verschiedene Konzepte von Koranexegese formuliert wurden. In diese Vielfalt konnte hier aber nur ein sehr beschränkter Einblick gewährt werden.[2] Für ForscherInnen und Studierende ist es von großer Bedeutung, sich der Verschiedenheit der Zugänge bewusst zu sein. Mit der Frage, wie ein Forschungsvorhaben aussehen kann, in dem koranische Textstellen analysiert werden sollen, und welche Schritte dabei zu beachten sind, beschäftigt sich der folgende Abschnitt.

Anwendungsweisen und Potenziale für die Islamische Theologie

Obwohl hermeneutische Fragen, methodische Schritte und der Einbezug historischer Kontexte stets variierten, lassen sich laut Fikret Karčić (2006) doch einige Grundsätze festhalten, die sich in den meisten modernen koranexegetischen Ansätzen finden lassen. Bei der Beschreibung dieser Grundsätze greift Karčić den Vorschlag eines vierstufigen Verfahrens von Muḥammad ad-Dasūqī auf, an dem sich die Exegese orientieren kann:

> 1. Mit der Sprache des Textes beginnen, sich dabei an die Regeln des koranischen Arabisch halten und die unmittelbare, buchstäbliche Bedeutung der allegorischen Auslegung vorziehen.
> 2. Sich auf den vornehmsten Zweck der Offenbarung des Koran, nämlich den, eine Rechtleitung für die Menschen zu sein, besinnen, und selbst einzelne Wörter oder Sätze in diesem Sinne auslegen.
> 3. Ganz bewusst sowohl von der Zeit der Offenbarung als [auch] von der heutigen Zeit her an den Text herantreten.
> 4. Bei der Annäherung an den Text systematisch alle Verse berücksichtigen, die das Thema berühren; desgleichen thematisch verwandte Hadithe und Offenbarungsanlässe sammeln, und allgemeinen Aussagen den Vorrang gegenüber speziellen, vereinzelten einräumen. (Ad-Dasūqī 1984, 222–225, zit. nach Karčić 2012, 35 f.)

Bei einer koranexegetischen wissenschaftlichen Arbeit ist also zunächst die Sprache des Textes zu analysieren. Dabei müssen stets die Prinzipien der arabischen Sprache und der koranische Sprachstil im Vordergrund stehen. Jede Interpretation, ob allegorisch oder nicht, muss im Rahmen der Regeln und Ausdrucksformen des Arabischen zulässig sein,

2 Für detaillierte Auseinandersetzungen siehe Campanini 2011; Benzine 2012; El Omari 2016; Çınar 2017; Seker 2019.

um haltlose und willkürliche Interpretationen zu vermeiden. Ob eine allegorische oder eine wörtliche Deutung vorzuziehen ist, hängt von der konkreten koranischen Formulierung ab. Eine Verallgemeinerung, wonach die wörtliche Bedeutung gegenüber der allegorischen prinzipiell zu präferieren sei, wofür ad-Dasūqī plädiert, ist unserer Auffassung nach nicht haltbar und kann zu verschiedenen hermeneutischen Problemen führen. Denn neben den klaren und eindeutigen Versen, die keiner allegorischen Deutung bedürfen, finden sich im Koran zahlreiche Verse wie der Lichtvers (Koran 24:35), die erst durch eine allegorische Deutung einen Sinn ergeben.

Auch finden sich im Koran wiederholt Passagen, in denen Gott menschliche Attribute zugeschrieben werden, wie der Besitz einer Hand (Koran 48:10) und das Sitzen auf einem Thron (Koran 20:5). Werden diese Aussagen nicht allegorisch gedeutet, ergibt sich daraus ein theologischer Widerspruch zu anderen Versen, in denen es heißt, dass nichts Gott gleiche, er also nicht mit geschaffenen, materiellen Dingen und Maßstäben verglichen werden könne (Koran 42:11, 112:4). Deshalb sprechen wir uns dafür aus, der wörtlichen Bedeutung nicht immer den Vorrang gegenüber der metaphorischen zu geben, sondern beide Dimensionen gleichermaßen in die Interpretation miteinzubeziehen bzw. je nach Kontext nur eine von ihnen heranzuziehen.

Bei der Analyse der koranischen Sprache ist es zudem erforderlich, alle Aussagen des Korans zu einem Thema systematisch zu berücksichtigen und kontextuell einzubetten. Die Auslegung hat folglich so zu erfolgen, dass alle Koranstellen, die mit einer bestimmten Fragestellung oder einem bestimmten Themengebiet im Zusammenhang stehen, in ihrer Gesamtheit betrachtet werden. Im Anschluss gilt es dann, die Botschaft des Korans zu diesem Thema zu entziffern und sie unter Berücksichtigung aktueller Kontexte auf die Gegenwart zu beziehen. Die Gewichtung der Schritte kann dabei variieren.

Wie eine Annäherung an den Koran erfolgen kann, soll anhand unseres Beispielthemas ‚Religiöse Normen im Berufsleben von MuslimInnen' näher erörtert werden. Zunächst ist hier zu überlegen, zu welchen Fragen der Koran in diesem Themenfeld Auskunft geben kann und zu welchen nicht. Von Bedeutung ist diese Überlegung, weil das Verständnis von Beruf und Berufsleben, wie wir es heute kennen, verhältnismäßig neu ist und sich in westeuropäischen Kontexten erst in den vergangenen Jahrhunderten entwickelt hat. Dass Menschen ein ‚Berufsleben' haben und es abseits davon so etwas wie ein ‚Freizeitleben' gibt, ist ein Gedanke, der erst mit Beginn der industriellen Revolution, also am Anfang des 19. Jahrhunderts entstanden ist. Diesen Umstand gilt es hier zu berücksichtigen.

Daneben ist zu klären, welche religiösen Normen bei der Untersuchung im Mittelpunkt stehen sollen. Diese Eingrenzung ist notwendig, um die Bearbeitbarkeit der Fragestellung zu gewährleisten. Wenn man sich zum Beispiel entscheidet, das rituelle Pflichtgebet zu untersuchen, muss dieses von anderen Gebetsformen abgegrenzt werden (Takim 2006).

Für wissenschaftliche Arbeiten im Bereich der Koranexegese gibt es prinzipiell zwei mögliche Forschungsdesigns: Entweder wird mit bereits bestehenden Exegesewerken gearbeitet oder es wird eine eigenständige Analyse unternommen. Beide Formen werden im Folgenden dargestellt.

Die Analyse bestehender koranexegetischer Werke

Wird mit der vorhandenen koranexegetischen Literatur gearbeitet, kann das Ziel darin liegen, die Koranexegese bestimmter Gelehrter nachzuzeichnen, fortzuführen, kritisch zu überprüfen oder anderen Exegesen gegenüberzustellen. Es können auch Methoden der Koranexegese untersucht oder miteinander verglichen werden.

Bewerkstelligen lässt sich die Analyse bestehender koranexegetischer Werke entweder, indem diese mittels aktueller Fragestellungen untersucht werden, oder, indem Exegesen islamischer Gelehrter in der Gegenwart weitergedacht werden. Bei unserem Musterthema kann es zum Beispiel angebracht sein, den Fokus auf eine spezifische Norm wie etwa das rituelle Pflichtgebet in koranexegetischen Werken zu legen. Als Fragestellung könnte dabei formuliert werden:

➢ *Wie wird das Pflichtgebet in der Koranexegese von ExegetIn XY berücksichtigt, und inwiefern können diese Interpretationen für den Umgang mit dem Pflichtgebet in beruflichen Kontexten in der Gegenwart fruchtbar gemacht werden?*

Ein solches Erkenntnisinteresse erfordert zum einen die detaillierte Darstellung und Analyse der Koranexegese der untersuchten Person. Zu erläutern sind dabei sowohl die methodischen Vorgehensweisen als auch die thematischen Aussagen zum Pflichtgebet. Zum anderen ist die Bedeutung des Berufslebens in der Gegenwart darzulegen. Weiterhin ist die situative Einbettung der koranischen Aussagen durch jene Person aufzugreifen und mit Fokus auf die beruflichen Kontexte in die Gegenwart zu überführen.

Die eigenständige koranexegetische Analyse

Eine eigenständige Koranexegese vorzunehmen, verspricht einen Mehrwert gegenüber dem bisherigen Forschungsstand, bedeutet aber auch selbstständige Gedankenarbeit und einen hohen Arbeitsaufwand. Das liegt zum einen daran, dass die nötigen Schritte der Koranexegese und die Auseinandersetzung mit dem Primärmaterial sehr umfangreich sind. Zum anderen ist es unumgänglich, die bisherigen Leistungen islamischer Gelehrter in diesem Bereich zu reflektieren und darauf Bezug zu nehmen. Ein solches Design ist daher nur im Rahmen umfangreicher Forschungsvorhaben umsetzbar, die sich auf spezifische Verse oder Themen beschränken.

Bei unserem Musterthema, das wir nun auf den Bereich des Pflichtgebets eingeengt haben, würden wir hier also anstreben, die Aussagen des Korans so zu verstehen, dass unsere Interpretation für die Gegenwart von Relevanz ist. Auf dieser Basis wäre dann eine Fragestellung zu formulieren, in der unsere Überlegungen zum Ausdruck kommen. Das könnte zum Beispiel so aussehen:

➢ *Welche Anweisungen finden sich im Koran in Bezug auf das Pflichtgebet, und was lässt sich daraus für den Umgang mit diesem Gebet in heutigen beruflichen Kontexten ableiten?*

Diese Fragestellung interessiert sich besonders für Anweisungen und Richtlinien für den Umgang mit dem Pflichtgebet im beruflichen Alltag und ist stark normativ orientiert. Mit Blick auf unser Musterthema wären aber auch andere Zugänge denkbar. So kann das Erkenntnisinteresse auch auf die Frage ausgerichtet sein, wie das Thema Pflichtgebet im Koran aus linguistischer Sicht behandelt wird.

Materialbestimmung und -auswahl

Bei unserer Arbeit gilt es zu Beginn, sich zu vergegenwärtigen, dass das Konzept ‚Beruf' im Sinne eines ‚Berufslebens' in historischer Hinsicht jung ist und im Koran in dieser Form nicht explizit erwähnt wird. Entsprechend ist davon auszugehen, dass sich im Koran keine wörtlichen Hinweise auf das Pflichtgebet in beruflichen Kontexten finden lassen. Damit ist aber nicht gesagt, dass es falsch wäre, den Koran zu diesem Thema zu befragen. Bei der Materialbestimmung und der Auswahl der zu interpretierenden Koranstellen sollte jedoch der Fokus etwas breiter gezogen werden. So gilt es, ein Augenmerk auf die kontextuelle Einbettung von koranischen Aussagen zum Pflichtgebet zu legen und zu beleuchten, ob und inwiefern in entsprechenden Versen auf situative Bedingungen und Kontexte Bezug genommen wird. Auch verwandte Textstellen aus Quellen wie der Sunna können hier einbezogen werden. Textstellen mit allgemeinem Charakter sind solchen zu Detailfragen und Sonderfällen vorzuziehen.

Bei der Materialbestimmung sollte man sich auch auf eine spezifische Koranübersetzung festlegen – sofern nicht mit dem arabischen Ursprungstext gearbeitet wird. Darüber, ob Übersetzungen des Korans Gegenstand der Analyse sein können oder ob stets auf den Originaltext zurückgegriffen werden muss, variieren die Meinungen. Zu bedenken ist hier stets, dass jede Übersetzung eine Interpretation des Originals darstellt und insofern mit einem kritischen Auge zu betrachten ist (El Omari 2016, 135). Aufgrund der Qualität der meisten heutigen wissenschaftlichen Übersetzungen ist unseres Erachtens aber nichts dagegen einzuwenden, wenn Studierende Übertragungen des Korans ins Deutsche als Analysegrundlage in ihren Arbeiten verwenden.

Wenn der Koran wahllos aus unterschiedlichen Übersetzungen zitiert wird, kann dies zu begrifflichen und inhaltlichen Widersprüchen führen. Aber auch ein komparativer Zugang, bei dem also verschiedene Übersetzungen miteinander verglichen werden, ist möglich. Von Relevanz ist das Thema gerade wegen der Unterschiede der Übersetzungen; auch werden manche Übersetzungen kontrovers diskutiert (siehe z. B. die unterschiedlichen Einschätzungen der Übersetzung von Rudi Paret [1966] durch Navid Kermani [1999, 151] und Hartmut Bobzin [1999, 7]). Ein Vergleich kann daher zu einem besseren Verständnis beitragen.

Zu klären ist außerdem das methodische Vorgehen, also die Frage, wie die Koranexegese Schritt für Schritt erfolgen soll. Eine Möglichkeit ist, sich an den vier genannten Schritten von ad-Dasūqī zu orientieren. Zunächst sind dabei die Verse zu identifizieren, die sich im wörtlichen oder kontextuellen Sinne mit der gewählten Fragestellung befassen.

Interpretatorische Schritte

Eine koranhermeneutische Interpretation und Analyse der ausgewählten Textstellen in Anlehnung an ad-Dasūqī kann bei unserer Fragestellung wie folgt aussehen:

1. Zunächst wird eine ausgewählte Textstelle – sei es des Originaltextes oder einer bzw. mehrerer Übersetzungen – sprachlich analysiert. Wörtliche und allegorische Verständnisse sind dabei gleichermaßen einzubeziehen. Zu berücksichtigen sind dabei

wichtige hermeneutische Prinzipien wie das Verstehen, Interpretieren und Beschreiben des Sinngehalts der Textstelle (Müller 2005, 32–41).

2. Die Koranstelle wird daraufhin danach untersucht, welche Rechtleitung sie für die Menschen anbietet. Die Interpretation zielt also auf die Frage ab, was sich aus dieser Stelle für den Umgang mit dem Pflichtgebet im Kontext von Arbeit, Beruf und anderen Situationen an Orientierung ziehen lässt.
3. Zu beantworten ist dann auch, inwiefern die betreffenden Aussagen in der Textstelle allgemeingültig oder kontextabhängig sind. Dabei ist es erforderlich, sich der Frage der Geschichtlichkeit zu widmen (Seker 2017) und auch alternative denkbare Verständnisse zu beleuchten. Die Stelle ist außerdem im Lichte heutiger Bedingungen zu interpretieren. Nur so lässt sich eine überzeugende und einleuchtende Interpretation herausarbeiten, die an den Text sowohl von der Zeit der Offenbarung als auch von der heutigen Zeit ausgehend herantritt.
4. Des Weiteren gilt es, systematisch alle weiteren Koranstellen zu berücksichtigen, die das Thema rituelles Pflichtgebet und dessen situative Einbettung berühren. Auch Textstellen aus der Sunna können einbezogen werden, wobei diese nach den vorangegangenen interpretatorischen Schritten interpretiert werden: Es wird eine wörtliche und bei Bedarf auch eine allegorische Auslegung vorgenommen, bevor die Rechtleitung für die Menschen offengelegt wird. Abschließend geht es darum, die Koranstellen zum Pflichtgebet als Zeugnisse ihrer Zeit zu lesen und zu fragen, was sie uns heute sagen. Dabei gilt es zum einen, die Bedeutung von Arbeit zu erläutern und die Relevanz des Berufslebens in heutigen Gesellschaften aufzuzeigen, sowie zum anderen, Erkenntnisse und Handlungsorientierungen aus dem Koran für das Hier und Jetzt abzuleiten.

Weiterführende Literatur

Barlas, Asma (2002): *"Believing Women" in Islam: Unreading Patriarchal Interpretations of the Qur'ān*. Austin, TX: Univ. of Texas Press.

Bobzin, Hartmut (1999): *Der Koran: Eine Einführung*. München: C.H. Beck.

Çınar, Hüseyin İlker (2017): *Koranwissenschaften und Koranexegese: Eine Einführung*. Mannheim: IFIZ & IZ Publications.

El Omari, Dina (2016): *Einführung in die Koranwissenschaften*. Freiburg i.B.: Kalam.

Karčić, Fikret (2012): *Über die Methode der Textanalyse in den islamischen Wissenschaften: Kurzer historischer und vergleichender Abriss*. Freiburg i.B.: VIBE.

Neuwirth, Angelika (1987): „Koran". In: Gätje, Helmut (Hg.): *Grundriß der arabischen Philologie: Bd. 2: Literaturwissenschaft*. Wiesbaden: Dr. Ludwig Reichert Verlag, S. 96–135.

Seker, Nimet (2019): *Der Koran als Rede und Text: Hermeneutik sunnitischer Koranexegeten zwischen Textkohärenz und Offenbarungskontext*. Berlin: EBV.

Wadud, Amina (1999): *Qur'an and Woman: Rereading the Sacred Text from a Woman's Perspective*. New York, NY: Oxford Univ. Press.

Wild, Stefan (2001): *Mensch, Prophet und Gott im Koran: Muslimische Exegeten des 20. Jahrhunderts und das Menschenbild der Moderne*. Münster: Rhema.

7.2 Methoden der Hadithanalyse

Allgemeines

Neben dem Koran als verschriftlichtes Wort Gottes bilden Überlieferungen vom Propheten Muhammad und über ihn die zweite Quelle des Islams. Diese als ‚Hadith' bezeichneten Überlieferungen umfassen neben Aussagen (*qawl*), Taten (*fiʿl*) und Gutheißungen (*taqrīr*), die Muhammad und seinen GefährtInnen (*ṣaḥāba*) zugeschrieben werden, auch Berichte über seine Lebensweise (*sunna*), Beschreibungen seines Aussehens und Angaben über seine stillschweigende Billigung diverser Situationen und Handlungen. Gelegentlich werden die Berichte der GefährtInnen und der sogenannten Nachfolgegeneration als *ḫabar* (‚Nachricht') bzw. *aṯar* (‚Spur, Überrest') bezeichnet, um sie von den überlieferten Aussagen des Propheten selbst zu unterscheiden (Karagedik 2022a, 72). In der Schia gelten auch die Worte, Taten und Handlungen der Familie des Propheten (*ahl al-bayt*) und der Imame als Hadith bzw. *ḫabar*.

Die hohe Bedeutung der Berichte über die Aussagen und Taten des Propheten gründet nicht zuletzt auch auf dem Koran. Darin finden sich zahlreiche Passagen, die seine Autorität in religiösen Belangen (z. B. Koran 4:13) und seine Vorbildfunktion (z. B. Koran 33:21) unterstreichen. Dem Koran zufolge wurde Muhammad auserwählt, um den Menschen die göttliche Botschaft zu übermitteln und zu erläutern (z. B. Koran 5:67). Deshalb ist er als Vorbild für die Menschen zu verstehen (dazu auch Ali 2004), und daher ist seine Person für das Verständnis des Islams und des Korans selbst unerlässlich. Die Wichtigkeit des Propheten und seine Rolle als Vorbild werden in allen islamischen Richtungen und Strömungen gleichermaßen anerkannt.

Während Muhammads Wirken als Prophet versuchten seine GefährtInnen, „jeden Aspekt seines Lebens zu beobachten, angefangen mit seinem Verhalten im Alltag bis hin zu seinen Anweisungen und Erläuterungen in den Belangen der Religion" (Gharaibeh 2016, 17). Wir können davon ausgehen, dass Muhammads Aussagen und Handlungsweisen von seiner Gemeinde sorgfältig wahrgenommen und dann auch weitererzählt wurden, um sie zu bewahren. Daraus resultierte bald eine unübersichtliche Menge an Hadithen, die von verschiedenen WegbegleiterInnen des Propheten und späteren Gelehrten überliefert sowie ab einem gewissen Zeitpunkt auch verschriftlicht wurden (ebd., 23; Sarıkaya 2021, 57). Diese Hadithe verschaffen uns heute wertvolles Wissen aus diversen Blickwinkeln über die Lebensrealität des Propheten und seiner frühen Gemeinde, aber auch über die Entstehungsgeschichte des Korans und des Islams generell.

Weil die Zahl der Berichte über den Propheten mit der Zeit immer mehr zunahm, wurde eine Klassifizierung notwendig, um die Authentizität der Hadithe feststellen zu können. Damit sollten vor allem schwache und erfundene Berichte identifiziert und aus dem Umlauf genommen werden, was zum Teil auch gelang. Im Zuge dieser Bemühungen entstanden sowohl die Hadithwissenschaften als auch die Hadithsammlungen, die vor allem dazu dienten, die als authentisch eingestuften Berichte zu sichern.

Während sich zum Verständnis der Hadithe verschiedene Ansätze herausgebildet haben, nimmt in der Moderne die Auseinandersetzung mit der sogenannten Überlieferungskette (*isnād*) und der Frage der Authentizität von Hadithen eine zentrale Rolle ein. In den folgenden Abschnitten werden neben traditionellen Methoden der Hadithanalyse auch zeitgenössische hermeneutische Zugänge vorgestellt.

Charakteristika und Besonderheiten

Eine zentrale Frage zum Thema lautet, ob Hadithe Offenbarungscharakter haben oder nicht. Der Gründer einer der vier sunnitischen Rechtsschulen, aš-Šāfiʿī (gest. 820), zählt zu den Protagonisten jener, die die Hadithe zur Offenbarung zählen. Während in diesem Konzept der Koran als ‚rezitierte Offenbarung' (*waḥy matlūw*) bezeichnet wird, weil man ihn zu unterschiedlichen Anlässen kunstvoll vorträgt, gelten Hadithe als ‚nicht rezitierte Offenbarung' (*waḥy ġayr matlūw*). Dadurch wird den Hadithen, die zum Teil noch lange nach Muhammads Ableben gesammelt, sinngemäß überliefert und kategorisiert worden sind, derselbe theoretische Stellenwert zugeschrieben wie dem Koran, der im Islam als unverfälschtes Gotteswort gilt, das noch zu Lebzeiten des Propheten gehört, erinnert und niedergeschrieben wurde.

Andere Rechtsschulgründer wie Abū Ḥanīfa (gest. 767) und zahlreiche TheologInnen der Gegenwart erkennen zwar die Relevanz der Hadithe an, zählen diese aber nicht zur Offenbarung. Zwar werden, mit wenigen Ausnahmen, Hadithe generell als normative Grundlage des Islams betrachtet, der Grad ihrer Verbindlichkeit hängt jedoch davon ab, ob sie grundsätzlich als Offenbarungen und ob sie als authentisch eingestuft werden.

Unabhängig von der Diskussion über den Offenbarungscharakter herrscht unter HadithwissenschaftlerInnen Konsens darüber, dass Hadithe einer gewissen Überprüfung unterzogen werden müssen, um ihre Authentizität zu gewährleisten. Vor diesem Hintergrund haben sich verschiedene Methoden und Disziplinen entwickelt, auf die im Folgenden kurz eingegangen wird.

Kritische Analyse

Die Feststellung der Authentizität der Hadithe spielt für die Gelehrten aufgrund der hohen Anzahl und der unterschiedlichen Beschaffenheit der Berichte (Äußerungen, Handlungen, Gutheißungen etc.) eine wichtige Rolle. Daher wurden sehr früh Kriterien entwickelt, um den Authentizitätsgrad der Hadithe zu ermitteln. Ausschlaggebend für dessen Ermittlung ist die Überlieferungskette (*isnād*). Diese bildet neben dem eigentlichen Text (*matn*) einen wichtigen Teil eines jeden Hadithes. Die unbedingte Nennung des *isnād* hat sich erst ab dem 2. Jahrhundert nach der *hiǧra* etabliert und dient dazu, „die direkte Rückführbarkeit einer Aussage, die dem Propheten zugeschrieben wird, auf seine Person darzulegen" (Sarıkaya 2021, 40). Je nachdem, wie die Überlieferungskette einzustufen ist und ob die überliefernden Personen vertrauenswürdig (*ʿadl*) sowie zur mündlichen bzw. schriftlichen Übertragung kompetent (*ḍabṭ*) sind, werden die Hadithe klassifiziert. Mit Blick auf ihre Authentizität werden sie als ‚authentisch' bzw. ‚gesund' (*ṣaḥīḥ*), ‚gut' bzw. ‚schön' (*ḥasan*), ‚schwach' (*ḍaʿīf*) und ‚gefälscht' bzw. ‚erfunden' (*mawḍūʿ*) eingestuft (Gharaibeh 2016, 50 f.). Diese Kategorisierung hat vor allem Auswirkungen darauf, ob ein Hadith als verbindliche Aussage verstanden wird oder nicht. Werden die ‚gesunden' Hadithe fast in allen Rechtsschulen als verbindlich und die ‚erfundenen' als unverbindlich und verwerflich erachtet, gibt es in der Frage nach dem richtigen Umgang mit ‚schwachen' Hadithen unterschiedliche Meinungen (Sarıkaya 2021, 44). Relevant ist hier auch die Frage der Chronologie der Hadithe, da spätere Überlieferungen frühere abrogieren können, sowie die Breite der Überlieferung, d. h. die Frage, wie viele Personen einen Hadith auf jeder Überlieferungsstufe tradiert haben (Bauer 2011, 149).

Die wichtigsten Teildisziplinen der Hadithwissenschaften, die sich im Zuge der intensiven Auseinandersetzung mit dem Thema entwickelt haben, sind (Sarıkaya 2021, 96–99):

- ***Al-Ǧarḥ wa-t-taʿdīl:*** Hier geht es um die Überprüfung der Wahrhaftigkeit und der Zuverlässigkeit der ÜberlieferInnen, die in einer Überlieferungskette vorkommen. Da die Überlieferer meist Männer waren, wird dieser Zweig auch als ‚Wissenschaft der Männer' (*ʿilm ar-riǧāl*) bezeichnet.[3] Als Grundlage für die kritische Analyse der überliefernden Personen dienen vor allem biografische Werke wie das *Kitāb aṭ-Ṭabaqāt al-kabīr* (‚Das große Klassenbuch') von Muḥammad Ibn Saʿd (gest. 845), um nur ein Beispiel zu nennen.
- ***Ġarīb al-ḥadīṯ:*** Im Fokus stehen hier Fremdwörter und unbekannte Aussagen, die in den Überlieferungen vorkommen. Zur Erläuterung werden dabei unter anderem vor- und außerislamische Texte herangezogen, zum Beispiel die altarabische Dichtung.
- ***Muḫtalaf al-ḥadīṯ:*** Hier geht es darum, die inhaltlichen Widersprüche zwischen Überlieferungen zu analysieren und den Grund dafür zu eruieren.
- ***Asbāb wurūd al-ḥadīṯ:*** Hier werden die historischen Hintergründe erforscht, die zur Entstehung der Hadithe geführt haben. Ziel ist dabei, durch Hintergrundwissen den Entstehungskontext eines Hadithes zu eruieren, um diesen besser verstehen und interpretieren zu können. In ihrer Funktion entspricht diese Teildisziplin der der Offenbarungsanlässe in den Koranwissenschaften.

Mit der Zeit sind einige sehr wichtige, oft als ‚kanonisch' bezeichnete Hadithsammlungen entstanden, die zumindest von den Sunniten als Primärquellen der Religion einge-

3 In der Tat fungierten in der islamischen Geschichte sehr wohl auch Frauen als Weggefährtinnen des Propheten und als Trägerinnen religiösen Wissens, was erst in letzter Zeit verstärkt in den Fokus genommen wird (u. a. Nadwi 2013; Decker 2013).

stuft werden.[4] Die wichtigsten sunnitischen Sammlungen sind die sogenannten ‚sechs Bücher' (*al-kutub as-sitta*) der folgenden Autoren:

- *Al-Ǧāmiʿ aṣ-ṣaḥīḥ* von Muḥammad b. Ismāʿīl **al-Buḫārī** (gest. 870),
- *Al-Ǧāmiʿ aṣ-ṣaḥīḥ* von **Muslim** b. al-Ḥaǧǧāǧ an-Naysābūrī (gest. 875),
- *Al-Ǧāmiʿ aṣ-ṣaḥīḥ fī s-sunan* von Muḥammad b. ʿĪsā **at-Tirmiḏī** (gest. 892),
- *Kitāb as-Sunan* von **Abū Dāwūd** as-Siǧistānī (gest. 888),
- *Kitāb as-Sunan* von Aḥmad b. ʿAlī **an-Nasāʾī** (gest. 915) und
- *Kitāb as-Sunan* von Abū ʿAbdallāh **Ibn Māǧa** (gest. 887)

Die größte Autorität wird hier meist den Sammlungen von al-Buḫārī und Muslim zugeschrieben. Neben den genannten gibt es aber noch viele weitere Sammlungen, die nicht zu diesen sechs Büchern zählen, aber ebenfalls einen hohen Stellenwert im Islam genießen, darunter das *al-Muwaṭṭaʾ* von Mālik b. Anas (gest. 795) und das *al-Musnad* von Aḥmad Ibn Ḥanbal (gest. 855). Einige der genannten Werke sind inzwischen auch in deutscher Übersetzung verfügbar.

Wie ersichtlich wurde, haben sich die klassischen Hadithwissenschaften vor allem auf die Überprüfung der Überlieferungskette fokussiert und sich in der Frage der Authentizität der Hadithe daran orientiert (Motzki 2010; Brown 2011, 2). Dies hat besonders in jüngerer Zeit zu Kritik geführt. Bemängelt wird dabei vor allem die Vernachlässigung der Inhalte, wodurch sich keine eigenständige Hadithhermeneutik entwickelt habe und die Inhalte der Überlieferungen bei der Klassifizierung keine Rolle spielten. Immer mehr Fachleute fordern daher eine Wende in den Hadithwissenschaften, um dem eigentlichen Text mehr Aufmerksamkeit zu schenken (Sarıkaya 2021, 127–134).

Moderne Ansätze in den Hadithwissenschaften

Schon in der Vergangenheit plädierten einige Gelehrte wie ar-Rāzī (gest. 1209) und Ibn Ḫaldūn (gest. 1406) für ein Umdenken im Umgang mit dem Hadith (Sarıkaya 2021, 117–120). Diese Ansätze finden heute eine Fortsetzung, insofern zeitgenössische Gelehrte beim klassischen Zugang häufig Schwierigkeiten im Umgang mit Hadithen feststellen, die sie als ein Verstehenshindernis betrachten. Plädiert wird dafür, Hadithe nicht in erster Linie als autoritative Texte zu betrachten, aus denen rechtsverbindliche Regeln abzuleiten sind, sondern sie auch – manche würden sagen: wieder – als reichhaltige Wissensquelle anzusehen, die in vielerlei Hinsicht dabei hilft, den Entstehungskontext des Islams und die Lebenspraxis seiner frühen AnhängerInnen zu verstehen.

Während die Leistungen der klassischen Gelehrten bei der Feststellung der Authentizität der Hadithe und die dadurch entstandene reichhaltige Literatur heute zwar hochgeschätzt werden, wird doch oft auch bemängelt, dass sie die Inhalte der Überlieferungen

4 Die Schia und andere islamische Konfessionen stimmen mit den hier genannten Kriterien und Einschätzungen oftmals nicht überein und erkennen mit den sogenannten ‚vier Büchern' (*al-kutub al-arbaʿa*) andere Sammlungen als kanonisch an (Brown 2009, 130; Sarıkaya 2021, 80).

bei der Klassifizierung zu wenig berücksichtigt haben. Kritisiert wird vor allem, dass die Gelehrten die Kompatibilität der Hadithe mit dem Koran, mit den wissenschaftlichen Erkenntnissen der damaligen Zeit sowie mit der allgemeinen Vernunft mit Blick auf die Plausibilität der überlieferten Aussagen nicht ausreichend überprüft haben (Sarıkaya 2021, 120).

Vermisst wird auch das Fehlen einer eigenständigen Hermeneutik, die alle Eigenheiten des Hadith berücksichtigt. Das habe dazu geführt, dass Zugänge anderer theologischer Disziplinen, vor allem der Rechtsmethodologie (*uṣūl al-fiqh*), übernommen wurden, was zur Folge hatte, dass Hadithe grundsätzlich aus der Perspektive des Rechts und der Normenfindung verstanden wurden und in jedem Hadith eine verbindliche Bestimmung oder Norm gesucht wurde.

Insgesamt bildet der Hadith ein weites Forschungsfeld, das im Vergleich zum Koran viel umfassender ist und in der Lebenspraxis der MuslimInnen auch eine deutlich konkretere Rolle spielt. Für die Forschung und die Theologie stellt der Hadith eine umfangreiche und wertvolle Quelle dar. Einerseits vermittelt er wichtige Informationen über die Entstehung des Islams, über die damaligen sozialen, politischen und kulturellen Umstände, über das Leben der ersten AdressatInnen des Korans und damit auch über den Lebenskontext des Propheten. Andererseits überliefert er von ihm und von seinen GefährtInnen Aussagen und Handlungen, die einen wichtigen normativen Kompass liefern und deshalb vielen MuslimInnen, besonders im Alltag, bis heute als Orientierung dienen.

In seinem Buch *Sünnet ve Hadisi Anlama Kılavuzu* (‚Leitfaden zum Verständnis von Sunna und Hadith', 2020) schlägt der türkische Hadithwissenschaftler Mehmet Görmez einige Grundprinzipien vor, an denen sich eine moderne Hadithanalyse orientieren sollte, darunter:

- Einklang mit den allgemeinen Grundbestimmungen des Islams und der Offenbarung bzw. der Einheit des Islams,
- kein Widerspruch zu klaren koranischen Aussagen oder einem koranischen Prinzip,
- Orientierung an der Sunna, also der gelebten Tradition des Propheten,
- Konvergenz zwischen der Lebensweise des Propheten und den Hadithen,
- Einheit zwischen dem Wortlaut und der Bedeutung der Überlieferungen,
- Berücksichtigung von Entstehungskontext und -anlass,
- Berücksichtigung der gängigen Terminologie zur Lebzeit des Propheten,
- multiperspektivischer Blick auf thematisch ähnliche Überlieferungen.

Die Orientierung an diesen Prinzipien hilft dabei, die Überlieferungen besser zu verstehen, und sie liefert auch eine solide Grundlage dafür, für welche Überlieferungen man sich im Falle inhaltlicher Widersprüche entscheiden sollte.

Angesichts der Divergenzen über den normativen Charakter des Hadith im Gegensatz zum Koran ist die Berücksichtigung der erwähnten Prinzipien von zentraler Bedeutung. Dabei geht es vor allem darum, die Überlieferungen nicht isoliert zu betrachten, als wären sie im luftleeren Raum entstanden. Sowohl bei der Prüfung seiner Authentizität als auch bei dem Versuch, einen Hadith zu interpretieren, ist von zentraler Bedeutung, diesen im Lichte der Grundbestimmungen des Islams zu betrachten. So sind etwa Überlieferungen, die die Würde des Menschen infrage stellen oder die Religionsfreiheit einschränken, mit Vorsicht zu genießen, da diese allgemeinen Grundprinzipien des Islams, der die Menschenwürde und die Religionsfreiheit garantiert (z. B. Koran 17:10, 2:256), widersprechen. Zudem kann kein authentischer Hadith einer klaren Aussage des Korans widersprechen, denn dies wäre ein Paradox. Weiterhin ist zu eruieren, in welchem Zusammenhang ein Einzelhadith mit thematisch ähnlichen Hadithen, Überlieferungen aus anderen Quellen und der gelebten Sunna des Propheten steht, um ein bestimmtes Thema aus mehreren Perspektiven zu behandeln. Außerdem ist es wichtig, die Gründe, die zur Entstehung eines bestimmten Hadithes geführt haben, sowie die zur Entstehungszeit verwendete Terminologie zu berücksichtigen. Nicht zuletzt bedarf die Interpretation der Hadithe auch ausreichender Kenntnisse sowohl über den Zusammenhang zwischen dem Wortlaut und dem Sinn einer Überlieferung als auch über die damit beabsichtigen Ziele. Nur so kann ein angemessenes Verständnis der Hadithe gesichert werden.

Die von Görmez genannten analytischen Kriterien wurden in den letzten Jahren auch im deutschsprachigen Raum aufgegriffen (Sarıkaya 2021, 150 f.). So fasst etwa Ulvi Karagedik (2022a, 218 f.) verschiedene interpretatorische Ansätze zusammen, greift dabei auch wichtige Aspekte von Görmez auf und schlägt zur Analyse von Hadithen eine Vorgehensweise mit sieben aufeinander aufbauenden Schritten vor:

1. **Wahrnehmung:** Was sagt ein Hadith offenkundig aus, und was sind gängige Meinungen und bestehende Urteile zu ihm?
2. **Stellenwert:** Wie wird eine Überlieferung in den Hadithsammlungen rezipiert? Wie sind ihr Stellenwert und ihre Überlieferungskette einzuordnen?
3. **Kontexte und Korrelationen:** Welche historischen Hintergründe hat ein Hadith, und wie ist er entstanden? Welche Korrelationen mit Koranstellen oder weiteren Hadithen bzw. welche Verweise auf solche bestehen?
4. **Wirkungsgeschichte und Verständnisse:** Wie wurde ein Hadith historisch verstanden? Bestehen zu ihm divergierende Auffassungen und Lesarten?
5. **Gesamtsinn einer Überlieferung:** Inwiefern sind mit Blick auf den Koran und die Entstehungskontexte eines Hadithes bestimmte Lesarten oder damit verknüpfte Ansichten und Traditionen zu überdenken?
6. **Verschmelzung von Wirkungsgeschichte und gegenwärtiger Lebensrealität:** Können historische und heutige Verständnisse zusammengeführt werden? Was bedeutet ein Hadith für die Gegenwart, etwa für das Leben im deutschsprachigen Raum bzw. in europäischen Kontexten?
7. **Weiterdenken:** Was kann ein Hadith in Bezug auf heutige Kontexte aussagen? Wie kann sein Sinn im Hier und Heute verstanden werden, und wie kann er in anderen (z. B. religionspädagogischen) Zusammenhängen genutzt werden?

Grundsätzlich sollte bei der Hadithanalyse der inhaltlichen Deutung ein größeres Gewicht zukommen als formellen Fragen. Wie die geschilderte abstrakte Vorgehensweise in der Praxis aussehen kann, wird im Folgenden aufgezeigt.

Anwendungsweisen und Potenziale für die Islamische Theologie

Mit Blick auf unser Beispielthema ‚Religiöse Normen im Berufsleben von MuslimInnen' ist in der Praxis zunächst zu überlegen, welche relevanten Informationen und Aussagen im Hadith vorzufinden sind und welche nicht. Zu bedenken ist dabei auch der große zeitliche Abstand zwischen der Entstehung der Hadithe und der Gegenwart, in der sie interpretiert werden. Die Rahmenbedingungen für das Verhältnis von Arbeit und religiösen Normen waren zur Zeit des Propheten andere als heute.

Ähnlich wie in der Koranexegese gibt es auch bei der Hadithanalyse zwei mögliche Forschungsdesigns: Es können entweder bestehende Interpretationen untersucht oder eigenständige Formen der Hadithhermeneutik betrieben werden. Anders als mit Blick auf den Koran besteht hier zudem die Möglichkeit einer Untersuchung der Authentizität der für die Untersuchung ausgewählten Hadithe.

In unserem Fall entscheiden wir uns für eine eigenständige Hadithhermeneutik. Um die Machbarkeit des Vorhabens zu gewährleisten, ist das Konzept ‚religiöse Normen' dann zunächst einzugrenzen, da darunter eine Vielzahl an für den beruflichen Alltag relevanten Geboten fallen, die im Hadith (ebenso wie im Koran) an verschiedenen Stellen, in diversen Kontexten und auf nicht immer eindeutige Art und Weise thematisiert werden. Unsere Wahl fällt hier auf eine spezifische Norm: das Freitagsgebet. Wir wollen uns also mit der Frage befassen, welche Erkenntnisse sich aus dem Hadith zu diesem Thema für das Berufsleben von MuslimInnen ziehen lassen. Als Fragestellung ist dabei die folgende Formulierung denkbar:

- *Wie wird das Freitagsgebet im Hadith thematisiert, und welche Einsichten* können daraus für *heutige berufliche Kontexte gezogen werden?*

Die Fragestellung umfasst verschiedene Bereiche und Zugänge. So strebt sie an, eine zentrale religiöse Quelle zu analysieren und die dabei gewonnenen Befunde mit heutigen beruflichen Kontexten zu verbinden. Dazu verfolgen wir verschiedene Zugänge, denn wir interessieren uns sowohl für stilistische und linguistische Aspekte als auch für normative Belange. Indem wir fragen, wie das Freitagsgebet im Hadith behandelt wird, erkunden wir, welche inhaltlichen Aussagen in der Sunna dazu getroffen werden, wie die betreffenden Hadithe interpretiert werden können und welche sprachlichen Merkmale sie auszeichnen. Durch unser weiteres Erkenntnisinteresse, also die Frage, was sich aus den analysierten Hadithen für das Berufsleben von MuslimInnen in der Gegenwart an Erkenntnissen ziehen lässt, liefern wir zudem eine normative Perspektive auf unser Thema.

Insgesamt zeigt sich, dass es sich hier um eine komplexe Fragestellung handelt, die zwei Bereiche miteinander verschränkt: die theologische Quellenanalyse und die Frage der gegenwärtigen beruflichen Kontexte. Diese Felder sind bei der Bearbeitung in einem je angemessenen Umfang zu behandeln und erfordern daher einen gewissen Platz. In dem begrenzten Rahmen einer Bachelorarbeit ist diese Fragestellung also nicht adäquat zu bearbeiten. Im Zuge einer Masterarbeit, einer Dissertation oder eines anderen größeren Forschungsprojekts ließen sich die verschiedenen Bereiche der Fragestellung dagegen in einem angemessenen Ausmaß behandeln.

Wie die gewählte Fragestellung in der Praxis Schritt für Schritt bearbeitet werden kann, wird im Folgenden dargelegt. Dabei gehen wir zunächst auf die Materialbestimmung und Materialauswahl ein und widmen uns dann, angeleitet durch den Leitfaden von Karagedik, den Methoden der theologischen Quellenanalyse.

Materialbestimmung und -auswahl

Damit die gewählte Fragestellung hinreichend bearbeitet werden kann, ist als Erstes das Textmaterial zu bestimmen, das dafür relevant ist. Hierfür müssen zunächst jene Textstellen identifiziert werden, in denen der Freitag bzw. das Freitagsgebet eine Rolle spielt. Dabei wird zunächst der reine Text (*matn*) der einschlägigen Hadithe genannt und darauf eingegangen, in welchen Sammlungen diese zu finden sind. Die Interpretation der Passagen erfolgt dann in der theologischen Analyse. Grundsätzlich sind bei der Auswahl sowohl Hadithe als auch Koranstellen zu berücksichtigen, da die Hadithanalyse mit der Koranexegese eng verknüpft ist.[5]

Im Falle unseres Forschungsthemas werden wir erkennen, dass das Freitagsgebet im Koran in Sure 62 in den Versen 9–11 erwähnt wird. Auch im Hadith ist an verschiedenen Stellen davon die Rede. Während manche Überlieferungen auf die Bedeutung des Freitags eingehen, behandeln andere die Frage, wie das Freitagsgebet praktiziert wird und wie verpflichtend es ist.

Die Bedeutung des Freitags wird zum Beispiel in den zwei folgenden Hadithen[6] aus den Sammlungen von al-Buḫārī und Muslim thematisiert:

> Abū Hurayra berichtete, dass der Gesandte Gottes, Gottes Segen und Heil auf ihm, vom Freitag sprach und sagte: „Freitags gibt es eine Stunde, in der Gott jedem Muslim, wenn er betet und Gott um etwas bittet, mit Sicherheit das gewährt, worum er bittet." Und der Prophet zeigte mit den Händen an, wie kurz diese Zeitspanne ist. (al-Buḫārī, *Ǧumʿa*, Nr. 935)

> Abū Hurayra berichtete, dass der Gesandte Gottes, Gottes Segen und Heil auf ihm, sagte: „Der beste Tag, an dem die Sonne aufgeht, ist der Freitag. Es ist der Tag, an dem Adam erschaffen wurde. Es ist der Tag, an dem Adam die himmlischen Gärten betrat, der Tag, an dem er daraus vertrieben wurde, und auch der Tag, an dem er starb. Freitag ist der Tag, an dem der Tag der Wiedererweckung stattfinden wird." (Muslim, *Ǧumʿa*, Nr. 1977)

Laut diesen Hadithen erhält der Freitag seine Bedeutung dadurch, dass an ihm wichtige Ereignisse stattfanden bzw. stattfinden werden und dass an ihm ein besonderes Gebet praktiziert wird, dem Gott einen zentralen Wert beimisst.

---

5 Hierbei kann die Online-Datenbank https://linkedopentafsir.de eine Hilfe sein. Sie bietet kombinierte Such-, Visualisierungs- und Analysemöglichkeiten zu spezifischen Texten, Themen und Überliefernden an.

6 Wir zitieren die Hadithe nach der Online-Datenbank https://sunnah.com. Die Übersetzungen stammen von uns. Die genannten Angaben sind: Überlieferer, *Bezeichnung des Buches,* Hadithnummer laut Webseite. Zur Angabe von Hadithen siehe auch Kapitel 14.6.

Die Frage, wie das Freitagsgebet zu verrichten ist, wird ebenfalls in diversen Hadithen behandelt, darunter die folgenden zwei aus der Sammlung von al-Buḫārī:

> Abū Hurayra berichtete, dass der Gesandte Gottes, Gottes Segen und Heil auf ihm, sagte: „Wenn du (in der Moschee) am Freitag zu deinem Gefährten ‚hör zu' sagst, während der Imam die Predigt hält, dann hast du damit nur sinnloses Gerede gemacht." (al-Buḫārī, *Ǧumʿa*, Nr. 934)

> Abū Saʿīd al-Ḫudrī, Gottes Wohlgefallen auf ihm, berichtete, dass der Gesandte Gottes, Gottes Segen und Heil auf ihm, sagte: „Die Gesamtwaschung des Körpers am Freitag ist jedem Volljährigen Pflicht!" (al-Buḫārī, *Ǧumʿa*, Nr. 879)

Hervorgehoben wird in diesen Hadithen zum einen die zentrale Bedeutung der Predigt während des Freitagsgebets. Diese spiele eine so wichtige Rolle und erfordere eine so große Aufmerksamkeit, dass selbst der bloße Hinweis an andere Personen, der Predigt zuzuhören, sinnlos sei. Zum anderen stelle die Waschung eine Pflicht für Volljährige dar.

Auch zu der Frage, welche Bedeutung das Freitagsgebet hat und wie verpflichtend es ist, gibt es Hadithe, darunter der folgende aus der Sammlung von Abū Dāwūd:

> Abū l-Ǧaʿd aḍ-Ḍamrī berichtete, dass der Gesandte Gottes, Gottes Segen und Heil auf ihm, sagte: „Wer dem Freitagsgebet dreimal geringschätzig fernbleibt, dem versiegelt Gott das Herz." (Abū Dāwūd, *Ṣalāt*, Nr. 1052)

Alle genannten Überlieferungen besitzen Aussagekraft für unsere Fragestellung und sind im Rahmen unserer Untersuchung systematisch zu interpretieren. Da hier nicht alle angeführten Hadithe umfassend analysiert werden können, werden die dafür nötigen Schritte am letztgenannten Hadith exemplarisch dargelegt.

Theologische Quellenanalyse

Bei der theologischen Quellenanalyse orientieren wir uns an dem oben dargestellten Grundmuster von Karagedik (2022a, 218 f.). Im Fall unserer Fragestellung und der ausgewählten Überlieferung („Wer dem Freitagsgebet dreimal geringschätzig fernbleibt, dem versiegelt Gott das Herz") können die Grundzüge[7] des analytischen Vorgehens wie folgt aussehen:

1. **Wahrnehmung:** Zunächst beschreiben wir den wörtlichen Gehalt des Hadithes. Dessen offenkundige Aussage ist, dass eine dreimalige geringschätzige Nicht-Teil-

7 Für eine ausführliche Darstellung der interpretatorischen Schritte zur Analyse eines Hadithes anhand eines Beispiels siehe Karagedik 2022a, 214–274.

nahme dazu führe, dass der betreffenden Person das Herz ‚versiegelt' werde. Ob sich das auf beide Geschlechter bezieht oder nur auf eines, bleibt offen.

2. **Stellenwert:** Dieser Hadith findet sich in der Sammlung von Abū Dāwūd und damit in einem der ‚sechs Bücher'. In die Sammlungen von al-Buḫārī und Muslim hat er hingegen keinen Eingang gefunden. Eingestuft wird der Hadith von Abū Dāwūd als *ḥasan* – also als ‚gut' bzw. ‚schön' (Abu Dawud Sulaiman bin A<u>sh</u>'a<u>th</u> 2008, 617). Über die Klassifikation gibt es jedoch unterschiedliche Ansichten. So wird er in der Datenbank DORAR[8] als *ṣaḥīḥ* oder *ḥasan* – oder mit einer der diesem nahestehenden Kategorisierungen – beschrieben. Der konservative Experte Nāṣir ad-Dīn al-Albānī (gest. 1999) (Amin 2004) wiederum klassifiziert diesen Hadith als *ḥasan ṣaḥīḥ*.[9] Darzulegen ist bei diesem Schritt auch die Überlieferungskette, die wie folgt aussieht: Musaddad → Yaḥyā → Muḥammad ibn 'Amr → 'Ubayda ibn Sufyān al-Ḥaḍramī → Abū l-Ǧa'd aḍ-Ḍamrī. Auf dieser Basis kann der Stellenwert des Hadithes bestimmt werden.
3. **Kontexte und Korrelationen:** Wenn Personen aufgrund von Geringschätzung dem Freitagsgebet fernbleiben, werde ihnen das Herz ‚versiegelt'. Die Bedeutung dieser Aussage erschließt sich erst durch einen Blick auf die Kontexte. Damit kann so viel gemeint sein, wie dass das Verständnis und die Einsicht der betreffenden Personen verkümmern. Da das Herz damals auch als Sitz der (Gottes)Erkenntnis betrachtet wurde, bedeutet ein versiegeltes Herz ein Verlust, ein Unglück und eine Entbehrung. Die Person wird dadurch unfähig, eine tugendhafte Tat zu vollbringen (Abu Dawud Sulaiman bin A<u>sh</u>'a<u>th</u> 2008, 617). Ausgedrückt wird damit laut Hans Zirker im weiteren Sinne, dass eine solcherart begründete Nicht-Teilnahme am Freitagsgebet mit einer Schuld belegt wird (2007).

   Der Hadith korreliert sowohl mit anderen Überlieferungen wie den oben genannten als auch mit Koranstellen. So behandelt Koran 62:9–11 das Freitagsgebet, das aus islamischer Sicht als Höhepunkt der Woche gilt. Seine Bedeutung zieht der Freitag somit aus dem Freitagsgebet und insbesondere aus der Freitagspredigt, die an diesem Tag stattfinden, weshalb er wie in Koran 62:9 auch ‚Tag der Gemeindeversammlung' (*yawm al-ǧumu'a*) genannt wird.[10] Erst durch die Tradition des gemeinschaftlichen Gebets und der Predigt wird er also zu einem besonderen Tag (Kirste/Schultze/Tworuschka 1995, 63). Während dieses Gebets sollten aber MuslimInnen („die ihr Glauben erlangt habt", Koran 62:9) weltliche Dinge ruhen lassen („laßt allen weltlichen Handel", Koran 62:9). Damit zeigt sich, dass der Hadith themenverwandten Koran-

8 Bei DORAR handelt es sich um eine Online-Datenbank (https://dorar.net/hadith), in der die Nennung von Überlieferungen in verschiedenen Sammlungen sowie Informationen zu Überlieferungsketten ersichtlich sind und sich überprüfen lassen. Bei Online-Recherchen im Bereich der Hadithanalyse empfiehlt es sich, auf verlässliche Quellen wie die Online-Datenbanken https://dorar.net und https://sunnah.com zurückzugreifen.

9 Siehe: https://sunnah.com/abudawud:1052.

10 Laut der Übersetzung von Muhammad Asad (2009), die wir in diesem Buch verwenden.

stellen nicht entgegenläuft, sondern mit diesen korrespondiert und sie inhaltlich ergänzt. Verbindungen des Hadithes zu anderen Überlieferungen wie den oben genannten, die sich mit der Bedeutung des Freitags, den Voraussetzungen des Gebets oder dessen Ablauf befassen, sind ebenfalls zu beleuchten. Zu fragen ist auch, welche konkreten Entstehungsgründe (*asbāb al-wurūd*) sich für den Hadith ermitteln lassen.

4. **Wirkungsgeschichte und Verständnisse:** Nach seiner Kontextualisierung kann die Wirkungsgeschichte des Hadithes nachgezeichnet werden. Dabei ist darzulegen, welche Gelehrten auf die Überlieferung Bezug genommen haben, wie sie sie interpretiert haben und inwiefern sich Differenzen in den Lesarten des Hadithes und den daraus gezogenen Schlüssen feststellen lassen.
5. **Gesamtsinn einer Überlieferung:** Vor dem Hintergrund der vorherigen Schritte wird in diesem Schritt eine Gesamtbetrachtung vorgenommen. Diese kann unter Umständen zu einer Hinterfragung traditioneller Lesarten des Hadithes und daraus abgeleiteter Empfehlungen führen. So ließe sich etwa darüber reflektieren, welchen Einfluss das Leben in mehrheitlich nicht vom Islam geprägten Gesellschaften auf die Frage der Teilnahme am Freitagsgebet haben kann und wie die Formulierung ‚Versiegelung des Herzens' in diesen Kontexten zu deuten ist. Auch die Frage, für wen der Hadith gültig ist, ob zum Beispiel nur für Männer oder auch für Frauen, kann in dieser Phase auf der Basis von Quellenmaterial diskutiert werden.
6. **Verschmelzung der Wirkungsgeschichten und Bezug zur Lebensrealität:** In diesem Schritt werden in die Analyse Bezüge zu aktuellen Kontexten eingeführt. Bei unserer Fragestellung, die auch die praktische Relevanz für das Berufsleben im Sinn hat, befassen wir uns hier mit den Implikationen, die aus dem Hadith für das heutige Leben von MuslimInnen gezogen werden können. Dabei werden die Ursprungskontexte des Hadithes mit den aktuellen Lebensbedingungen in Bezug gesetzt, also zum Beispiel die Frage gestellt, was heutzutage als ‚geringschätziges Fernbleiben' verstanden werden kann. Ist bereits die Nicht-Teilnahme, weil man etwa bei nichtmuslimischen oder nicht-praktizierenden Vorgesetzten nicht negativ auffallen will, auch wenn kein Gebetsverbot seitens des Arbeitgebers bzw. der Arbeitgeberin vorliegt, als eine solche Geringschätzung einzustufen? Oder ist die Überlieferung angesichts veränderter Rahmenbedingungen neu zu deuten und weiterzuentwickeln? Wie der Bezug zur Gegenwart und zur Lebensrealität im Einzelnen hergestellt wird, hängt vom konkreten Interesse des jeweiligen Forschungsvorhabens ab.
7. **Weiterdenken:** Hier lässt sich zum Beispiel darüber reflektieren, inwiefern die Erkenntnisse der Analyse in den Religionsunterricht einfließen können. Da die Hadithliteratur zu den wichtigsten Quellen des Islams zählt und einem genaueren Verständnis des Korans dienlich ist, können die erreichten Befunde auch für die religiöse Bildung von Bedeutung sein. So können etwa Überlegungen darüber angestellt werden, wie die Erkenntnisse im Religionsunterricht in der Schule oder in der Moschee angemessen berücksichtigt werden können. In der letzten Zeit wurden zu diesem Themenkomplex bereits diverse Reflexionen angestellt (Vimercati Sanseverino 2020). Vorgeschlagen wird zum einen, den Einsatz von Hadithen von ihrer

Übereinstimmung mit dem Koran, mit der Vernunft sowie mit Werten wie Diversität, Pluralität und Gendergerechtigkeit abhängig zu machen (Sarikaya 2017). Zum anderen wurden religionspädagogische Prinzipien genannt, die bei der Einbindung von Hadithen in den Religionsunterricht zu berücksichtigen sind. Dazu zählen Anforderungen wie Elementarisierung (also Reduktion auf das Wesentliche), Korrelation mit der Lebenswelt, Kontextualisierung, Gender- und Differenzgerechtigkeit, Diskursivität und religiöse Mündigkeit (Sarıkaya 2021, 228–241; siehe hierzu auch Sarıkaya 2016, 105–115, und Karagedik 2022b, 534–539). Die genannten Prinzipien und Kriterien sind bei der Reflexion über die Frage, wie der Hadith in den Unterricht einfließen kann, systematisch einzubeziehen.

Betrachtet wurden hier die grundlegenden Schritte zur Analyse eines Hadithes, der auf unsere Fragestellung passt. Eine angemessene Analyse dieser Art, bei der alle Schritte gründlich ausgearbeitet werden, erstreckt sich über eine Vielzahl von Seiten. Dabei sind alle Hadithe, die für die Fragestellung von Relevanz sind, in einem angemessenen Umfang zu analysieren. Das beschriebene Vorgehen ist als Grundmuster zu verstehen, das von der konkreten Fragestellung abhängt und an diese anzupassen ist.

Weiterführende Literatur

Brown, Jonathan A. C. (2009): *Hadith: Muhammad's Legacy in the Medieval and Modern World*. Oxford: Oneworld.

Dere, Ali (1997): „Ein Überblick über Entwicklung des Hadīṯ und seinen formalen Aspekt". In: *Ankara Üniversitesi İlahiyat Fakültesi Dergisi* (*AÜİF*), 36, S. 423–441.

Gharaibeh, Mohammad (2016): *Einführung in die Wissenschaften des Hadith, seine Überlieferungsgeschichte und Literatur*. Freiburg i. B.: Kalam.

Karagedik, Ulvi (2022a): *Hadithhermeneutik: Methoden, Grundlagen und Praxis*. Göttingen: V & R.

Motzki, Harald (Hg.) (2004): *Hadith: Origins and Developments*. Aldershot: Ashgate.

Sarıkaya, Yaşar (2021): *Hadith und Hadithdidaktik: Eine Einführung*. Paderborn: Schöningh.

Seven, Şuayip (2018): *Traditionelle Hadith-Hermeneutik im Zusammenhang mit modernen Ansätzen der Ankaraner Schule*. Berlin: Klaus Schwarz.

7.3 Dokumentenanalyse

Allgemeines

Die Dokumentenanalyse ist ein mehrstufiges Verfahren zur Untersuchung von Quellen und Texten, das in Disziplinen wie der Soziologie, der Politikwissenschaft, der Bildungsforschung, der Erziehungswissenschaft und den Geschichtswissenschaften Beachtung gefunden hat (Theuerkauf 1997; Krumm/Noetzel/Westle 2009; Glaser 2010; Hoffmann 2018). Bei dieser Methode liegt die Aufmerksamkeit sowohl auf der Genese der untersuchten Dokumente als auch auf deren inhaltlichem und sprachlichem Gehalt. Die Dokumentenanalyse birgt auch für die Islamische Theologie Anwendungspotenzial sowie die Möglichkeit interessanter Einblicke, da in der Disziplin häufig Forschungsarbeiten zu sowohl klassischen als auch zeitgenössischen Quellen verfasst werden und die Arbeit mit Texten die Regel ist. Daher wird die Methode im Folgenden näher vorgestellt.

Charakteristika und Besonderheiten

Wie der Name der Methode besagt, ist sie darauf angelegt, Dokumente zu analysieren. In der Frage, was unter einem Dokument zu verstehen ist, kann man entweder ein enges Begriffsverständnis anlegen, demzufolge Dokumente schriftliche Texte und Quellen sind, „die als Aufzeichnung oder Beleg für einen Vorgang oder Sachverhalt dienen" (Wolff 2013, 502). Als Dokument können dann beispielsweise „Aktennotizen, Fallberichte, Verträge, Entwürfe, Totenscheine, Vermerke, Tagebücher, Statistiken, Jahresberichte, Zeugnisse, Urteile, Briefe oder Gutachten" (ebd., 503) gelten. Ähnlich verhält es sich mit Lehrplänen, Unterrichtsmaterialien und Schulbüchern, die in diesem Sinne ebenfalls als Dokumente fungieren können.

Dem steht ein weites Begriffsverständnis gegenüber, das nicht nur auf schriftliche Texte fokussiert ist, sondern auch weitere Artefakte mit einbezieht, nämlich alle durch den Menschen artifiziell hergestellten Gegenstände wie Kleidung, Gebrauchsgegenstände, Material zur Büroorganisation, Fotos, Bilder und Symbole. Als Dokumente werden in diesem Sinne „sämtliche gegenständlichen Zeugnisse [verstanden], die als Quelle zur Erklärung menschlichen Verhaltens dienen können" (Atteslander 1971, 53). Angewandt werden kann hier unter anderem die von Manfred Lueger und Ulrike Froschauer (2018) entwickelte Forschungsmethode der Artefaktanalyse. Für die Islamische Theologie ist vor allem die Analyse von schriftlichen Texten – im Sinne des engen Dokumentenbegriffs – von Bedeutung, weshalb sich die folgenden Ausführungen darauf konzentrieren.

Wenn Sie sich in einer wissenschaftlichen Forschungsarbeit mit schriftlichen Dokumenten befassen, gilt es zunächst, den Umgang mit den Quellen nachvollziehbar zu gestalten. Dazu gehört, den Entstehungszusammenhang der Dokumente umfänglich zu beleuchten und dann die Quellen in inhaltlicher Hinsicht systematisch auszuwerten.

Bei der Analyse der Genese der Dokumente ist zu ergründen, wer diese verfasst hat und warum sowie wo und wann dies erfolgte. Zudem ist zu eruieren, welche historischen Faktoren und welche politischen Entwicklungen beim Verfassen des Dokuments eine Rolle spielten. Vernachlässigt werden darf zudem nicht, ob die Quellen im Original vorliegen und wie authentisch sie sind (Glaser 2010, 369).

Daran anschließend sind der Inhalt und die Aussagekraft der Quellen zu untersuchen. Zu beachten ist hierbei, dass die Dokumente ihren inhaltlichen Gehalt nicht von allein offenlegen. Vielmehr sind diese je nach Fragestellung in ein Untersuchungsdesign einzubetten und mittels einer hermeneutischen Methode zu entschlüsseln. Daher kommt diesem Teil der Analyse ein besonderes Gewicht zu. Zur Anwendung kommen können für die Interpretation spezifische qualitative Verfahren wie die objektive Hermeneutik (Garz 2010), die Tiefenhermeneutik (König 2013), die qualitative Inhaltsanalyse (siehe Kap. 8.2.1) und die Diskursanalyse (siehe Kap. 7.4).

Bei den hermeneutischen Interpretationsweisen stehen drei eng miteinander verwobene Schritte im Vordergrund, die es zu berücksichtigen gilt: Beschreiben, Verstehen und Werten. Die Beschreibung zielt zunächst darauf ab, sich ein Bild von Gehalt, Umfang und Aussagekraft eines Dokuments zu machen. Beim Verstehen geht es darum, über den gegebenen Wortlaut hinaus Sinnzusammenhänge und das Warum eines Textes in den Blick zu nehmen und diesen zu deuten. Das Werten setzt den inhaltlichen Gehalt des Dokuments in Bezug zur Fragestellung. Denn bewertet und eingeordnet werden kann die Aussagekraft einer Quelle erst vor dem Hintergrund einer spezifischen Forschungsfrage und einer eingenommenen theoretischen Perspektive (Glaser 2010, 372).[11]

Um den Erkenntniswert von Dokumenten erschließen zu können, sind nach Philipp Mayring (2016, 48) insgesamt sechs Kriterien von Bedeutung:

1. Art des Dokuments: Handelt es sich um Urkunden, Akten, Zeitungsberichte oder Tagebuchaufzeichnungen? Je nach Art der Quelle sind unterschiedliche Rückschlüsse auf historische Aspekte ableitbar.
2. Äußere Merkmale des Dokuments: Wer sind die AutorInnen? Wie ist die Beschaffenheit des Dokuments und der Zustand der Quelle?
3. Innere Merkmale des Dokuments: Gemeint sind damit der formale und inhaltliche Gehalt sowie die Aussagekraft des Dokuments. Zur Erschließung dieses Kriteriums sind hermeneutische Analysen vonnöten.
4. Intentionen des Dokuments: Wurde es mit einem spezifischen Ziel verfasst, um bestimmte Dinge auszulösen – wie etwa eine Verurteilung oder Bestrafung, wenn es sich um ein Gerichtsurteil handelt – oder um ein historisches Ereignis in ein bestimmtes Licht zu stellen?
5. Nähe des Dokuments zum untersuchten Gegenstand: Wurde das Dokument zum Beispiel zeitnah zu einem historischen Ereignis verfasst? Zu beachten sind zudem die räumliche und soziale Nähe zum Geschehen.
6. Herkunft und Überlieferung des Dokuments: Wie steht es um die Authentizität und Echtheit der Quelle, wo wurde sie gefunden, wie wurde sie überliefert?

Mittels dieser Kriterien werden sowohl der Entstehungszusammenhang von Dokumenten als auch ihr inhaltlicher Gehalt und ihre Aussagekraft analysiert.

Für die Praxis der Dokumentenanalyse schlägt Mayring vor, sich an einem vierstufigen Ablauf zu orientieren (ebd., 48 f.). Folgende Schritte sind dabei umzusetzen:

11 Für eine ausführlichere Darstellung siehe Schöller 2000, 85–123; Müller 2005; Körtner 2006; Mauz/Tietz 2020.

1. Formulierung einer präzisen Forschungsfrage, um die Ziele der Forschung, das Untersuchungsdesign und das methodische Vorgehen festzulegen.
2. Bestimmung des zu untersuchenden Materials, also Beantwortung der Frage: Welche Dokumente werden genau untersucht und warum?
3. Analyse des Entstehungszusammenhangs des Dokuments und hermeneutische Analyse der Quelle anhand der oben genannten sechs Kriterien.
4. Interpretation der Dokumente im Sinne der Fragestellung, um die Forschungsfragen zu beantworten.

Anwendungsweisen und Potenziale für die Islamische Theologie

Für die Dokumentenanalyse gibt es im Bereich der Islamischen Theologie zahlreiche Einsatzmöglichkeiten. Das gilt sowohl im Umgang mit historischen Quellen als auch bei der Untersuchung moderner Dokumente. Zu den hier in Frage kommenden Quellenarten zählen unter anderem:

- Schriften islamischer Gelehrter,
- Hadithe bzw. Hadithsammlungen,
- Schulbücher und Unterrichtsmaterialien im islamischen Religionsunterricht,
- Lehrpläne und Curricula,
- Gesetzestexte,
- Statuten von Moscheevereinen oder Dachverbänden, von anderen islamischen Vereinen oder von religiösen Bildungseinrichtungen,
- Fatwas sowie
- Einträge in Online-Foren und Beiträge in sozialen Medien.

Wie eine solche Analyse in der Islamischen Theologie ablaufen kann, soll erneut anhand unseres Musterthemas ‚Religiöse Normen im Berufsleben von MuslimInnen' Schritt für Schritt aufgezeigt werden. Dafür wollen wir hypothetisch Materialien untersuchen, die im heutigen islamischen Religionsunterricht zum Einsatz kommen. Zu bedenken ist, dass die beschriebenen Schritte nicht immer streng voneinander getrennt werden können, sondern in mehrfacher Hinsicht ineinandergreifen.

1. Die erste Stufe der Dokumentenanalyse nach Mayring umfasst die Eingrenzung der Erkenntnisinteressen und die **Formulierung einer präzisen Forschungsfrage**. In unserem Beispiel wollen wir Unterrichtsmaterialien aus dem islamischen Religionsunterricht im Sinne einer Schulbuchanalyse untersuchen. Anleitend kann dafür die folgende Fragestellung sein:
   - ➢ *Wie werden im Rahmen des Schulbuches ‚Islamstunde' für die 6. Klasse religiöse Normen im Erwerbsleben behandelt und didaktisch aufbereitet?*
2. Mit der Formulierung der Fragestellung wurde bereits eine **Bestimmung des zu untersuchenden Materials** vorgenommen. In unserem Fall wird durch die Fragestellung festgelegt, dass eine Analyse des (in Österreich verwendeten) Schulbuches *Islamstunde* für den islamischen Religionsunterricht in der 6. Klasse erfolgt. Da die Analyse eines gesamten Schulbuches sehr umfangreich ist und von einer einzigen

Person nur schwer bewältigt werden kann, muss das Material weiter eingegrenzt werden. Es bietet sich daher an, nur spezifische Kapitel, Aufgaben oder Texte, die anhand transparenter und intersubjektiv nachvollziehbarer Kriterien ausgewählt werden, einer Analyse zu unterziehen.

3. Im dritten Schritt ist der **Entstehungszusammenhang der Quelle** zu beleuchten.
   - Zu analysieren ist dabei zunächst die (*1*) *Art des Dokuments*. Relevant ist hier, wer das Schulbuch verfasst hat, wie und warum es erstellt wurde und welche Zielsetzungen damit einhergingen. So können AutorInnen etwa mit der Erstellung beauftragt worden sein, da es zuvor keinerlei Material für den Religionsunterricht gab, oder ihr Ziel kann gewesen sein, ein pädagogisch und didaktisch anspruchsvolles Schulbuch zu entwickeln, da die existierenden Werke hier Defizite aufwiesen.
   - Daneben müssen die (*2*) *äußeren Merkmale des Dokuments* untersucht werden: In welcher Sprache ist das Buch verfasst, wie sind der Sprachstil und der Umfang des Werkes, finden sich grafische Darstellungen darin, welche Themen werden behandelt, und wie sind die Struktur und der Aufbau? Werden Themen wie religiöse Normen etwa nur auf einer abstrakten, theoretischen Ebene und mit Blick auf ihre Verankerung im Koran dargestellt, oder werden die Normen so aufbereitet, dass Kinder und Jugendliche einen Bezug zu ihren Lebenswirklichkeiten und Erfahrungen herstellen können?
   - Die Analyse der (*3*) *inneren Merkmale des Dokuments* ist von besonderem Interesse. Dabei sind die zuvor ausgewählten Abschnitte des Buches zu interpretieren, um ihren formalen und inhaltlichen Gehalt zu verstehen, zu beschreiben und zu bewerten. Wie werden religiöse Normen in dem Buch behandelt? Welche Normen werden wie dargestellt? Wie wird deren Gültigkeit thematisiert? Und inwiefern werden sie altersentsprechend aufbereitet?
   - Um die (*4*) *Intentionen des Dokuments* zu analysieren, ist es nötig, sich mit den didaktischen Prinzipien und den religionspädagogischen Zielen, die das Buch kennzeichnen, auseinanderzusetzen. Steht die Vermittlung von religiösem Wissen im Vordergrund, oder ist das Buch in didaktischer Hinsicht so gestaltet, dass sich die SchülerInnen mit religiösen Normen in alltagsweltlichen Kontexten kritisch-reflexiv befassen?
   - Die (*5*) *Nähe zum untersuchten Gegenstand* sowie die (*6*) *Herkunft und Authentizität der Quelle* sind im Falle unseres fiktiven Forschungsvorhabens nur von geringem Gewicht, da wir hier mit in der Gegenwart häufig verwendeten und leicht zugänglichen Schulbüchern zu tun haben.
4. Der letzte Schritt befasst sich mit der **Interpretation der Dokumente** – d. h. der ausgewählten Abschnitte des Schulbuches – **im Sinne unserer Fragestellung**. In dieser Phase wird also reflektiert, welcher Zugang zu religiösen Normen sich in den analysierten Buchabschnitten zeigt und wie diese Normen in didaktischer und religionspädagogischer Hinsicht aufbereitet werden. Dabei ist ein Kriterienkatalog zu entwickeln, anhand dessen die Analyse erfolgen kann. Neben anderen Modellen

(Haußmann 2018, 243–245) ist hier etwa ein von Marco Adamina (2004, 77) vorgeschlagenes Kriterienraster denkbar, das den Blick auf die folgenden Anforderungen richtet, die an Unterrichtsmaterialien gestellt werden:

- Anknüpfung an die Lebenswelt der Kinder und Jugendlichen,
- Hilfen zur Entwicklung von Vorstellungen und zur Differenzierung,
- Unterstützung bei individuellen Konstruktionen und Co-Konstruktionen,
- Anreize zum angeleiteten und eigenständigen Lernen sowie zur Entwicklung von Fähigkeiten und Fertigkeiten,
- Anstöße zu eigenen Begegnungen sowie zu Orientierung und Einordnung,
- Eröffnung mehrperspektivischer Zugänge,
- Einbezug der Interessen der Lernenden sowie
- Ausrichtung auf ganzheitliche, problemorientierte Lernprozesse und auf Förderung (Reflexion, Begutachtung und Beurteilung).

Auf dieser Basis können Überlegungen dazu angestellt werden, wie die gewählten Zugänge zu den religiösen Normen auf die Biografien und die religiöse Bildung der muslimischen SchülerInnen wirken können. Wie die ReligionslehrerInnen mit den betreffenden Schulbuchabschnitten im Unterricht praktisch umgehen und wie dieser tatsächlich aussieht, kann dadurch nicht beantwortet werden, da dies nicht Teil der Forschungsfrage ist. Um diese Dinge zu klären, bräuchte es ein anderes Forschungsdesign und andere Erhebungsmethoden.

Schulbücher und andere Unterrichtsmaterialien sind keineswegs die einzigen Quellen, die im Rahmen unseres Beispielthemas untersucht werden können. Bei einer entsprechend modifizierten Fragestellung könnte man etwa auch Fatwas, die sich mit diesem Thema beschäftigen und in einer bestimmten Region und/oder einem bestimmten Zeitraum erlassen wurden, einer Dokumentenanalyse unterziehen. Auch Einträge in Online-Foren und Beiträge aus den sozialen Medien könnten hier als Material fungieren.

Insgesamt kann die Dokumentenanalyse in vielen Gebieten der Islamischen Theologie zum Einsatz kommen. Abseits der theologischen Hauptquellen, also Koran und Hadith, können im Prinzip alle relevanten Schriften und Texte, seien sie alt oder neu, mit dieser Methode analysiert werden. Während die Dokumentenanalyse zwar kaum Einblicke in Handlungsmuster, praktische Strategien und Lebenswelten geben kann, lassen sich mit ihr doch wichtige Erkenntnisse über die Entstehungszusammenhänge, die Bedeutung, den Einsatz und die inhaltliche Aussagekraft von Dokumenten und Texten gewinnen, die in der Islamischen Theologie von Bedeutung sind. Eingesetzt werden kann die Methode auch in der Islamischen Religionspädagogik und der Gemeindepädagogik sowie in der islamischen Philosophie und der Mystik.

Weiterführende Literatur

Glaser, Edith (2010): „Dokumentenanalyse und Quellenkritik“. In: Friebertshäuser, Barbara/Langer, Antje/Prengel, Annedore (Hg.): *Handbuch Qualitative Forschungsmethoden in der Erziehungswissenschaft*. 3. Aufl., Weinheim: Beltz, S. 365–375.

Hoffmann, Nicole (2018): *Dokumentenanalyse in der Bildungs- und Sozialforschung: Überblick und Einführung*. Beltz: Weinheim.

Krumm, Thomas/Noetzel, Thomas/Westle, Bettina (2009): „Dokumentenanalyse“. In: Westle, Bettina (Hg.): *Methoden der Politikwissenschaft*. Baden-Baden: Nomos, S. 325–334.

Mayring, Philipp (2016): *Einführung in die qualitative Sozialforschung: Eine Anleitung zu qualitativem Denken*. 6. Aufl., Weinheim: Beltz [v. a. Kap. 3.2: Dokumentenanalyse, S. 46–50].

Wolff, Stephan (2013): „Dokumenten- und Aktenanalyse“. In: Flick, Uwe/von Kardoff, Ernst/Steinke, Ines (Hg.): *Qualitative Forschung: Ein Handbuch*. 10. Aufl., Reinbek: Rowohlt, S. 502–513.

7.4 Diskursanalyse

Allgemeines

Eine weitere Methode, die bei der Analyse von Texten in vielen Wissenschaftsbereichen angewandt wird, ist die Diskursanalyse. Mit diesem Begriff werden verschiedene Ansätze bezeichnet, die unterschiedliche methodologische Standpunkte vertreten und ein unterschiedliches Verständnis davon habe, was unter einem ‚Diskurs‘ zu verstehen ist. Kennzeichnend für diese Methode ist, dass der Zusammenhang von Texten bzw. Dokumenten und sozialen Verhältnissen aus einer konstruktivistischen Perspektive untersucht wird. Eine Diskursanalyse zielt also nie auf das bloße wörtliche Verständnis von Schriften ab, sondern deutet diese immer in Verbindung mit den sozialen Kontexten, in denen sie entstanden sind, von denen sie geprägt sind und über die sie Auskunft geben. Zum Einsatz kommt die Diskursanalyse unter anderem in den Sozialwissenschaften, den Geistes- und Geschichtswissenschaften, den Sprachwissenschaften und der Psychologie (Parker 2013), aber auch in den religionsbezogenen Disziplinen (Zonne 2007). In der Islamischen Theologie ist die Diskursanalyse noch nicht tiefer verankert, obwohl der Diskursbegriff, oft ohne tieferes Verständnis für die Sache, in aller Munde ist. Daher soll im Folgenden diese Methode mitsamt ihrem Potenzial für diesen Wissenschaftsbereich dargestellt werden, wobei wir zunächst ihre wichtigsten Merkmale beleuchten und dann zeigen, wie bei einer Diskursanalyse im Einzelnen vorzugehen ist.

Charakteristika und Besonderheiten

Um die Merkmale und die Vorgehensweise der Methode erläutern zu können, ist zunächst zu klären, was unter einem ‚Diskurs' im wissenschaftlichen Sinne zu verstehen ist. In der Alltagssprache wird der Ausdruck ‚Diskurs' meist synonym zu ‚Debatte' und ‚Diskussion' verwendet, zum Beispiel, wenn vom ‚ethischen Diskurs über die Austragung der WM' oder vom ‚Diskurs über die Neutralität Österreichs' die Rede ist.

Im Gegensatz dazu ist die wissenschaftliche Definition von ‚Diskurs' differenzierter. Je nach Theorie und Tradition wird der Begriff unterschiedlich verstanden. Einflussreich sind vor allem die Begriffsfassungen des französischen Philosophen Michel Foucault (gest. 1984) und des deutschen Soziologen Jürgen Habermas (geb. 1929). Während letzterer Diskurse als ideale Sprechsituationen begreift, die frei von sozialem Druck und Herrschaftsansprüchen einem rein rationalen, „eigentümlich zwanglosen Zwang des besseren Argumentes" (Habermas 1988, 47) unterliegen, sind Diskurse für Foucault ein Zusammenspiel von sprachlichen Elementen (wie Texten, Begriffen, Konzepten, Gesetzen oder Lehrmaterialien) und nicht-sprachlichen Elementen (wie Organisationen oder politischen Institutionen), die das Denken und Handeln formen und damit eine diskursive Praxis generieren. Diskurse bestimmen also, *wie* über etwas gedacht und geredet sowie davon ausgehend gehandelt wird – und wie nicht. Sie determinieren also Denk- und Handlungsweisen und fungieren somit als eine Art Filter des Denkbaren und Sagbaren. Foucaults Diskursbegriff, der für unsere Zwecke von größerer Relevanz ist als der von Habermas, ist eng mit dem Konzept Macht verknüpft, da er nicht auf die bloße Bedeutung von Wörtern abzielt, sondern die Genese und Einbettung von Denk- und Handlungsweisen in die umgebenden Herrschaftsstrukturen offenzulegen versucht. Eine Diskursanalyse ist in diesem Sinne immer auch eine Machtanalyse, die danach strebt, die Genese sozialer Wirklichkeit zu beschreiben und deren Wirkmächtigkeit zu entschlüsseln (Diaz-Bone 2006; Keller 2011, 126–142).

In epistemologischer Hinsicht sind Diskurse im Sinne Foucaults nicht unabhängig von den Subjekten, also von den sie hervorbringenden Personen, sondern sie konstituieren diese Subjekte zum Teil. Foucault verdeutlicht etwa im Rahmen seiner Studien zu den Themen Sexualität, Wahnsinn, Krankheit und Strafe, wie die Diskurse hierzu die individuellen Vorstellungswelten (‚Was wird unter diesen Themen verstanden?'), die normativen Konstruktionen (‚Was ist das gesellschaftliche Leitbild in Bezug auf diese Themen?') sowie die Denk- und Handlungsweisen (‚Wie habe ich als Subjekt in Bezug auf diese Themen zu agieren, und was wird von mir erwartet?') formen (Foucault 1972, 1973, 1977, 1989).

Meist interessiert sich die Diskursanalyse weniger dafür, *wer* spricht; auch biografische Verläufe und individuelle Sichtweisen spielen eine nachgeordnete Rolle. Vielmehr liegt der Fokus darauf, was Texte *über* Diskurse aussagen und wie diskursive Prägungen im untersuchten Datenmaterial zum Ausdruck kommen. Darin liegt der Unterschied zu rein hermeneutischen Ansätzen, denn deren Methode zielt auf die Analyse des Textsinnes, die metaphorischen Bedeutungen, die Bestandteile und die Aussagekraft sowie auf die jeweiligen Entstehungsbedingungen ab. Für die Diskursanalyse steht hingegen im Zentrum, Texte vor dem Hintergrund bestehender Diskurse zu analysieren.

Als Forschungsgegenstand können in bildungswissenschaftlichen Kontexten zum Beispiel folgende Bereiche bearbeitet werden: öffentliche Diskurse in Zeitungen, Zeitschriften oder Medien im Allgemeinen sowie in Schriften (aus einer historischen oder gegenwartsbezogenen Perspektive), Erziehungsleitbilder, pädagogische Handlungsweisen und Bildungsvorstellungen (Langer/Wrana 2010, 336).

Das Vorgehen einer Diskursanalyse im Sinne einer Schritt-für-Schritt-Anleitung wird nur selten konkret dargelegt (Hug/Poscheschnik 2020, 200). Manche weigern sich sogar, die Diskursanalyse als eine Methode zu verstehen, die sich durch klar identifizierbare und streng aufeinanderfolgende Schritte auszeichnet. Stattdessen betrachten sie die Methode als eine „philosophische Haltung" (Sarasin 2003, 8), mit der Phänomene auf eine ganz bestimmte Weise in den Blick genommen werden können.

Ungeachtet dieser Kontroverse sind die folgenden Schritte bei der Durchführung einer Diskursanalyse jedoch weithin anerkannt:

1. Festlegung des Diskursinhalts, Bestimmung der Diskursebene und Entwicklung einer Forschungsfrage. Durch die gewählte Forschungsfrage wird definiert, welcher Diskurs untersucht wird. Dieser Diskurs und diese Frage sind aber voneinander zu differenzieren. Diskurse können unterschiedlich umfangreich sein und sich auf unterschiedlichen Ebenen bewegen. Davon abhängig ist auch, wieviel Material zu ihrer Untersuchung zu bearbeiten ist.
2. Bestimmung des Materialkorpus und Auswahl der Quellen. Hier ist unter anderem zu berücksichtigen, welchen Umfang das zu analysierende Material hat und dass sich darin ausreichende Bezüge zu den untersuchten Diskursen herstellen lassen.
3. Analyse des Materials. Hier ist sowohl eine Analyse der Struktur (mit Blick auf Autor, Werk, Kontext, Textsorte, Themen etc.) als auch eine hermeneutische Feinanalyse vorzunehmen.
4. Einbettung der Analyse in Diskurse und abschließende Gesamtbetrachtung.

Mit der Frage, wie eine Diskursanalyse zu einem theologischen Thema umgesetzt werden kann, befasst sich der folgende Abschnitt.

Anwendungsweisen und Potenziale für die Islamische Theologie

In der Islamischen Theologie können verschiedene Dinge Gegenstand einer Diskursanalyse sein. Untersucht werden können etwa Diskurse in Printmedien, politische Debatten, Äußerungen in sozialen Medien, Schriften islamischer Gelehrter, Unterrichtsmaterialien und Schulbücher sowie Interaktionen in situationalen Kontexten. Der Fokus einer Diskursanalyse kann gegenwarts- oder vergangenheitsbezogen sein. Es können also sowohl historische Schriften als auch moderne Diskurselemente analysiert werden.

Wie eine Diskursanalyse durchgeführt werden kann, legen wir im Folgenden anhand einer historischen Fragestellung zu unserem Musterthema ‚Religiöse Normen im Berufsleben von MuslimInnen' dar. Daran anknüpfend gilt es zunächst, den Diskurs zu konkretisieren, der untersucht werden soll. Prinzipiell denkbar wäre es etwa, sich mit dem Diskurs über das Pflichtgebet im Arbeitsleben im heutigen Westeuropa zu befassen, mit dem Diskurs über das Pflichtgebet im Alltagsleben seit 1800 (ohne regionale Einschränkung) oder mit dem Diskurs über die Normativität religiöser Gebote unter ausgewählten TheologInnen. Wie entscheiden uns aber dafür, die verschiedenen Etappen am Beispiel einer Analyse von Werken historisch bedeutsamer islamischer Gelehrter aufzuzeigen.

Schematisch dargestellt kann eine solche Analyse wie folgt aussehen:

1. Der erste Schritt ist die **Festlegung des Diskursinhalts**, die **Bestimmung der Diskursebene** und die **Entwicklung einer Forschungsfrage**. Je nach Forschungsinteresse ist zunächst zu klären, welche Diskurse untersucht werden und wie umfangreich diese sind; im Anschluss kann dann eine Forschungsfrage formuliert werden. Nachdem wir uns auf den Themenbereich ‚religiöse Normen im Berufsleben' festgelegt und entschieden haben, historische Schriften dazu zu analysieren, ist der Fokus noch weiter einzuengen und zu konkretisieren. Denkbar wäre es etwa, danach zu fragen, welche Rolle religiöse Normen während der Entstehung der ḥanafitischen Rechtsschule im 8. Jahrhundert gespielt haben, ob hierbei die Frage des Erwerbslebens thematisiert wurde und inwiefern sich die diesbezüglichen Positionen innerhalb der Schule in den späteren Jahrhunderten verändert oder weiterentwickelt haben. In diesem Fall könnten wir uns etwa mit Werken von Abū Ḥanīfa (gest. 767) sowie Schriften von verschiedenen Gelehrten wie Ibn Aḥmad al-Makkī (gest. 1172) und aḏ-Ḏahabī (gest. 1348) befassen, die sich auf diesen beziehen. Zu berücksichtigen ist hierbei, dass sich das Konzept Beruf, wie wir es heute kennen, erst in der Moderne herausgebildet hat und dass erwerbsbezogene Fragen im 8. Jahrhundert unter anderen Vorzeichen verhandelt wurden als heute. Der untersuchte Diskurs ist folglich die Auseinandersetzung um religiöse Normen im Alltagsleben in der ḥanafitischen Rechtsschule zwischen dem 8. und 14. Jahrhundert. Die Diskursebene sind somit theologische Debatten, die sich mit einer alltagsrelevanten Frage befassen. Aufgrund der begrenzten Quellenlage aus dieser Zeit muss auf vereinzelte überlieferte Schriften islamischer Gelehrter zurückgegriffen werden. Von besonderem Interesse ist dabei für uns, wie sich die ḥanafitische Rechtsschule etablierte, auch im Kontext konkurrierender Ansätze, und inwiefern hierbei die Frage von religiösen Normen im Alltagsleben eine Rolle spielte. Somit ließe sich folgende Forschungsfrage formulieren:
   - *Wie werden in den Schriften ḥanafitischer Gelehrter zwischen dem 8. und 14. Jahrhundert religiöse Normen im Alltagsleben verhandelt?*
2. Der zweite Schritt umfasst die **Bestimmung des zu untersuchenden Materials** und die **Auswahl der Quellen**. Die Größe des zu analysierenden Korpus hängt auch davon ab, wie umfangreich die Forschung sein soll. Mit Blick auf die Frage der Machbarkeit können dabei unterschiedlich viele Schriften ausgewählt und analysiert werden. In unserem Fall haben wir uns entschieden, Texte von Abū Ḥanīfa, Ibn Aḥmad al-Makkī und aḏ-Ḏahabī zu benutzen, um mit ihrer Hilfe den fraglichen Diskurs in der ḥanafitischen Rechtsschule im genannten Zeitraum nachzeichnen zu können. Voraussetzung ist hierbei, dass im Material ausreichende Bezüge zu besagtem Diskurs auffindbar sind.
3. Im dritten Schritt erfolgt die **Analyse des Materials**, also der ausgewählten Texte. Vorzunehmen ist dabei sowohl eine **Strukturanalyse** als auch eine **hermeneutische**

Feinanalyse. In der Strukturanalyse werden strukturelle Elemente der Schriften wie die Frage der AutorInnenschaft, der Zweck und die Intention der Schrift und ihres Titels, die Struktur und die Gliederung, die Sprache und stilistische Fragen sowie die behandelten Themen untersucht. In der hermeneutischen Feinanalyse, die von weit größerem Umfang ist, werden die Textpassagen, die mit unserer Forschungsfrage in Beziehung stehen, in sprachlicher und inhaltlicher Hinsicht detailliert unter die Lupe genommen. Wie bei anderen textanalytischen Verfahren sind auch hier die bereits bekannten hermeneutischen Prinzipien des Beschreibens, Verstehens und Deutens sowie des Wertens von besonderer Bedeutung. Während es bei der Beschreibung darum geht, die Aussagekraft der Textpassagen darzulegen, haben Verstehen und Deuten das Ziel, die Intention der Schriften über den bloßen Wortlaut hinaus zu entschlüsseln. Beim Werten wiederum werden die hermeneutischen Analysen zur formulierten Fragestellung in Beziehung gesetzt.
4. Der vierte und letzte Schritt sind die **Einbettung der Analyse in Diskurse** – in unserem Fall in die Auseinandersetzung um religiöse Normen im Alltagsleben in der ḥanafitischen Rechtsschule zwischen dem 8. und 14. Jahrhundert – sowie die **abschließende Gesamtbetrachtung.** Dies bedeutet, dass die Schriften in Bezug zu jenem Diskurs gesetzt werden, in dem sie eine Rolle spielen. Hier geht es darum, die Auseinandersetzungen zwischen den verschiedenen Rechtsschulen, den Kampf um die Deutungshoheit, die wechselseitigen Abgrenzungen sowie die Entwicklungen über die Jahrhunderte hinweg in der Frage religiöser Normen im Alltagsleben nachzuzeichnen. Zu berücksichtigen sind hierbei soziale Kontexte, die damalige religiöse Situation, politische Entwicklungen und lokale Machtverhältnisse jener Zeit, um die theologischen Ausführungen der Schriften der Gelehrten kontextualisieren sowie deren Rezeption und Wirkungsgeschichte darlegen zu können. Im Fokus steht hier also nicht nur die hermeneutische Analyse der spezifischen Texte, sondern auch die Frage, welche Rolle diese für den Diskurs zum fraglichen Thema spielen. Mit anderen Worten: Wie sind die theologischen Ausführungen in dieser Frage durch Debatten und Entwicklungen jener Zeit geprägt, und wie wurden sie rezipiert und haben in der Folge ihrerseits die Diskurse beeinflusst? Im Anschluss an die Einbettung in den Diskurs erfolgt eine Gesamtbetrachtung zum Thema.

Ob und inwiefern die Diskursanalyse für eine Analyse religiöser Primärquellen wie Koran und Hadith eingesetzt werden kann, lässt sich kritisch diskutieren. Grundsätzlich eignet sich die Methode in der Islamischen Theologie aber besonders für Fragestellungen, die auf die Genese, die Entstehungsbedingungen, den Kontext und die Wirkungsgeschichte von Texten abzielen. Angewandt werden kann die Methode in der Philosophie, der Mystik, der systematisch-diskursiven Theologie und der Islamischen Religionspädagogik.

Weiterführende Literatur

Foucault, Michel (1973): *Wahnsinn und Gesellschaft*. Frankfurt a.M.: Suhrkamp.

Keller, Reiner (2011): *Wissenssoziologische Diskursanalyse: Grundlegung eines Forschungsprogramms*. 3. Aufl., Wiesbaden: VS Verlag für Sozialwissenschaften.

Langer, Antje/Wrana, Daniel (2010): „Diskursforschung und Diskursanalyse". In: Friebertshäuser, Barbara/Langer, Antje/Prengel, Annedore (Hg.): *Handbuch Qualitative Forschungsmethoden in der Erziehungswissenschaft*. 3. Aufl., Weinheim: Beltz, S. 335–349.

Schöller, Marco (2000): *Methode und Wahrheit in der Islamwissenschaft: Prolegomena*. Wiesbaden: Harrassowitz [v. a. Teil II Abschnitt Diskursanalyse in der Islamwissenschaft und Diskursivität im Islam, S. 41–70, und Exkurs: Diskursanalyse und andere Formen der (Re-)konstruktion, S. 70–84].

Zonne, Erna (2007): „Diskursanalyse". In: Dinter, Astrid/Heimbrock, Hans-Günter/Söderblom, Kerstin (Hg.): *Einführung in die Empirische Theologie: Gelebte Religion erforschen*. Göttingen: V & R, S. 269–279.

8 Empirische Verfahren

In den Sozialwissenschaften hat sich eine Reihe von empirischen Forschungsmethoden herausgebildet, die sich in den unterschiedlichsten Disziplinen als gängig etabliert haben. Manche dieser Methoden werden in verschiedenen Bereichen der Islamischen Theologie angewandt, andere eher nicht. Im Folgenden werden sowohl ausgewählte Methoden der empirischen Erhebung als auch Methoden der Auswertung beschrieben, die für das wissenschaftliche Arbeiten in der Islamischen Theologie herangezogen werden können. Die Wahl der Methoden richtet sich nach der gewählten Forschungsfrage und ist sorgfältig zu überlegen. Die Anwendbarkeit der Verfahren wird auch hier wieder anhand unseres Beispielthemas ‚Religiöse Normen im Berufsleben von MuslimInnen' erörtert.

8.1 Erhebung

In den folgenden Abschnitten werden sowohl qualitative als auch quantitative empirische Erhebungsmethoden dargestellt. Neben qualitativen Formen wie Leitfadeninterviews (8.1.1), Gruppendiskussionen (8.1.2), narrativen Interviews (8.1.3), der Beobachtung (8.1.4) und dem sogenannten Lauten Denken (8.1.5) wird die quantitative Erhebung mittels Fragebögen (8.1.6) erläutert. Bei der Darstellung der Methoden werden nach einer allgemeinen Einführung jeweils deren Charakteristika und Besonderheiten sowie die Anwendungsgebiete und Potenziale für die Islamische Theologie benannt. Den Ausschlag dafür, welche Erhebungsmethode angewandt wird, sollten nicht individuelle Vorlieben, sondern das Erkenntnisinteresse eines Forschungsvorhabens geben. Nicht alle Erhebungsmethoden sind für jede Fragestellung geeignet. So ist etwa bei einer biografischen Forschung die Durchführung von Gruppendiskussionen nicht zielführend, sehr wohl aber die von narrativen Interviews.

8.1.1 Qualitative Leitfadeninterviews

Das Leitfadeninterview ist eine qualitative Befragungsform, bei der in einem Leitfaden zuvor festgelegte Fragen gestellt werden. In der empirischen Forschung sind solche Interviews sehr weit verbreitet und eine der gängigsten Formen der Datenerhebung.

Generell ist der Leitfaden eines qualitativen Interviews eine je nach Forschungsinteresse mehr oder weniger grob vorstrukturierte, schriftlich fixierte Fragenpalette, die während des Interviews als Gedächtnisstütze dient. Der Leitfaden strukturiert das Gespräch, gibt eine Orientierung für den Gesprächsverlauf und ermöglicht die Vergleichbarkeit verschiedener Interviews. Er enthält Fragen unterschiedlichen Typs wie Einstiegs-, Schlüssel-, Detail- und Aufrechterhaltungsfragen (Kruse 2015, 219–222).

Mit der Zeit hat sich eine Vielzahl verschiedener Typen von Leitfadeninterviews herausgebildet. Diese unterscheiden sich vor allem hinsichtlich ihres Strukturierungsgrads.

So kann ein Leitfaden etwa vollständig fixiert und der Ablauf der Fragen starr vorgegeben sein. Dies ist der Fall beim strukturierten Interview.

Das Gegenteil davon ist, wenn der Leitfaden flexibel und dynamisch gehandhabt wird. Dies trifft unter anderem auf das sogenannte problemzentrierte Leitfadeninterview zu. Der Interviewverlauf wird hierbei nicht allein vom Leitfaden bestimmt, sondern auch von der Gesprächsdynamik und den Themen, die von der interviewten Person angesprochen werden.

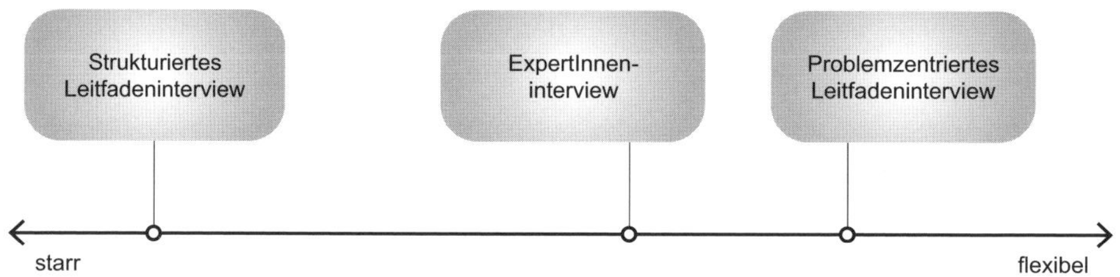

Abbildung 7: Strukturierungsgrad des Interviewleitfadens

Eine Sonderform des qualitativen Leitfadeninterviews ist das ExpertInneninterview. Der Strukturierungsgrad des Leitfadens kann hier variieren und sich zwischen einer offeneren und einer strukturierteren Handhabung bewegen, je nachdem, ob ein stärker exploratives, systematisierendes oder theoriegenerierendes Forschungsinteresse verfolgt wird (Bogner/Menz 2009, 36–39; Bogner/Littig/Menz 2014, 28). Wie in Abbildung 7 dargestellt, ist der Strukturierungsgrad des ExpertInnneninterviews also zwischen problemzentrierten und strukturierten Interviews zu verorten, da diese Form in der Regel „stärker informationsbezogen auf die Erhebung von praxis- und erfahrungsbezogenem [...] Wissen ausgerichtet" ist (Helfferich 2014, 571) und Sachfragen tendenziell überwiegen.

Da die Formen des qualitativen Leitfadeninterviews mitunter stark variieren, werden deren Charakteristika und Besonderheiten im Folgenden gesondert analysiert.

Weiterführende Literatur

Flick, Uwe (2012): *Qualitative Sozialforschung: Eine Einführung*. 5. Aufl., Reinbek: Rowohlt [v. a. Teil IV: Verbale Daten, Kap. 13: Leitfaden-Interviews, S. 194–226].

Froschauer, Ulrike/Lueger, Manfred (2020): *Das qualitative Interview: Zur Praxis interpretativer Analyse sozialer Systeme*. 2. Aufl., Wien: facultas.

Hopf, Christel (2013): „Qualitative Interviews – ein Überblick". In: Flick, Uwe/von Kardoff, Ernst/Steinke, Ines (Hg.): *Qualitative Forschung: Ein Handbuch*. 10. Aufl., Reinbek: Rowohlt, S. 349–360.

Kruse, Jan (2015): *Qualitative Interviewforschung: Ein integrativer Ansatz*. 2. Aufl., Weinheim/Basel: Beltz/Juventa [v. a. Kap. II: Interviewformen – ein Überblick, S. 147–208, und Kap. III: Qualitative Leitfadeninterviews: Die Entwicklung von Interviewleitfäden, S. 209–236].
Misoch, Sabina (2019): *Qualitative Interviews*. 2. Aufl., Berlin: De Gruyter.
Tribula, Christa (2018): „Interviews". In: Pirner, Manfred L./Rothgangel, Martin (Hg.): *Empirisch forschen in der Religionspädagogik: Ein Studienbuch für Studierende und Lehrkräfte*. Stuttgart: Kohlhammer, S. 71–93.

8.1.1.1 Strukturiertes Interview

Allgemeines

Beim strukturierten Interview handelt es sich um eine Befragung, die sich durch einen besonders standardisierten Charakter auszeichnet. Im Vergleich zu offeneren Formen wie problemzentrierten Leitfadeninterviews und ExpertInneninterviews trägt das strukturierte Interview starke quantitative Züge. Das liegt vor allem daran, dass der Leitfaden starr gehandhabt wird.

In der Methodenliteratur wird diese Interviewform eher selten behandelt. Aus Gründen der Vergleichbarkeit und Kontrastierung, was den Umgang mit Leitfäden betrifft, haben wir uns jedoch entschlossen, hier auch diese Befragungsart vorzustellen.

Besonderheiten und Charakteristika

Kennzeichnend für das strukturierte Leitfadeninterview sind die Strukturierungs- und Standardisierungsbemühungen im Vorfeld. Das Ziel dabei ist, anhand der geführten Interviews vergleichbare Befragungsdaten zu generieren, um das Forschungsthema auf quantifizierbare Weise untersuchen zu können.

Das strukturierte Interview weist somit eine Nähe zu quantitativen Befragungsarten auf, denn es ermöglicht es, Personen(gruppen) miteinander zu vergleichen, und dient nicht nur der Hypothesenbildung, wie problemzentrierte Interviews und ExpertInneninterviews das tun, sondern kann gezielt zur Prüfung von Hypothesen eingesetzt werden. Möglich ist dies, weil mittels strukturierter Interviews eine große Zahl von Personen befragt werden kann (Scholl 2018, 79).

Damit ein großes Sample befragt werden kann, sind bei der Gestaltung des Leitfadens und der Formulierung der Fragen einige Aspekte zu beachten. Gestellt werden hier eher geschlossene Fragen, bei denen also die Antwortmöglichkeiten der InterviewpartnerInnen eingeschränkt wird. Vorgegeben werden oftmals nur Antwortkategorien. Offene Fragen können eingestreut werden, um Abwechslung in den Interviewablauf zu bringen und den InterviewpartnerInnen gewisse Freiheiten bei ihren Antworten zu geben. Der Leitfaden kann dabei auch die Form eines Fragebogens annehmen.

Bei der Durchführung der Erhebung sollten die Formulierungen der Fragen und die Vorgaben bei den Antworten bei allen Befragungen gleich bleiben. Die Fragen sind auch in der vorgesehenen Reihenfolge zu stellen. Jede Abweichung in der Befragungssituation ist zu vermeiden. Fragen, die nicht im Leitfaden vermerkt sind, sondern spontan aufgrund des Gesprächsverlaufs aufkommen, können nicht gestellt werden. Alle relevanten Fragen und alle Antwortkategorien sind bereits vor Beginn der Befragung festzulegen (Bucher 1994, 57).

Bei der Formulierung des Leitfadens sind einige wichtige Grundsätze zu beachten. Eine an Aemilian Hron orientierte Liste dazu findet sich in Textbox 4.

Textbox 4: Grundsätze bei der Frageformulierung im Leitfaden

Einfache Formulierungen
Komplexe und schwer verständliche Fragen können zu falschem Antwortverhalten führen.

- Positivbeispiel: *Haben Sie einmal am Arbeitsplatz etwas Unangenehmes erlebt, weil Sie MuslimIn sind? Können Sie bitte die Situation beschreiben?*
- Negativbeispiel: *Beinhaltet Ihr Erfahrungsschatz islamophobe Vorkommnisse? Explizieren Sie diese bitte.*

Keine langen Fragen oder Mehrfachfragen
Derartige Fragen können die befragte Person überfordern und demotivieren, sodass zum Beispiel nur ein Teil der Frage beantwortet wird.

- Positivbeispiel: *Es gibt mehrere religiöse Säulen im Islam. Wie kommen Sie den darin enthaltenen Anforderungen im beruflichen Alltag nach?*
- Negativbeispiel: *Wenn Sie über die religiösen Säulen des Islams – gemeint sind damit das Glaubensbekenntnis, das Pflichtgebet, das Fastengebot, das Zakat und die Pilgerfahrt – nachdenken, wie nehmen Sie diese religiösen Vorschriften wahr, was lösen diese bei Ihnen aus, wenn Sie an diese denken, und wie gehen Sie mit diesen Säulen in Ihrem beruflichen Alltag um?*

Eindeutige Fragen
Mehrdeutige Begriffe und Formulierungen sind zu vermeiden. Es sollten auch nicht mehrere Fragen miteinander gekoppelt werden.

- Positivbeispiel: *Wie stehen Ihre Arbeitskollegen zu genuss- und erlebnisorientierten Lebensweisen?*
- Negativbeispiel: *Wie stehen Sie zu westeuropäischen Lebensweisen?*

Keine Überforderung der Befragten
Es sollten keine zu hohen Erwartungen an die befragte Person gestellt werden, denn dies kann die Qualität des Interviews beeinträchtigen. Selbiges gilt, wenn sich die Personen unterfordert und nicht ernst genommen fühlen.

- Positivbeispiel: *Was verstehen Sie unter den Grundsätzen des Islams?*
- Negativbeispiel: *Wie definieren islamische Gelehrte quer durch die Geschichte die Grundsätze des Islams?*

Konkrete und keine allgemeinen Fragen
Die Fragen sollten darauf abzielen, dass Befragte Tätigkeiten, Einstellungen und Überzeugungen möglichst genau und präzise beschreiben.

- Positivbeispiel: *Inwiefern spielen religiöse Fragen in Ihrem Arbeitsalltag eine Rolle?*
- Negativbeispiel: *Welche Rolle hat Religion für Sie generell im Alltag?*

Neutrale, nicht-suggestive Fragen
Suggestivfragen sind solche, die eigene Wertungen mitbringen, die die Wahl einer Antwort schon nahe liegen. Solche Aspekte, die stark mit der sozialen Erwünschtheit verknüpft sind, können das Antwortverhalten erheblich verzerren.

- Positivbeispiel: *Was halten Sie davon, wenn muslimische ArbeitskollegInnen den religiösen Pflichten während der Arbeitszeit nicht nachkommen? Was löst das bei Ihnen aus?*
- Negativbeispiel: *Was halten Sie davon, wenn muslimische ArbeitskollegInnen die religiösen Pflichten während der Arbeitszeit missachten? Sehen Sie das als MuslimIn nicht auch kritisch?*

Quelle: Hron, Aemilian (1994): „Interview". In: Huber, Günter L./Mandl, Heinz (Hg.): *Verbale Daten: Eine Einführung in die Grundlagen der Erhebung und Auswertung*. 2. Aufl., Weinheim: Beltz, S. 120–122.

Der Interviewstil sollte distanziert und neutral-zurückhaltend sein. Emotionale Involviertheit ist nicht erwünscht und wird als Verzerrung der Befragungssituation betrachtet. InterviewerInnen haben die Aufgabe, bei der Befragung ungewollte Einflüsse zu verhindern oder zu minimieren.

Die Auswahl der befragten Personen erfolgt zufallsgesteuert oder nach Quotenvorgaben. Festgehalten werden kann das Interview durch Audioaufzeichnung, in der Regel aber durch Notation auf einem Fragebogen. Die Aufbereitung der Daten erfolgt seltener durch eine Transkription des gesamten Gesprächsverlaufs, sondern eher durch eine Eintragung der Antworten in eine Datenmaske. Für die Analyse der Interviews bedarf es einer statistischen Auswertungsstrategie. Im Vergleich zu offenen und teilstandardisierten Befragungsarten wie problemzentrierten Interviews sind strukturierte Interviews forschungsökonomischere Verfahren, die eine schnellere Datenauswertung ermöglichen.

Anwendungsweisen und Potenziale für die Islamische Theologie

Anders als das problemzentrierte Leitfadeninterview ist das strukturierte Interview dazu geeignet, die Ausprägung sozialer Phänomene in Bezug auf ihre Verbreitung und Häufigkeit zu analysieren, sofern eine ausreichend hohe Anzahl an Befragungen durchgeführt wird. Die Methode bietet sich folglich für Fragestellungen an, die darauf abzielen, quantifizierende Aussagen zu einem Untersuchungsgegenstand – also etwa über seine Häufigkeit, Verbreitung oder Frequenz – zu treffen.

Bei unserem Beispielthema ‚Religiöse Normen im Berufsleben von MuslimInnen' können strukturierte Interviews systematische Einsichten ermöglichen. Die Interviewform eignet sich somit zum Beispiel als Erhebungsmethode für folgende Fragestellung:

➢ *Welche Strategien entwickeln MuslimInnen in Innsbruck im Umgang mit religiösen Normen am Arbeitsplatz, und wie verbreitet sind diese?*

Zu führen sind in diesem Fall Interviews mit MuslimInnen, die in Innsbruck wohnen und berufstätig sind. Denkbar ist auch, sowohl Berufstätige als auch Nicht-Berufstätige zu befragen, um deren Umgang mit religiösen Normen am Arbeitsplatz besser kontrastieren zu können. Bei der Auswahl der InterviewpartnerInnen ist darauf zu achten, dass das Sample ausgewogen ist. Damit ist gemeint, dass zum Beispiel Männer und Frauen sowie verschiedene Berufssparten und Altersgruppen in einem angemessenen Ausmaß berücksichtigt werden. In den Interviews kann dann etwa erfragt werden, inwiefern MuslimInnen ihr tägliches Gebet am Arbeitsplatz verrichten und wie sie bei der Befolgung von Speisevorschriften oder etwa beim Thema Fasten verfahren. Die Fragen sollten die verschiedenen denkbaren Strategien im Umgang mit dem Gebet, den Speisevorschriften und dem Fastengebot abdecken.

Erforscht werden die untersuchten Handlungsweisen im strukturierten Interview nicht durch direkte und unmittelbare Beobachtung, sondern – wie bei anderen qualitativen Interviewformen auch – aus Sicht der befragten Personen in der Retrospektive. Ein Charakteristikum des strukturierten Interviews ist, dass die denkbaren Strategien und die damit einhergehenden relevanten Aspekte den ForscherInnen bereits im Vorfeld bekannt sind und in den Fragen des Leitfadens entsprechend berücksichtigt werden. Die Erhebung kann dann Einblicke in die Verbreitung und Häufigkeit der Strategien liefern. Unbekannte Umgangsformen können so hingegen nicht erfragt werden; es handelt sich also nicht um eine explorative Methode.

In der Islamischen Theologie können strukturierte Interviews dazu eingesetzt werden, um etwa aufzuzeigen, inwiefern MuslimInnen kollektiv verbindlichen Normen ihrer Religion angesichts religiös pluraler und säkularer Kontexte im konkreten Alltag nachkommen bzw. nachkommen können. Ableiten lassen sich daraus evidenzbasierte Aussagen über die konkrete Alltagspraxis und deren Verbreitung. Theologische Fragen werden durch diese Methode nicht aus der Theorie heraus, sondern induktiv, das heißt ausgehend von der konkreten alltagspraktischen Situation her erschlossen.

Weiterführende Literatur

Hron, Aemilian (1994): „Interview". In: Huber, Günter L./Mandl, Heinz (Hg.): *Verbale Daten: Eine Einführung in die Grundlagen der Erhebung und Auswertung*. 2. Aufl., Weinheim: Beltz: Weinheim, S. 119–140.

Scholl, Armin (2018): *Die Befragung*. 4. Aufl., Konstanz: UVK [v. a. Kap. 3.4: Die standardisierte Befragung, S. 77–79].

8.1.1.2 ExpertInneninterview

Allgemeines

Das ExpertInneninterview stellt eine Sonderform des qualitativen Leitfadeninterviews dar. Diese Interviewform zielt darauf ab, themenspezifische bzw. sachbezogene Aussagen zu generieren. Befragt werden dabei Personen mit einem ExpertInnenstatus. Darunter fallen in der Regel Personen, die aufgrund ihrer Position oder Funktion für bestimmte Aufgaben verantwortlich sind, einen besonders guten Überblick, Wissen und Expertise über bestimmte Themenbereiche haben oder über einen privilegierten Zugang zu Informationen verfügen. Auskunft geben können diese Menschen sowohl über eigene Handlungsfelder als auch über andere Zielgruppen. Letzteres kann der Fall sein, wenn beispielsweise islamische ReligionslehrerInnen über das Lernverhalten von SchülerInnen befragt werden.

Besonderheiten und Charakteristika

Je nach der Forschungsfrage kann der Leitfaden in ExpertInneninterviews offener oder strukturierter gehandhabt werden. Dieser Spielraum resultiert daraus, dass zum einen die Fragen vorab festgelegt werden und zum anderen die befragten ExpertInnen mit ihrem Antwortverhalten den Interviewverlauf gestalten können. Es handelt sich hier also stets um teilstrukturierte Interviews, und das auch unabhängig davon, ob mit ihnen explorative, systematisierende oder theoriegenerierende Interessen verfolgt werden (Bogner/Littig/Menz 2014, 22).

Die in ExpertInneninterviews gestellten Fragen sind in der Regel offen gehalten, Antwortmöglichkeiten werden nicht vorgegeben. Zudem können nicht alle Nachfragen im Vorfeld festgelegt werden. Durch die vorbereiteten Fragen wird die Befragungssituation also strukturiert, zugleich besteht aber auch die Möglichkeit, auf das Antwortverhalten und den Gesprächsverlauf flexibel zu reagieren. Verlangt wird damit von den GesprächsführerInnen, neben einem umfangreichen Wissen über das Thema, eine hohe Kompetenz beim Zuhören und bei der Steuerung des Gesprächs, damit in dessen Verlauf auch spontane Nachfragen gestellt werden können. Folglich haben die ForscherInnen – wie es Armin Scholl formuliert – eine Doppelrolle zu bewältigen:

> Ein guter Interviewer ist sowohl Experte für das Sachthema des Interviews als auch für menschliche Interaktion schlechthin. Dabei muss er einfühlsam und offen sein, aber auch kritisch, um geeignete Nachfragen stellen zu können. (Scholl 2018, 70)

Da ExpertInneninterviews vor allem darauf abzielen, ExpertInnenwissen zu generieren und zu verbalisieren, ist die Aufbereitung der Interviewdaten entsprechend zu gestalten. Bei der Transkription der Interviews, die – wie andere qualitative Interviews auch – mit einem Aufnahmegerät aufgezeichnet werden sollten, stehen die besprochenen Inhalte und Informationen im Vordergrund. Bei der Auswertung der Interviews ist dieses Ziel entsprechend zu berücksichtigen. Eine konversationstheoretische Vorgehensweise bei der Analyse der Daten und eine Transkription aller nonverbalen Aspekte sind für diese Anliegen nicht zwingend erforderlich. Eingesetzt werden können ExpertInneninterviews als alleinige Erhebungsmethode oder in Kombination mit anderen Methoden. Im letzteren Fall fungiert das ExpertInneninterview oft als ergänzende Erhebungsform (Bogner/Littig/Menz 2014, 22).

Anwendungsweisen und Potenziale für die Islamische Theologie

Geeignet sind ExpertInneninterviews in der Islamischen Theologie für alle Arten von Fragestellung, zu deren Bearbeitung eine spezielle Art von ExpertInnenwissen vonnöten ist. Bezogen auf unser Beispielthema wäre hierbei etwa die folgende Fragestellung denkbar:

- ➢ *Welche Herausforderungen mit Blick auf religiöse Normen können sich bei der Integration von MuslimInnen in den Arbeitsmarkt aus Sicht von ExpertInnen stellen?*

Für die Bearbeitung einer solchen Fragestellung sind Interviews mit ArbeitgeberInnen, Integrationsbeauftragten, ArbeitnehmerInnenvertretungen, ArbeitsmarktexpertInnen, islamischen Gelehrten und anderen geeigneten Personen zu führen. Befragt werden also nicht die direkt Betroffenen (berufstätige MuslimInnen), sondern Sachverständige, die über ein spezielles Wissen verfügen oder eine bestimmte Funktion im Zusammenhang mit der Fragestellung innehaben.

Für die Islamische Theologie können ExpertInneninterviews vielfältige Impulse geben. Je nachdem, wer interviewt wird, können zum Beispiel die Herausforderungen, die mit dem Thema ‚religiöse Normen am Arbeitsplatz‘ zusammenhängen, beleuchtet werden. Die Befunde können sowohl für die Islamische Theologie als auch für ArbeitgeberInnen und Betriebe wichtige Anstöße liefern. Da das Wissen von Sachverständigen erhoben wird, reflektieren die Daten weniger die persönliche Sichtweise der Betroffenen, sondern verschaffen eher einen Überblick über die Tragweite der Herausforderungen, weisen auf die Dilemmata bei der Umsetzung religiöser Normen aus einer bestimmten Perspektive hin oder regen Strategien zum Umgang mit dem Thema an, die in islamisch-theologischer Hinsicht fundiert sind.

Da ExpertInneninterviews oft nicht als alleinige Methode, sondern als ergänzendes Instrument der Datenerhebung eingesetzt werden, wäre bei unserem Thema denkbar, dass neben problemzentrierten Leitfadeninterviews mit Berufstätigen zusätzlich noch

ExpertInneninterviews mit deren ArbeitgeberInnen, mit ArbeitnehmerInnenvertretungen sowie mit islamischen Gelehrten geführt werden.

Weiterführende Literatur

Bogner, Alexander/Littig, Beate/Menz, Wolfgang (Hg.) (2009): *Experteninterviews: Theorien, Methoden, Anwendungsfelder*. Wiesbaden: VS Verlag für Sozialwissenschaften.

––––– (2014): *Interviews mit Experten: Eine praxisorientierte Einführung*. Wiesbaden: Springer VS.

Kruse, Jan (2015): *Qualitative Interviewforschung: Ein integrativer Ansatz*. 2. Aufl., Weinheim/Basel: Beltz/Juventa [v. a. Kap. II: Interviewformen – ein Überblick, 8: Expert/inn/en-Interview, S. 166–185].

Meuser, Michael/Nagel, Ulrike (1991): „ExpertInneninterviews – vielfach erprobt, wenig bedacht: Ein Beitrag zur qualitativen Methodendiskussion“. In: Garz, Detlef/Kraimer, Klaus (Hg.): *Qualitativ-empirische Sozialforschung: Konzepte, Methoden, Analysen*. Opladen: Westdeutscher Verlag, S. 441–471.

Scholl, Armin (2018): *Die Befragung*. 4. Aufl., Konstanz: UVK [v. a. Kap. 3.2: Das Leitfaden- und Experteninterview, S. 68–74].

8.1.1.3 Problemzentriertes Interview

Allgemeines

Das problemzentrierte Interview ist eine Form des halbstandardisierten Interviews, die in den 1980er Jahren von Andreas Witzel entwickelt wurde. Diese Form zeichnet sich durch einen problemzentrierten, gegenstands- und prozessorientierten Charakter aus (1982, 70 f., 1985, 230–235). Erfragt werden können hier besonders Meinungen, Haltungen und Einstellungen der Befragten. Der Leitfaden wird dabei flexibel gehandhabt, sodass die Interviewform ein offenes mit einem theoriegeleiteten Vorgehen verbindet.

Charakteristika und Besonderheiten

Problemzentrierte Interviews eignen sich besonders dafür, gesellschaftlich relevante Problemstellungen und deren Verbindungen zur Biografie der InterviewpartnerInnen zu untersuchen. Um das zu erreichen, muss der Leitfaden alle relevanten mit dem Thema zusammenhängenden Aspekte abdecken. Zur Entwicklung des Leitfadens ist folglich eine Expertise bezüglich des Themas und der Problemstellung vonnöten.

Zum einen umfasst der Leitfaden dabei erzählgenerierende Impulse. Indem das Gespräch auf das gewählte Thema bzw. die Problemstellung gelenkt wird, können die Befragten offen ihre diesbezüglichen Erfahrungen reflektieren, von Erlebnissen berichten und ihre subjektive Sicht auf bestimmte Aspekte kundtun. Hier weist das problemzentrierte Interview narrative Elemente auf, die aber gegenstandsbezogen gerahmt sind.

Während des Interviews sollte man sich in dieser Phase mit Interventionen zurückhalten. Zum anderen findet sich im Leitfaden auch eine Bandbreite an konkreten, themenbezogenen Fragen, bei deren Beantwortung die Facetten des Themas näher ausgeleuchtet werden können (Witzel 2000, 5 f.).

In problemzentrierten Interviews werden keine Antwortmöglichkeiten vorgegeben; die Interviewten können also frei erzählen, kommentieren, reflektieren und erklären. Diese Vorgehensweise hat den Vorteil, dass mittels eines Katalogs zwar konkrete Fragen gestellt werden, die interviewte Person aber flexibel antworten und das Gespräch dabei auch auf neue Gesichtspunkte richten und so das gesamte Thema erweitern kann. Der Leitfaden dient dazu, dass die Befragten einen Erzählstrang selbst entwickeln und – im Fall von stockenden Interviews – die befragende Person dennoch neue Impulse setzen und die interviewte Person zu ausführlicheren Antworten anregen kann (Flick 2012, 210 f.). Der Wortlaut der Fragen kann bei dieser Interviewform zudem an den Gesprächsverlauf angepasst werden und muss nicht eins zu eins der Formulierung im Leitfaden entsprechen. Geführt werden können problemzentrierte Interviews – wie andere qualitative Interviewformen auch – sowohl mit Erwachsenen als auch mit Kindern und Jugendlichen. Im letzteren Fall ist bei der Kontaktaufnahme, der Vorbereitung und den sprachlichen Formulierungen besonders auf eine altersgerechte Durchführung zu achten (Reinders 2016; Hartnack 2019).

Während des Interviews hat man als dessen LeiterIn hier also die Aufgabe, das Gespräch durch den Leitfaden zu steuern; die Reihenfolge der Fragen richtet sich aber nach dem Gesprächsverlauf und kann variieren. Wichtig ist dabei, eine gute Gesprächsatmosphäre zu erzeugen und aufrechtzuerhalten. Anregungen hierzu finden sich unter anderem bei Jean-Claude Kaufmann und dessen Prinzip des verstehenden Interviews (1999).

Bei der Entwicklung des Leitfadens sind auch hier verschiedene Schritte zu beachten. Eine hierfür von Cornelia Helfferich entwickelte Vorgehensweise in vier Schritten, die sogenannte SPSS-Methode, wird in Textbox 5 vorgestellt. Anwendbar ist diese Methode auch für andere Formen von Leitfadeninterviews.

Textbox 5: Erstellung eines Leitfadens nach dem SPSS-Modell

Cornelia Helfferich entwickelte in ihrem Buch *Die Qualität qualitativer Daten* mit dem SPSS-Modell (Sammeln, Prüfen, Sortieren, Subsumieren) eine Art Bedienungsanleitung dafür, wie sich ein Leitfaden für qualitative Interviews erarbeiten lässt. Zu unterscheiden sind vier aufeinander aufbauende Schritte:

1. Sammeln

Leitfrage: Was interessiert mich wirklich?

- Untersuchungsgegenstand vergegenwärtigen
- Vorannahmen und Erwartungen klären

- Fragenpool entwickeln
- Sammeln von Fragen zum Thema
  - ➢ Ergebnis: Pool an gesammelten Fragen

2. Prüfen
Leitfrage: Welche Fragen könnte ich stellen?
- Fragen sammeln, die zur zentralen Fragestellung und zu den Vorannahmen passen
- Überprüfung, ob die Fragen geeignet sind, die Fragestellung zu beleuchten
- Streichung nicht passender oder ungünstig formulierter Fragen
  - ➢ Ergebnis: Liste brauchbarer Fragen

3. Sortieren
Leitfrage: Wie ordne ich diese Fragen sinnvoll?
- Sortierung der übrig gebliebenen Fragen nach Themenbereichen und inhaltlichen Zusammenhängen
- Bündelung von Fragen in Themenbereiche (möglichst zwischen einem und vier Bereichen)
- Überlegen der logischen Abfolge der Themenblöcke und Fragen im Leitfaden
- Formulierungen anpassen und abstimmen
  - ➢ Ergebnis: reduzierte, strukturierte Fragenliste

4. Subsumieren
Leitfrage: Nach welchem Ablauf lassen sich die Themenblöcke sinnvoll ordnen?
- Anordnung der Themenbereiche und Fragen prüfen (z. B.: die wichtigsten Fragen und Erzählaufforderungen an den Anfang der Bereiche stellen)
- Unterordnung von Detailfragen unter die Erzählaufforderung in einem Themenbereich
- Vermeiden inhaltlicher Wiederholungen
  - ➢ Ergebnis: Leitfaden-Entwurf

Quelle: Helfferich, Cornelia (2011): *Die Qualität qualitativer Daten: Manual für die Durchführung qualitativer Interviews*. 4. Aufl., Wiesbaden: VS Verlag für Sozialwissenschaften [v. a. Kap. 5.3: Konstruktion von Instrumenten – der Weg zu einem Leitfaden, S. 178–189]. Siehe hierzu auch: Kruse, Jan (2015): *Qualitative Interviewforschung: Ein integrativer Ansatz*. 2. Aufl., Beltz Juventa: Weinheim und Basel [v. a. Kap. III: Qualitative Leitfadeninterviews: Die Entwicklung von Interviewleitfäden, 5: Die Entwicklung von Interviewleitfäden, S. 226–236].

In der Phase der Aufbereitung stellt sich die Frage, ob im Zuge der Transkription des aufgezeichneten Interviews auch nonverbale, parasprachliche Aspekte und das, was sich ‚zwischen den Zeilen' abspielt, verschriftlicht werden sollen. Ausschlaggebend ist dafür nicht zuletzt die gewählte Fragestellung.

Das problemzentrierte Interview ist auf keine spezifische Auswertungsmethode festgelegt. Für die Interpretation und Analyse werden hier in der Regel codierende Verfahren wie etwa die qualitative Inhaltsanalyse angewandt.

Gerahmt werden kann die Erhebung der Daten bei problemzentrierten Interviews zudem durch zwei Elemente: Zum einen kann vor Beginn der Interviews ein Kurzfragebogen Anwendung finden, in dem die befragte Person bestimmte Daten einträgt, damit diese im Verlauf des Interviews nicht mehr erfragt werden müssen. Zum anderen kann zu jedem Interview ein Postskriptum erstellt werden, in dem im Nachhinein Eindrücke über die Gesprächssituation, das Verhalten der befragten Person, äußere Einflüsse und eventuelle Störungen sowie Aussagen der Person vor oder nach dem Interview notiert werden (Witzel 2000, 3 f.).

Anwendungsweisen und Potenziale für die Islamische Theologie

Im Vergleich zu standardisierten Interviews ist das problemzentrierte Leitfadeninterview offen für Unvorhergesehenes, weil es flexibel auf das Antwortverhalten der interviewten Personen reagieren kann. Die Methode eignet sich für Fragestellungen, die ein Thema bzw. ein Problem samt seinen Wirkungen auf betroffene Individuen untersuchen wollen. Für unser Beispielthema ‚Religiöse Normen im Berufsleben von MuslimInnen' kann das problemzentrierte Leitfadeninterview weitreichende Einblicke bieten. Die Fragestellung kann dabei zum Beispiel folgendermaßen aussehen:

- *Welche Erfahrungen haben berufstätige MuslimInnen im Umgang mit religiösen Normen am Arbeitsplatz gemacht, und welche Probleme und Herausforderungen stellen sich ihnen dabei?*

Bei einer solchen Fragestellung werden die Probleme und Herausforderungen nicht so direkt und unmittelbar untersucht wie bei der Beobachtung. Vielmehr reflektieren die Betroffenen – ähnlich wie bei anderen Interviewformen – ihren Umgang mit dem Thema, rekonstruieren ihre Erfahrungen und Erlebnisse und beschreiben deren Auswirkungen. Das problemzentrierte Leitfadeninterview eignet sich deshalb besonders dazu, soziale Phänomene, Themen und Probleme zu verstehen und deren subjektive Tragweite für die Betroffenen aufzuzeigen (Witzel 1985, 235). Im Gegensatz zum ExpertInneninterview und zum strukturierten Interview ist es zudem offen für neue und unerwartete Erkenntnisse.

In der Islamischen Theologie kann das problemzentrierte Interview Perspektiven für eine lebensgeschichtlich orientierte Theologie liefern (Söderblom 2007, 267). So kann mit Blick auf unsere Fragestellung etwa aufgezeigt werden, welche Tragweite das Thema religiöse Normen im Berufsleben hat und wie unangenehm es für Gläubige sein kann, während der Arbeitszeit Abstriche bei den rituellen Pflichtgebeten machen zu müssen. Ableiten lassen sich aus solchen evidenzbasierten Verfahren auch Daten, die für die islamische Jurisprudenz von Interesse sein können. Die Ergebnisse der empirischen Arbeit und die islamrechtliche Perspektive können auf diesem Wege also miteinander ins Gespräch gebracht werden.

Weiterführende Literatur

Flick, Uwe (2012): *Qualitative Sozialforschung: Eine Einführung*. 5. Aufl., Reinbek: Rowohlt [v. a. Teil IV: Verbale Daten, Kap. 13: Leitfaden-Interviews, Abschnitt: Das problemzentrierte Interview, S. 210–214].

Helfferich, Cornelia (2011): *Die Qualität qualitativer Daten: Manual für die Durchführung qualitativer Interviews*. 4. Aufl., Wiesbaden: VS Verlag für Sozialwissenschaften.

Kruse, Jan (2015): *Qualitative Interviewforschung: Ein integrativer Ansatz*. 2. Aufl., Weinheim/Basel: Beltz/Juventa [v. a. Kap. II: Interviewformen – ein Überblick, 3: Problemzentriertes Interview, S. 153–155].

Scholl, Armin (2018): *Die Befragung*. 4. Aufl., Konstanz: UVK [v. a. Kap. 3.3: Das problemzentrierte und fokussierte Interview, S. 74–76].

Söderblom, Kerstin (2007): „Leitfadeninterviews". In: Dinter, Astrid/Heimbrock, Hans-Günter/Söderblom, Kerstin (Hg.): *Einführung in die Empirische Theologie: Gelebte Religion erforschen*. Göttingen: V & R, S. 254–269.

Witzel, Andreas (1985): „Das problemzentrierte Interview". In: Jüttemann, Gerd (Hg.): *Qualitative Forschung in der Psychologie: Grundfragen, Verfahrensweisen, Anwendungsfelder*. Weinheim: Beltz, S. 227–255.

––––– (2000): „Das problemzentrierte Interview". In: *Forum Qualitative Sozialforschung/ Forum: Qualitative Social Research* (*Online Journal*), 1 (1).

8.1.2 Gruppendiskussion

Allgemeines

Bei der Gruppendiskussion handelt es sich um eine Befragungsart, die im Gegensatz zu qualitativen Interviews nicht mit Individuen, sondern in Gruppen erfolgt. Das Gespräch, bei dem mehrere TeilnehmerInnen mitwirken, dreht sich um ein spezifisches Thema und wird von einer moderierenden Person geleitet. Entwickelt wurde diese Methode in den 1940er Jahren in den USA, um nicht zuletzt die Auswirkungen von Propagandafilmen zu erforschen. Ausgehend von den Arbeiten Karl Mannheimers und Werner Mangolds sowie von der sogenannten Kritischen Theorie der Frankfurter Schule erhielt sie Eingang in die verschiedenen Bereiche der Sozialwissenschaften (Bohnsack 2008, 105–113).

Charakteristika und Besonderheiten

Hintergrund dieser Methode ist die Annahme, dass sich Menschen in einer Gruppendiskussion authentischer austauschen als etwa in einem Einzelinterview, da sich die TeilnehmerInnen in der Diskussionssituation wechselseitig beeinflussen – sei es in Form von

Bestätigungen einer Ansicht, Widersprüchen oder Meinungsverschiedenheiten. Diese Befragungsart wird daher meist dann eingesetzt, wenn die Forschungsfrage nicht nur auf Einzelpersonen abzielt, sondern etwas über Gruppenmeinungen und soziale Aushandlungsdynamiken erfahren möchte. Geeignet ist die Methode vor allem,

> um kollektive Einstellungen, öffentliche Meinungen, Ideologien und Vorurteile zu explorieren. Nicht die Person an sich ist hierbei die Datenquelle, sondern die Diskussion über ein bestimmtes Thema. (Hug/Poscheschnik 2020, 140).

Grundlage der Methode ist ein Leitfaden, der je nach Forschungsfrage ausgearbeitet wird und der Gruppendiskussion zugrunde liegt. Vorgegangen werden kann – ähnlich wie bei Interviews – mehr oder weniger strukturiert. Geleitet wird die Befragung durch eine moderierende Person, die nicht mit dem Forscher bzw. der Forscherin identisch sein muss. Ihre Aufgabe ist es, den Diskussionsverlauf zu moderieren, thematische Anreize zur Teilnahme zu setzen, auf die Gesprächsanteile der TeilnehmerInnen zu achten, für eine gute Gesprächsatmosphäre zu sorgen und im Bedarfsfall steuernd einzuschreiten. Die weitgehende Zurückhaltung hierbei ist jedoch Voraussetzung dafür, dass überhaupt ein unabhängiger Gesprächsverlauf zustande kommt (Przyborski/Wohlrab-Sahr 2014, 98). Das Ziel, eine Vielzahl von Wortbeiträgen zu stimulieren und möglichst alle in die Diskussion einzubinden, kann durch pointiertes Zusammenfassen, Interpretieren von Aussagen, Aufgreifen neuer Themenaspekte, kontrastierende Fragen und provokantes Nachfragen verfolgt werden.

Die Zusammensetzung der Gruppen hängt von der Fragestellung ab. Die ideale Größe liegt laut Scholl zwischen sechs und zehn Mitgliedern: „Kleinere Gruppen sind oft nicht so produktiv in der Diskussion, bei größeren Gruppen ist die Diskussion dagegen schwer durchzuführen“ (Scholl 2018, 123). Bei der Auswahl kann auf eine heterogene oder eine homogene Zusammenstellung geachtet werden. Zudem können bereits bestehende oder von der forschenden Person eigens zusammengestellte Gruppen befragt werden.

Die Methode zeichnet sich dadurch aus, dass – wenn mehrere solche Diskussionen im Rahmen einer Forschung durchgeführt werden – die besprochenen Inhalte zwischen den einzelnen Diskussionen aufgrund des variablen Gesprächsverlaufs voneinander abweichen können. Dies ist weder als Problem noch als Indiz für eine unsystematische Arbeitsweise anzusehen, vielmehr kann gerade darin das Potenzial dieser Methode liegen. Eine Herausforderung für die Moderation besteht jedoch stets darin, für eine Vergleichbarkeit der Diskussionen hinsichtlich der besprochenen Themen zu sorgen.

Um Gruppendiskussionen systematisch interpretieren und analysieren zu können, müssen auch diese erst transkribiert werden. In der Regel geschieht das so, dass auch konversationsanalytische Schritte möglich werden. Das heißt, dass nicht nur die diskutierten Inhalte verschriftlicht werden, sondern auch Intonationen, Betonungen, parasprachliche Äußerungen, Unterbrechungen und Dazwischenreden. Erfolgen kann die Auswertung nach unterschiedlichen Verfahrensweisen. Denkbar sind unter anderem die dokumentarische Methode, die Grounded Theory und die qualitative Inhaltsanalyse.

Ungeachtet des konkreten Auswertungsverfahrens ist die Organisation, Durchführung, Aufbereitung und Auswertung von Gruppendiskussionen sehr aufwändig. Daher ist bei empirischen Forschungsvorhaben, in denen diese Erhebungsmethode angewandt wird, meist nur eine geringe Zahl von Befragungen möglich.

Anwendungsweisen und Potenziale für die Islamische Theologie

Da Gruppendiskussionen sich besonders für Forschungsvorhaben eignen, in denen kollektive Erfahrungen, Gruppenmeinungen, Konflikte und Aushandlungsprozesse im Mittelpunkt stehen, kann diese Befragungsart auch für unser Beispielthema ‚Religiöse Normen im Berufsleben von MuslimInnen' wichtige Einblicke liefern. Eine Fragestellung, für deren Bearbeitung sich diese Methode anbietet, ist zum Beispiel folgende:

- *Welche kollektiven Erfahrungen machen berufstätige MuslimInnen beim Umgang mit religiösen Normen am Arbeitsplatz?*

Bei der Durchführung von Gruppendiskussionen zu dieser Fragestellung kann untersucht werden, zu welcher Art von Problemen es kommt, wenn MuslimInnen sich am Arbeitsplatz darum bemühen, religiösen Normen gerecht zu werden. Indem die TeilnehmerInnen von ihren diesbezüglichen Erlebnissen und von ihren Strategien berichten, um mit den Herausforderungen umzugehen, kann im Verlauf der Diskussion die Summe der Erfahrungen und der Formen des Umgangs mit dem Thema erhoben werden. Eine Gruppendiskussion ist jedoch mehr als die Summe von Einzelinterviews. Denn die TeilnehmerInnen berichten hier nicht wie in Einzelinterviews separat, sondern agieren immer auch untereinander, wodurch es zu Bestätigung, Widerlegung, Hinterfragung, Kontrastierung und Kritik an Gesagtem kommen kann. Aus den erhobenen Eindrücken und den Aushandlungsdynamiken innerhalb der Gruppe können dann Schlüsse darüber gezogen werden, welche Erfahrungsräume kollektiv geteilt werden, welche Konfliktlinien bestehen und wie unterschiedlich die praktizierten Umgangsformen sind.

Auch für die Islamische Theologie wohnt der Methode der Gruppendiskussion Potenzial inne. Analysiert werden können hier etwa kollektive Erfahrungen, geteilte Meinungen und Konfliktlinien. Daraus lassen sich Schlussfolgerungen ziehen, die das Zusammenspiel zwischen religiöser Praxis und theologischen Themen betreffen. Von Bedeutung sein können die Befunde dieser Methode aber vor allem für die Disziplinen, die eher der praktischen Theologie zuzuordnen sind.

Weiterführende Literatur

Bohnsack, Ralf (2008): *Rekonstruktive Sozialforschung: Einführung in qualitative Methoden.* 7. Aufl., Opladen: Budrich [v. a. Kap. 7: Gruppendiskussionsverfahren und Gesprächsanalyse, S. 105–128].

––––– (2013): „Gruppendiskussion". In: Flick, Uwe/von Kardoff, Ernst/Steinke, Ines (Hg.): *Qualitative Forschung: Ein Handbuch.* 10. Aufl., Reinbek: Rowohlt, S. 369–384.

Kruse, Jan (2015): *Qualitative Interviewforschung: Ein integrativer Ansatz*. 2. Aufl., Weinheim/Basel: Beltz/Juventa [v. a. Kap. II: Interviewformen – ein Überblick, 9: Gruppendiskussionsverfahren, S. 186–202].

Kühn, Thomas/Koschel, Kay-Volker (2017): *Gruppendiskussionen: Ein Praxis-Handbuch*. 2. Aufl., Wiesbaden: Springer VS.

Loos, Peter/Schäffer, Burkhard (2001): *Das Gruppendiskussionsverfahren: theoretische Grundlagen und empirische Anwendung*. Opladen: Leske + Budrich.

Przyborski, Aglaja/Wohlrab-Sahr, Monika (2014): *Qualitative Sozialforschung: Ein Arbeitsbuch*. 4. Aufl., München: Oldenbourg [v. a. Kap. 3.4.2: Gruppendiskussionen und 3.4.3: Gruppendiskussionen und Interviews mit Kindern, S. 88–108].

8.1.3 Narratives Interview

Allgemeines

Der Typus des narrativen Interviews wurde von Fritz Schütze (1983) entwickelt. Seine Grundidee ist, dass diese Interviewform erzählte lebensgeschichtliche Erfahrungen hervorzulocken vermag, die andere methodische Instrumente nicht liefern können. Begründet wird dies damit, dass

> Menschen sehr viel mehr von ihrem Leben ‚wissen' und darstellen können, als sie in ihren Theorien über sich und ihr Leben aufgenommen haben. Dieses Wissen ist den Informanten auf der Ebene der erzählerischen Darstellung verfügbar, nicht aber auf der Ebene von Theorien. (Hermanns 1991, 185)

Kennzeichnend für diese Interviewmethode ist, dass sie kaum strukturiert und sehr offen abläuft. Entsprechend werden bei narrativen Interviews auch keine Fragen im klassischen Sinne gestellt, und es existiert auch kein Leitfaden, sondern strukturiert wird der Verlauf durch das Erzählverhalten der interviewten Person (Kruse 2015, 151). Deshalb wird das narrative Interview hier als eigenständige Methode zur Erhebung verbaler Daten angeführt, die nicht unter die verschiedenen Formen qualitativer Leitfadeninterviews subsumiert werden kann.

Charakteristika und Besonderheiten

Angewandt wird das narrative Interview besonders in der Biografieforschung. Das Ziel ist dabei jedoch nicht die Erfassung objektiver Daten eines Lebenslaufs wie Schullaufbahn, Bildungsabschlüsse und Verlauf der Erwerbsbiografie, was problemlos mit quantitativen Methoden erhoben werden könnte. Stattdessen dient die Erzählung der eigenen Biografie dazu, dass die Perspektiven der interviewten Person in Form der von ihr konstruierten subjektiven Sinnzusammenhänge interpretiert und erfasst werden können (Przyborski/Wohlrab-Sahr 2014, 82).

Der Ablauf eines narrativen Interviews besteht laut Schütze aus vier Phasen: Erzählstimulus, Haupterzählung, narratives Nachfragen und Bilanzierungsphase (Schütze 1983, 285). In der ersten Phase, dem *Erzählstimulus*, wird die interviewte Person angeregt, bezogen auf die Fragestellung möglichst frei und offen zu erzählen. Hier wird also darum gebeten, ein temporär abgegrenztes Prozessgeschehen zu erzählen, beispielsweise zur religiösen Sozialisation oder zu einer bestimmten Phase des Lebens wie etwa dem Studium.

In der zweiten Phase, der *Haupterzählung*, ist es erwünscht, dass die interviewte Person möglichst spontan und ausführlich Dinge wie die eigene Weltsicht, die persönlichen Prägungen und die eigene Lebenswelt darstellt und persönliche Relevanzsysteme offenlegt. Die Person, die das Interview führt, unterstützt das Erzählen durch verbale und nonverbale Rückmeldungen, etwa durch Interessensbekundungen; das Rederecht liegt jedoch allein bei der befragten Person. Zwischenfragen werden nicht gestellt. Möglich sind diese dann aber in der dritten Phase, dem *narrativen Nachfragen*. Zu Bereichen, die im Verlauf der Haupterzählung nur gestreift wurden, können in diesem Teil immanente Nachfragen gestellt werden. Gemeint sind damit solche Nachfragen, die spontan erfolgen und sich direkt auf das vorher Erzählte beziehen. Dadurch können Konkretisierungen und weitere Erzählungen erreicht werden (Przyborski/Wohlrab-Sahr 2014, 85 f.).

In der vierten und letzten Phase, dem *Bilanzierungsteil*, können Nachfragen gestellt werden, die sich auf den Forschungsgegenstand beziehen und von der interviewten Person im Gesprächsverlauf noch nicht angesprochen wurden. In dieser Phase können neue Themen eingebracht werden, und man kann die Person auch zu zusätzlichen Beschreibungen und Argumentationen auffordern (Misoch 2019, 43 f.). Kritische oder provozierende Fragen sowie der Hinweis auf Widersprüche in der Haupterzählung sind aber zu vermeiden. Abgeschlossen wird das Interview, indem biografische Daten erfragt werden. Dies sollte erst ganz zum Schluss der Befragung erfolgen, um den Erzählstrang nicht von Anfang an auf dieses Thema zu fokussieren.

Bei der Transkription und Aufbereitung der Daten ist es bei narrativen Interviews förderlich, wenn hier auch konversationsanalytische Auswertungsverfahren ermöglicht werden. Zu transkribieren sind hierfür nicht nur die erzählten Inhalte, sondern auch parasprachliche Äußerungen wie Lachen und Räuspern sowie Auffälligkeiten wie Pausen und Betonungen. Die Auswertung erfolgt in der Regel nach den Verfahrensweisen der Narrationsanalyse (Kleemann/Krähnke/Matuschek 2013, 73 f.). Da die Aufbereitung und Auswertung narrativer Interviews je nach Erzählverhalten mit einem erheblichen Aufwand verbunden sein kann, sind bei Forschungsvorhaben, in denen solche Interviews erhoben werden, meist nur geringe Fallzahlen möglich.

Anwendungsweisen und Potenziale für die Islamische Theologie

Die Methode des narrativen Interviews zeichnet sich durch seinen besonders offenen Charakter aus, mit dem Erzählungen generiert werden, anhand derer bestimmte Kommunikationsmuster, Lebensgeschichten, Deutungsmuster sowie biografische Erfahrungen, Erlebnisse und Prägungen deutlich werden. Führen lassen sich narrative Interviews besonders gut mit Personen, die über eine hohe Erzählkompetenz verfügen. Nur nach entsprechenden Vorbereitungen und altersgemäßen Erzählstimuli können mit diesem Instrument auch Kinder und Jugendliche befragt werden (Ulfat 2018a).

Die Methode ist besonders für Fragestellungen geeignet, mit denen zeitlich begrenzte Phasen einer Biografie aus der Perspektive der Betroffenen unter die Lupe genommen werden sollen. Für unser Musterthema ‚Religiöse Normen im Berufsleben von MuslimInnen' können narrative Interviews wichtige Erkenntnisse liefern. Denkbar wäre hier beispielsweise die folgende Fragestellung:

➢ *Wie erleben MuslimInnen den Umgang mit religiösen Normen am Arbeitsplatz im Laufe ihres Erwerbslebens?*

Bearbeitet wird diese Fragestellung dann rekonstruktiv aus der Sicht der Betroffenen, die biografische Lebensphasen reflektieren und in Erzählungen beschreiben. Demgemäß bietet die Methode Einblicke in den Zusammenhang zwischen religiösen Normen und Biografiepfaden sowie in subjektive Sichtweisen und Erfahrungen (Kurth/Lehmann 2011, 146). Mit einem narrativen Interview kann eruiert werden, wie der Umgang mit religiösen Normen im Erwerbsleben abhängig von Kontextfaktoren – wie Familienstatus, Wohnort, Berufszweig und beruflicher Position – ausgeprägt war oder sich im Verlauf eines Lebens änderte und wie eine biografische Entwicklung im Rückblick gedeutet wird (Kruse 2015, 152). Somit sind narrative Interviews besonders gut dazu geeignet, um die subjektiven Auswirkungen von Themen auf Lebensgeschichten sichtbar zu machen.

In der Islamischen Theologie kann die Methode die Entwicklung und Rolle von religiösen Fragen bei MuslimInnen im Verlauf von biografischen Stationen aufzuzeigen. Analysiert werden können damit beispielsweise das subjektive Erleben von religionspädagogischen Erfahrungen oder religiösen Prägungen durch das Elternhaus und die Auswirkungen von beruflichen Entscheidungen auf den Umgang mit religiösen Fragen. Aus den Erzählungen lassen sich Erkenntnisse ableiten, die das Zusammenspiel von biografischen Episoden und religiösen bzw. theologischen Themen betreffen.

Weiterführende Literatur

Flick, Uwe (2012): *Qualitative Sozialforschung: Eine Einführung*. 5. Aufl., Reinbek: Rowohlt [v. a. Teil IV: Verbale Daten, Kap. 14: Erzählungen als Zugang, Abschnitt: Das narrative Interview, S. 228–238].

Kleemann, Frank/Krähnke, Uwe/Matuschek, Ingo (2013): *Interpretative Sozialforschung: Eine Einführung in die Praxis des Interpretierens*. 2. Aufl., Wiesbaden: Springer VS [v. a. Kap. 3: Narrationsanalyse, S. 64–110]

Küsters, Ivonne (2009): *Narrative Interviews: Grundlagen und Anwendungen*. 2. Aufl., Wiesbaden: VS Verlag für Sozialwissenschaften.

Misoch, Sabina (2019): *Qualitative Interviews*. 2. Aufl., Berlin: De Gruyter [v. a. Kap. 3: Narrative Interviewformen, S. 37–64].

Schütze, Fritz (1983): „Biographieforschung und narratives Interview“. In: *Neue Praxis*, 3, S. 283–293.
Ulfat, Fahimah (2018a): „Das Kamishibai als erzählgenerierender Eingangsstimulus für narrative Interviews mit Kindern“. In: *Zeitschrift für Pädagogik und Theologie*, 70 (1), S. 49–60. DOI: 10.1515/zpt-2018-0005.

8.1.4 Beobachtung

Allgemeines

Während unter ‚Beobachtung‘ auch eine gewöhnliche Alltagstätigkeit verstanden werden kann, sprechen wir hier von einer etablierten Methode der empirischen Sozialforschung, die Anfang des 20. Jahrhunderts entwickelt wurde (Greve 1997; Lüders 2013, 385). Bezüge gibt es zu den Methoden der Ethnografie, die zumeist darauf aus ist, Menschen über einen längeren Zeitraum in ihrem Alltagsleben zu erforschen (Breidenstein et al. 2015, 7).

Wissenschaftliche Beobachtungen sind keinesfalls willkürlich, sondern systematisch und auch kontrolliert. Sie sind theoriegeleitet, ohne dabei auf subjektive Aspekte zu verzichten. Außerdem erfolgen sie absichtsvoll. Sie setzen also immer ein Ziel und einen Zweck voraus, untersuchen eine spezifische Fragestellung und stellen daher ein geplantes Unternehmen dar. Dem Charakter der Subjektivität und des Anekdotischen von Alltagsbeobachtungen wird durch Standardisierung, intersubjektive Überprüfbarkeit und systematische Dokumentation entgegengewirkt (Atteslander 2010, 73).

Charakteristika und Besonderheiten

Die Methode der Beobachtung umfasst nicht nur visuelle Wahrnehmungen, sondern in der Regel auch Gespräche und Interaktionen mit den Beteiligten der beobachteten Situation. Dabei lassen sich verschiedene Formen der Beobachtung unterscheiden (Rothgangel 2018, 59 f.). Zum einen stellt sich die Frage, ob die forschende Person offen als beobachtend auftritt (‚offene Beobachtung‘) oder nicht (‚verdeckte Beobachtung‘). Der Zugang zu den beobachteten Situationen ist bei verdeckten Vorgehensweisen jedoch stets forschungsethisch abzuklären.

Zum anderen kann die Person an den beobachteten Situationen selbst teilnehmen und in diese eingreifen (‚teilnehmende Beobachtung‘) oder nicht (‚nicht-teilnehmende Beobachtung‘). Im ersteren Fall liegt das Ziel darin, in Situationen aktiv einzutauchen oder in Form eines *shadowing* eine Person wie ein Schatten zu begleiten, wobei gegenüber der beobachteten Situation aber zugleich auch eine gewisse Distanz zu wahren ist (Przyborski/Wohlrab-Sahr 2014, 46).

Weiterhin kann die Beobachtung entweder systematisch nach einem bestimmten Schema (‚standardisierte Beobachtung‘) oder eher unsystematisch ablaufen und der spontanen Dynamik des Interaktionsgeschehens unterliegen (‚unsystematische Beobachtung‘) (Hug/Poscheschnik 2020, 142). Erfolgen kann die Beobachtung zudem entweder in alltäglichen Situationen (,Beobachtung in natürlichen Kontexten') oder unter künstlichen Laborbedingungen wie etwa im Beobachtungsraum eines psychologischen Instituts (,Beobachtung in künstlichen Kontexten').

Eine besondere Herausforderung für Beobachtungen ist oft die Frage des Zugangs. Einen solchen zu schaffen, stellt oftmals ein schwieriges Unterfangen dar. Die Unterstützung sogenannter *gate keeper*, also von Menschen, die im Sinne von ,TürsteherInnen' in das Forschungsfeld bereits integriert sind und darin eine wichtige Rolle spielen, kann hierbei eine Erleichterung darstellen (Knoblauch 2003, 82 f.).

In Beobachtungssituationen ist meist eine persönliche Involviertheit der forschenden Person notwendig. Dass sich ein direkter Kontakt zu den Erforschten entwickelt, ist unumgänglich, um Einblick in subjektive Sinnwelten zu erlangen. Damit Innenperspektiven der Beteiligten rekonstruiert werden können, ist es nötig, sich als forschende Person den Status als außenstehend sowie eine gewisse kritische Distanz zu bewahren; zugleich ist aber auch eine Immersion in die Untersuchungssituation und die Übernahme von Innensichtweisen (im Sinne eines *going native*) erforderlich (Scholtz 2007, 215 f.). Dieser Balanceakt darf jedoch nicht zulasten der wissenschaftlichen Objektivität gehen (Flick 2012, 291–293).

Je nach Fragestellung werden Beobachtungen in der Regel über einen längeren Zeitraum durchgeführt. Solche Erhebungen bedürfen eines großen Einsatzes und Engagements. Das hat zur Folge, dass kein großes Sample erforscht werden kann wie etwa beim Einsatz von quantitativen Fragebögen, sondern dass die mögliche Anzahl der erforschten Personen und Situationen begrenzt ist.

Analysiert werden Beobachtungen meist in Textform. Da während der Beobachtung die Geschehnisse und Gespräche oft nicht aufgezeichnet werden können, müssen die Daten später aufbereitet werden. Deshalb sind die Situationen von Anfang an mit einer geschärften Wahrnehmung zu beobachten, wofür eine entsprechende Einübung und Praxis erforderlich ist. Im direkten Anschluss an die Beobachtung sollte dann ein Bericht über das Beobachtete, Geschehene und Gesagte erstellt werden. Die systematische und kontrollierte Aufbereitung der Beobachtungen kann durch entsprechende Protokolle und vorgefertigte Bögen gewährleistet werden (Przyborski/Wohlrab-Sahr 2014, 49–53).

Denkbar sind außerdem Aufzeichnungen mit einer Kamera (Mohn/Amann 2006), um eine videogestützte Analyse, etwa von Unterrichtssituationen, zu ermöglichen (Breidenstein 2008, 204; Breidenstein et al. 2015, 89–92). Hierfür sind jedoch eine Reihe von Datenschutzfragen zu beachten. Zudem ist zu bedenken, dass auch Videoaufnahmen zu transkribieren und für die Analyse in Textform zu überführen sind (Moritz 2014). In der Phase der Auswertung bieten sich für die Analyse und Interpretation der Beobachtungen dann unter anderem die Verfahrensweisen der Grounded Theory an, die weiter unten näher beschrieben werden.

Anwendungsweisen und Potenziale für die Islamische Theologie

Je nach der gewählten Form können mit der Methode der Beobachtung verschiedene Aspekte des Alltagslebens in den Blick genommen werden. Beobachtet wird jedenfalls keine statische Situation, sondern ein sozialer Prozess bzw. ein Vorgang, und das nicht selten über einen längeren Zeitraum hinweg. Die Methode bietet sich deshalb an für Fragestellungen, die ein soziales Geschehen in den Blick nehmen, das praktische Tun in den Mittelpunkt rücken und sich für Interaktionen im Alltag interessieren. Einen Zugang bietet die Methode der Beobachtung auch, wenn Dinge wie Mimik, Gestik, Körperhaltung und Ausdrucksweise von Personen untersucht werden sollen.

Ein Vorteil der Beobachtung liegt darin, lebensnah zu sein und Verzerrungen reduzieren zu können. Wird etwa befürchtet, dass Personen in einer Interviewsituation nicht immer die Wahrheit sagen – z. B. aufgrund sozialen Drucks –, dann kann diese Methode ein Instrument sein, um dieses Problem zu umgehen. Denn sie ermöglicht im Gegensatz zu anderen Techniken Einblicke in die *back stage*, also ‚hinter den Vorhang', um zu sehen, wie Menschen im Alltag tatsächlich handeln (Goffman 1959).

Für unser Thema ‚Religiöse Normen im Berufsleben von MuslimInnen' wäre der situative Umgang mit diesen Normen am Arbeitsplatz ein passendes Beispiel. Erforderlich kann es hierfür zum Beispiel sein, dass die forschende Person – je nach wirtschaftlichem Zweig und beruflicher Stellung – in eine KollegInnenrolle schlüpft, um das Handeln der Beobachteten im beruflichen Alltag beobachten zu können. Ein solcher Zugang ist mit Herausforderungen verbunden und erfordert Einsatzbereitschaft, Zeitkapazitäten und die Unterstützung des Arbeitgebers.

Gleichzeitig verspricht eine solche Analyse konkrete Einblicke in den Alltag, die durch keine andere empirische Erhebungsmethode gewährt werden kann. Untersucht werden kann beispielsweise, wie am Arbeitsplatz mit dem rituellen Pflichtgebet umgegangen wird. Werden alle Gebete in der vorgesehenen Zeit und unter Einhaltung der Vorschriften gebetet? Wird das Gebet generell nicht verrichtet oder wird es zum Beispiel nach der Arbeitszeit nachgeholt, und was lösen diese Fragen bei den Betroffenen aus? Erforscht werden kann zudem, welcher Umgang mit dem Fastengebot gepflegt wird, mit welchen Schwierigkeiten MuslimInnen dabei konfrontiert sind und welche Rolle religiöse Fragen in der Interaktion mit KollegInnen spielen.

Eine denkbare Fragestellung, die mithilfe der Methode der Beobachtung angemessen bearbeitet werden könnte, lautet wie folgt:

➢ *Wie gehen MuslimInnen mit religiösen Normen in ihrem beruflichen Alltag am Arbeitsplatz praktisch um?*

Bei einer solchen Forschungsfrage, die auf die alltägliche religiöse Praxis ausgerichtet ist, verspricht die Methode der Beobachtung unmittelbare und authentische Einblicke. Im Mittelpunkt stehen dabei oft alltägliche Routinen, mit denen etwa Vorbereitungen für das rituelle Pflichtgebet am Arbeitsplatz getroffen werden (z. B. Gespräch mit KollegInnen oder Vorgesetzten etc.). Solche Facetten des Forschungsgegenstandes können oft eher durch Beobachtung als durch qualitative Leitfadeninterviews festgestellt werden, da es sich hierbei womöglich um so selbstverständliche Handlungsweisen handelt, dass die Interviewten sie nicht immer bewusst artikulieren (Scholtz 2007, 219).

Aus islamisch-theologischer Sicht lassen sich mit einer solchen Fragestellung und einer solchen Methode empirisch fundierte Erkenntnisse darüber gewinnen, wie MuslimInnen in ihrem Alltag am Arbeitsplatz handeln, um religiösen Normen entsprechen zu können. Angestoßen werden kann damit etwa im Sinne einer empirischen Theologie eine Debatte über die Gültigkeit religiöser Normen in mehrheitlich nicht-muslimischen Gesellschaften oder im beruflichen Alltag. Die empirische Untersuchung der Praxis kann hier dazu beitragen, dass religiöse Gebote nicht nur als abstrakte Normen thematisiert werden, sondern dass dabei auch ein Alltags- und Anwendungsbezug hergestellt wird.

Weiterführende Literatur

Breidenstein, Georg/Hirschauer, Stefan/Kalthoff, Herbert/Nieswand, Boris (2015): *Ethnografie: Die Praxis der Feldforschung*. 2. Aufl., UVK: Konstanz.

Franke, Edith/Maske, Verena (2011): „Teilnehmende Beobachtung als Verfahren der Religionsforschung: Der Verein ‚Muslimische Jugend in Deutschland e. V.'". In: Kurth, Stefan/Lehmann, Karsten (Hg.): *Religionen erforschen: Kulturwissenschaftliche Methoden in der Religionswissenschaft*. Wiesbaden: VS Verlag für Sozialwissenschaften, S. 105–134.

Greve, Werner/Wentura, Dirk (1997): *Wissenschaftliche Beobachtung: Eine Einführung*. Weinheim: Beltz.

Knoblauch, Hubert (2003): *Qualitative Religionsforschung: Religionsethnographie in der eigenen Gesellschaft*. Paderborn: Schöningh [v. a. Teil IV: Beobachten und Kodieren, S. 72–109].

Lüders, Christian (2013): „Beobachten im Feld und Ethnographie". In: Flick, Uwe/von Kardoff, Ernst/Steinke, Ines (Hg.): *Qualitative Forschung: Ein Handbuch*. 10. Aufl., Reinbek: Rowohlt, S. 384–401.

Rothgangel, Martin (2018): „Beobachtung". In: Pirner, Manfred L./ders. (Hg.): *Empirisch forschen in der Religionspädagogik: Ein Studienbuch für Studierende und Lehrkräfte*. Stuttgart: Kohlhammer, S. 57–70.

Scholtz, Christopher P. (2007): „Teilnehmende Beobachtung". In: Dinter, Astrid/Heimbrock, Hans-Günter/Söderblom, Kerstin (Hg.): *Einführung in die Empirische Theologie: Gelebte Religion erforschen*. Göttingen: V & R, S. 214–225.

8.1.5 Lautes Denken

Allgemeines

Die Methode des sogenannten Lauten Denkens ist ein eher wenig bekanntes empirisches Erhebungsinstrument. Entwickelt wurde es in der Psychologie im frühen 20. Jahrhundert von Karl Bührer. Angewandt wird es aber auch in vielen anderen Wissenschaftsbereichen, in denen Denkprozesse eine zentrale Rolle spielen, wie etwa in der Unterrichtsforschung (Weidle/Wagner 1994, 81). Bekannt ist die Methode auch unter Namen wie ‚Gedankenprotokoll', *Thinking Aloud* und *Talk Aloud Interviews*. Vorgestellt wird sie hier vor allem deshalb, weil sie auch in der Islamischen Theologie sehr ergiebig sein kann. Vor allem bietet sie besondere Zugänge zu religionspädagogischen und -didaktischen Fragestellungen, was durch andere Erhebungsinstrumente so nicht möglich ist.

Charakteristika und Besonderheiten

Die Methode des Lauten Denkens ist besonders dazu geeignet, individuelle Denkprozesse sichtbar zu machen. Die Erhebungsform zeichnet sich dadurch aus, dass von den Befragten mündliche Beschreibungen formuliert werden, die ihre Handlungen, Denken, Emotionen und Einstellungen begleiten. Die Befragten werden dabei in der Regel dazu aufgefordert, ihre Gedanken bezogen auf einen konkreten Anreiz bzw. eine spezifische Tätigkeit darzulegen (Konrad 2010, 476). Das kann zum Beispiel dadurch geschehen, dass die befragten Personen einen Filmausschnitt sehen, Fotos betrachten, einen Text lesen oder sich eine per Video aufgezeichnete Unterrichtssituation anschauen und dann all ihre Gedanken äußern, die ihnen dabei in den Sinn kommen. Folglich geht es „also nicht darum, was eine Person im Allgemeinen über sich denkt, sondern was ihr im Moment tatsächlich durch den Kopf geht oder gegangen ist" (Scholl 2018, 137).

Bei der Art und Weise, wie befragte Personen ihre Denkprozesse offenlegen, gibt es drei Möglichkeiten (Konrad 2010, 476): die Introspektion, die unmittelbare Retrospektion und die verzögerte Retrospektion. In der *Introspektion* findet eine augenblickliche Verbalisierung statt. Wenn der Anreiz darin besteht, einen Zeitungsartikel zu lesen, bedeutet dies, dass die befragte Person im Prozess des Lesens – zum Beispiel nach jedem Satz – simultan, ungefiltert und spontan verbalisiert, was ihr dabei durch den Kopf geht (Weidle/Wagner 1994, 82).

Bei der *unmittelbaren Retrospektion* geschieht die Verbalisierung etwas später. In diesem Fall liest die befragte Person den Zeitungsartikel zu Ende und wird erst danach zu ihren Eindrücken während des Lesens befragt. Bei dieser Vorgehensweise steht also eher der vom Lesen ausgelöste Gesamteindruck im Vordergrund (Konrad 2010, 476).

Bei der *verzögerten Retrospektion* kann die Befragung eine gewisse Zeit nach dem Lesen oder sogar erst einige Tage später stattfinden. Bei den drei Optionen entscheidet der gewählte Zeitpunkt darüber, auf welche Weise die Gedankenprozesse der Befragten sichtbar gemacht werden – unmittelbar während des Tuns, direkt im Anschluss oder erst zu einem späteren Zeitpunkt, wenn sich der Stimulus gesetzt hat und darüber bereits in Ruhe reflektiert wurde (ebd.).

Wie beim bei qualitativen Leitfadeninterview handelt es sich auch beim Lauten Denken um eine empirische Technik der verbalen Datenerhebung. Während bei Interviews meist reflektiert, kontrolliert und retrospektiv über ein Geschehen gesprochen wird, ermöglicht das Laute Denken einen unmittelbaren Zugang zu dem, was eine befragte Person in einem konkreten Moment fühlt und denkt und was ihr Handeln in dieser Situation steuert (Weidle/Wagner 1994, 82 f.). Eine Grenze der Methode liegt aber in der eingeschränkten Verbalisierbarkeit der Gedanken. So blitzen diese im Geiste der Person vielleicht nur schlaglichtartig auf und verlieren sich schon wieder, bevor sie verbalisiert werden können. Zudem sind nicht alle kognitiven Aspekte – besonders bei stark routinisierten Tätigkeiten wie Autofahren und Abwaschen, aber auch beim Gebet – dem Bewusstsein immer voll zugänglich (Konrad 2010, 486 f.).

Eine weitere Grenze der Methode besteht in der Auswahl. So geht den Befragten meist mehr durch den Kopf, als sie verbalisieren können, weshalb sie dabei quasi automatisch eine Auswahl treffen. Auch können sie sich in der Befragungssituation anders verhalten, als sie es sonst für gewöhnlich tun würden, um sich zum Beispiel in einem günstigen Licht darzustellen, oder sie verschleiern ihre tatsächlichen Gedankenprozesse, um der sozialen Erwünschtheit zu entsprechen (Weidle/Wagner 1994, 84 f.).

Die Fähigkeit, eigene Gedankengänge zu verbalisieren, hängt vom Entwicklungsstand und von den sprachlichen Kompetenzen der ProbandInnen ab. Deshalb kann die Methode zum Beispiel bei Kindern weniger gut eingesetzt werden. Es bietet sich also an, vor allem Jugendliche und Erwachsene mit dieser Technik zu befragen. Verbindungen sind hierbei auch denkbar mit anderen Formen der Beobachtung (Voigt 1997; Schwarz 2018).

Die Aufbereitung der Daten kann bei dieser Methode nach unterschiedlichen Verfahren erfolgen. Ausschlaggebend ist dabei, ob für die jeweilige Fragestellung konversationsanalytische Aspekte von Bedeutung sind – und mittranskribiert werden müssen – oder nicht. Je nach der Fragestellung ist auch die Auswertungsmethode auszuwählen. Prinzipiell möglich sind dabei die Analysestrategien der Grounded Theory, die qualitative Inhaltsanalyse sowie die dokumentarische Analyse. Von der Fragestellung hängt außerdem die Wahl des Samples ab, das befragt wird. Einsetzbar ist die Methode des Lauten Denkens auch in quantitativen Forschungen, in denen eine große Zahl von Fällen untersucht wird.

Anwendungsweisen und Potenziale für die Islamische Theologie

Die Methode des Lauten Denkens kann Aufschluss geben über kognitive Denkprozesse, die während einer Handlung ablaufen. Zur Erforschung des Beispielthemas ‚Religiöse Normen im Berufsleben von MuslimInnen' bietet diese Technik spezielle Einblicke, die durch andere Methoden nicht möglich sind.

Denkbar ist etwa, dass mittels der Methode des Lauten Denkens untersucht wird, was die Möglichkeit, religiösen Normen am Arbeitsplatz nachkommen zu können, bei befragten berufstätigen MuslimInnen auslöst, und was in ihnen vorgeht, wenn das nicht der Fall ist. In diesem Fall wäre die Fragestellung zum Beispiel wie folgt zu formulieren:

➢ *Welche Empfindungen lösen die bestehenden Möglichkeiten des Umgangs mit religiösen Normen am Arbeitsplatz bei berufstätigen MuslimInnen aus?*

Bei der Anwendung der Methode des Lauten Denkens wäre hier zunächst ein Anreiz zu setzen, zu dem die Befragten ihre Gedanken darlegen sollen. Denkbar wäre hier zum Beispiel, den Arbeitsalltag von muslimischen MitarbeiterInnen in einem Betrieb per Video aufzuzeichnen und festzuhalten, inwiefern die Betreffenden am Arbeitsplatz religiösen Normen nachkommen können – also beispielsweise, ob sie das rituelle Pflichtgebet im vorgesehenen Zeitraum beten können oder ob in der Kantine Halal-Speisen angeboten werden. Nach der Aufzeichnung erfolgt dann die eigentliche Datenerhebung, wobei den Betreffenden diese Aufnahmen (z. B. Sequenz für Sequenz) vorgespielt werden und sie dabei ihr Denken und Erleben in der aufgezeichneten Situation laut zum Ausdruck bringen sollen. Hierbei sollen sie dann verbalisieren, wie sie die Situation erlebt haben und was ihnen dabei durch den Kopf ging. Bei dieser Anwendung der Methode handelt es sich also entweder um eine unmittelbare Retrospektion (wenn die Befragung direkt im Anschluss an die Aufzeichnung erfolgt) oder um eine verzögerte Retrospektion (wenn zwischen der Aufzeichnung und der Befragung einige Stunden oder Tage vergehen). Ein solches Vorgehen hat das Potenzial, detaillierte und tiefgehende Einblicke dahingehend zu liefern, was der praktizierte Umgang mit religiösen Normen am Arbeitsplatz bei den Betreffenden konkret auslöst. Die hohen Zugangshürden – der Betrieb müsste einverstanden sein und die Befragten müssten den Aufnahmen zustimmen – sowie die Möglichkeit, dass die Aufzeichnung die erforschte Situation verändert, machen die Umsetzung eines solchen Forschungsdesigns in der Realität aber oft schwierig.

Der Anreiz kann aber auch anders gesetzt werden, zum Beispiel dadurch, dass den Befragten zuvor gesammelte Erfahrungsberichte vorgelegt werden, in denen berufstätige MuslimInnen ausführlich über ihren Umgang mit religiösen Normen am Arbeitsplatz berichten. Die befragten Personen lesen dann den Beitrag und geben zu Protokoll, was ihnen dabei unmittelbar in den Sinn kommt und was die geschilderte Erfahrung bei ihnen auslöst. Durchgeführt werden kann so etwas entweder in Form einer Introspektion (wenn die Befragten ihre spontanen, simultanen und möglichst ungefilterten Denkprozesse zum Erfahrungsbericht Satz für Satz verbalisieren) oder einer unmittelbaren Retrospektion (wenn die Befragung nach dem Lesen des Gesamtberichts erfolgt). Aufgrund der geringen Zugangshürden – Videoaufzeichnungen sind keine notwendig – sind die Chancen auf Umsetzung bei dieser Variante wesentlich höher als bei der ersten.

Für die Islamische Theologie kann das Laute Denken interessante Einblicke liefern, die durch andere Methoden nicht erlangt werden können. In dem geschilderten Beispiel können etwa Erkenntnisse darüber gewonnen werden, wie Denkprozesse mit Blick auf die Praxis von religiösen Normen am Arbeitsplatz bei den Betroffenen konkret aussehen und wie sie Situationen erleben, wenn sie diesen Normen nicht nachkommen können. Generell eignet sich die Methode auch dafür, emotionale Vorgänge zu analysieren. So kann mit ihr in Erfahrung gebracht werden, welche Empfindungen zum Beispiel die Kaaba bei MuslimInnen auslöst. Zum Einsatz kommen kann die Methode auch im Bereich der Islamischen Religionspädagogik. So können etwa bestimmte didaktische Konzepte und Unterrichtssequenzen bzw. -einheiten auf ihre Praxistauglichkeit hin untersucht werden.

Weiterführende Literatur

Konrad, Klaus (2010): „Lautes Denken". In: Mey, Günter/Mruck, Katja (Hg.): *Handbuch Qualitative Forschung in der Psychologie.* Wiesbaden: VS Verlag für Sozialwissenschaften, S. 476–490.

Scholl, Armin (2018): *Die Befragung.* 4. Aufl., Konstanz: UVK [v. a. Kap. 4.6.2: Die Technik des lauten Denkens (Think Aloud Technique), S. 136–140].

Weidle, Renate/Wagner, Angelika C. (1994): „Die Methode des Lauten Denkens". In: Huber, Günther L./Mandl, Heinz (Hg.): *Verbale Daten: Eine Einführung in die Grundlagen und Methoden der Erhebung und Auswertung.* 2. Aufl., Weinheim: Beltz, S. 81–193.

8.1.6 Fragebögen

Allgemeines

Anders als die bisher dargestellten empirischen Forschungsmethoden ist die Erhebung mittels Fragebögen, wenn diese einen standardisierten Charakter aufweisen, wie es meistens der Fall ist, nicht der qualitativen, sondern der quantitativen Richtung verpflichtet (Raithel 2008, 65 f.). Das Wort ‚quantitativ' mag Assoziationen an mathematische Formeln und statistische Ansätze wecken, mit denen man im Bereich der Islamischen Theologie wenig anfangen kann. Je nach Themenzuschnitt und Fragestellung kann ein quantitatives Forschungsdesign (z. B. ein Survey oder ein Panel; siehe Kap. 4) allerdings durchaus angebracht und förderlich sein, da es Einblicke in die Verteilung und Häufigkeit von Phänomenen ermöglicht, wie qualitative Ansätze es nicht zu liefern vermögen. Denn ein quantitativer Forschungsansatz zielt darauf ab,

> Phänomene in Form von Modellen, Zusammenhängen und insbesondere *zahlenmäßigen* Ausprägungen auf möglichst objektivierte Weise zu beschreiben, grundlegende Gesetzmäßigkeiten und Zusammenhänge zu entdecken und überprüfbar zu machen (Hug/Poscheschnik 2020, 144).

Wie sich dies in einer Fragebogenerhebung im Einzelnen ausdrücken kann, wird in den folgenden Abschnitten näher erläutert.

Charakteristika und Besonderheiten

Die Fragebogenerhebung lässt sich vielseitig einsetzen und kann unterschiedliche Formen annehmen (Pirner 2018, 96). So kann sie standardisiert sein, was heißt, dass Befragungen weitgehend gleich ablaufen und Variationen zu vermeiden sind – anders als bei den meisten qualitativen Verfahren. Bei einer standardisierten Fragebogenanalyse erfolgt die Datenerhebung auf Basis eines Fragebogens, der sowohl vorbereitete Fragen als auch mögliche Antwortoptionen umfasst und bei allen Erhebungen unverändert zum Einsatz kommt (Unser/Riegel 2022, 60). Die Fragebogenerhebung kann aber auch einen nicht-standardisierten Charakter haben, wenn der Fragebogen offene Fragen umfasst, für die keine Antwortoptionen vorgegeben werden (ebd., 60 f.). Im Folgenden wird vor allem die Arbeit mit einem standardisierten Fragebogen mit vorgegebenen Fragen und Antwortmöglichkeiten beschrieben, der jedoch mit einzelnen offenen Fragen angereichert ist.

In vielen empirischen Forschungen kommt ein Fragebogen als einzige Datenerhebungsmethode zum Einsatz, aber auch eine Anwendung in Kombination mit anderen Erhebungsmethoden ist denkbar. So ist eine Verschränkung mit qualitativen methodischen Verfahren im Rahmen einer Mixed-Methods-Studie oder auch im Rahmen eines größeren Grounded-Theory-Designs möglich (Creswell/Plano Clark 2007; Gläser-Zikuda et al. 2012; Kuckartz 2014a).

Ein Vorteil der Fragebogenerhebung ist, dass bei dieser Erhebungsform im Vergleich zu anderen Methoden größere Fallzahlen und Stichproben erreichbar sind, die dann mittels statistischer Verfahren analysiert werden können (Pirner 2018, 96). Deshalb wird ein solcher Forschungsansatz als ‚quantitativ' bezeichnet. Quantitative Forschung kann entweder durch eine Vollerhebung oder durch eine Stichprobe erfolgen (Hug/Poscheschnik 2020, 95). Den Unterschied wollen wir anhand unseres Themas ‚Religiöse Normen im Berufsleben von MuslimInnen' erläutern. Hier könnten wir uns etwa dafür entscheiden, mittels einer Fragebogenerhebung zu erforschen, wie eine spezifische Berufsgruppe, nämlich islamische ReligionslehrerInnen in Österreich, mit religiösen Normen im Berufsleben umgeht. Insgesamt sind in Österreich ca. 700 Lehrpersonen als islamische ReligionslehrerInnen im öffentlichen Schulwesen tätig. In einer Vollerhebung müsste die komplette Grundgesamtheit befragt werden, also alle 700 Lehrpersonen – ob auch alle LehrerInnen teilnehmen, steht indes auf einem anderen Blatt, da geringe Ausschöpfungsgrade und niedrige Rücklaufquoten bei Fragebogenerhebungen immer mit zu bedenken sind (Unser/Riegel 2022, 53). Wenn hingegen eine Stichprobe befragt wird, ist nur ein ausgewählter Teil der Lehrpersonen zu befragen, wobei die Stichprobe mittels eines nachvollziehbaren Verfahrens zu ziehen ist.

Meist ist es nicht möglich, Daten von allen für eine bestimmte Fragestellung relevanten Personen einer Grundgesamtheit zu erheben. Entscheidet man sich also für eine Auswahl aus dieser Gesamtheit, also für eine Stichprobe, wird ein solches Design als ‚Umfrage' oder ‚Survey' bezeichnet. Definiert wird eine Stichprobe als „Teilmenge aller Untersuchungseinheiten […], die die untersuchungsrelevanten Eigenschaften der Grundgesamtheit möglichst genau abbilden soll" (Bortz 1993, 84).

Empirische Erhebungsformen lassen sich grundsätzlich danach unterscheiden, wie viele Untersuchungseinheiten in die Analyse einbezogen werden. Die Spannweite, die auch den Übergang von qualitativen zu quantitativen Verfahren betrifft, wird in der folgenden Abbildung 8 grafisch dargestellt.

Im Fall von qualitativen empirischen Designs wird meist nur eine geringe Anzahl an Fällen untersucht, wobei Einzelfallanalysen und aggregierte Einzelfallanalysen in Frage kommen können. Bei der Analyse eines Einzelfalls – sei es eine Person, eine Gruppe oder eine Organisation – wird dieser detailliert untersucht (Malti/Schwyzer 2014), wofür eine

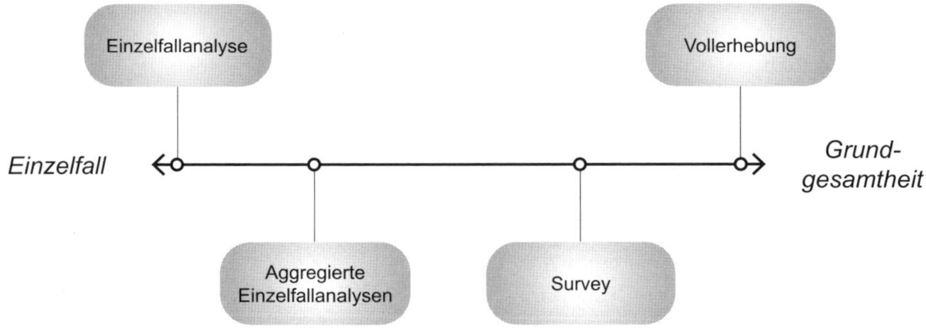

Abbildung 8: Die Spannweite empirischer Untersuchungen

Vielzahl an empirischen Erhebungsmethoden zur Auswahl steht. Unter einer aggregierten Einzelfallanalyse ist wiederum zu verstehen, dass eine gehäufte Anzahl von Einzelfällen untersucht wird. Wenn eine Vielzahl von Einzelfällen untersucht wird, kommt es zu einem schrittweisen Übergang zu einem Forschungsdesign mit quantitativem Charakter. Der Unterschied zwischen einer quantitativen und einer qualitativen Forschung liegt aber nicht nur in der Anzahl der untersuchten Fälle, sondern auch in der Art und Weise, wie die Erhebung durchgeführt wird.

Von einer quantitativen Analyse wird gesprochen, wenn erhobene Daten in Zahlenwerte übersetzt und als solche ausgewertet werden. Eine Vollerhebung und ein Survey sind Ausprägungen einer solchen Analyse (Hug/Poscheschnik 2020, 106–109). Die Frage, wie groß eine Stichprobe bei einem Survey sein muss, wird unterschiedlich beantwortet. So gibt Armin Scholl an, dass die Stichprobe einer standardisierten quantitativen Befragung von 50 bis zu 2.500 Personen reichen kann (Scholl 2018, 79). Zu beachten ist aber nicht nur die absolute Größe der Stichprobe, sondern auch, ob sie die Grundgesamtheit auf geeignete Weise abbildet.[12] In unserem Beispiel mit einer vergleichsweise kleinen Grundgesamtheit und einer niedrigen Anzahl zu untersuchender Variablen ist es ratsam, dass bei einem Survey mindestens 100 islamische ReligionslehrerInnen teilnehmen, um repräsentative Aussagen über die Grundgesamtheit treffen und Analysen vor-

12 In der Literatur finden sich Erklärungen, wie sich die Mindestgröße einer Stichprobe bestimmen lässt. Ausschlaggebend sind dafür neben der Grundgesamtheit die sogenannte Fehlermarge und das Konfidenzniveau (Unser/Riegel 2022, 52 f.) sowie die Zahl der im Fragebogen untersuchten Variablen und deren Merkmalsausprägungen (Raithel 2008, 62). Während die Fehlermarge angibt, „wie stark der gemessene Wert innerhalb der Stichprobe vom tatsächlichen Wert der Grundgesamtheit voraussichtlich abweicht" (Unser/Riegel 2022, 52), sagt das Konfidenzniveau, „mit welcher Wahrscheinlichkeit sich der gemessene Wert innerhalb der definierten Fehlermarge befindet" (ebd.). Je geringer die Fehlermarge sein soll – empfohlen wird in der Regel ein Konfidenzintervall von 95 % bis 99 % – und je mehr Variablen und Ausprägungen untersucht werden, desto größer muss die Stichprobe sein.

nehmen zu können, in denen eine Vielzahl von Variablen eine Rolle spielen. Wenn dieses Ziel nicht angestrebt wird und lediglich die Vielfalt im Umgang mit religiösen Normen dargestellt werden soll – etwa im Rahmen einer Bachelorarbeit –, kann auch eine kleinere Stichprobe ausreichen. Die Reichweite der auf diesem Wege gewonnenen Aussagen ist in diesem Fall entsprechend darzulegen.

Bei der Auswahl von Stichproben in quantitativen Erhebungen gilt es grundsätzlich zu unterscheiden zwischen einer Zufallsauswahl und einer bewussten Auswahl bzw. einer Gelegenheitsauswahl, wie es in bildungsbezogenen Studien (Aeppli et al. 2014, 145) und in der religionspädagogischen Forschung (Unser/Riegel 2022, 51) oft geschieht. Möglich ist eine Zufallsauswahl nur dann, wenn die Grundgesamtheit klar definiert ist und all ihre Elemente die gleiche Wahrscheinlichkeit haben, in die Stichprobe zu gelangen. In dem genannten Beispiel würde dies etwa bedeuten, dass wir bei einer Zufallsauswahl den Überblick über alle 700 LehrerInnen haben und durch Ziehung zur gewünschten Gruppe der 100 Untersuchten gelangen. In diesem Fall ist es so, dass alle 700 LehrerInnen die gleiche Chance haben, Teil der Stichprobe zu werden. Bei einer bewussten Auswahl werden hingegen Quoten gesetzt, damit die TeilnehmerInnen der Stichprobe in Hinblick auf Merkmale wie Geschlecht, Alter, Berufserfahrung oder Bildungsabschluss

> den Merkmalsverteilungen in der Grundgesamtheit entsprechen. Das Ziel besteht darin, auf diese Weise eine Stichprobe zu konstruieren, die ein verkleinertes Abbild der Grundgesamtheit darstellt und somit eben die Grundgesamtheit «repräsentiert». (Diekmann 2007, 391)

Im genannten Beispiel ist die Grundgesamtheit von rund 700 LehrerInnen bekannt; auch die Ziehung und Befragung einer Stichprobe von 100 Personen erscheint machbar.

Im Vergleich dazu hat es eine Studie zu unserem Musterthema über den Umgang von MuslimInnen mit religiösen Normen am Arbeitsplatz deutlich schwerer, weil sie nicht nur eine spezifische Berufsgruppe untersuchen möchte. Hier ist die Grundgesamtheit in mehrfacher Hinsicht nicht fest umrissen, und relevante Merkmale von ihr sind nicht bekannt (Aeppli et al. 2014, 143). Weder lässt sich eindeutig sagen, welcher Teil der muslimischen Bevölkerung in der untersuchten Region berufstätig ist, noch können all diese Personen kontaktiert werden. Zudem kann die Berufstätigkeit sehr unterschiedlich sein, was etwa den Berufszweig, die Ausbildung, das Arbeitsausmaß, den beruflichen Status und das Einkommen angeht. Zwangsläufig würde es dadurch dazu kommen, dass bei einer Stichprobenziehung bestimmte Berufsgruppen – wie ÄrztInnen, Selbstständige oder nicht regulär Beschäftigte – nicht ausreichend repräsentiert würden (sog. *undercoverage*). Auch ist die Frage, wer denn überhaupt islamischen Glaubens ist, nicht so einfach zu beantworten. Bei diesem Thema ist die Grundgesamtheit also nicht klar umrissen, weshalb keine Stichprobe nach dem Zufallsprinzip gezogen werden kann.

In diesem Fall ist stattdessen eine bewusste Auswahl wie etwa eine Quotenstichprobe erforderlich, um ein möglichst genaues Abbild der Grundgesamtheit zu erreichen (Diekmann 2010, 380–398). In der Regel bestehen solche Stichproben aus jenen „Elementen einer Grundgesamtheit, die zufällig greifbar bzw. ansprechbar sind" (Unser/Riegel 2022, 50). Aufgrund des hohen Umfangs der Grundgesamtheit ist eine Stichprobe von ca. 1.000 Personen angebracht. Bei unserer bewussten Auswahl wären die Quoten so festzulegen, dass wir in unserer Stichprobe die verschiedenen denkbaren Berufssparten, Anstellungsverhältnisse, Bildungsniveaus und Migrationshintergründe sowie die Altersstruktur, den Familienstand und das Geschlecht berücksichtigen, die die Diversität der Grundgesamtheit bestmöglich abbilden.

Der Ablauf einer Fragebogenerhebung umfasst grundsätzlich die gleichen Phasen wie bei qualitativen Ansätzen: Vorbereitung, Planung, Analyse und Präsentation. Unterschiedlich ist jedoch das Gewicht, das den einzelnen Phasen zukommt. Beim Einsatz eines Fragebogens kommt dessen Entwicklung (Phase 2: Planung) eine zentrale Bedeutung zu. In dieser Phase gilt es, auf Basis des bestehenden Forschungsstandes Hypothesen zu entwickeln. Darauf aufbauend ist ein Fragebogen zu formulieren, der alle relevanten Aspekte der entwickelten Hypothesen einbezieht und diese zu überprüfen vermag. Alle wichtigen Faktoren, die bei der gewählten Fragestellung eine Rolle spielen können, gilt es bei der Gestaltung des Fragebogens von Vornherein zu berücksichtigen (Raithel 2008, 27–31). Wenn eine empirische Erhebung erst einmal begonnen wurde, gibt es quasi kein Zurück mehr. Ein fertiggestellter Fragebogen, mit dem bereits Erhebungen durchgeführt wurden, lässt sich später nicht mehr nachjustieren, und Fehler lassen sich hier nicht so gut ausgleichen wie etwa in einem Interview, in dem man mit den vorformulierten Fragen relativ flexibel umgehen kann (Pirner 2018, 97).

Bei Fragebögen ist also zu beachten, dass der Freiheitsgrad begrenzt ist. Dies betrifft sowohl die fragende als auch die befragte Person. So ist bei standardisierten Fragebögen die Abfolge der Fragen vorab klar festgelegt. Aber auch die Antwortmöglichkeiten sind hier (bis auf wenige Ausnahmen) fix vorgegeben. Oftmals erfolgt dies mittels einer Likert-Skala, also einer graduellen und symmetrisch angelegten Auswahl von Antworten, mit denen die Befragten ihre Haltung zu einer bestimmten Frage angeben können (Diekmann 2010, 240–247). Damit gemeint ist, dass Antwortkategorien vorgegeben werden wie ‚trifft vollkommen zu/trifft eher zu/trifft eher nicht zu/trifft gar nicht zu' oder ‚stimme vollkommen zu/stimme eher zu/stimme eher nicht zu/stimme gar nicht zu'. Zu achten ist dabei darauf, dass die vorgegebenen Antwortkategorien erschöpfend, dass Sie also alle eventuellen Antwortarten der Befragten abdecken, und überschneidungsfrei sind (Raithel 2008, 69). Für den Fragebogen genutzt werden können entweder eigene oder bereits bestehende Items (bzw. Skalen). Unter Items sind die Grundelemente eines Fragebogens in Form von Fragen oder Aussagen zu verstehen, zu denen sich die Befragten positionieren sollen. Eng miteinander zusammenhängende Items können wiederum eine Skala bilden. Der Rückgriff auf schon bestehende Items bzw. Skalen hat den Vorteil, dass deren Validität in der Regel bereits bestätigt ist, d. h., dass sie tatsächlich das messen, was sie zu messen beanspruchen (Unser/Riegel 2022, 54).

Bei der Formulierung und Wahl der Frage- und Antwortkategorien ist zu bedenken, mit welchen Herausforderungen die Befragten bei der Bearbeitung eines Fragebogens konfrontiert sind. Fritz Strack und Leonard L. Martin haben diese Herausforderungen in ihrem ‚Model of information processing in a survey situation' dargestellt (Strack/Martin 1987, 124–142). Dem Modell zufolge hat eine Person, die Fragen in einem quantitativen Fragebogen beantworten soll, vier Aufgaben zu lösen. Sie muss

1. die gestellte Frage verstehen (*interpreting the question*),
2. relevante Informationen zu der Frage aus dem Gedächtnis abrufen und auf dieser Basis ein Urteil bilden (*generating an opinion*),
3. dieses Urteil in die durch den Fragebogen vorgegebenen Antwortkategorien einpassen (*formatting the response*) sowie
4. gegebenenfalls ihr Urteil vor Einfügung in den Fragebogen ‚editieren', um sich dem Interviewer ‚richtig' (also so, wie es sozial erwünscht ist) zu präsentieren (*editing the response*).

Um dem Modell gerecht zu werden sowie sprachliche und inhaltliche Verständnisprobleme zu vermeiden, sollte man bei der Formulierung der Fragen Sorgfalt walten lassen und sich einschlägiger Empfehlungen bedienen.[13] Eine Orientierung bieten hierfür etwa die Ratschläge von Ralf Porst, die dieser pointiert als die ‚zehn Gebote der Frageformulierung' in Fragebögen bezeichnet.

Textbox 6: Die zehn Gebote der Frageformulierung in einem standardisierten Fragebogen (nach Ralf Porst)

1. Du sollst einfache, unzweideutige Begriffe verwenden, die von allen Befragten in gleicher Weise verstanden werden!
2. Du sollst keine langen und komplexen Fragen stellen!
3. Du sollst hypothetische Fragen vermeiden!
4. Du sollst eindeutige Fragen verwenden und auf doppelte Verneinungen verzichten!
5. Du sollst keine Unterstellungen vornehmen und keine suggestiven Fragen stellen!
6. Du sollst Fragen vermeiden, die auf Informationen abzielen, über die viele Befragte mutmaßlich nicht verfügen!
7. Du sollst Fragen mit eindeutigem zeitlichen Bezug verwenden!
8. Du sollst Antwortkategorien verwenden, die erschöpfend und disjunkt (überschneidungsfrei) sind!
9. Du sollst sicherstellen, dass der Kontext einer Frage sich nicht (unkontrolliert) auf deren Beantwortung auswirkt!

13 Für weitere Hinweise darauf, was bei der Formulierung und Konstruktion von Items zu beachten ist, siehe: Raithel 2008, 67–80; Diekmann 2010, 446–483; Unser/Riegel 2022, 53–61.

> **10. Du sollst unklare Begriffe definieren!**
>
> Quelle: Porst, Ralf (2014): „Frageformulierung". In: Baur, Nina/Blasius, Jörg (Hg.): *Handbuch Methoden der empirischen Sozialforschung*. Wiesbaden: Springer VS, S. 689–699.

Durchgeführt werden kann eine standardisierte Befragung auf unterschiedliche Weise. Möglich ist dies entweder in Form einer mündlichen oder einer schriftlichen Erhebung. Bei mündlichen Befragungen füllen die InterviewerInnen den Fragebogen aus. Denkbar ist dies entweder in Form von Face-to-face-Befragungen oder von Telefon-Befragungen. Der Befragungsstil sollte dabei neutral und zurückhaltend sein. Bei einer schriftlichen Erhebung tragen die StudienteilnehmerInnen ihre Antworten selbstständig in den Fragebogen ein – egal, ob ein Online-Fragebogen (mittels vorhandener Umfrage-Tools wie LimeSurvey oder SurveyMonkey) oder ein Papierfragebogen ausgefüllt wird. Beide Erhebungsformen sind legitim und weisen jeweils Stärken und Schwächen auf – etwa in Bezug auf Zeitaufwand, Kosten, verzerrende Einflüsse und Rücklaufquote (Atteslander 2010, 143–150). Während sich bei telefonischen Befragungen erfahrungsgemäß ca. 70 % der kontaktierten Personen tatsächlich bereit erklären, an der Erhebung teilzunehmen, sind es bei schriftlichen Befragungen hingegen nur ca. 25 % (Unser/Riegel 2022, 53).

Nach der eigentlichen Erhebung folgt auch bei der Arbeit mit Fragebögen die Phase der Aufbereitung. Hierbei ist etwa die Frage zu klären, ob ausgefüllte Fragebögen, in denen nur ein sehr geringer Anteil von Fragen beantwortet wurde, in die Analyse einbezogen werden sollten oder nicht. Eine Bereinigung des Datensatzes kann in verschiedenen Fällen erforderlich sein. Darüber hinaus müssen im Fall einer schriftlichen Befragung gegebenenfalls ausgefüllte Papierfragebögen in einen Datensatz händisch eingegeben werden (ebd., 72–84). Diese Schritte sind notwendig, um im Anschluss die Phase der Auswertung mittels statistischer Analysen einleiten zu können.

Wissen sollte man, dass zwischen den VerfechterInnen qualitativer Forschungsansätze und den AnhängerInnen quantitativer Verfahren lange Zeit Grabenkämpfe ausgetragen wurden, was so weit ging, dass die eine Seite der anderen die Existenzberechtigung absprach. Mittlerweile hat sich in der empirischen Forschung jedoch die Sichtweise durchgesetzt, dass beide Ansätze nicht nur ihre Berechtigung haben, sondern auch ihre jeweiligen Stärken bei der Erklärung von Phänomenen. Entsprechend sind längst auch Kombinationen und Verbindungen zwischen quantitativen und qualitativen Ansätzen zu finden, die komplementäre und mehrperspektivische Sichtweisen auf ein Phänomen ermöglichen (Flick 2012, 39–52).

Anwendungsweisen und Potenziale für die Islamische Theologie

Standardisierte Fragebogenerhebungen zeichnen sich dadurch aus, dass sie ein Phänomen auf Basis von vergleichbaren, exakten und feinskalierten Daten analysieren. Für die Untersuchung unseres Forschungsthemas ‚Religiöse Normen im Berufsleben von MuslimInnen' kann eine solche Erhebungsform Einblicke liefern, die mittels keiner anderen empirischen Analysemethode möglich sind.

Prinzipiell liegt es nahe, den Umgang mit religiösen Normen am Arbeitsplatz mithilfe einer standardisierten Fragebogenerhebung zu untersuchen. Erkenntnisse liefern kann eine solche Erhebung unter anderem mit Blick auf die Häufigkeit der Verrichtung ritueller Gebete, die in die Arbeitszeit fallen, sowie hinsichtlich der Faktoren, die hierbei eine Rolle spielen. Verfolgt werden kann dabei zum Beispiel die folgende Fragestellung:

- *Wie häufig kommen berufstätige MuslimInnen religiösen Normen am Arbeitsplatz nach, und welche Faktoren sind dafür ausschlaggebend, wenn sie diesen Normen nicht immer gerecht werden (können)?*

In der Planungsphase gilt es hier, basierend auf dem bestehenden Forschungsstand Hypothesen zu der Fragestellung zu entwickeln. Dargestellt werden soll dies an einem fiktiven Beispiel: Bei der Literaturrecherche erkennen Sie, dass frühere Studien zu dem Ergebnis kommen, dass muslimische Berufstätige an ihrem Arbeitsplatz nur selten Räume vorfinden, in denen sie ungestört beten können. Aufbauend auf diesen Befund formulieren Sie nun die folgende Hypothese:

> *Wenn muslimische Berufstätige rituelle Pflichtgebete, die in die Arbeitszeit fallen, nicht am Arbeitsplatz verrichten, ist dies vorrangig darauf zurückzuführen, dass sie über keinen geeigneten Raum verfügen, an dem sie ungestört beten können.*

Diese Hypothese ist nun weder bestätigt noch widerlegt, sondern sie wurde aus den Befunden früherer Studien abgeleitet. Auf Basis dieser und vielleicht noch weiterer Hypothesen gilt es im nächsten Schritt, einen standardisierten Fragebogen zu entwickeln. Dieser umfasst in der Regel zu Beginn eine Instruktion, mit der über die Ziele der Untersuchung, datenschutzrechtliche Aspekte und die Art und Weise informiert wird, mit der der Fragebogen auszufüllen ist (Unser/Riegel 2022, 62). Zu integrieren sind dann soziodemografische Fragen sowie die eigentlichen Items, mit denen die entwickelte Hypothese überprüft werden soll. Im Fall der genannten Hypothese ist es notwendig, dass Sie sich dabei im Vorfeld aller möglicherweise relevanten Gründe, die noch eine Rolle dabei spielen könnten, wenn berufstätige MuslimInnen rituellen Pflichtgebeten am Arbeitsplatz nicht nachkommen, bewusst werden. Daran anschließend können Sie die Bestandteile des Fragebogens bilden, mit denen die relevanten Einflüsse auf die Praxis des Pflichtgebets erfragt werden sollen. Die Bestandteile des Fragebogens werden dabei in Form von Items formuliert.

Auf Basis dieser Grundelemente kann eine Skala gebildet werden. Hierbei handelt es sich um eine Ansammlung miteinander verbundener Items, mit der sich komplexe, vielseitige Phänomene (wie z. B. Religiosität und religiöse Normen) untersuchen lassen. Einzelne Items, die zur Testung der entwickelten Hypothese im Rahmen eines Fragebogens denkbar sind, können beispielsweise wie folgt aussehen:

Tabelle 2: Beispiel-Items in einem Fragebogen

Inwiefern trifft einer der folgenden Gründe für Sie zu, falls Sie das Pflichtgebet am Arbeitsplatz bzw. am Ausbildungsort *nicht* verrichten?	Trifft vollkommen zu	Trifft eher zu	Trifft teils teils zu	Trifft eher nicht zu	Trifft gar nicht zu
Ich verrichte das Pflichtgebet generell nicht.	☐	☐	☐	☐	☐
Ich verrichte die Pflichtgebete am Arbeitsplatz nicht, weil ich nicht auffallen will.	☐	☐	☐	☐	☐
Ich verrichte die Pflichtgebete am Arbeitsplatz nicht, weil ich über keine Erlaubnis meines Arbeitgebers dafür verfüge.	☐	☐	☐	☐	☐
Ich verrichte die Pflichtgebete am Arbeitsplatz nicht, weil ich nirgendwo ungestört beten kann.	☐	☐	☐	☐	☐
Ich verzichte auf die Verrichtung der Pflichtgebete am Arbeitsplatz und bete die versäumten Gebete nach der Arbeitszeit nach.	☐	☐	☐	☐	☐

Bei den Antwortvorgaben handelt es sich hier um eine Likert-Skala mit fünf Kategorien. Die ungerade Zahl der Antworten umfasst neben den Möglichkeiten der Zustimmung und Ablehnung auch eine mittlere Angabe (‚teils teils'), damit TeilnehmerInnen, die sich weder für eine Zustimmung noch eine Ablehnung entscheiden können, einen Mittelweg wählen können. In der Literatur wird die Frage, ob mittlere Antwortmöglichkeiten gegeben werden sollten, kontrovers diskutiert (Raithel 2008, 69).[14]

Der Fragebogen ermöglicht im vorliegenden Fall eine Analyse dessen, welche Motive und Gründe dazu führen können, dass das rituelle Pflichtgebet am Arbeitsplatz nicht verrichtet wird. Neben unserer Hypothese, dass dafür vor allem die fehlenden Räume verantwortlich sind, kann diese Praxis auch dadurch begründet sein, dass die Befragten nicht auffallen wollen, dass es ihr Arbeitgeber nicht erlaubt, dass sie versäumte Pflichtgebete nach der Arbeit nachholen oder dass sie Pflichtgebete generell nicht beten.

14 Während ungeraden Skalen vorgeworfen wird, durch die Möglichkeit einer neutralen Antwort eine Tendenz zur Mitte zu verursachen, heißt es von geraden Skalen, sie würden eine notwendige Positionierung für oder gegen die Mitte erzwingen, was beides kein realistisches Abbild ergebe (Porst 2009, 81 f.). Zusätzlich zur Mittelkategorie kann zudem eine weitere Antwortmöglichkeit (z. B. ‚weiß nicht', oder ‚keine Angabe') dafür angeboten werden, dass die TeilnehmerInnen die Frage nicht beantworten können oder wollen.

Die Aufgabe dieses standardisierten Fragebogens liegt nicht nur darin, festzustellen, ob die genannten Beweggründe für den Verzicht auf das rituelle Pflichtgebet am Arbeitsplatz eine Rolle spielen, sondern auch zu klären, in welchem Ausmaß diese Motive bestimmend sind für einen Verzicht und welche Gründe wichtiger sind als andere. Dadurch kann auch überprüft werden, ob unsere Hypothese der fehlenden Räume zutrifft oder ob vielleicht andere Erklärungen vorzuziehen sind. Erleichtert wird die Auswertung von quantitativen Fragebögen dadurch, dass die Antworten auf die gestellten Fragen von den Befragten nicht – wie im Fall qualitativer Leitfadeninterviews – in Form von verbalen Erläuterungen geliefert werden, sondern durch Ankreuzen.

Bei unserer Fragestellung sind Hypothesen zu den verschiedenen relevanten religiösen Normen auszuformulieren und passende Items für deren Überprüfung zu entwickeln. Daneben sind im Fragebogen demografische Aspekte zu erfragen, die bei der Analyse mit den Antworten der TeilnehmerInnen in Beziehung gesetzt werden können. So kann untersucht werden, inwiefern zum Beispiel Geschlecht, Alter, Staatsbürgerschaft, Bildungsabschluss, Familienstand oder Beruf – um nur einige relevante Aspekte zu nennen – eine Rolle dabei spielen, ob erwerbstätige MuslimInnen den Pflichtgebeten am Arbeitsplatz eher nachkommen oder nicht.

In islamisch-theologischer Hinsicht kann die Methode der Fragebogenerhebung Einblicke dazu liefern, wie häufig muslimische Berufstätige an ihrem Arbeitsplatz religiösen Normen nachkommen können und welche Faktoren dabei eine Rolle spielen. Angelegt ist das Erhebungsinstrument dafür, eine große Zahl von Fällen zu analysieren. Die Methode zielt darauf ab, Sachverhalte zu quantifizieren und Zusammenhänge zwischen Variablen und Sachverhalten zahlenmäßig darzustellen. Mit ihr lässt sich also erschließen, wie verbreitet ein spezifisches Phänomen ist. Derartige Aussagen sind mittels qualitativer empirischer Erhebungsformen in der Regel nicht möglich.

Weiterführende Literatur

Diekmann, Andreas (2010): *Empirische Sozialforschung: Grundlagen – Methoden – Anwendungen*. 4. Aufl., Reinbek: Rowohlt.

Hug, Theo/Poscheschnik, Gerald (2020): *Empirisch forschen: Die Planung und Umsetzung von Projekten im Studium*. 3. Aufl., München: UVK [v. a. Kap. IV, 2: Quantitative Erhebungsmethoden, S. 143–168].

Pirner, Manfred L. (2018): „Fragebogen". In: ders./Rothgangel, Martin (Hg.): *Empirisch forschen in der Religionspädagogik: Ein Studienbuch für Studierende und Lehrkräfte*. Stuttgart: Kohlhammer, S. 95–107.

Raithel, Jürgen (2008): *Quantitative Forschung: Ein Praxiskurs*. 2. Aufl., Wiesbaden: VS Verlag für Sozialwissenschaften.

Reinders, Heinz (2011): „Fragebogen". In: ders./Ditton, Hartmut/Gräsel, Cornelia/Gniewosz, Burkhard (Hg.): *Empirische Bildungsforschung: Strukturen und Methoden*. Wiesbaden: VS Verlag für Sozialwissenschaften.

Unser, Alexander/Riegel, Ulrich (2022): *Grundlagen der quantitativ-empirischen Religionspädagogik: Eine anwendungsorientierte Einführung*. Waxmann: Münster.

8.2 Auswertung

Nach der Erhebung folgt in der empirischen Forschung deren zweiter wichtiger Teil: die Auswertung der zuvor erhobenen und systematisch aufbereiteten Daten. Dafür steht eine Reihe von Verfahren zur Verfügung, die wir im Folgenden vorstellen.

In der Auswertung geht es darum, empirische Daten nach einem gezielten Verfahren zu analysieren. Dabei reicht es keineswegs aus, bei einer qualitativen Interviewstudie zum Beispiel ein direktes Zitat übergangslos an das nächste zu fügen und davon auszugehen, dass die LeserInnen selbstständig Schlussfolgerungen aus der Kombination von Zitaten ziehen. Das Ziel der Analyse ist es weniger, ein Phänomen rein deskriptiv zu schildern, sondern es sollten Regelmäßigkeiten und Muster, Ursache-Wirkungs-Zusammenhänge und Erklärungen von beobachteten Aspekten sowie Besonderheiten und Ausnahmen dargelegt und erläutert werden. Dies erfordert bei einer qualitativen Interviewstudie, dass das umfangreiche Datenmaterial in eine Form gebracht wird, die als eine Erzählung im Sinne eines Leseangebots in einer ansprechenden Form aufbereitet ist. Dabei müssen die empirischen Daten quasi ‚zum Sprechen' gebracht werden. Direkte Zitate können oder sollen darin eine Rolle spielen, jedoch müssen Zitate zunächst eingeleitet und später interpretiert sowie bei Bedarf auch mit anderen Zitaten in Verbindung gebracht werden, um die Gemeinsamkeiten und Unterschiede zwischen Aussagen zu verdeutlichen.

Von den Verfahrensweisen, die sich in der empirischen Forschung etabliert haben, sind einige für die Islamische Theologie besonders gut geeignet. Das sind die qualitative Inhaltsanalyse (8.2.1), die Grounded Theory (8.2.2), die Narrationsanalyse (8.2.3), die dokumentarische Methode (8.2.4) und die statistische Analyse (8.2.5). Diesen Methoden ist gemeinsam, dass die Interpretation und Analyse der Daten auf strukturierte Weise in mehreren Schritten erfolgt. Das Vorgehen unterscheidet sich dabei hinsichtlich des Ablaufs und in Bezug auf die zugrunde gelegten methodologischen Zugänge (Flick 2012, 473–482; Kleemann/Krähnke/Matuschek 2013, 198–206). Differenziert wird in der Regel zwischen entweder codierenden oder kategorisierenden Verfahren (z. B. in der qualitativen Inhaltsanalyse) und sequenziellen Analysen (z. B. in der Narrationsanalyse) (Lamnek/Krell 2016, 482 f.). Für die oben dargestellten empirischen Erhebungsinstrumente gibt es meist auch spezifische Auswertungsmethoden, die man in der richtigen Kombination verwenden sollte. So macht es wenig Sinn, Daten, die mittels qualitativer narrativer Interviews erhoben wurden, mit statistischen Methoden zu analysieren.

8.2.1 Qualitative Inhaltsanalyse

Die qualitative Inhaltsanalyse wurde von Philipp Mayring in den 1980er Jahren entwickelt (2015). Seither hat sich diese Methode als klassische Vorgehensweise etabliert, um Datenmaterial zu untersuchen. Es handelt sich um ein Verfahren, das bei der Analyse sowohl von empirischen Daten als auch von Texten zum Einsatz kommen kann und das sich wegen seines stark regelgeleiteten Charakters auch gut zur Analyse größerer Datenmengen eignet. Da die Methode häufig angewandt wird, beschreiben wir im Folgenden detailliert ihre analytischen Schritte.

Die Frage der Abgrenzung der qualitativen Inhaltsanalyse zu quantitativen Verfahren wird zum Teil kritisch diskutiert, weil es verschiedene Spielarten dieser Methode gibt und „sowohl mit induktiv aus dem Material gewonnenen als auch mit deduktiv an das Material herangetragenen Kategorien gearbeitet werden kann" (Weiß 2021, 1). Mayring schlägt als alternativen Namen für seine Methode deshalb auch die Bezeichnung ‚kategoriengeleitete Textanalyse' (2015, 13) vor.

Diese Bezeichnung zeigt, dass Kategorien in dem Analyseverfahren eine zentrale Rolle spielen (Kuckartz 2014b, 59). Als ‚Kategorien' sind dabei nicht zwingend einzelne Begriffe zu verstehen, sondern es gilt vielmehr, das Datenmaterial so zu analysieren, „dass durch Subsumtion Aussagen getroffen werden können, die für die Gesamtheit des erhobenen Materials zutreffen, es repräsentieren" (Weiß 2021, 4). Wie Kategorien gebildet werden, hängt von der jeweils gewählten Spielart der Methode ab.

Zu unterscheiden sind hierbei drei Varianten: die zusammenfassende, die strukturierende und die explizierende Inhaltsanalyse (Bucher 1994, 85–87). Während die zusammenfassende Analyse vor allem darauf abzielt, das gesamte Datenmaterial auf seinen Kern zu reduzieren, fokussiert die strukturierende Analyse darauf, mittels sogenannter Ankerbeispiele die Struktur der Daten herauszuarbeiten. Die explizierende Analyse räumt hingegen Kontextfaktoren bei der Auswertung und Interpretation von Textstellen einen besonderen Stellenwert ein.

Gemeinsam ist den drei Verfahren, dass sie einem strikten Ablaufmodell[15] folgen, bei dem zunächst Kategorien gebildet und diese dann schrittweise bearbeitet werden (Huber/Lehmann 2014, 257). Dieser Prozess kann unterschiedlich ablaufen. So werden bei der zusammenfassenden Analyse Kategorien induktiv aus den erhobenen Daten heraus generiert (Mayring 2015, 69–90). Hier wird das Datenmaterial also zunächst analysiert, und auf dieser Basis wird dann ein Kategorienschema gebildet. Bei der strukturierenden Analyse werden die Kategorien hingegen deduktiv gebildet. Das heißt, dass bereits vor der Durchsicht der Transkripte Kategorien entwickelt werden, die in der Folge an das Datenmaterial angelegt werden (ebd., 97–114).

15 Für eine Darstellung des allgemeinen Ablaufmodells, das für alle Varianten der Methode gilt, siehe Mayring 2015, 61–64.

Wie Udo Kuckartz betont, hängt auch von der Fragestellung und vom Vorwissen ab, für welche Form man sich entscheidet:

> Je stärker die Theorieorientierung der Arbeit, je umfangreicher das Vorwissen, je gezielter die Frage und genauer die evtl. vorhandenen Hypothesen, die man bereits formuliert hat, desto eher wird man bereits *vor* der Lektüre des erhobenen Materials Kategorien bilden können. (Kuckartz 2014b, 59 [Herv. im Orig.])

Da die strukturierende Vorgehensweise nach Mayring die zentrale Form der qualitativen Inhaltsanalyse darstellt (Mayring 2015, 97), gehen wir auf den Ablauf dieser Spielart im Folgenden ausführlich ein.

Nach der Sichtung des Materials wird die qualitative Inhaltsanalyse hier ohne theoretische Vorannahmen in verschiedenen Stufen durchgeführt (ebd., 62; Flick 2012, 409–416). Die einzelnen Schritte sind dabei klar definiert. Das Ziel besteht laut Mayring darin,

> das Material so zu reduzieren, dass die wesentlichen Inhalte erhalten bleiben, durch Abstraktion einen überschaubaren Corpus zu schaffen, der immer noch Abbild des Grundmaterials ist. (Mayring 2015, 67)

Wie die anderen Varianten zeichnet sich auch die strukturierende Inhaltsanalyse durch einen strikten Ablauf aus. Schematisch verlaufen die Arbeitsschritte hier wie folgt:

1. Bestimmung der Analyseeinheiten
2. Festlegung der Strukturierungsdimension (theoriegeleitet)
3. Bestimmung der Ausprägungen (theoriegeleitet) und Zusammenstellung des Kategoriensystems
4. Formulierung von Definitionen, Ankerbeispielen und Codierregeln zu den einzelnen Kategorien
5. Materialdurchlauf: Fundstellenbezeichnung
6. Materialdurchlauf: Bearbeitung und Extraktion der Fundstellen
7. Überarbeitung, gegebenenfalls Revision des Kategoriensystems und der Kategoriendefinitionen
8. Ergebnisaufbereitung

Wie eine strukturierende Inhaltsanalyse Schritt für Schritt durchzuführen ist, möchten wir an unserem Musterthema ‚Religiöse Normen im Berufsleben von MuslimInnen' illustrieren.[16] Dabei fokussieren wir uns auf formale Aspekte.[17] Entwickelt haben wir dafür die folgende Fragestellung, die wir bearbeiten möchten:

---

16 Dabei orientieren wir uns an der Darstellung von Thomas Weiß (2018).

17 Dadurch werden andere Formen wie die inhaltliche, die typisierende und die skalierende Strukturierung (Mayring 2015, 99–108) außer Acht gelassen.

- *Welche Argumentationen führen berufstätige MuslimInnen an, wenn sie religiösen Normen am Arbeitsplatz nicht immer nachkommen?*

Wir entscheiden uns für das problemzentrierte Leitfadeninterview als Erhebungs- und für die strukturierende qualitative Inhaltsanalyse als Analysemethode. Das Ziel unseres Forschungsvorhabens ist die Befragung von insgesamt 60 erwerbstätigen MuslimInnen. Das Sample wird so gewählt, dass wir die berufliche Diversität (in Bezug auf Aspekte wie Geschlecht, Ausbildungsniveau, Alter, Berufssparte, Tätigkeitsbereich und Beschäftigungsausmaß) ausreichend abbilden. Nach der Durchführung der Interviews haben wir diese zunächst transkribiert.

Von den geführten Interviews interessieren uns besonders jene, in denen Befragte davon berichten, dass sie am Arbeitsplatz nicht allen religiösen Normen nachkommen. Eruieren möchten wir nun, mit welchen Argumenten die betreffenden Personen ihr Handeln begründen. Um den Gebrauch von Argumentationsmustern bewerten zu können, nutzen wir eine von Manfred Kienpointner (1992, 246) entwickelte Typologie, die insgesamt 22 Formen von Argumentationen voneinander differenziert, darunter das Kausalmuster, das Vergleichsmuster, das illustrative Beispielmuster, das Analogiemuster und das Autoritätsmuster (Weiß 2016, 81–109). Ab diesem Punkt setzt der Ablauf der inhaltlich strukturierenden Analyse nach den eben genannten acht Schritten ein.

1. **Bestimmung der Analyseeinheiten:** Im ersten Schritt gilt es, die Interviewtranskripte zu lesen und besonders wichtige Textpassagen, die mit dem Praktizieren oder Nicht-Praktizieren religiöser Normen am Arbeitsplatz zu tun haben, zu markieren. Anmerkungen, Überlegungen und Besonderheiten, die bei der Lektüre auffallen, werden in Form von Memos bzw. Notizen festgehalten.
2. **Festlegung der Strukturierungsdimension:** Bei diesem Schritt kommt die Typologie von Kienpointner (1992, 246) ins Spiel, die bestehende Argumentationsmuster kategorisiert, was der Strukturierung dient. Das Ziel ist hier zu untersuchen, inwiefern die vorab bestimmten Kategorien von Argumentationen in den Interviews zur Anwendung kommen. Entsprechend ist die getroffene Vorgehensweise als deduktiv zu beschreiben, wobei eine Fokussierung auf formale Gesichtspunkte getroffen wird.
3. **Bestimmung der Ausprägungen und Zusammenstellung des Kategoriensystems:** Da wir mit der Typologie von Kienpointner auf ein bereits bestehendes Kategoriensystem zurückgreifen, geht dieser Arbeitsschritt in unserem Fall zügig vonstatten. Die Ausprägungen der Kategorien werden in diesem Schritt zudem verfeinert. Wir gehen dabei so vor, dass wir für jeden Argumentationstyp (z. B. Kausalmuster) für jede spezifische Norm (z. B. Pflichtgebet, Fastengebot, Kopftuch) eine eigene Subkategorie bilden. Bestimmt wird zudem, wann eine vollständige Verwendung eines Argumentationstyps vorliegt und wann nicht.
4. **Formulierung von Definitionen, Ankerbeispielen und Codierregeln zu den einzelnen Kategorien:** In diesem Schritt wird mittels Definitionen und anhand von Ankerbeispielen bestimmt, wann ein Argument als ein spezifischer Argumentationstyp einzustufen ist. So muss etwa bei einem Kausalmuster ein Ursache-Wirkungs-Zusammenhang mit

einer Schlussfolgerung vorliegen. Mit anderen Worten wird durch einen spezifischen Grund (Ursache) eine Folge (Wirkung) ausgelöst, die dazu führt, dass beispielsweise eine Person einer bestimmten religiösen Norm am Arbeitsplatz nicht nachkommt. Mögliche Argumentationsmuster ließen sich mit fiktiven Beispielen bezogen auf das Pflichtgebet wie folgt veranschaulichen:

- Kausalmuster: „Da ich über keinen Rückzugsraum am Arbeitsplatz verfüge, kann ich das Pflichtgebet während der Arbeitszeit prinzipiell nicht beten."
- Analogiemuster: „Ich halte es mit meinen muslimischen Arbeitskollegen, die allesamt nicht sonderlich religiös sind. Da sie am Arbeitsplatz nicht beten, mache ich das auch nicht."
- Autoritätsmuster: „Da das fünfmalige Gebet am Tag eine Pflicht darstellt, werde ich dem natürlich gerecht und bete, wie es sich gehört."

In unserem Fall fungieren die genannten Beispiele als Ankerbeispiele. Für die weiteren denkbaren Argumentationstypen ist eine ähnliche Vorarbeit zu leisten. Auf Basis der Definitionen und Ankerbeispiele wird ein Codierleitfaden für die Kategorien erstellt.

5. **Materialdurchlauf: Fundstellenbezeichnung:** In diesem Schritt wird das gesamte Material dahingehend gesichtet, inwiefern die InterviewpartnerInnen religiösen Normen am Arbeitsplatz nicht oder nicht immer nachkommen. Interviewpassagen, in denen davon die Rede ist, dass sie einer religiösen Norm im Berufsleben nicht gerecht werden, stellen sogenannte ‚Fundstellen' dar und werden codiert. Als Beispiel dient uns hier die Aussage eines muslimischen Installateurs, der zu seinem Umgang mit religiösen Normen am Arbeitsplatz befragt wurde.[18] Über das Pflichtgebet sagt er dabei Folgendes:

   > Deshalb liebe ich meinen jetzigen Beruf, dass ich keine Probleme hab. Aber früher hab ich Probleme gehabt, als Installateur bist du nicht allein, mit einem Team meistens. Du kannst nicht sagen: ‚Ich muss jetzt aufhören und ich geh jetzt beten.' Das war für mich nicht so einfach. […] So hab ich dann als Installateur nicht gebetet, leider. (IP 10, Zeile 367–373)

   Die Fundstelle ist in diesem Fall die Befragung von Interviewpartner (IP) Nummer 10, Zeile 367–373 des Transkripts.

6. **Materialdurchlauf: Bearbeitung und Extraktion der Fundstellen:** In diesem Schritt wird das Interviewmaterial analysiert und interpretiert. In der Textstelle beschreibt der Interviewpartner, dass er bei seiner früheren Tätigkeit als Installateur dem Pflichtgebet nicht so nachkommen konnte wie gewünscht. Da er in einem Team gearbeitet hat, war er in der Pauseneinteilung und damit auch im Umgang mit dem Pflichtgebet eingeschränkt, da er sich nach gegebenen Abläufen und Rou-

18 Das Zitat wurde einem Interview entnommen, das im Rahmen der Studie *Muslimische Diversität: Ein Kompass zur religiösen Alltagspraxis in Österreich* (Aslan/Kolb/Yildiz 2017, 143) geführt wurde.

tinen zu richten hatte. Das Argument zeigt ein Ursache-Wirkungs-Muster und kann insofern dem Argumentationstyp Kausalmuster zugeordnet werden. Die Pauseneinteilung war für ihn festgelegt, und er musste sich danach richten, da die Arbeit im Team erfolgte (Ursache). Die Folge daraus war, dass er Pflichtgebete, die in die Arbeitszeit fielen, nicht verrichten konnte (Wirkung). Der Interviewpartner kommt damit zu der Schlussfolgerung: „So hab ich dann als Installateur nicht gebetet, leider." Damit liegt ein vollständiges Argumentationsmuster vor, das in der Folge der Kategorie ‚Kausalmuster' und dabei der Subkategorie ‚Kausalmuster Pflichtgebet' zuzuordnen ist (siehe Tab. 3). Die Fundstellen sowie die zugehörigen Informationen werden in den Codierleitfaden übernommen, um einen besseren Überblick zu erlangen (Gläser/Laudel 2010, 212–221). Alle Interviews werden in dieser Weise analysiert.

Tabelle 3: Codierleitfaden der strukturierenden Inhaltsanalyse anhand einer Kategorie/Subkategorie

Kategorie	Subkategorie	Fundstelle	Definition	Ankerbeispiel
Kausalmuster	Kausalmuster Pflichtgebet	IP 10, Zeile 367–373	Von einem spezifischen Grund (Ursache) wird eine Folge (Wirkung) ausgelöst, die dazu führt, dass jemand einer bestimmten religiösen Norm am Arbeitsplatz nicht nachkommt.	„Da ich über keinen Rückzugsraum am Arbeitsplatz verfüge, kann ich das Pflichtgebet während der Arbeitszeit prinzipiell nicht beten."
Kausalmuster	Kausalmuster Fastengebot	...	...	...
Kausalmuster	Kausalmuster Kopftuch	...	...	...

7. **Überarbeitung, gegebenenfalls Revision des Kategoriensystems und der Kategoriendefinitionen:** Beim Materialdurchlauf kann es vorkommen, dass sich Interviewpassagen nicht einwandfrei den bestehenden Kategorien zuordnen lassen oder dass Restkategorien übrig bleiben, weshalb die vorab gebildeten Kategorien modifiziert werden sollten, um die Aussagekraft der Analyse zu erhöhen. So wäre es in unserem Fall denkbar, dass der Typ Kausalmuster dahingehend differenziert wird, ob theologische Gründe (wenn z. B. das Pflichtgebet nicht als Pflicht betrachtet wird) oder arbeitsplatzbedingte Gründe (z. B. fehlender Raum) dazu führen, dass einer Norm nicht nachgekommen wird. Für eine Revision des Kategoriensystems sind die vorangegangenen Schritte IV–VI zu wiederholen.

8. **Ergebnisaufbereitung:** Bei diesem abschließenden Schritt kann eng am Datenmaterial eine Feinstruktur aufgezeigt werden, die in den Schritten V und VI beim Materialdurchlauf vorgenommen wurde. Zudem wird hier versucht, „eine übergeordnete, allgemeine Struktur zu konstruieren" (Mayring 2015, 101). So kann das Ziel der formalen Strukturierung, nämlich „die kategoriale Präsentation eines Querschnitts durch das gesamte erhobene Material" (Weiß 2018, 143), erreicht werden.

Weiterführende Literatur

Gläser, Jochen/Laudel, Grit (2010): *Experteninterviews und qualitative Inhaltsanalyse.* 4. Aufl., Wiesbaden: VS Verlag für Sozialwissenschaften.

Kuckartz, Udo (2014b): *Qualitative Inhaltsanalyse: Methoden, Praxis, Computerunterstützung.* Weinheim/Basel: Beltz/Juventa.

Mayring, Philipp (2013): „Qualitative Inhaltsanalyse". In: Flick, Uwe/von Kardorff, Ernst/Steinke, Ines (Hg.): *Qualitative Forschung: Ein Handbuch.* 10. Aufl., Reinbek: Rowohlt, S. 468–475.

––––– (2015): *Qualitative Inhaltsanalyse: Grundlagen und Techniken.* 12. Aufl., Weinheim: Beltz.

Weiß, Thomas (2018): „Qualitative Inhaltsanalyse". In: Pirner, Manfred L./Rothgangel, Martin (Hg.): *Empirisch forschen in der Religionspädagogik: Ein Studienbuch für Studierende und Lehrkräfte.* Stuttgart: Kohlhammer, S. 127–145.

––––– (2021): „Qualitative Inhaltsanalyse". In: *WIReLex. Das Wissenschaftlich-Religionspädagogische Lexikon im Internet.* URL: https://www.bibelwissenschaft.de/wirelex/das-wissenschaftlich-religionspaedagogische-lexikon/wirelex/sachwort/anzeigen/details/qualitative-inhaltsanalyse/ch/46f3451e74601d1e0a4a0bc64187223f/; Abrufdatum: 15. 6. 2022.

8.2.2 Grounded Theory

Begründet wurde die Methode der sogenannten Grounded-Theory durch Anselm Strauss und Barney Glaser in den 1960er Jahren in Abgrenzung zu den damals vorherrschenden quantitativen Ansätzen in den Sozialwissenschaften (Glaser/Strauss 1967). Seitdem haben sich die Ansätze von Strauss und Glaser auseinanderentwickelt, wodurch es heute verschiedene Spielarten der Grounded Theory gibt. Während Glaser (1992) für ein stärker induktives Vorgehen eintritt, das sich durch offene und explorative Züge auszeichnet, ist die Variante von Strauss, die dieser in Zusammenarbeit mit Juliet Corbin (Strauss/Corbin 1990) entwickelte, pragmatistisch und am Prinzip der Abduktion orientiert und wesentlich strukturierter (Strübing 2011). Seitdem wurde die Grounded Theory in verschiedener Hinsicht weiterentwickelt (siehe u. a. die Arbeiten von Charmaz 2006, Clarke 2012 und Breuer 2010). Im Folgenden widmen wir uns besonders der Variante von Strauss und Corbin.

Die Grounded Theory ist keineswegs nur eine Auswertungsmethode, sondern stellt ein Forschungsprogramm bzw. einen methodologischen Ansatz dar, der den Prozess des Forschens umfassend reflektiert und beschreibt (Przyborski/Wohlrab-Sahr 2014, 191). Sie zielt auf eine gegenstandsbezogene Theorieentwicklung ausgehend von gesammelten Daten ab (Mädler 2007), orientiert sich in der Variante von Strauss und Corbin an einem interaktionistischen Handlungsparadigma und zeichnet sich durch eine grundsätzliche Flexibilität aus. Dies äußert sich darin, dass die Grounded Theory nicht auf bestimmte Erhebungsmethoden beschränkt, sondern für diverse Verfahren der Datengewinnung und für differierende Datengattungen (z. B. verbale Daten, Videoaufnahmen etc.) offen ist (Przyborski/Wohlrab-Sahr 2014, 195). Auch die Kombination mehrerer Erhebungsmethoden sowie die Verbindung von qualitativen und quantitativen Verfahren sind hier möglich. Wesentlich ist dabei das Prinzip der Angemessenheit und die Verwobenheit von Datenerhebung und Theorieentwicklung.

Im Rahmen der Grounded Theory wurden verschiedene Verfahren entwickelt, die in der qualitativen Forschung sehr häufig angewandt werden und den Prozess qualitativer Datenerhebung kennzeichnen (Mey/Mruck 2011, 23–34). Dazu zählen das *theoretical sampling*, das Wechselspiel zwischen Datenerhebung und -auswertung, das permanente Vergleichen, die theoretische Sensibilität und die Arbeit mit Memos. Neben diesen Konzepten wurden in der Spielart von Strauss und Corbin auch Codierprozeduren vorgeschlagen, die für die Auswertung empirischer Daten eine zentrale Rolle spielen und die daher im Folgenden vorgestellt werden sollen.

Das von Strauss und Corbin entwickelte Analyseverfahren operiert mit Codes und Kategorien. Im Gegensatz zur induktiven Variante von Glaser ist die Vorgehensweise hier als ‚abduktiv' zu charakterisieren (Strübing 2004, 46–49). Abduktion ist eine weitere Form des logischen Schließens neben den bekannteren Formen Induktion und Deduktion. Zur Anwendung kommen kann das Prinzip, wenn wir beim Forschen auf Phänomene stoßen, die wir nicht einordnen können oder die zu unseren bisherigen Kenntnissen oder zum bestehenden Forschungsstand im Widerspruch stehen. In diesem Fall sind wir gefordert, mittels abduktiver Schlüsse den Ursachen des beobachteten Phänomens auf den Grund zu gehen und eine Problemlösung für den scheinbaren Widerspruch zu entwickeln (Reichertz 2013, 280 f.; Strübing 2018, 9).

Strauss und Corbin (1990) entwickelten eine Vorgehensweise, die die Auswertung und Theorieentwicklung bereits bei den ersten gesammelten Daten beginnen lässt und drei aufeinander aufbauende und ineinandergreifende Schritte unterscheidet:

1. offenes Codieren,
2. axiales Codieren
3. und selektives Codieren.

Wie die Analyse erfolgen kann, wird in den Abbildungen 9, 10 und 11 veranschaulicht. Weil sich das Auswertungsverfahren der Grounded Theory nach Strauss und Corbin großer Beliebtheit erfreut und um einen exemplarischen Einblick zu ermöglichen, wie ein codebasiertes Auswertungsverfahren in der Praxis aussehen kann, wird es im Folgenden ausführlich dargestellt.

Für unser Beispielthema ‚Religiöse Normen im Berufsleben von MuslimInnen' wäre als Fragestellung hier beispielsweise die folgende Formulierung geeignet:

- *Welche Erfahrungen machen berufstätige MuslimInnen im öffentlichen Dienst mit religiösen Normen am Arbeitsplatz, und was löst dies bei den Betroffenen aus?*

Wir beschließen, zur Bearbeitung dieser Fragestellung 30 problemzentrierte Leitfadeninterviews durchzuführen. Das Sampling erfolgt mittels des Prinzips des *theoretical samplings* (ebd., 177–184), mit dem wir im Zuge permanenter Fallvergleiche und Kontrastierungen die Diversität beruflicher Tätigkeiten im öffentlichen Dienst abdecken.

1. Sobald ein Interview geführt wurde, transkribieren wir es und nähern uns durch **offenes Codieren** erstmals den Interviewaussagen an (ebd., 62–74). Hierbei geht es darum, die Daten ‚aufzubrechen' und ‚zum Sprechen zu bringen'. Indem W-Fragen (Wer? Wie? Was? Wann? Warum? Wo? Wozu?) an das Material gerichtet werden, können die verschiedenen Ebenen und Facetten des untersuchten Phänomens schrittweise sichtbar gemacht werden (Mey/Mruck 2011, 39).

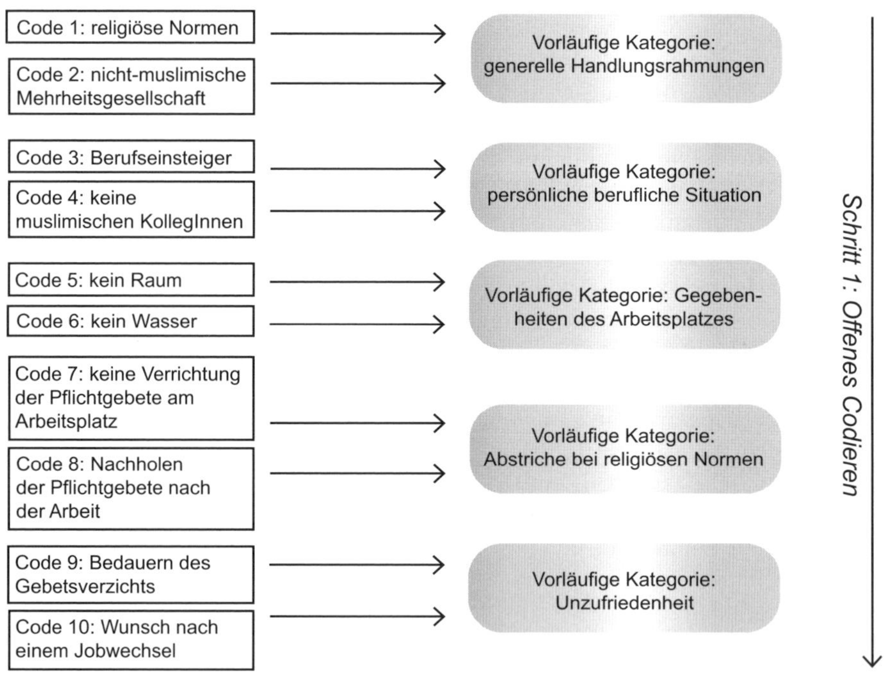

Abbildung 9: Das Analyseverfahren der Grounded Theory – Schritt 1: Offenes Codieren

Nehmen wir an, dass wir ein Interview analysieren, in dem ein junger Berufseinsteiger in einer mehrheitlich nicht vom Islam geprägten Gesellschaft angibt, aufgrund von fehlenden Räumlichkeiten, fehlendem Wasser für die Gebetswaschung und weil er der einzige Muslim unter seinen KollegInnen ist, das Pflichtgebet am Arbeitsplatz nicht zu verrichten, sondern es nach der Arbeit nachzuholen.

Die zu interpretierenden Interviewpassagen werden hier zunächst in Sinneinheiten sequenziert (siehe Abb. 9). Mittels der W-Fragen werden diese Sinneinheiten dann interpretiert, um den Gehalt hinter der Textoberfläche zu erfassen. Bei den Analyseverfahren der Grounded Theory geht es „um das Dahinterliegende, nicht um eine Wiedergabe, Zusammenfassung oder Paraphrasierung im Sinne einer einfachen (oder verdichteten) Beschreibung" (Mey/Mruck 2009, 109). Gefragt ist kein bloßes Nacherzählen von getätigten Aussagen in einer mechanischen Art und Weise, sondern die Entdeckung von Zusammenhängen. Zudem ist das offene Codieren keine starre oder fix vorgegebene Methode; es kann vielmehr mit unterschiedlich fein- oder grobteiligen Sinneinheiten gearbeitet werden.

Bei der Analyse der Passagen unseres ersten Interviews ist es denkbar, dass im Prozess des offenen Codierens die Codes ‚Berufseinsteiger', ‚kein Raum', ‚kein Wasser', ‚keine Verrichtung der Pflichtgebete am Arbeitsplatz', ‚Nachholen der Pflichtgebete nach der Arbeit' und ‚Bedauern des Gebetsverzichts' entwickelt werden. Bei der Analyse des Interviews (sowie weiterer Interviews später) ergibt sich zunächst eine unsystematische Liste an generierten Codes. Diese gilt es im Zuge der Interpretation weiterer Interviews Stück für Stück zu strukturieren und zu vorläufigen Codefamilien (Kategorien) zu ordnen. Dabei werden ständig Vergleiche zwischen den Interviews gezogen.

Dabei wäre es zum Beispiel denkbar, dass die Codes ‚kein Raum' und ‚kein Wasser' zu einer Kategorie subsumiert werden. Diese Codes, die datennah formuliert sind, ließen sich zusammenführen zu einer vorläufigen Kategorie, die man als ‚Gegebenheiten des Arbeitsplatzes' bezeichnen könnte. Daneben können noch weitere vorläufige Kategorien wie ‚genereller Handlungsrahmungen' (z. B. Code: nicht-muslimische Mehrheitsgesellschaft), ‚persönliche berufliche Situation' (z. B. Code: Berufseinsteiger), ‚Abstriche bei religiösen Normen' (z. B. Code: keine Verrichtung der Pflichtgebete am Arbeitsplatz) und ‚Unzufriedenheit' (z. B. Code: Bedauern des Gebetsverzichts) gebildet und mit Codes angereichert werden.

2. Im anschließenden **axialen Codieren** geht es darum, Muster und Regelmäßigkeiten beim untersuchten Phänomen aufzudecken. Dabei kann das von Strauss und Corbin (1990, 99) vorgeschlagene Codierparadigma zum Tragen kommen, das zwischen verschiedenen Bestandteilen bzw. Kategorien eines Phänomens (Kontext, ursächliche Bedingungen, intervenierende Bedingungen, Strategien und Konsequenzen) unterscheidet. Die Orientierung an diesem Paradigma ist im weiteren Verlauf eher als ein Verfahrensvorschlag und weniger als eine „unumstößliche Handlungsanweisung" (Mey/Mruck 2011, 40) zu verstehen. Je nach Fragestellung und Erkenntnisinteresse können in dieser Phase noch Anpassungen vorgenommen werden. Zu ver-

stehen ist das Codierparadigma als mögliche Rahmung oder Handlungsanleitung, an der sich NovizInnen bei den verschiedenen Schritten der Dateninterpretation und Theorieentwicklung orientieren können (Breuer 2010, 85 f.).

Wenn das Codierparadigma angewandt werden soll, gilt es beim axialen Codieren, die Codes und die vorläufigen Kategorien, die in der Phase des offenen Codierens generiert wurden, in das Modell einzupassen. Die vorläufige Kategorie ‚Abstriche bei religiösen Normen' (z. B. Code: keine Verrichtung der Pflichtgebete am Arbeitsplatz) wird dann etwa in die Kategorie ‚Strategien im Umgang mit dem Pflichtgebet' transformiert. Ähnlich geht es mit den weiteren vorläufigen Kategorien ‚generelle Handlungsrahmungen' (zur Kategorie ‚objektive Kontextbedingungen'), ‚persönliche berufliche Situation' (zur Kategorie ‚subjektive, intervenierende Bedingungen'), ‚Gegebenheiten des Arbeitsplatzes' (zur Kategorie ‚situative Ursachen') und ‚Unzufriedenheit' (zur Kategorie ‚Konsequenzen des Gebetsverzichts'), die in das Codierparadigma überführt werden.

Durch die Anwendung des Codierparadigmas lassen sich also Beziehungen und kausale Zusammenhänge zwischen den Codes und den Kategorien herstellen. Untersucht wird in dieser Phase, welche Bedingungen zu einem bestimmten Umgang mit religiösen Normen im Berufsleben führen, welche Strategien und Interaktionen dadurch von berufstätigen MuslimInnen ausgelöst und entwickelt werden und welche Konsequenzen das hat.

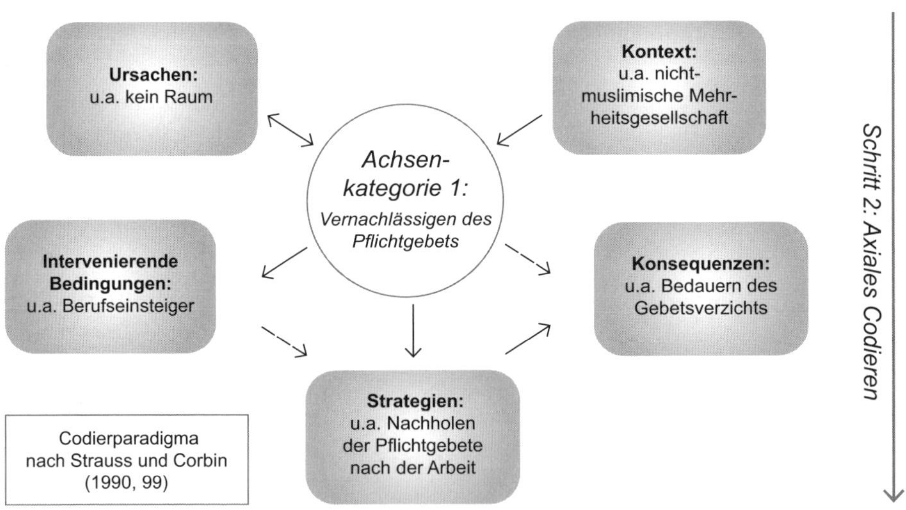

Abbildung 10: Das Analyseverfahren der Grounded Theory – Schritt 2: Axiales Codieren

Quelle: Strauss/Corbin 1990, 99.

Im Mittelpunkt des Codierparadigmas steht die sogenannte Achsenkategorie, um die sich die analysierten Facetten des Phänomens drehen. In unserem Fall können wir das Prinzip ‚Vernachlässigen des Pflichtgebets' als Achsenkategorie bestimmen. Eine umfassende Analyse der Achsenkategorie erfordert eine Entschlüsselung ihrer Kontexte, Ursachen und intervenierenden Bedingungen sowie der zu beobachtenden Strategien und Konsequenzen, die damit zusammenhängen. Auf Basis des Interviews mit unserem Berufseinsteiger (sowie der weiteren Interviews) ließen sich die Bestandteile des Codierparadigmas – wie in Abbildung 10 dargestellt – wie folgt befüllen: Der ‚Kontext' ist, dass der Interviewpartner in einer mehrheitlich nicht vom Islam geprägten Gesellschaft lebt und religiösen Normen zum Pflichtgebet nachzukommen sucht. Verursacht wird die Achsenkategorie ‚Vernachlässigen der Pflichtgebete' dadurch, dass bestimmte Gebete in die Arbeitszeit unseres Interviewpartners fallen, er aber aufgrund von fehlendem Wasser für die Gebetswaschung und fehlender räumlicher Rückzugsmöglichkeiten dieser Norm nicht nachkommen kann. Eine Rolle spielen dabei auch subjektive ‚intervenierende Bedingungen', da unser Interviewpartner keine Leitungsfunktion innehat, sondern Berufseinsteiger ist und er der einzige Muslim in seiner KollegInnenschaft ist. Deshalb entwickelt er die ‚Strategie', die Pflichtgebete am Arbeitsplatz nicht zu verrichten, sie aber nach der Arbeit nachzuholen. Die ‚Konsequenz' aus dieser Praxis ist, dass er bedauert, dem Pflichtgebet am Arbeitsplatz nicht nachkommen zu können, und er deshalb einen Jobwechsel anstrebt. Entwickelt wird in der Phase des axialen Codierens nicht nur eine einzige Achsenkategorie, sondern mehrere. Neben ‚Vernachlässigung des Pflichtgebets' wäre es in unserem Fall denkbar, dass ‚partielle Einhaltung von Halal-Normen', ‚Verzicht auf das Freitagsgebet' und ‚Abstriche beim Fastengebot' weitere Achsenkategorien darstellen.

3. Zum Schluss folgt das **selektive Codieren**, das darauf abzielt, ausgehend von den entwickelten Achsenkategorien eine Schlüsselkategorie zu identifizieren, um die sich alle generierten Kategorien und Codes gruppieren lassen (Breuer 2010, 92). In unserem Beispiel ist in dieser Phase der Frage nachzugehen, wie die verschiedenen Achsenkategorien ‚Vernachlässigung des Pflichtgebets', ‚partielle Einhaltung von Halal-Normen', ‚Verzicht auf das Freitagsgebet' und ‚Abstriche beim Fastengebot' miteinander zusammenhängen. In diesem Schritt können Differenzen zwischen den InterviewpartnerInnen, Variationen im Umgang mit verschiedenen religiösen Normen, Regelmäßigkeiten und Muster sowie Beziehungen zwischen den Achsenkategorien Stück für Stück zu einer Theorie verknüpft werden. Das selektive Codieren haben wir anhand unseres Musterbeispiels exemplarisch in Abbildung 11 veranschaulicht.

In unserem Fall ließe sich ‚Vernachlässigen religiöser Normen am Arbeitsplatz' als die Schlüsselkategorie bestimmen, um die sich alle Achsenkategorien drehen und die sich in den Achsenkategorien widerspiegelt. Auf dieser Basis kann dann entschlüsselt werden, welche Bedingungen für die jeweiligen Vorgehensweisen verantwortlich sind, wie die Vernachlässigung konkret aussieht und welche weiteren Auswirkungen dies hat. Mit der Schlüsselkategorie lässt sich ausgehend vom inter-

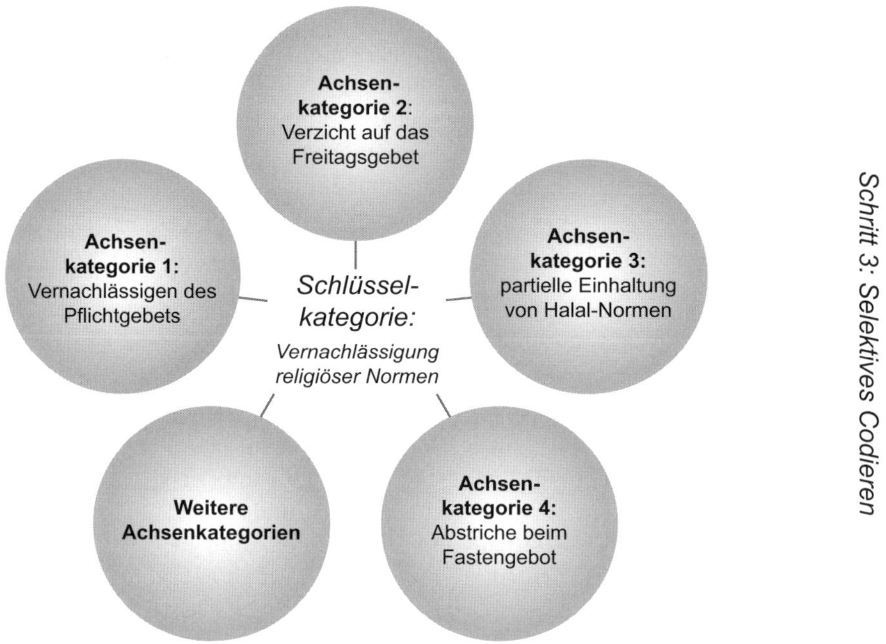

Abbildung 11: Das Analyseverfahren der Grounded Theory – Schritt 3: Selektives Codieren

pretierten Datenmaterial ein roter Faden entwickeln und eine in sich stimmige Geschichte erzählen (Mey/Mruck 2009, 134).

Im Zuge des selektiven Codierens wird schrittweise eine gegenstandsbegründete Theorie entwickelt, die für das untersuchte Phänomen gilt. Der Schlusspunkt in der Auswertung unseres Beispielthemas mittels der Verfahren der Grounded Theory besteht folglich darin, eine Theorie des Umgangs mit religiösen Normen im Berufsleben von MuslimInnen zu formulieren. Bei der Verschriftlichung kann den einzelnen Achsenkategorien ein jeweils separates Kapitel gewidmet werden. Die Analyse gipfelt am Ende dann in der Darlegung der gegenstandsbegründeten Theorie, wobei die Schlüsselkategorie in den Mittelpunkt gerückt wird.

Weiterführende Literatur

Breuer, Franz (2010): *Reflexive Grounded Theory: Eine Einführung für die Forschungspraxis*. 2. Aufl., Wiesbaden: VS Verlag für Sozialwissenschaften.

Hermisson, Sabine/Rothgangel, Martin (2018): „Grounded Theory". In: Pirner, Manfred L./Rothgangel, Martin (Hg.): *„Empirisch forschen in der Religionspädagogik: Ein Studienbuch für Studierende und Lehrkräfte*. Stuttgart: Kohlhammer, S. 111–126.

Mey, Günter/Mruck, Katja (Hg.) (2011): *Grounded Theory Reader*. 2. Aufl., Wiesbaden: VS Verlag für Sozialwissenschaften, S. 11–48.

Rothgangel, Martin/Saup, Judith (2003): „Eine Religionsunterrichts-Stunde – nach der Grounded Theory untersucht". In: Fischer, Dietlind/Elsenbast, Volker/Schöll, Albrecht (Hg.): *Religionsunterricht erforschen: Beiträge zur empirischen Erkundung von religionsunterrichtlicher Praxis*. Münster: Waxmann, S. 85–102.

Strauss, Anselm/Corbin, Juliet (1990): *Basics of Qualitative Research: Grounded Theory Procedures and Techniques*. Newbury Park, CA: Sage.

Strübing, Jörg (2004): *Grounded Theory: Zur sozialtheoretischen und epistemologischen Fundierung des Verfahrens der empirisch begründeten Theoriebildung*. Wiesbaden: VS Verlag für Sozialwissenschaften.

8.2.3 Narrationsanalyse

Die Narrationsanalyse ist ein Verfahren, das erzähltheoretisch fundiert ist und das durch die Auswertung narrativer Passagen Ereignisse oder Phänomene rekonstruieren will. Im Vergleich zu anderen Analyseverfahren wie etwa der qualitativen Inhaltsanalyse handelt es sich bei der Narrationsanalyse um keine code- oder kategorienbasierte Methode, sondern um ein sequenzielles Analyseverfahren (Lamnek/Krell 2016, 482 f.).

Die Narrationsanalyse, die ihre Wurzeln in der Biografieforschung hat, wurde durch Fritz Schütze (1983) begründet und durch verschiedene AutorInnen wie Gabriele Rosenthal (1995) weiterentwickelt. Verstanden wird das Narrative in der Regel als „eine besonders aufschlussreiche Art der subjektiven und sozialen Konstruktion von Ereignissen" (Flick 2012, 441). Narrationen werden folglich weniger als Tatsachenberichte angesehen, sondern als subjektive Konstruktionen und Deutungen, in denen Selbstbilder, Lebensläufe und biografische Erfahrungen ihren Ausdruck finden.

Besonders geeignet ist die Narrationsanalyse für empirisches Datenmaterial, das narrative Passagen aufweist. Sie bietet sich damit besonders für die Auswertung narrativer Interviews an. Im Mittelpunkt stehen dabei oftmals Fragestellungen, die sich für biografische Phänomene interessieren. Mittels der Narrationsanalyse lässt sich erfassen, wie sich die von ihnen erlebte soziale Wirklichkeit aus der Sicht von Befragten darstellt (Kleemann/Krähnke/Matuschek 2013, 64).

Wie andere Auswertungsmethoden zeichnet sich auch die Narrationsanalyse durch eine Abfolge von mehreren Schritten aus. Entwickelt wurden dabei verschiedene Verfahren (siehe u. a. Rosenthal/Fischer-Rosenthal 2013, 461; Küsters 2009, 85–87), die sich partiell voneinander abheben. Für unsere Darstellung verwenden wir die von Fritz Schütze (1983, 286–288) vorgeschlagene Vorgehensweise, die in sechs Auswertungsschritte untergliedert ist:

1. **Formale Textanalyse:** Der erste Auswertungsschritt ist die formale Gliederung der zu interpretierenden Daten, beispielsweise eines narrativen Interviews. Dabei werden jene Interviewabschnitte ausgeklammert, die nicht primär erzählenden Charakter haben

(wie z.B. Wertungen, Kommentare und Argumentationen), und die Narrationen werden in formale Sequenzen unterteilt (Przyborski/Wohlrab-Sahr 2014, 237–239).
2. **Strukturelle inhaltliche Beschreibung:** Im zweiten Schritt werden die narrativen Sequenzen inhaltlich analysiert. Das umfasst die inhaltliche Beschreibung dieser Sequenzen, ihre Verbindung zu größeren Sinneinheiten und ihre strukturierte inhaltliche Beschreibung (Kleemann/Krähnke/Matuschek 2013, 83–88).
3. **Analytische Abstraktion:** In dieser Phase stehen nicht die Details der einzelnen narrativen Segmente im Fokus, sondern die Erfassung der Verbindungen zwischen den getroffenen Strukturaussagen. Mit anderen Worten zielt dieser Schritt auf die Herausarbeitung der „biographischen Gesamtformung“ (Schütze 1983, 286) ab, worunter die Prozessstruktur des Lebenslaufs in den einzelnen Lebensabschnitten einer Person gemeint ist.
4. **Wissensanalyse:** Der vierte Schritt rückt die Deutungen, Wahrnehmungen und Wertungen der interviewten Person in den Mittelpunkt. Gemeint ist damit, dass die ‚Eigentheorie‘ dieser Person zur Prozessstruktur der eigenen Lebensgeschichte untersucht wird (ebd., 286 f.). Herangezogen werden dafür sowohl die narrativen Passagen als auch die Interviewabschnitte, die nicht primär erzählenden Charakter haben (siehe Schritt 1).
5. **Kontrastive Vergleiche unterschiedlicher Interviewtexte:** Mit diesem Schritt löst sich die Analyse vom Einzelfall, und es werden kontrastive Vergleiche der verschiedenen Interviews durchgeführt, die zuvor gemäß den beschriebenen Schritten 1–4 interpretiert wurden (Kleemann/Krähnke/Matuschek 2013, 95–101). Maßgeblich für den Vergleich der Einzelfälle ist für Fritz Schütze (1983, 287 f.) das Prinzip des permanenten Vergleichens und Kontrastierens, wie es von Glaser und Strauss im Rahmen ihrer Theorie entwickelt wurde (1967).
6. **Konstruktion eines theoretischen Modells:** Im letzten Analyseschritt geht es darum, die Wechselwirkung der analysierten biografischen Lebensabschnitte und der sozialen Prozesse zueinander sowie ihren Beitrag zum Biografiepfad in Form eines theoretischen Modells zu abstrahieren. Entwickelt werden in diesem Schritt Prozessmodelle von Lebensläufen bzw. von deren einzelnen Bausteinen, die auf spezifische Personengruppen und deren jeweilige biografischen und sozialen Bedingungen ausgerichtet sein können (Przyborski/Wohlrab-Sahr 2014, 245).

Im Folgenden wollen wir anhand unseres Beispielthemas ‚Religiöse Normen im Berufsleben von MuslimInnen‘ veranschaulichen, wie eine Narrationsanalyse in der Praxis durchgeführt werden kann. Eine mögliche Fragestellung, die sich im Zuge einer Narrationsanalyse untersuchen lässt, kann dabei wie folgt lauten:

➢ *Welche biografischen Auswirkungen hat die Frage des Umgangs mit religiösen Normen am Arbeitsplatz auf berufstätige MuslimInnen im Verlauf ihres Erwerbslebens aus der Sicht der Betroffenen?*

Gemäß dem Prinzip der Angemessenheit werden zur Bearbeitung dieser Fragestellung narrative Interviews mit verschiedenen berufstätigen MuslimInnen durchgeführt. Um im Sinne des kontrastiven Vergleichens Gemeinsamkeiten und Unterschiede zwischen den Befragten herausarbeiten zu können, empfiehlt es sich, Erwerbstätige unterschiedlichen Geschlechts sowie aus unterschiedlichen Branchen und Funktionen einzubeziehen.

Die Befragten werden in den Interviews aufgefordert, ihr Berufsleben zu schildern und zu erzählen, wie sie in ihrem beruflichen Werdegang mit dem Thema religiöse Normen am Arbeitsplatz umgegangen sind. Diese Interviews werden dann nach dem geschilderten Verfahren analysiert. Zunächst wird dabei ein konkreter Einzelfall detailliert und sorgfältig analysiert. Erst im späteren Verlauf, insbesondere beim kontrastiven Vergleich, wird der Einzelfall auf Gemeinsamkeiten und Unterschiede mit anderen Fällen hin untersucht (Kleemann/Krähnke/Matuschek 2013, 76).

1. Als Erstes wird eine **formale Textanalyse** durchgeführt. Narrative und nicht narrative Sequenzen werden in dieser Phase voneinander getrennt. Narrative Passagen umfassen Momente, in denen die interviewte Person über den von ihr praktizierten Umgang mit religiösen Normen in beruflichen Kontexten erzählt. Wertungen, Argumentationen und Kommentare, mit denen die Person diese Umgangsformen kontextualisiert, sind hingegen den nicht narrativen Sequenzen zuzuordnen. Die narrativen Passagen werden wiederum strukturiert, um die sequenzielle Abfolge der Erzählabschnitte herauszuarbeiten. Dabei können aus dem Interviewmaterial wichtige Ereignisdaten rekonstruiert werden, die für die Fragestellung von Bedeutung sind (z. B.: Welchen Familienstand hat die befragte Person? Wann und wo ist sie geboren? Wie sieht ihre berufliche Laufbahn aus? War die Person in unterschiedlichen Jobs tätig? Welche Ausbildung weist sie auf? Und welche beruflichen Positionen hat sie eingenommen?)
2. Hierauf folgt die **strukturelle und inhaltliche Beschreibung**, wobei die narrativen Passagen analysiert werden. Von Relevanz ist dabei zunächst, die beruflichen Konstellationen und Situationen zu erfassen, die die interviewte Person herausgreift und anhand derer sie ihren Umgang mit religiösen Normen im beruflichen Kontext schildert. Daran anknüpfend werden diese Einzelsequenzen zu größeren Sinneinheiten verbunden. Solche Sinneinheiten liegen vor, wenn sich in verschiedenen Sequenzen ähnliche Muster finden. Wenn die Person zum Beispiel ausschließlich Episoden erzählt, in denen sie religiösen Normen nicht nachkommen konnte, können diese Sequenzen zu einer Sinneinheit verbunden werden. Bei der Analyse dieser Sinneinheiten gilt es dann, dem inhaltlichen Geschehen in Bezug auf die Handlungsweisen der interviewten Person sowie den bestehenden Handlungsbedingungen nachzuspüren.
3. Die **analytische Abstraktion** stellt den nächsten Schritt dar. In dieser Phase widmet sich die Analyse der Herausarbeitung einer Prozessstruktur des Erwerbslebens. Hierbei wird die strukturelle Prägung des Umgangs mit religiösen Normen durch Anforderungen des Erwerbslebens sowie durch zum Beispiel familiäre und religiöse Prägungen beleuchtet: Inwiefern entspricht der Umgang mit religiösen Normen am Arbeitsplatz einer Person der typischen Verlaufskurve in einer vergleichbaren beruflichen Konstellation? Und welchen Einfluss nehmen spezifische Ereignisse (z. B.

Heirat) oder sozioökonomische Faktoren (z. B. Armut) auf den Umgang von Berufstätigen mit religiösen Normen?

4. Dem schließt sich die **Wissensanalyse** an, wobei nun Perspektiven, Deutungen und Erklärungen der interviewten Person in den Blick genommen werden. In unserem Fall interessieren wir uns für die Momente, in denen diese Person über die Bedeutung der Erfahrungen und Erlebnisse im Umgang mit religiösen Normen in beruflichen Kontexten für das eigene Erwerbsleben und für den eigenen Biografieverlauf reflektiert. Beschrieben werden kann damit, was es bei der Person ausgelöst hat, dass sie etwa in einer beruflichen Anstellung das Pflichtgebet am Arbeitsplatz nicht verrichten konnte. Gegebenenfalls können auch die längerfristigen Folgen und Auswirkungen auf das Erwerbsleben sowie etwa auf die Religiosität an sich herausgearbeitet werden.
5. Darauf folgt der **kontrastive Vergleich** unterschiedlicher Interviewtexte. Der erlebte Umgang mit religiösen Normen in beruflichen Kontexten wird hier nicht mehr als Einzelfallanalyse durchgeführt, sondern in Beziehung zu anderen Interviews gesetzt. Auf dieser Basis lassen sich Gemeinsamkeiten und Unterschiede zwischen den Befragten erfassen, was die praktizierten Umgangsformen, das Erleben der entwickelten Strategien und die empfundenen Auswirkungen auf das Erwerbsleben betrifft. Dabei kann eine Kontrastierung beispielsweise von Selbstständigen und Nicht-Selbstständigen, männlichen und weiblichen Angestellten sowie von HochschulabsolventInnen und Erwerbstätigen mit Pflichtschulabschluss erfolgen.
6. Zum Schluss werden Ergebnisse abstrahiert, wobei es zur **Konstruktion eines theoretischen Modells** kommt. In unserem Fall ließen sich abhängig von dem gewählten Sample Prozessmodelle für den Umfang mit religiösen Normen am Arbeitsplatz durch bestimmte Berufsgruppen entwickeln. Im Zuge dieser Generalisierung kann man dann auch „allgemeine Aussagen über eine bestimmte Gruppe von Menschen wagen" (Hug/Poscheschnik 2020, 204).

Weiterführende Literatur

Kleemann, Frank/Krähnke, Uwe/Matuschek, Ingo (2013): *Interpretative Sozialforschung: Eine Einführung in die Praxis des Interpretierens*. 2. Aufl., Wiesbaden: Springer VS [v. a. Kap. 3: Narrationsanalyse, S. 64–110].

Küsters, Ivonne (2009): *Narrative Interviews: Grundlagen und Anwendungen*. 2. Aufl., Wiesbaden: VS Verlag für Sozialwissenschaften [v. a. Kap. 4.4: Auswertung, S. 72–87, Kap. 4.5: Auswertung des Forschungsbeispiels, S. 87–167, und Kap. 4.6: Typologie und theoretische Ergebnisse, S. 168–176].

Lucius-Hoene, Gabriele/Deppermann, Arnulf (2004): *Rekonstruktion narrativer Identität: Ein Arbeitsbuch zur Analyse narrativer Interviews*. Wiesbaden: VS Verlag für Sozialwissenschaften.

Przyborski, Aglaja/Wohlrab-Sahr, Monika (2014): *Qualitative Sozialforschung: Ein Arbeitsbuch*. 4. Aufl., München: Oldenbourg [v. a. Kap. 5.2: Narrationsanalyse, S. 223–246].

Rosenthal, Gabriele (1995): *Erlebte und erzählte Lebensgeschichte: Gestalt und Struktur biographischer Selbstbeschreibungen*. Frankfurt a. M.: Campus.
Schütze, Fritz (1983): „Biographieforschung und narratives Interview". In: *Neue Praxis*, 13 (3), S. 283–293.

8.2.4 Dokumentarische Methode

Die dokumentarische Methode ist an der Wissenssoziologie von Karl Mannheim (1980) aus den 1920er und 1930er Jahren orientiert. Ralf Bohnsack (2008) griff dessen Ansätze auf, so etwa das Konzept des konjunktiven Erfahrungsraums (Mannheim 1980, 211–227), und entwickelte sie als qualitativ-empirische Methode der rekonstruktiven Sozialforschung maßgeblich weiter.

Die Methode zielt auf die Rekonstruktion von Alltagsdenken und -handeln, von handlungsleitendem Erfahrungswissen und von kollektiven Orientierungen ab (Kleemann/Krähnke/Matuschek 2013, 156). Dadurch eröffnet sie laut Ralf Bohnsack

> einen Zugang nicht nur zum reflexiven oder theoretischen, sondern auch zum handlungsleitenden Wissen der Akteure und somit zur Handlungspraxis. Die Rekonstruktion der Handlungspraxis zielt insbesondere auf das dieser Praxis zugrunde liegende habitualisierte und z. T. inkorporierte Orientierungswissen, welches dieses Handeln relativ unabhängig vom subjektiv gemeinten Sinn strukturiert (Bohnsack 2003, 40).

Insgesamt strebt die dokumentarische Methode also an, handlungsleitendes Erfahrungswissen von Individuen und Gruppen zu rekonstruieren, um daran das Zusammenspiel von gesellschaftlichen Strukturen und normativen Erwartungen sowie von individuellem und kollektivem Handeln zu erfassen (Bohnsack 2008, 60). Angewandt wird die Methode in verschiedenen Disziplinen und Forschungsbereichen – darunter auch in religionspädagogischen Kontexten (Ulfat 2018b; Boeck 2019).

Vorrangig eignet sich die dokumentarische Methode für die Analyse von Gruppendiskussionen, aber auch von qualitativen Leitfadeninterviews und narrativen Interviews. Bei der Analyse werden dabei die folgenden vier Schritte vollzogen:

1. **Formulierende Interpretation:** Zunächst gilt es, eine Übersicht über den Diskussionsverlauf bzw. über den zu analysierenden Text zu gewinnen, indem zusammenfassende Formulierungen vorgenommen werden. Erschlossen wird dabei der thematische Verlauf, und es werden wichtige Passagen ausgewählt, um sie dann detailliert zu interpretieren (Bohnsack 2008, 134 f.).
2. **Reflektierende Interpretation:** Hier geht es um die Rekonstruktion des Rahmens, durch den die geschilderten Erfahrungen und Orientierungsmuster strukturiert und geformt werden (ebd., 135–139; Nohl 2009, 47–54). Dieser von Bohnsack auch als ‚Habitus' bezeichnete Rahmen lässt sich erst durch den Vergleich mit anderen Fällen erfassen (Ulfat 2018b, 156).

3. **Fallbeschreibung:** Während in den beiden vorherigen Schritten die Diskussion bzw. der Text in Komponenten zergliedert wurde, werden die einzelnen Aspekte hier nun wieder zusammengesetzt und der Diskussionsverlauf wird sozusagen nacherzählt. Auch Zitate ausgewählter Passagen werden in die Beschreibung (auch ‚Diskursbeschreibung' genannt) mit einbezogen (Bohnsack 2008, 139–141; Kleemann/Krähnke/Matuschek 2013, 181–185).
4. **Typologie und Generalisierung der Analysen:** Am Ende löst man sich vom Einzelfall und unternimmt eine übergreifende Abstraktion, die alle erhobenen Fälle umfasst. Das Ziel dabei ist, mittels fallinterner Vergleiche und kontrastierender Vergleiche Unterschiede und Gemeinsamkeiten herauszuarbeiten und auf dieser Basis eine Typologie zu entwickeln (Bohnsack 2001, 2008, 141–144).

Wie die genannten Schritte in der Praxis aussehen, soll nun an unserem Beispielthema ‚Religiöse Normen im Berufsleben von MuslimInnen' aufgezeigt werden. Nehmen wir an, dass unsere Fragestellung folgendermaßen lautet:

➢ *Welche Erfahrungen teilen berufstätige MuslimInnen bei ihrem Umgang mit religiösen Normen am Arbeitsplatz?*

Um diese Fragestellung zu untersuchen, haben wir mehrere Gruppendiskussionen mit berufstätigen MuslimInnen durchgeführt, die nun mittels der dokumentarischen Methode ausgewertet werden sollen. Die Analyse kann dabei wie folgt aussehen:

1. Am Anfang steht die **formulierende Interpretation** der Transkripte der Gruppendiskussionen. Dazu zählt, dass Themen identifiziert, der Gesprächsverlauf gegliedert und Höhepunktsequenzen ausgewählt werden. Als Themen sind hier etwa ‚Strategien beim Umgang mit dem Pflichtgebet' und ‚religiös motivierte Konflikte am Arbeitsplatz' denkbar. Bei der Auswahl von Textstellen werden keine Einzelmeinungen herausgearbeitet, sondern es wird das Bedeutungssystem sichtbar gemacht, innerhalb dessen verschiedene Orientierungsrahmen miteinander konkurrieren. Durch Paraphrasierung wird das Ziel verfolgt, „die thematische Struktur, die Gliederung des Textes, die sich meist nicht unmittelbar erschließt, nachzuzeichnen" (Przyborski/Wohlrab-Sahr 2014, 293). Dadurch wird die Interpretation intersubjektiv überprüfbar gemacht.
2. In der **reflektierenden Interpretation** wird der dokumentarische Sinngehalt der ausgewählten Textstellen analysiert. In dieser Phase können handlungsleitende Orientierungen und gemeinsame Erfahrungen berufstätiger MuslimInnen, bezogen auf religiöse Normen im Berufsleben, ausgearbeitet sowie kollektive Orientierungsmuster identifiziert werden. Hierbei wird zudem die Diskussionsorganisation analysiert, also die Frage, wie Redebeiträge der Gruppendiskussionen aufeinander bezogen sind.
3. Ausgehend von den kollektiven Orientierungsmustern erfolgt eine **Fallbeschreibung**. Darin wird das, was über religiöse Normen am Arbeitsplatz gesagt wird, und wie es gesagt wird, mit den kollektiven Mustern und den gemeinsamen Erfahrungen der Beteiligten zusammengeführt. Auf diesem Weg können das handlungsleitende Wissen und die gemachten Erfahrungen im Zusammenhang mit religiösen Normen

in beruflichen Kontexten rekonstruiert werden. Kontroverse Aussagen und Auffassungen unter den DiskussionsteilnehmerInnen werden dabei berücksichtigt.

4. Abschließend geht es um die **Bildung einer Typologie** und die **Generalisierung der Analyse.** Durch fallinterne Vergleiche sowie durch eine Gegenüberstellung kontrastierender Fälle lassen sich Gemeinsamkeiten und Unterschiede identifizieren. Dabei rückt der Blick weg von den spezifischen Gruppendiskussionen hin zu einer Übersicht über abstrahierbare Befunde, die für die verschiedenen Diskussionen zutreffen. Im Zuge des Vergleichens könnten etwa verschiedene Formen des generellen Umgangs mit religiösen Normen am Arbeitsplatz oder mit spezifischen Normen wie dem Pflichtgebet herausgearbeitet werden. Denkbar ist auch, eine Typologie zu entwickeln, die „die gesamte Breite der möglichen Orientierungen, ihre vielgestaltige Verflochtenheit und mögliche Überlappungen" (Kleemann/Krähnke/Matuschek 2013, 185) erfasst. Somit ließen sich Befunde der empirischen Analyse zum Umgang mit religiösen Normen am Arbeitsplatz ein Stück weit generalisieren – soweit es die formulierte Fragestellung und das getroffene Sample an TeilnehmerInnen zulassen.

Weiterführende Literatur

Boeck, Nadja (2019): „Dokumentarische Methode". In: *WIReLex. Das Wissenschaftlich-Religionspädagogische Lexikon im Internet.* URL: https://www.bibelwissenschaft.de/wirelex/das-wissenschaftlich-religionspaedagogische-lexikon/wirelex/sachwort/anzeigen/details/dokumentarische-methode/ch/20b35c27235c3d41586bd78e492a21e3/; Abrufdatum: 12. 2. 2022.

Bohnsack, Ralf (2003): „Dokumentarische Methode". In: ders./Marotzki, Winfried/Meuser, Michael (Hg.): *Hauptbegriffe Qualitativer Sozialforschung: Ein Wörterbuch.* Opladen: Leske + Budrich, S. 40–44.

––––– (2008): *Rekonstruktive Sozialforschung: Einführung in qualitative Methoden.* 7. Aufl., Opladen: Barbara Budrich.

Bohnsack, Ralf/Nentwig-Gesemann, Iris/Nohl, Arnd-Michael (Hg.) (2001): *Die dokumentarische Methode und ihre Forschungspraxis: Grundlagen qualitativer Sozialforschung.* Opladen: Leske + Budrich.

Nohl, Arnd-Michael (2009): *Interview und dokumentarische Methode: Anleitungen für die Forschungspraxis.* 3. Aufl., Wiesbaden: VS Verlag für Sozialwissenschaften.

Przyborski, Aglaja/Wohlrab-Sahr, Monika (2014): *Qualitative Sozialforschung: Ein Arbeitsbuch.* 4. Aufl., München: Oldenbourg [v. a. Kap. 5.4: Die dokumentarische Methode, S. 277–314].

Ulfat, Fahimah (2018b): „Dokumentarische Methode". In: Pirner, Manfred L./Rothgangel, Martin (Hg.): *Empirisch forschen in der Religionspädagogik: Ein Studienbuch für Studierende und Lehrkräfte.* Stuttgart: Kohlhammer, S. 147–166.

8.2.5 Statistische Analyse

Die statistische Analyse unterscheidet sich von den vorangegangenen empirischen Auswertungsverfahren, da sie der quantitativen Forschungslogik verpflichtet ist. In Frage kommt diese Auswertungsmethode für standardisierte Fragebogenerhebungen, wie wir sie in Kapitel 8.1.6 beschrieben haben. Verfahren der statistischen Analyse werden im Folgenden erneut anhand unseres Beispielthemas ‚Religiöse Normen im Berufsleben von MuslimInnen' vorgestellt.

Eine standardisierte Fragebogenerhebung zu diesem Thema kann zum Beispiel die folgende Fragestellung verfolgen:

➢ *Wie häufig kommen berufstätige MuslimInnen religiösen Normen am Arbeitsplatz nach, und welche Faktoren sind dafür ausschlaggebend, wenn sie diesen nicht oder nicht immer nachkommen?*

Zur Bearbeitung dieser Frage wurde ein Survey mit einem standardisierten Fragebogen durchgeführt, um die Häufigkeit zu untersuchen, mit der muslimische Erwerbstätige religiösen Normen am Arbeitsplatz nachkommen und welche Faktoren dabei eine Rolle spielen. Befragt wurde eine Quotenstichprobe von 1.000 Personen.

Das empirische Datenmaterial umfasst keine offenen Antworten oder Erzählungen von InterviewpartnerInnen, sondern angekreuzte Antworten zu in der Regel geschlossenen Fragen eines Fragebogens, die in einen Datensatz mit numerischen Werten überführt wurden. Bei der Interpretation der Daten ist das oben genannte ‚Model of information processing in a survey situation' von Fritz Strack und Leonard L. Martin (1987, 124–142) zu berücksichtigen, also die Tatsache, dass TeilnehmerInnen ihre Antworten womöglich im Sinne der sozialen Erwünschtheit editieren.

Bei der Auswertung der Daten gilt es nun, Muster, Häufigkeiten und Regelmäßigkeiten von Variablen sowie Beziehungen zwischen Merkmalsausprägungen zu analysieren. Zu unterscheiden ist dabei grundsätzlich zwischen den Formen der deskriptiven und der schließenden Statisktik.

In der **deskriptiven Statistik** geht es um die zusammenfassende Darstellung aussagekräftiger Aspekte, um ein anschauliches Bild des Datensatzes zu gewinnen (Unser/Riegel 2022, 85). Hier verdichtet man quantitative Daten zu Tabellen, grafischen Darstellungen und Kennzahlen. Das Ziel ist in der Regel die Analyse von einzelnen Variablen bzw. Merkmalen (z. B. ‚Beten des Pflichtgebets am Arbeitsplatz', ‚Alter der StudienteilnehmerInnen' etc.). Die Verfahren sind somit univariate Analysen, d. h. statistische Auswertungen nur eines Merkmals, wobei Lagemaßen und Streumaßen ein besonderer Stellenwert zukommt (Roth 2018, 173–177).

Als *Lagemaße* werden Kennzahlen bezeichnet, die eine zentrale Tendenz der Daten zum Ausdruck bringen. Im einfachsten Fall geben sie an, wo sich das Zentrum der Stichprobe befindet, was häufige oder typische Ausprägungen bei einer Variablen sind oder in welchem Bereich sich ein großer Teil der Stichprobe befindet. Je nach dem Skalenniveau einer Variablen (nominal, ordinal oder metrisch) gibt es verschiedene Lagemaße wie zum Beispiel den arithmetischen Mittelwert, den Modalwert und den Median (Unser/

Riegel 2022, 85–91). Bei der Variablen ‚Beten des Pflichtgebets am Arbeitsplatz' lässt sich per Häufigkeitsauszählung beschreiben, wie oft die Befragten das Pflichtgebet am Arbeitsplatz verrichten, zu welchem Umgang mit dem Thema der Großteil von ihnen tendiert und wie sie mit anderen religiösen Normen verfahren.

Streumaße sind Kennzahlen, die die Variationen und die Streubreite von Merkmalsausprägungen beschreiben. Gängige Streuungsparameter sind etwa die Standardabweichung und die Reichweite. Die Berechnung von Streumaßen setzt die Berechnung von Lagemaßen voraus (Raithel 2008, 134–136). Bei der Variablen ‚Beten des Pflichtgebets am Arbeitsplatz' lässt sich mittels der Streumaße beschreiben, wie stark die Befragten vom typischen Verhalten bei diesem Thema in der Stichprobe abweichen. Mit Blick auf den Umgang mit anderen religiösen Normen ist ähnlich zu verfahren.

Für einige Institutionen (wie das Statistische Bundesamt in Deutschland und Statistik Austria in Österreich) ist die deskriptive Statistik die Hauptaufgabe. Dargestellt werden die Ergebnisse hier deshalb in Form von Häufigkeitstabellen und Diagrammen wie etwa Tortendiagrammen, Histogrammen und Balkendiagrammen.

Von der deskriptiven Statistik zu unterscheiden ist die **schließende Statistik**. Hier geht es darum, Zusammenhänge und Beziehungen zwischen zwei oder mehreren Variablen zu prüfen. Diese Form der statistischen Analyse beschäftigt sich vereinfacht gesagt damit, „ob wissenschaftliche Ergebnisse dem Zufall geschuldet sind oder ob ihnen eine wissenschaftliche Gesetzmäßigkeit zugrunde liegt" (Hug/Poscheschnik 2020, 222). Diese Richtung untersucht folglich, inwiefern sich Variablen gegenseitig beeinflussen und wie das geschieht. Vorgenommen werden dafür sowohl bivariate als auch multivariate Analysen. In unserer Fragestellung interessieren wir uns besonders für die Faktoren, die dafür (mit)verantwortlich sind, dass berufstätige MuslimInnen religiösen Normen am Arbeitsplatz nicht immer nachkommen können. Durch unsere Analyse wollen wir also herausfinden, welche Faktoren das sind und wie ausschlaggebend sie sind.

Analysiert werden können die Zusammenhänge zwischen Variablen auf unterschiedliche Weise wie etwa durch verschiedene Zusammenhangsmaße (z. B. Chi-Quadrat-Test, Cramer's V etc.) (Unser/Riegel 2022, 153–171). Dadurch kann eruiert werden, welche Faktoren dabei eine Rolle spielen, wenn berufstätige MuslimInnen religiösen Normen am Arbeitsplatz nachkommen oder nicht.

Ein weiterer Weg, um Zusammenhänge zwischen Variablen zu untersuchen, ist die Hypothesenprüfung. Wie das erfolgen kann, soll im Folgenden dargestellt werden.

In der Darstellung der Fragebogenerhebung haben wir exemplarisch eine Hypothese entwickelt, die wir hier aufgreifen möchten. Diese lautet wie folgt:

> *Wenn muslimische Berufstätige rituelle Pflichtgebete, die in die Arbeitszeit fallen, nicht am Arbeitsplatz verrichten, ist dies vorrangig darauf zurückzuführen, dass sie über keinen geeigneten Raum verfügen, an dem sie ungestört beten können.*

Relevant sind in dieser Hypothese vor allem zwei Variablen: ‚Beten des Pflichtgebets am Arbeitsplatz' sowie ‚Räume, die zum Beten geeignet sind'. Der Zusammenhang zwischen diesen Variablen wird so verstanden, dass das Fehlen von Räumen dazu führt, dass das Pflichtgebet am Arbeitsplatz nicht verrichtet wird. Die Hypothese besagt zudem, dass die Variable ‚geeignete Räume' auf das Auslassen von Pflichtgebeten am Arbeitsplatz einen größeren Einfluss hat als andere mögliche Faktoren.

Der Zusammenhang zwischen den beiden Variablen wurde im Vorfeld der empirischen Untersuchung angenommen und als Hypothese formuliert. Der Fragebogen wurde – wie in Kapitel 8.1.6 beschrieben – so gestaltet, dass die Fragestellung in all ihren Facetten untersucht und die Prüfung der genannten Hypothese erfolgen kann. Für den praktizierten Umgang mit anderen religiösen Normen sind entsprechende weitere Hypothesen zu formulieren.

Bei der Auswertung der Daten gilt es nun zu untersuchen, ob die in den verschiedenen Hypothesen unterstellten Korrelationen tatsächlich so zu beobachten sind oder nicht. Vorgenommen werden kann dies mithilfe verschiedener Berechnungsmethoden (z. B. Kreuztabelle, Korrelationsrechnung, Regressionsanalyse, Faktorenanalyse; dazu Raithel 2008, 139–164). Mithilfe dieser Verfahren lässt sich analysieren, ob ein Zusammenhang zwischen den Variablen ‚Beten des Pflichtgebets am Arbeitsplatz' und ‚geeignete Räume' besteht. Prüfen lässt sich auch, wie die ‚Richtung' dieses Zusammenhangs aussieht: Führt das Fehlen geeigneter Räume zum Gebetsverzicht oder ist der Gebetsverzicht der Grund für das Fehlen? Weiterhin kann man eruieren, wie stark der Zusammenhang zwischen den Variablen ist: Ist die Korrelation signifikant oder nicht? Im Anschluss gilt es, den Zusammenhang anderer möglicher Einflussfaktoren (Erlaubnis des Arbeitgebers, Gestaltung der Pausenzeiten, Alter, Familienstand etc.) auf den Gebetsverzicht zu untersuchen und die jeweiligen Zusammenhänge miteinander zu vergleichen. Wenn die Hypothesenprüfung auf Basis des erhobenen Datensatzes zu dem Ergebnis kommt, dass das Fehlen passender Räume den stärksten Einfluss darauf hat, dass berufstätige MuslimInnen dem Pflichtgebet am Arbeitsplatz nicht nachkommen, trifft die im Vorfeld formulierte Hypothese zu und wurde somit bestätigt. Im Zuge der Analyse verschiedener Hypothesen kann die Frage, wie häufig berufstätige MuslimInnen religiösen Normen am Arbeitsplatz nachkommen und welche Faktoren und Gründe dafür verantwortlich sind, wenn sie das nicht tun, beantwortet werden.

Weiterführende Literatur

Diekmann, Andreas (2010): *Empirische Sozialforschung: Grundlagen – Methoden – Anwendungen*. 4. Aufl., Reinbek: Rowohlt.

Hug, Theo / Poscheschnik, Gerald (2020): *Empirisch forschen: Die Planung und Umsetzung von Projekten im Studium*. 3. Aufl., München: UVK [v. a. Kap. V. Datenauswertung, 2: Quantitative Auswertungsmethoden, S. 207–228].

Kromrey, Helmut (2009): *Empirische Sozialforschung: Modelle und Methoden der standardisierten Datenerhebung und Datenauswertung*. 12. Aufl., Stuttgart: Lucius + Lucius.

Pickel, Gert/Sammet, Kornelia (2014): *Einführung in die Methoden der sozialwissenschaftlichen Religionsforschung*. Wiesbaden: Springer VS [v. a. Kap. 3: Quantitative Methoden der Religionsforschung, S. 111–164].

Raithel, Jürgen (2008): *Quantitative Forschung: Ein Praxisbuch*. 2. Aufl., Wiesbaden: Verlag für Sozialwissenschaften.

Roth, Andrea (2018): „Analyse quantitativer Daten". In: Pirner, Manfred L./Rothgangel, Martin (Hg.): *Empirisch forschen in der Religionspädagogik: Ein Studienbuch für Studierende und Lehrkräfte*. Stuttgart: Kohlhammer, S. 167–180.

Unser, Alexander/Riegel, Ulrich (2022): *Grundlagen der quantitativ-empirischen Religionspädagogik: Eine anwendungsorientierte Einführung*. Münster: Waxmann.

9 Unterschiede und Gemeinsamkeiten zwischen den analytischen Verfahren

Nach der Vorstellung der textanalytischen und der empirischen Forschungsmethoden sowie ihrer exemplarischen Anwendung an unserem Musterthema nehmen wir nun eine vergleichende Sichtweise ein und legen dar, welche Gemeinsamkeiten und Unterschiede zwischen den einzelnen Verfahren bestehen. Dabei geht es uns um die textanalytischen Verfahren (Kap. 7) und die empirischen Erhebungsmethoden (Kap. 8.1). Die analytischen Auswertungsstrategien für empirische Daten (Kap. 8.2) können aus Gründen der mangelnden Vergleichbarkeit indes nicht mit in die Aufstellung einbezogen werden. Die genannten Gemeinsamkeiten und Unterschiede werden anhand der folgenden Kriterien skizziert:

- **Generierung neuer Daten vs. Analyse bestehender Quellen**
  Die Forschungsmethoden lassen sich zunächst dahingehend unterscheiden, ob bei ihrer Anwendung neue Daten generiert werden oder nicht. Während sich die empirischen Erhebungsinstrumente wie ExpertInneninterviews, Beobachtungen und Fragebogenanalysen dadurch auszeichnen, dass mit ihrer Hilfe neues Datenmaterial geschaffen wird, widmen sich die textanalytischen Verfahren wie Dokumentenanalysen und Methoden der Hadithanalyse bereits bestehendem Datenmaterial und werten dieses aus.

- **Datenart und untersuchter Gegenstand**
  Weitere Kriterien, durch die sich die Forschungsmethoden unterscheiden, sind die Art der analysierten Daten und der erforschte Gegenstand. Mittels empirischer Erhebungsinstrumente werden oftmals verbale Daten untersucht. Der Fall ist das bei den diversen Interviewformen sowie bei Gruppendiskussionen. Analysiert werden können aber auch visuelle Daten, etwa bei Beobachtungen oder wenn die Methode des Lauten Denkens mithilfe von Videoaufzeichnungen eingesetzt wird. Eine dritte Datenart sind schriftliche Daten. Analysiert werden diese, wenn zum Beispiel textanalytische Verfahren wie die Dokumentenanalyse oder Methoden der Korananalyse angewandt werden oder wenn eine Fragebogenerhebung mit einer schriftlichen oder einer Online-Befragung erfolgt. Der hier jeweils analysierte Gegenstand kann danach unterschieden werden, ob sich etwas erfragen lässt (z. B. in qualitativen Leitfadeninterviews), ob etwas beobachtet werden kann (z. B. bei der Beobachtung), ob etwas ausprobiert werden kann (z. B. in der Methode des Lauten Denkens) oder ob sich etwas herauslesen lässt (z. B. bei textanalytischen Methoden). Bei den textanalytischen Verfahren ist danach zu differenzieren, ob es sich bei dem analysierten Material zum Beispiel um theologische Quellen, um Schriften von Religionsgelehrten, um sonstige Aufzeichnungen (z. B. Fatwas) oder um Unterrichtsmaterial handelt.

- **Grad der Standardisierung und Anzahl der Analysen**
  Die Forschungsmethoden können auch dahingehend unterschieden werden, wie standardisiert sie sind. Bei empirischen Verfahren ist danach zu differenzieren, ob

die Vorgehensweisen bei allen TeilnehmerInnen immer gleich angewandt werden. Standardisierte Verfahren kommen zum Einsatz, wenn große Fallzahlen oder Stichproben erhoben werden (z. B. bei Fragebogenanalysen und strukturierten Interviews). Spontane Nachfragen sind in diesen Erhebungsformen nicht vorgesehen. Textanalytische Verfahren zeichnen sich durch einen hohen Standardisierungsgrad aus, da die analysierten Textstellen stets nach denselben standardisierten Maßstäben zu untersuchen sind.

Dem stehen die offenen empirischen Verfahren gegenüber, die sich je nach den TeilnehmerInnen ändern und nicht immer gleich ablaufen. Spontane Nachfragen können bei diesen Erhebungsmethoden gestellt werden. Der Fall ist das bei den problemzentrierten Interviews, den narrativen Interviews und den Gruppendiskussionen, die abhängig von den TeilnehmerInnen stets etwas anders ablaufen können. Offene Verfahren sind dadurch gekennzeichnet, dass nur eine vergleichsweise geringe Anzahl von Erhebungen erfolgen kann. Und auch bei den textanalytischen Verfahren ist eine geringe Anzahl von Analysen denkbar.

- **Grad der Skalierung**
  Eng mit dem Thema Standardisierung verbunden ist die Frage nach dem Grad der Skalierung. Es gibt Verfahren mit feingliedrigen, detaillierten Skalierungen. Wenn zum Beispiel eine Fragebogenerhebung zu der Frage durchgeführt wird, inwiefern berufstätige MuslimInnen dem rituellen Pflichtgebet am Arbeitsplatz nachkommen, können daraus, wenn der Fragebogen entsprechend präzise gestaltet wird, sehr genaue Aussagen darüber gezogen werden, wie häufig die Betreffenden dieses Gebet verrichten, ob und welche Gebete ausgelassen werden, bei wie vielen Personen dies der Fall ist und welche Gründe das hat. Bei Verfahren mit groben Skalierungen wie etwa dem problemzentrierten Leitfadeninterview sind bei dieser Frage hingegen weniger präzise Antworten zu erwarten.

- **Subjektorientierung, induktiv vs. deduktiv, Kollektiv vs. Individuum**
  Eine weitere Unterscheidung zwischen den Forschungsmethoden betrifft die Frage, wie stark sie einzelne Subjekte und Individuen in den Mittelpunkt rücken. Hier gibt es Verfahren, die besonders auf Denkmuster, biografische Erfahrungen und individuelle Sinnkonstruktionen ausgerichtet sind, wie etwa das narrative Interview. Diese zeichnen sich in der Regel durch einen induktiven Charakter aus, also dadurch, dass Analysemaßstäbe nicht vorab, sondern erst im Zuge der Auswertung entwickelt werden. Zudem wird in diesen Fällen meist ausgehend von individuellen Formen des Umgangs mit bestimmten Themen wie etwa religiösen Normen am Arbeitsplatz auf Generelles und Allgemeingültiges geschlossen. Die induktiven Verfahren müssen jedoch nicht zwingend nur Individuen analysieren, sondern können auch Kollektive erforschen (z. B. durch Gruppendiskussionen und Beobachtung). Dem stehen Methoden gegenüber, die stärker auf Objekte bzw. auf subjektunabhängige Aspekte ausgerichtet sind (z. B. die Dokumentenanalyse, die Diskursanalyse und das ExpertInneninterview).

- **Vergangenheit vs. Gegenwart**
  Weiterhin können Forschungsmethoden danach unterschieden werden, welche zeitliche Perspektive bei ihnen im Mittelpunkt steht. Bei empirischen Methoden findet sich in der Regel ein Bezug zur Gegenwart. Bei der Generierung von neuem Datenmaterial wird der Fokus tendenziell auf Fragen gelegt, die das Hier und Jetzt oder zumindest die jüngere Vergangenheit wie etwa die Biografie einer interviewten Person betreffen.

  Bei textanalytischen Verfahren können ganz unterschiedliche Arten von Texten untersucht werden. Wenn zum Beispiel Schulbücher analysiert werden, die heute im Unterricht verwendet werden, ist der Blick auf die Gegenwart (oder auch auf die Zukunft) gerichtet. Bei einer Arbeit, die sich etwa mit religionspädagogischen Konzepten während der Blütezeit des Islams in Andalusien beschäftigt, stehen im Gegensatz dazu historische Aspekte im Fokus. Bearbeitet werden kann dieses Vorhaben mit der Methode der Dokumentenanalyse, indem etwa Schriftstücke aus jener Epoche untersucht werden. Verknüpft werden kann dies aber auch mit Fragen, die für die Gegenwart (bzw. sogar für die Zukunft) relevant sind, wenn es zum Beispiel darum geht, was wir heute von den untersuchten Konzepten aus besagter Epoche und Region lernen können.

Die Gemeinsamkeiten und Unterschiede der empirischen Erhebungsmethoden und der textanalytischen Verfahren sind in Tabelle 4 veranschaulicht. Bei den Methoden wird dort jeweils angegeben, wie sie sich tendenziell zu den beschriebenen Kriterien verhalten.

In Tabelle 5 wird zusätzlich aufgezeigt, dass ein spezifisches Thema ganz verschiedene Zugänge und Schwerpunktsetzungen zulässt und somit auch viele verschiedene Fragestellungen denkbar sind. Aufgeführt wird hier, welche Forschungsmethoden sich im Rahmen unseres Musterthemas ‚Religiöse Normen im Berufsleben von MuslimInnen' besonders zur Bearbeitung welcher Art von Fragestellung eignen. Ersichtlich wird aus der Zusammenstellung zudem, welche Verfahren für die Auswertung des Datenmaterials in Frage kommen können.

Festzuhalten ist jedoch, dass nicht alle empirischen Erhebungsmethoden und nicht alle textanalytischen Verfahren in der Lage sind, ein spezifisches Thema und eine spezifische Fragestellung zu untersuchen. Auch wenn es zum Teil anders behauptet wird: Es gibt keinen methodischen ‚Königsweg', der für jeden Fall und für jede Fragestellung geeignet ist (Flick 2012, 478). Nicht jedes Verfahren und nicht jede Methode ist für die eigene Fragestellung gleichermaßen angemessen und realisierbar. Stattdessen weisen einzelne Methoden und Verfahren jeweils besondere Potenziale auf, um bestimmte thematische Schwerpunkte zu erforschen. Im Sinne der Angemessenheit sind folglich der zu untersuchende Gegenstand und die gewählte Fragestellung ausschlaggebend für die Auswahl der Methoden und Verfahren und nicht umgekehrt (ebd., 27).

Tabelle 4: Gemeinsamkeiten und Unterschiede der empirischen Erhebungsmethoden und der textanalytischen Verfahren anhand ausgewählter Kriterien

	Textanalytische Verfahren			
Erhebungsmethode	Koranana-lyse	Hadithana-lyse	Dokumen-tenanalyse	Diskurs-analyse
Generierung neuer Daten	nein	nein	nein	nein
Untersuchte Datenart	religiöser Quellentext	religiöser Quellentext	schriftliche Dokumente	Diskurs-elemente
Grad der Standardisierung	hoch	hoch	hoch	hoch
Anzahl der möglichen Analysen	gering	gering	gering	gering
Subjektorientierung	gering	gering	gering	gering
Induktiv/deduktiv	deduktiv	deduktiv	deduktiv	deduktiv
Kollektiv oder Individuum	Kollektiv/In-dividuum	Kollektiv/In-dividuum	Kollektiv/In-dividuum	Kollektiv/In-dividuum
Skalierung	fein	fein	fein	fein
Vergangenheit vs. Gegenwart	Vergangen-heit	Vergangen-heit	Vergangen-heit	Vergangen-heit

	Empirische Verfahren							
	Gruppendiskussion	Qualitatives Leitfadeninterview			Narratives Interview	Beobachtung	Lautes Denken	Fragebögen
		Strukturiertes Interview	ExpertInneninterview	Problemzentriertes Interview				
	ja	ja	ja	ja	ja	ja	ja	ja
	verbale Daten	verbale Daten	verbale Daten	verbale Daten	verbale Daten	visuelle und verbale Daten	visuelle und verbale Daten	schriftliche oder verbale Daten
	gering	hoch	mittel	mittel	niedrig	niedrig	mittel	hoch
	gering	hoch	mittel	mittel	gering	gering	mittel	sehr hoch
	mittel	hoch	mittel	hoch	sehr hoch	hoch	sehr hoch	hoch
	induktiv	deduktiv	induktiv	induktiv	induktiv	induktiv	induktiv	deduktiv
	Kollektiv	Individuum	Individuum	Individuum	Individuum	Kollektiv	Individuum	Individuum
	grob	grob	grob	grob	grob	grob	grob	fein
	Gegenwart	Gegenwart	Gegenwart	Gegenwart	Vergangenheit	Gegenwart	Gegenwart	Gegenwart

Tabelle 5: Übersicht über die empirischen Erhebungsmethoden und die textanalytischen Verfahren mit möglichen Fragestellungen

	Textanalytische Verfahren				
Methode	Korananalyse	Hadithanalyse	Dokumentenanalyse	Diskursanalyse	
Musterthema			Religiöse Normen im Berufsleben		
Mögliche Fragestellung	Wie wird das Pflichtgebet in der Koranexegese von ExegetIn XY berücksichtigt, und inwiefern können diese Interpretationen für den Umgang mit dem Pflichtgebet in beruflichen Kontexten in der Gegenwart fruchtbar gemacht werden? Welche Anweisungen finden sich im Koran in Bezug auf das Pflichtgebet, und was lässt sich daraus für den Umgang mit diesem Gebet in heutigen beruflichen Kontexten ableiten?	Wie wird das Freitagsgebet im Hadith thematisiert, und welche Einsichten können daraus für heutige berufliche Kontexte gezogen werden?	Wie werden im Rahmen des Schulbuches ‚Islamstunde' für die 6. Klasse religiöse Normen im Erwerbsleben behandelt und didaktisch aufbereitet?	Wie werden in den Schriften ḥanafitischer Gelehrter zwischen dem 8. und 14. Jahrhundert religiöse Normen im Alltagsleben verhandelt?	
Mögliche Auswertungsmethode(n)	Koranhermeneutische Analysen	Hadithhermeneutische Analysen	Dokumentenanalyse	Diskursanalyse	

	Empirische Verfahren							
	Qualitatives Leitfadeninterview			Gruppendiskussion	Narratives Interview	Beobachtung	Lautes Denken	Fragebögen
	Strukturiertes Interview	ExpertInneninterview	Problemzentriertes Interview					
von MuslimInnen								
	Welche Strategien entwickeln MuslimInnen in Innsbruck im Umgang mit religiösen Normen am Arbeitsplatz, und wie verbreitet sind diese?	Welche Herausforderungen mit Blick auf religiöse Normen können sich bei der Integration von MuslimInnen in den Arbeitsmarkt aus Sicht von ExpertInnen stellen?	Welche Erfahrungen haben berufstätige MuslimInnen im Umgang mit religiösen Normen am Arbeitsplatz gemacht, und welche Probleme und Herausforderungen stellen sich ihnen dabei?	Welche kollektiven Erfahrungen machen berufstätige MuslimInnen beim Umgang mit religiösen Normen am Arbeitsplatz?	Wie erleben MuslimInnen den Umgang mit religiösen Normen am Arbeitsplatz im Laufe ihres Erwerbslebens?	Wie gehen MuslimInnen mit religiösen Normen in ihrem beruflichen Alltag am Arbeitsplatz praktisch um?	Welche Empfindungen lösen die bestehenden Möglichkeiten des Umgangs mit religiösen Normen am Arbeitsplatz bei berufstätigen MuslimInnen aus?	Wie häufig kommen berufstätige MuslimInnen religiösen Normen am Arbeitsplatz nach, und welche Faktoren sind dafür ausschlaggebend, wenn sie diesen Normen nicht immer gerecht werden (können)?
	Qualitative Inhaltsanalyse	Grounded Theory; Qualitative Inhaltsanalyse	Grounded Theory; Qualitative Inhaltsanalyse	Dokumentarische Methode; Grounded Theory; Qualitative Inhaltsanalyse	Narrationsanalyse; Dokumentarische Methode	Grounded Theory	Qualitative Inhaltsanalyse; Grounded Theory	Statistische Analyse

Weiterführende Literatur

Flick, Uwe (2012): *Qualitative Sozialforschung: Eine Einführung*. 5. Aufl., Reinbek: Rowohlt [v. a. Teil IV: Verbale Daten, Kap. 16: Verbale Daten – Zugänge im Überblick, S. 268–278, Teil V: Beobachtung und mediale Daten, Kap. 21: Beobachtung und mediale Daten – Zugänge im Überblick, S. 357–368, und Teil VI: Vom Text zur Theorie, Kap. 27: Textinterpretation – Methoden im Überblick, S. 473–483].

Kleemann, Frank/Krähnke, Uwe/Matuschek, Ingo (2013): *Interpretative Sozialforschung: Eine Einführung in die Praxis des Interpretierens*. 2. Aufl., Wiesbaden: Springer VS [v. a. Kap. 6: Vergleich der vier interpretativen Verfahren, S. 198–206].

Teil IV: Die Techniken des wissenschaftlichen Arbeitens

In den vorangegangenen Teilen dieses Buches haben wir uns mit dem Ablauf eines Forschungsprozesses und den Methoden des Forschens befasst. Wer wissenschaftlich arbeiten und Wissenschaft betreiben will, muss sich aber nicht nur mit diesen Dingen auskennen, sondern auch die Techniken des wissenschaftlichen Arbeitens beherrschen. Dazu zählen unter anderem: Recherchieren, Lesen, Exzerpieren, Schreiben, Formulieren und Argumentieren sowie Zitieren.

Alle genannten Techniken spielen beim Forschen eine elementare Rolle. Ohne sie ist eine Forschungsarbeit weder denkbar noch durchführbar. Diese Arbeitstechniken sind aber nicht nur für das Forschen zentral, wenn also neue Erkenntnisse oder neues Wissen generiert werden. Sie sind für das wissenschaftliche Arbeiten generell unabdingbar – also auch für Formate wie eine Seminararbeit, eine schriftliche Klausur, die Rezension einer publizierten Arbeit und ein Referat.

Der vorliegende Teil widmet sich den Techniken des wissenschaftlichen Arbeitens, wobei die Abschnitte aufeinander aufbauen und oft miteinander verschränkt sind. Neben dem Recherchieren (Kap. 10), dem Lesen (Kap. 11) und dem Schreiben (Kap. 12) werden das Argumentieren (Kap. 13) und das Zitieren (Kap. 14) ausführlich dargestellt.

10 Recherchieren

Wer wissenschaftlich arbeitet und forscht, muss über den bestehenden Wissensstand in einem Bereich, über relevante Quellen und über die aktuellen Forschungstrends in einer Disziplin gut informiert sein. Dafür ist das Recherchieren eine zwingende Voraussetzung. Erst dies ermöglicht es, zu einem Thema wissenschaftlich zu arbeiten und zu einer konkreten Frage zu forschen. In zeitlicher Hinsicht kommt dem Recherchieren daher vor allem in der Vorbereitung (Kap. 3) und Planung (Kap. 4) besondere Bedeutung zu.

Zum Thema Recherchieren werden wir uns mit den folgenden Fragen befassen:

- Weshalb ist das Recherchieren von Bedeutung? (Kap. 10.1)
- Was lässt sich recherchieren? Welche unterschiedlichen Quellen gibt es, die für wissenschaftliche Arbeiten herangezogen werden können? (Kap. 10.2)
- Wie kann eine Recherche in der Praxis vonstatten gehen? Welche Strategien können dabei verfolgt werden? (Kap. 10.3)
- Was ist beim Recherchieren arabischsprachiger oder allgemein fremdsprachlicher Literatur zu beachten? (Kap. 10.4)
- Hat die Recherche entweder im Internet oder in der Bibliothek zu erfolgen, oder eher sowohl als auch? (Kap. 10.5)

Das Recherchieren bildet die Basis dafür, dass eine wissenschaftliche Analyse oder Arbeit überhaupt durchgeführt werden kann. Warum dies so ist, sehen wir im folgenden Abschnitt.

10.1 Sinn und Zweck des Recherchierens

Wenn wir uns mit einem Thema wissenschaftlich befassen, stehen zunächst in der Regel Recherchearbeiten an. Aber warum ist dies der Fall? Lässt sich nicht auch forschen oder wissenschaftlich arbeiten, ohne dass recherchiert werden muss? Die Antwort darauf ist ein klares und eindeutiges Nein. Für das Forschen und das wissenschaftliche Arbeiten ist das Recherchieren eine unerlässliche Arbeitstechnik, mit der bereits zu Anfang zwingend und gründlich begonnen werden muss.

Ein Grund dafür ist, dass in einer wissenschaftlichen Arbeit alles begründet werden muss (Niedermair 2010, 25). So kommt es nicht nur darauf an, dass Sie kreativ sind oder eigenständig Argumentationen entwickeln, sondern Sie benötigen auch Kenntnisse über und Zugang zu wissenschaftlichen oder auch nicht-wissenschaftlichen Quellen (siehe auch Tab. 6), mit denen Sie Ihre Methoden, Vorgehensweisen, Befunde und Aussagen belegen und begründen können.

Quellen können zum einen *veröffentlichte Werke* sein, mit denen Sie zum Beispiel den bestehenden Forschungsstand begründet darlegen. Bezogen auf unser Musterthema ist es angebracht, dass wir recherchieren, was unter einer ‚religiösen Norm‘ verstanden wird, wie diese hergeleitet wird, für wen sie gültig ist, wie mit religiösen Normen umzugehen ist sowie wo und wann sie zur Anwendung kommen. Je nach konkreter Fragestellung ist der Schwerpunkt der Recherche unterschiedlich zu setzen. Die Quellen, auf die wir uns hier stützen und die uns Belege und Begründungen liefern, müssen dabei kenntlich gemacht werden, damit sie intersubjektiv überprüfbar sind.

Neben veröffentlichten Werken, die für die Darlegung des Forschungsstandes, den Methodenteil, historische Arbeiten oder hermeneutische Analysen von zentraler Bedeutung sein können, können Quellen zum anderen auch *unveröffentlichte Daten* sein. Von Bedeutung sind diese insbesondere bei empirischen Forschungsarbeiten. Im Zuge der Auswertung des empirischen Materials recherchiert man nach Aussagen, Begründungen, Schlussfolgerungen und Antworten bezogen auf die Forschungsfrage.

Unabhängig davon, um welche Art von Quellen es sich handelt, bleibt der Sinn und Zweck des Recherchierens stets gleich: Es geht darum, alle Werke, die bei der Bearbeitung des Forschungsthemas und der Fragestellung von Relevanz sein können, ausfindig zu machen und sich Zugang zu diesen zu verschaffen (Rost 2010, 172–174). Ab wann bei der Recherche eine Sättigung erreicht wird, also ab wann genügend relevante Quellen ausfindig gemacht wurden, hängt von der Art der Arbeit ab. Bei Dissertationen und umfangreichen Forschungsprojekten endet der Rechercheprozess quasi nie; bei Bachelorarbeiten und Seminararbeiten sind die Recherchen in einem überschaubaren Rahmen zu halten. Wichtige Studien, die das Verständnis eines Themas maßgeblich geprägt haben, gilt es aber bei allen Rechercheprozessen aufzuspüren.

10.2 Arten von Quellen

Wissenschaftliche bzw. nicht-wissenschaftliche Quellen können sehr vielfältig sein (Samac/Prenner/Schwetz 2014, 35). Für wissenschaftliche Forschungsarbeiten ist deren Überprüfbarkeit und Zuverlässigkeit unumgänglich. Überprüfbarkeit bedeutet, dass die Quellen nicht nur für die forschende Person zugänglich, sondern auch für andere recherchierbar und nachvollziehbar sind. Erforderlich ist hierfür die Angabe von bestimmten Merkmalen (Titel, Verlag, Jahr, Seite, URL etc.).

Mit Zuverlässigkeit ist das genaue Arbeiten gemeint. Wenn etwa in einem Aufsatz aus einer anderen Publikation zitiert wird, kann es mitunter ratsam sein, vor dem Gebrauch des Aufsatzes zu überprüfen, ob die Zitate auch wirklich richtig wiedergegeben wurden. Dafür ist es nötig, jene andere Publikation ausfindig zu machen und zu kontrollieren. Bei nicht-wissenschaftlichen Quellen, wie bei Beiträgen in der Wikipedia, ist hierbei prinzipiell Vorsicht geboten (Niedermair 2010, 45). Die Überprüfung der Zuverlässigkeit kann recht mühsam sein und viel Arbeit bedeuten. Geboten ist sie aber nicht nur bei Zeitungsartikeln oder Texten, die Sie im Internet finden, sondern auch bei veröffentlichten Büchern und publizierten Aufsätzen. Denn auch bei Büchern kann nicht immer davon ausgegangen werden, dass verlässlich und fehlerfrei gearbeitet wurde. Schenken Sie daher nicht allem Glauben, was Sie lesen Dies gilt besonders in Zeiten von ‚Fake Science', Chatbots und ChatGPT. Eignen Sie sich einen kritischen Habitus an, Quellen und deren inhaltlichen Gehalt stets systematisch und gründlich zu überprüfen (Kornmeier 2013, 75–95).

In Tabelle 6 sind veröffentlichte (wissenschaftliche und nicht-wissenschaftliche) sowie unveröffentlichte Quellen aufgelistet, die im Rahmen wissenschaftlicher Arbeiten herangezogen werden können (Samac/Prenner/Schwetz 2014, 35).

Tabelle 6: Die Arten von Quellen in wissenschaftlichen Arbeiten

<table>
<tr><th colspan="2">Veröffentlichte Quellen</th><th rowspan="2">Unveröffentlichte Quellen</th></tr>
<tr><th>Wissenschaftliche Quellen</th><th>Nicht-wissenschaftliche Quellen</th></tr>
<tr><td>Monografien (u. a. Schriften von islamischen Gelehrten und empirische Studien)</td><td rowspan="2">Broschüren, Informationsmaterialien</td><td rowspan="2">Transkriptionen verbaler Daten</td></tr>
<tr><td>Sammelbände</td></tr>
<tr><td>Aufsätze in Zeitschriften und Journals</td><td rowspan="2">Artikel in Tages- und Wochenzeitungen</td><td rowspan="2">Transkriptionen von Videoaufnahmen</td></tr>
<tr><td>Beiträge in wissenschaftlichen Datenbanken</td></tr>
<tr><td>Vorträge und Präsentationen</td><td rowspan="2">Schriftliche Beiträge in Online-Foren, Blogs, Kollektivprojekten, Postings in sozialen Medien, Videoportalen oder Instant-Messaging-Diensten</td><td rowspan="2">Beobachtungsprotokolle</td></tr>
<tr><td>Lexika</td></tr>
<tr><td>Theologische Schriften</td><td rowspan="2">Internetseiten</td><td rowspan="2">Alltagsbeobachtungen, Fotos</td></tr>
<tr><td>Bachelorarbeiten, Masterarbeiten, Dissertationen</td></tr>
<tr><td>Lehrpläne, Curricula, Unterrichtsmaterialien</td><td rowspan="2">Beiträge in Fernsehen und Radio sowie in sozialen Medien wie YouTube, Vlogs etc.</td><td rowspan="2">Selbst erhobenes statistisches Datenmaterial</td></tr>
<tr><td>Veröffentlichte Statistiken und statistisches Datenmaterial</td></tr>
</table>

Grundsätzlich zu unterscheiden sind veröffentlichte und unveröffentlichte Quellen. Mit Veröffentlichung ist gemeint, dass die Quellen in irgendeiner Form publik gemacht wurden und damit zumindest in einem gewissen Ausmaß öffentlich zugänglich sind – sei es als Buch in einem Verlag, als Artikel in einer Zeitung, als eingereichte Masterarbeit an einer Universität oder als Posting in einem Online-Forum. Unveröffentlichte Quellen sind zum Beispiel empirische Daten – wie Interviewtranskripte oder Videoaufnahmen – die nicht veröffentlicht und damit nicht ohne Weiteres für andere zugänglich sind.

Wissenschaftliche Quellen sind veröffentlichte Quellen, die wissenschaftlichen Standards unterliegen. Es ist davon auszugehen, dass bei diesen die nötigen Gütekriterien meist berücksichtigt wurden. Nicht-wissenschaftliche veröffentlichte Quellen unterliegen einer anderen Logik und müssen sich nicht an diesen Richtlinien orientieren. Dennoch können sie im Rahmen einer Forschungsarbeit zitiert werden.

Eine weit verbreitete Form veröffentlichter wissenschaftlicher Quellen stellen *Monografien* dar. Verfasst werden können diese von einer Person oder von mehreren AutorInnen – auch wenn die wörtliche Bedeutung des Ausdrucks (aus griech. *mono*: ‚einzel, einzig, allein' und *graphía:* ‚Schrift') auf etwas anderes hinzudeuten scheint. Kennzeichnend für eine Monografie ist, dass es sich um eine Abhandlung über einen einzelnen Gegenstand oder eine spezifische Fragestellung handelt. Von wie vielen AutorInnen das Buch verfasst wurde, ist nicht von Bedeutung. Empirische Studien, die sich um eine konkrete Fragestellung drehen, aber auch zum Beispiel theologische Schriften von islamischen Gelehrten stellen Beispiele von Monografien dar.

Zu differenzieren ist in diesem Zusammenhang auch zwischen Primär, Sekundär- und Tertiärliteratur sowie zwischen Originalquellen und Übersetzungen. Unter Primärliteratur sind im Falle von islamischen Gelehrten all jene Werke zu verstehen, die von diesen selbst verfasst wurden; dazu zählen auch Editionen und Neuauflagen. Darunter fallen auch Übersetzungen, während das Originalwerk zum Beispiel in arabischer Sprache verfasst ist. Es ist nichts dagegen einzuwenden, wenn publizierte Übersetzungen verwendet werden, die wissenschaftlichen Maßstäben entsprechen. Die verwendete Übersetzung ist dabei jedoch jeweils anzugeben.

Sekundärliteratur sind all jene Bücher, Beiträge oder Aufsätze, die von anderen über eine spezifische Primärliteratur oder über eine Person verfasst wurden. Als Tertiärliteratur werden hingegen jene Werke verstanden, die in Form einer Zusammenfassung über die Primär- und die Sekundärliteratur informieren, wie es etwa bei Bibliografien und Nachschlagewerken der Fall ist. Ein wichtiges Beispiel für die Islamische Theologie ist hier der *Index Islamicus*, in dem die Angaben zu Veröffentlichungen zu allen Aspekten des Islams in verschiedenen europäischen Sprachen gesammelt sind.

Ein Kennzeichen von Monografien ist meist auch, dass die Werke bei einem konkreten Verlag veröffentlicht wurden. In westlichen Ländern ist dies schon lange der Fall und bei der Literaturrecherche meist problemlos identifizierbar. Bei arabischen Originalquellen, die in Manuskriptform vorliegen, stellt sich diese Frage nicht; da geht es vor allem darum, unter welcher Nummer sie in welcher Bibliothek aufzufinden sind. Bei vielen arabischen Werken, darunter besonders auch Editionen und Wiederveröffentlichungen (Reprints) – beispielsweise von Hadithsammlungen – ist die Identifikation eines Verlags nicht immer möglich, da hier die entsprechenden Angaben häufig fehlen und auch Raubdrucke keine Seltenheit sind.

Eine weitere Form der wissenschaftlichen Quelle ist der *Sammelband*. Er beinhaltet in der Regel Beiträge verschiedener AutorInnen, die gemeinsam in einer Publikation gesammelt und herausgegeben wurden. Die einzelnen Beiträge drehen sich oft um ein gemeinsames Thema; dies muss aber nicht zwingend der Fall sein. Ebenso wie auch alle anderen wissenschaftlichen Quellen müssen Sammelbände nicht als gedruckte Printversionen vorliegen, sondern können auch ausschließlich in digitaler Version als PDF, ePUB oder in Form eines anderen Dateiformats publiziert worden sein.

Eine weitere Form sind *Aufsätze in Fachzeitschriften oder Journals*. Diese zeichnen sich dadurch aus, dass aktuelle Forschungsergebnisse in einer meist präzisen Form und mit einem überschaubaren Umfang veröffentlicht werden. Die Zeit zwischen dem Verfassen und der Publikation von Aufsätzen in Journals und Fachzeitschriften kann nur wenige Wochen betragen, sich aber auch bis zu ein oder zwei Jahren hinziehen. Meist ist die Produktion und die Veröffentlichung eines Aufsatzes aber auf jeden Fall schneller als das Verfassen und die Publikation einer Monografie. Daher liefert diese Quellenform meist Einblicke in aktuelle Forschungen. Um einen Überblick über aktuelle Trends, Ergebnisse und Entwicklungen zu erhalten, ist eine Auseinandersetzung mit relevanten Beiträgen in Fachzeitschriften daher unumgänglich.

Beiträge in wissenschaftlichen Datenbanken stellen ebenfalls eine Form der veröffentlichten wissenschaftlichen Quellen dar. In den vergangenen Jahren haben sich eine Reihe solcher Datenbanken – wie das Social Science Open Access Repository (SSOAR), Academia.edu, ResearchGate.net, Datenbanken von Verlagen sowie diverse Repositorien von Universitäten – entwickelt und etabliert, die per Open Access meist frei zugänglich sind. Ein Repositorium ist ein Online-Archiv, in dem Publikationen unter einer dauerhaften Adresse (z. B. Digital Object Identifier [DOI]) verfügbar sind. Die Datenbanken umfassen oftmals Aufsätze in Fachzeitschriften, Beiträge in Sammelbänden und ganze Monografien, aber auch einige ansonsten unveröffentlichte Beiträge.

Vorträge und Präsentationen, die etwa auf Tagungen, Konferenzen, Kongressen, Fortbildungen oder Informationsveranstaltungen gehalten werden, können ebenfalls als Quelle für die wissenschaftliche Forschung fungieren. Die Inhalte von solchen Vorträgen und Präsentationen sind für andere AutorInnen dann überprüfbar, wenn sie in Form von Tagungsberichten oder Proceedings – also Bänden, die verschiedene Konferenzbeiträge umfassen – verschriftlicht wurden.

Lexika sind Quellen, in denen in Form von Überblicksartikeln ein grober Einblick in bestimmte Themengebiete oder zu bestimmten Begriffen gegeben wird. Im *Kleinen Islam Lexikon* (Elger/Stolleis 2018) finden sich etwa kurze Beiträge im Umfang von ein bis zwei Seiten, die sich um konkrete Begriffe wie ‚Apostasie' (Conermann 2018) und ‚Ankaraner Schule' (Eith 2018) drehen. Eines der wichtigsten und anerkanntesten Nachschlagewerke im Bereich der Islamforschung ist die *Encyclopaedia of Islam*, die in der dritten Auflage inzwischen online erscheint (Fleet et al. 2007), wobei aber auch die beiden vorherigen, in mehreren Bänden vorliegenden Editionen für die Erfassung der Forschungsgeschichte von großem Wert sind. Verwendet werden Lexika in der Regel, um einen Einstieg in ein bestimmtes Themengebiet zu finden oder um gängige Definitionen zu bestimmten Begriffen zu finden.

Eine Form der wissenschaftlichen Quellen, die für die Islamische Theologie besondere Bedeutung haben, sind *theologische Schriften*. Darunter zu verstehen sind Schriften von Gelehrten, die sich beispielsweise mit religiösen Primärquellen befassen, also mit dem Koran oder der Sunna des Propheten. Die religiösen Primärquellen selbst stellen nach den heutigen Standards hingegen keine wissenschaftliche Quelle dar.

Bachelorarbeiten, Masterarbeiten und Dissertationen sind Qualifikationsarbeiten zur Erlangung eines akademischen Titels, die sich in unterschiedlichem Ausmaß mit wissenschaftlichen Fragestellungen befassen. Masterarbeiten und Dissertationen sind über Universitätsbibliotheken und oftmals auch über Repositorien zugänglich. Das Lesen solcher Arbeiten kann dazu dienen, ein Gespür dafür zu erlangen, wie solche Arbeiten durchgeführt, gegliedert und gestaltet werden; sie können je nach Relevanz aber auch einen Bestandteil des Forschungsstandes darstellen, der bei der Literaturrecherche zu berücksichtigen ist.

Lehrpläne, Curricula und Unterrichtsmaterialien sind Quellen, die vor allem für die Islamische Religionspädagogik und -didaktik von Bedeutung sind. Lehrpläne von Schulen, Curricula von universitären Studiengängen sowie Lehrbücher aus dem Religionsunterricht sind in der Regel öffentlich zugänglich. Im Rahmen von Forschungsarbeiten können diese Quellen eine Rolle spielen, wenn zum Beispiel eine Schulbuchanalyse oder ein Vergleich von Lehrplänen durchgeführt wird.

Veröffentlichte Statistiken und statistisches Datenmaterial sind besonders für empirische Forschungen relevant. Derartige Quellen können durch statistische Bundesämter (wie das Statistische Bundesamt und Statistik Austria), durch Forschungsinstitutionen oder auch zum Beispiel direkt von Glaubensgemeinschaften selbst bereitgestellt werden. Statistisches Datenmaterial kann in manchen Fällen durch Online-Recherchen ermittelt werden; es kann aber auch die Kontaktaufnahme mit den verantwortlichen Stellen nötig sein, wenn die Daten nicht öffentlich verfügbar sind.

Neben den veröffentlichten Quellen, die wissenschaftlichen Charakter besitzen, existieren verschiedene Formen publizierter, nicht-wissenschaftlicher Quellen. Dazu zählen unter anderem *Broschüren und Informationsmaterialien*. Gemeint sind damit zum Beispiel Broschüren von Organisationen oder Informationsmaterial zu islamisch-theologischen oder islamisch-religionspädagogischen Studiengängen. Diese Quellen können etwa bei der Analyse von Bildungsangeboten für ReligionspädagogInnen Verwendung finden.

Artikel in Tages- und Wochenzeitungen sind ebenfalls nicht-wissenschaftliche Quellen, die in der Regel aktuelle Geschehnisse, Vorgänge, Debatten oder Ereignisse zum Inhalt haben oder kurz und knapp über Ergebnisse von Studien berichten. Auch solche Artikel können in Forschungsarbeiten herangezogen und verwendet werden, beispielsweise als Aufhänger in der Einleitung oder für die Begründung der Relevanz eines Themas. Bei Medien- und Diskursanalysen kann diese Quellenart aber auch den Großteil des auszuwertenden Materials ausmachen.

Online-Texte, wie sie sich in den vergangenen Jahrzehnten massiv vervielfacht haben, können ebenfalls eine Quelle darstellen. Von Relevanz sind hier zum einen *schriftliche Beiträge in Online-Foren, Blogs, Kollektivprojekten* (wie Wikipedia), *Postings in sozialen Medien* (Twitter, Facebook etc.), *Videoportalen* (YouTube, TikTok etc.) *oder Instant-Messaging-Diensten* (WhatsApp, Signal, Telegram etc.). Auch solche Beiträge können in Forschungsarbeiten Eingang finden. Dabei zu berücksichtigen sind forschungsethische Grundsätze wie der, dass Beteiligte nicht geschädigt werden dürfen. Schwierig kann die

Überprüfbarkeit der Beiträge durch andere ForscherInnen werden. Chats können etwa gelöscht worden oder nicht für alle NutzerInnen der App einsehbar sein. Oft ist eine Mitgliedschaft in einer Community oder Gruppe vonnöten, die nicht immer einfach so zu erlangen ist. Gelöst werden kann dieses Problem, indem zum Beispiel Chatprotokolle oder Screenshots angefertigt und Beiträge so dokumentiert werden. Die Ansichten dazu, ob derartiges Datenmaterial einer wissenschaftlichen Arbeit zwingend beizufügen ist (z. B. im Anhang), variieren. Für die Analyse sowie als Nachweis bei eventuellen Nachfragen vonseiten des Fachpublikums ist die Archivierung des Materials jedenfalls unbedingt erforderlich. Verwendung finden kann diese Quellenart, wenn es darum geht, etwa die Aktualität einer Forschungsfrage herauszuheben, oder auch als Kernbestandteil des zu analysierenden Materials – beispielsweise, wenn sich eine Arbeit mit Debatten über das Pflichtgebet im Berufsleben befasst und hierfür Chatverläufe und Postings analysiert.

Auch *Internetseiten* haben sich inzwischen als nicht-wissenschaftliche Quellen etabliert (Dinter 2007). Der Internetauftritt bzw. die Homepage von Privatpersonen, Organisationen und Institutionen kann je nach Fragestellung für wissenschaftliche Arbeiten eine zentrale Rolle spielen. So ist bei einer Recherche zu Angeboten islamischer Bildungseinrichtungen in Österreich eine Analyse der textlichen und visuellen Gestaltung der Webpräsenz der Islamischen Glaubensgemeinschaft in Österreich (IGGÖ), konfessioneller Schulen und weiterer islamischer Bildungsträger dienlich.

Beiträge in Fernsehen und Radio sowie in sozialen Medien (wie YouTube, Twitter, Instagram etc.) stellen weitere potenzielle Quellen für wissenschaftliche Arbeiten dar. Eine Herausforderung ist hier ebenfalls die Archivierung und Transkription. Im Fall von Fernsehen und Radio existieren – abgesehen von den Mediatheken – bei den jeweiligen Rundfunkanstalten eventuell Transkripte der Beiträge, die auf Anfrage gegebenenfalls übermittelt werden. Bei Beiträgen in sozialen Medien, wie Videos in einem YouTube-Kanal oder Vlogs, gilt es zunächst, die entsprechende Videodatei zu archivieren und im Anschluss zu transkribieren, um die Überprüfbarkeit der Quelle zu einem späteren Zeitpunkt zu gewährleisten.

Neben den veröffentlichten Quellen können zudem unveröffentlichte Quellen eine Rolle spielen. Ein Beispiel für nicht publizierte Quellen sind empirische Daten, wenn diese durch die forschenden Personen erst generiert wurden und nicht durch andere ForscherInnen ohne Weiteres überprüfbar sind. Solche Quellen können zu Beginn einer Forschung einbezogen werden, wenn es darum geht, sich in einem Themenfeld zu orientieren und sich für eine konkrete Fragestellung zu entscheiden. Sie können aber auch in empirischen Studien das zentrale Datenmaterial darstellen, das es zu analysieren gilt.

Eine Form empirischer Quellen sind *Transkriptionen verbaler Daten*. Wenn geführte Interviews oder Gruppendiskussionen in wissenschaftliche Arbeiten eingebunden werden sollen, sind die ursprünglich verbalen Daten zunächst zu verschriftlichen. Zugänglich sind die Daten zu diesem Zeitpunkt nur für die forschende Person selbst. Ähnlich verhält es sich, wenn Gruppendiskussionen oder Beobachtungssituationen aufgezeichnet wurden, zum Beispiel mit einer Kamera. Um das Material systematisch in der Analyse verwenden zu können, ist zunächst eine *Transkription der Videoaufnahmen* vorzunehmen.

Eine weitere empirische Quelle sind *Beobachtungsprotokolle*. Darunter zu verstehen sind systematische Aufzeichnungen und Notizen, die im Zuge der Erhebungsmethode der Beobachtung erstellt wurden und mit denen Abläufe und Geschehnisse oder die Kommunikation in einer beobachteten Situation dokumentiert wurden. Eingebunden werden können daneben auch *Alltagsbeobachtungen und Fotos*. Falls bei einem empirischen Forschungsvorhaben eine standardisierte Fragebogenerhebung erfolgte, kann das *selbst erhobene statistische Datenmaterial* einbezogen werden.

10.3 Recherchestrategien

Bevor Sie mit der Recherche beginnen, ist es wichtig, dass Sie Ihr Thema klar definieren und Ihr Forschungsvorhaben eingrenzen. Tun Sie dies nicht, besteht die Gefahr, dass Sie unsystematische Quellenrecherche betreiben, vorliegende Studien eher willkürlich durchpflügen und mit einer Flut von Informationen konfrontiert sind, die Sie überfordert. Wenn Sie sich noch unsicher sind, was Sie in einem Bereich genau untersuchen möchten, kann eine offene Strategie aber auch hilfreich sein, um sich zunächst einen Überblick zu verschaffen. Eine solche Strategie ist aber recht zeitintensiv, nicht zielgerichtet und daher nicht zu jedem Zeitpunkt zu empfehlen. Wer zu früh mit einer intensiven Suche beginnt, kann den Rechercheprozess nicht ausreichend steuern (Franck 2017, 130).

Einen fokussierteren Ansatz können Sie verfolgen, indem Sie sich frühzeitig festlegen, was Sie exakt untersuchen möchten, und sich Ziele setzen, zu welchen Themenbereichen Sie genau recherchieren möchten. Hierfür ist es hilfreich, zunächst einführende Texte und Überblicksdarstellungen zu lesen. Darin lassen sich meist Inspirationen und Hinweise finden, welche Bereiche eines Themas Sie interessieren oder in welche Richtung Ihre Fragestellung gehen kann.

So ist es bei unserem Musterthema ‚Religiöse Normen im Berufsleben von MuslimInnen' ratsam, zunächst einführende Texte zu recherchieren, die sich generell mit diesem Thema befassen. Wenn Sie Überblicksdarstellungen dazu ausfindig machen können, gilt es beim Lesen dieser Quellen zu eruieren, welche konkreten religiösen Normen Sie besonders interessieren und ob Sie sich mit diesen spezifischen Normen theoretisch, historisch, gegenwartsbezogen oder empirisch befassen möchten. Welchen Zugang Sie wählen, hängt sowohl vom Ausmaß und von der Qualität der bestehenden Literatur als auch von Ihren persönlichen Präferenzen ab. Wurde in theoretischer Hinsicht zum Pflichtgebet zum Beispiel bereits alles gesagt oder wäre es vielleicht interessanter, den Umgang mit dem Pflichtgebet durch MuslimInnen in der Gegenwart empirisch zu untersuchen? Liegt Ihnen eine Literaturarbeit oder eine hermeneutische Analyse mehr oder doch eher die Arbeit mit empirischem Datenmaterial? Nachdem Sie sich mithilfe von Einführungstexten mit diesen Fragen auseinandergesetzt und eine Fragestellung formuliert haben, lassen sich in der Folge konkretere Ziele setzen, die Sie mit einer systematischen, planvollen und profunden Quellenrecherche zu erreichen suchen.

Recherchestrategien können unterschiedlich umfangreich sein und verschiedene Arten von Quellen adressieren (Samac/Prenner/Schwetz 2014, 33–35). Denkbare Strategien sind in Abbildung 12 zusammengestellt.

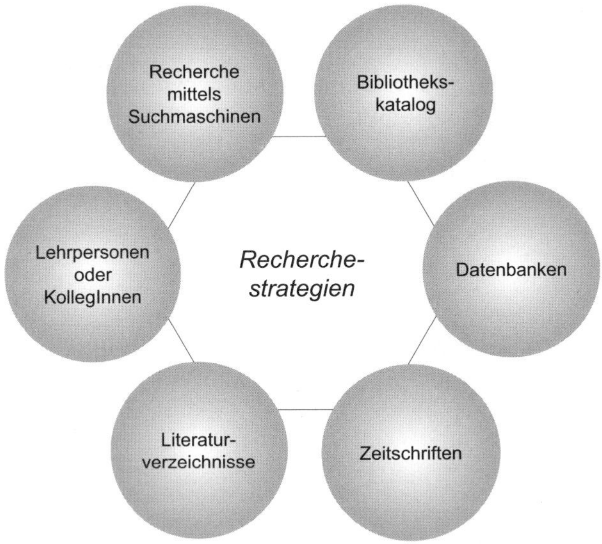

Abbildung 12: Strategien der Recherche nach wissenschaftlichen Quellen

Veranschaulichen wollen wir die Recherchestrategien erneut anhand unseres bekannten Musterthemas ‚Religiöse Normen im Berufsleben von MuslimInnen', wobei wir die folgende Fragestellung verfolgen:

➢ *Welche Erfahrungen teilen berufstätige MuslimInnen beim Umgang mit religiösen Normen am Arbeitsplatz?*

Im Folgenden werden die unterschiedlichen denkbaren Recherchestrategien anhand der genannten Forschungsfrage skizziert.

- **Recherche mittels Suchmaschinen und Online-Portalen**
  Das Internet ist für die Recherche unerlässlich. Die Zeiten, in denen Forschende nur in den Zettelkatalogen von Universitätsbibliotheken recherchiert haben, sind längst vorbei. Recherchen im Internet mittels Suchmaschinen (wie Google oder Alternativen wie DuckDuckGo und Bing) bringen aber nicht nur Vorteile, denn die Fülle an Informationen, auf die Sie stoßen, wenn Sie Ihr Musterthema oder Ihre Fragestellung eingeben, ist unüberschaubar. Auch ist die Qualität und Seriosität der Informationen, die Sie durch eine Recherche mittels Suchmaschinen erhalten, keineswegs gesichert. Indem Sie gezielt akademische Suchmaschinen (wie z. B. Google-Scholar) verwenden oder bei qualitativ hochwertigen Kollektivportalen wie der Bamberger Islam-Enzyklopädie

(eine Kooperation mit der Wikipedia) oder dem aus Innsbruck stammenden Islamportal recherchieren, können Sie davon ausgehen, seriöse Informationen zu erhalten. Damit vermeiden Sie es, sich von Phänomenen wie ‚Fake Science' oder nicht-wissenschaftlichen Quellen in die Irre leiten zu lassen. Zur anfänglichen Recherche oder zur assoziativen Suche ist es zulässig und kann es sogar förderlich sein, sich mit regulären Wikipedia-Einträgen zu beschäftigen. Als Beleg für die Definition eines Begriffs oder die Beschreibung eines theoretischen Modells sollte die Wikipedia jedoch eher nicht herangezogen werden, da es sich hierbei nicht um eine wissenschaftliche Quelle handelt, unter anderem weil die AutorInnenschaft oftmals uneindeutig ist und die Beiträge auch kontinuierlich überarbeitet werden. Für tiefergehende begriffliche und theoretische Analysen sollten daher wissenschaftliche Quellen konsultiert werden.

- **Bibliothekskataloge**
  Auf zielgerichtetere Weise lässt es sich mit einem digitalen Bibliothekskatalog recherchieren. Aufgrund der Zugangsrechte ist es ratsam, wenn Sie den Online-Katalog Ihrer Forschungsinstitution nutzen, an der Sie tätig sind oder studieren. Wenn Sie die Recherche mit Ihrem eigenen Endgerät durchführen, ist es meist erforderlich, sich zum einen über eine VPN-Verbindung der jeweiligen Institution in den Bibliothekskatalog einzuwählen und sich zum anderen in Ihrem privaten Bibliothekskonto anzumelden. Erst danach erlangen Sie in der Regel Zugang zu verfügbaren Volltexten und Datenbanken.

  Die Kataloge sind eine Fundgrube, da Sie dort Informationen über den gesamten Printbestand der Bildungseinrichtung sowie über digitale Texte erhalten, zu deren Nutzung die Institution über eine Lizenz verfügt. Aufgeführt sind in den Katalogen auch die Masterarbeiten, Dissertationen und Habilitationsschriften, die an dieser Bildungseinrichtung eingereicht und gesammelt wurden.

  Bei der Recherche in einem Bibliothekskatalog ist es nicht zielführend, ein Thema oder eine Fragestellung wörtlich einzugeben, sondern es sollte mit Schlagwörtern gearbeitet werden. Bei unserem Musterthema ist es denkbar, die Schlüsselwörter ‚Muslime', ‚Islam', ‚Beruf', ‚Arbeit', ‚Pflichtgebet', ‚Norm' und ‚Alltag' auszuwählen und in unterschiedlichen Kombinationen in das Suchfeld einzugeben. Als Folge werden verschiedene wissenschaftliche Arbeiten genannt, die für Ihr Thema relevant sein können. Bei einigen haben Sie die Möglichkeit, Volltexte einzusehen oder herunterzuladen (in der Regel über einen Link zu externen Seiten wie etwa die Datenbanken von Verlagen). Andere Quellen sind nur in der Printversion in der Bibliothek selbst verfügbar. Zur Überprüfung, ob die vorgeschlagenen Quellen für Ihre Arbeit relevant sind, kann ein Abstract oder ein Inhaltsverzeichnis – falls vorhanden – hilfreich sein. Auch wenn der Volltext nicht verfügbar ist, können Sie anhand dessen bewerten, ob es sich lohnt, das Werk physisch auszuleihen.

- **Datenbanken**
  Eine weitere Recherchestrategie ist die Arbeit mit Datenbanken, zum Beispiel mit Repositorien und bibliografischen Datenbanken. Wenn Sie Online-Suchdienste wie

Google Scholar verwenden, können Sie in der Regel wissenschaftliche Quellen ausfindig machen, die in solchen Repositorien oder Datenbanken gesammelt sind. Hierbei kann es sich unter anderem um Forschungsberichte, Qualifikationsarbeiten und Fachartikel handeln. Betrieben werden solche Datenbanken von Forschungsinstitutionen.

Bekannte Repositorien sind beispielsweise:

- das Social Science Open Access Repository (SSOAR) für den Bereich der Sozialwissenschaften (betrieben von GESIS – Leibniz-Institut für Sozialwissenschaften in Mannheim),
- peDOCS (Open Access Erziehungswissenschaften) für den Bereich der Pädagogik (betrieben von DIPF – Leibniz-Institut für Bildungsforschung und Bildungsinformation in Frankfurt a. M.) und
- IxTheo Open Repository für den Bereich Theologie und Religionswissenschaft (betrieben von der Universität Tübingen).

Mit ROAR (Registry of Open Access Repositories) und OpenDOAR (Directory of Open Access) gibt es Verzeichnisse, in denen die weltweit bestehenden Open-Access-Repositorien aufgelistet sind.

Die Dokumentenserver ResearchGate oder Academia.edu sind weitere dauerhafte Datenbanken, die sich für Recherchezwecke eignen und die ähnlich funktionieren wie Repositorien. Diese weisen aber zum Teil einen kommerziellen Charakter auf und sind mit Nutzerprofilen ausgestattet.

Bibliografische Datenbanken sind wiederum Verzeichnisse, in denen veröffentlichte Publikationen – seien es Monografien, Sammelbände, Fachartikel, Buchrezensionen oder Tagungsberichte – aufgelistet sind. In solchen Datenbanken werden nicht Volltexte gesammelt, sondern bibliografische Angaben oder Abstracts über wissenschaftliche Quellen. Für den Bereich der Islamischen Theologie ist der *Index Islamicus* die zentrale internationale Fachbibliografie und für die Suche nach Quellen zu islambezogenen Themen sowie nach arabischen Originalquellen unverzichtbar. Da der Dienst nicht frei nutzbar ist, gilt es zu prüfen, ob die Institution, an der Sie tätig sind oder studieren, über eine Lizenz verfügt. Über den *Index Islamicus* können Sie sehr ausführlich Kenntnis erlangen von der existierenden Fachliteratur zu einem Thema oder einer Forschungsfrage. Für den Zugang zu den jeweiligen Volltexten müssen dann jedoch Bibliothekskataloge oder Repositorien bemüht werden. Eine weitere bibliografische Datenbank, die für Forschungsarbeiten im Bereich der Islamischen Theologie von Interesse sein kann, ist der *Index Theologicus*, der nach ähnlichen Prinzipien funktioniert.

- **Zeitschriften**

Die Recherche in Fachzeitschriften und Journals ist eine weitere Möglichkeit, um Literatur zu einem Thema oder einer Forschungsfrage ausfindig zu machen. Im Bereich der Islamischen Theologie existiert – wie in anderen Disziplinen auch – eine Vielzahl an Periodika, also regelmäßig erscheinenden Publikationsorganen, die unterschiedliche Schwerpunkte abdecken.

Wichtige Fachzeitschriften und Journals (mitsamt Verlagen) für die Islamische Theologie und für die Theologie generell sind etwa folgende:

- Religious Education (Taylor & Francis)
- British Journal of Religious Education (Taylor & Francis)
- Forum Islamisch-Theologische Studien (Nomos)
- HIKMA: Zeitschrift für Islamische Theologie und Islamische Religionspädagogik (V&R)
- Frankfurter Zeitschrift für Islamisch-Theologische Studien (EBV)
- Journal of Muslim Minority Affairs (Taylor & Francis)
- Die Welt des Islams/International Journal for the Study of Modern Islam (Brill)
- Journal of Muslims in Europe (Brill)
- Interdisciplinary Journal for Religion and Transformation in Contemporary Society (Brill)
- Contemporary Islam: Dynamics of Muslim Life (Springer VS)
- Journal of Contemporary Religion (Taylor & Francis)
- Journal of Empirical Theology (Brill)
- Sociology of Islam (Brill)
- Zeitschrift für Religionswissenschaft (De Gruyter)
- Religions (MDPI)
- Studies in Interreligious Dialogue (Peeters)
- Journal of Islamic Studies (Oxford Univ. Press/JSTOR)
- Österreichisches Religionspädagogisches Forum (dr. schnider's)
- ReOrient: The Journal of Critical Muslim Studies (Pluto Journals/JSTOR)

Diese Liste ist unabgeschlossen und verändert sich ständig. Es empfiehlt sich hier, die Elektronische Zeitschriftenbibliothek (EZB) zu nutzen, die an der Universität Regensburg in Kooperation mit der Technischen Universität München entwickelt wurde. Darin sind die bestehenden Zeitschriften nach Fachgebieten gelistet, und es wird auch angezeigt, inwiefern die unterschiedlichen Forschungsinstitutionen Zugang zu den Volltexten der Periodika haben. Eine Alternative ist die Nutzung der Zeitschriftendatenbank (ZDB) der Staatsbibliothek zu Berlin in Kooperation mit der Deutschen Nationalbibliothek.

Die Welt der in einem Fachgebiet bestehenden Zeitschriften ist oft unübersichtlich. Kompliziert kann es werden, wenn die wissenschaftliche Qualität einer Zeitschrift einzuschätzen ist. Wichtig ist dies unter anderem für junge ForscherInnen, die einen Artikel in einem anerkannten Journal veröffentlichen möchten. Denn in der heutigen wissenschaftlichen Landschaft gibt es neben qualitativ hochwertigen Publikationsorganen auch eine Vielzahl an Verlagen, die sogenanntes *Predatory Publishing* betreiben, das wissenschaftlichen Gütekriterien widerspricht. Um die Qualität einer Zeitschrift einzuschätzen, sind Zitationsindexe hilfreich wie der Arts & Humanities Citation Index (A & HCI) und der Social Sciences Citation Index (SSCI). Diese geben an, wie häufig die Beiträge einer Zeitschrift zitiert werden. Bei aller berechtigten Skepsis gegenüber solchen Zitationsindexen gilt die Regel: Je höher der Zitationsindex, desto größer die Reputation einer Zeitschrift.

Weil in Fachzeitschriften und Journals aktuelle Forschungsergebnisse publiziert werden, ist es für wissenschaftliche Arbeiten, die auf der Höhe der Zeit sein und den je aktuellen Wissensstand abbilden wollen, unabdingbar, relevante Periodika in die Recherche einzubeziehen. In der letzten Zeit orientieren sich Zeitschriften immer mehr an einer Open-Access-Politik und streben somit an, Volltexte frei zugänglich zu machen. Reine Open-Access-Journals können in der Datenbank Directory of Open Access Journals (DOAJ) oder auch über die Elektronische Zeitschriftenbibliothek (EZB) ausfindig gemacht werden.

Trotz der Entwicklungen um Open Access zeichnen sich Periodika in der Regel weiterhin durch einen beschränkten Zugang aus. Zwar sind die Zeiten vorbei, in denen Volltexte nur durch einen Gang in die Zeitschriftenarchive von Bibliotheken eingesehen werden können, die Unterstützung durch Bibliotheken ist aber zumeist weiterhin notwendig. Denn vor allem diese verfügen über die nötigen Lizenzen, um Volltexte in Journals lesen zu können.

Die Recherche in Fachzeitschriften muss nicht über die Elektronische Zeitschriftenbibliothek oder Bibliothekskataloge erfolgen, man kann auch direkt in den Archiven der Zeitschriften suchen. In diesem Fall empfiehlt es sich, die Archive mithilfe von Schlagwörtern zu sichten. Für unser Musterthema liegen die bereits genannten Schlüsselwörter ‚Muslime', ‚Islam', ‚Beruf', ‚Arbeit' etc. nahe. Empfehlenswert ist auch die Recherche in den Datenbanken größerer Verlage wie Taylor & Francis, Sage, JSTOR, De Gruyter, Springer VS, Elsevier und Brill.

- **Literaturverzeichnisse**
  Eine weitere Recherchestrategie, die ergänzend angewandt werden kann, ist die Arbeit mit Literaturverzeichnissen. Gemeint ist damit, dass Literaturverzeichnisse von Monografien, Fachartikeln usw., die Sie bereits ausfindig machen konnten, durchgesehen werden, da diese gegebenenfalls wichtige Hinweise auf relevante wissenschaftliche Quellen liefern können. Auf diese Quellen würden Sie über andere Recherchestrategien eventuell nicht oder nur mit großem Aufwand stoßen. Vor allem Standardwerke und umfangreiche Studien bieten sich hierfür an. Manchmal liegt die Bedeutung einer Quelle nicht in ihrem Gehalt, sondern in ihren Verweisen auf andere Quellen.

  Bei unserem Musterthema ‚Religiöse Normen im Berufsleben von MuslimInnen' liegt es nahe, zunächst in Bibliothekskatalogen zu den genannten Schlagwörtern zu recherchieren. Dabei können Sie auf folgende einschlägige Publikationen zu diesem Themengebiet stoßen:

  – Hecht-El Minshaw, Béatrice (2017): *Muslime in Alltag und Beruf: Integration von Flüchtlingen*. Berlin: Springer.
  – Aslan, Ednan/Kolb, Jonas/Yildiz, Erol (2017): *Muslimische Diversität: Ein Kompass zur religiösen Alltagspraxis*. Wiesbaden: Springer VS.

- Khalfaoui, Mouez/Möhring-Hesse, Matthias (Hg.) (2015): *Eine Arbeitsgesellschaft – auch für Muslime: Interdisziplinäre und interreligiöse Beiträge zur Erwerbsarbeit*. Münster: Waxmann.
- Zulehner, Paul M. (2015): *Muslimas und Muslime in Österreich im Migrationsstress*. Wiesbaden: Springer VS.

In den Literaturverzeichnissen dieser Werke finden Sie eine Fülle an Quellen, die für das Musterthema von Relevanz sein können. Die Recherche darf sich auf das Durchsehen der Literaturverzeichnisse anderer Werke aber nicht beschränken; diese Vorgehensweise sollte also nur ergänzend angewandt werden, denn sonst verstoßen Sie gegen den Grundsatz, dass sich Ihre wissenschaftliche Arbeit durch eigenständige Gedankenarbeit auszuzeichnen hat. Zudem können Sie rasch in ein sogenanntes ‚Zitierkartell' geraten, womit gemeint ist, dass sich Angehörige einer bestimmten Forschungsgruppe stets nur gegenseitig zitieren und andere Teile der relevanten Forschungslandschaft bewusst ignorieren oder aus Unwissen außer Acht lassen.

- **Lehrpersonen und KollegInnen**
  Ergänzend zu systematischen Vorgehensweisen können auch Ratschläge und Empfehlungen von Lehrpersonen und KollegInnen eingeholt werden. Wenn Sie eine Bachelor- oder Masterarbeit verfassen, ist dies durchaus ratsam. Das sollte aber nicht unvorbereitet geschehen, sondern zielgerichtet und fokussiert, wenn Sie bereits einen gewissen Überblick über Ihr Thema gewonnen haben.
  Diese Strategie ist auch deshalb hilfreich, weil Sie dadurch relevante Werke miteinbeziehen, die Ihre Betreuungsperson für zentral erachtet. Gleichwohl darf sich die Recherche keinesfalls darin erschöpfen, dass nur empfohlene Quellen berücksichtigt werden. Vielmehr sollte der Rechercheprozess immer auch Zeugnis einer selbstständigen Auseinandersetzung mit dem Forschungsgegenstand sein (Samac/Prenner/Schwetz 2014, 35).

10.4 Recherchieren von fremdsprachlicher Literatur

Eine Herausforderung, die bei der Suche nach Quellen im Bereich der Islamischen Theologie oftmals auftritt, ist das Auffinden islamisch-theologischer Originalquellen und arabischer Werke im Allgemeinen. Da Arabisch im deutschsprachigen Raum als Wissenschaftssprache nur wenig verbreitet ist, sind die arabischsprachigen Bestände in den entsprechenden Bibliotheken oft überschaubar. An manchen Universitäten, an denen die Islamwissenschaft und die Arabistik eine lange Tradition haben, verfügen die Bibliotheken hingegen über einen größeren Bestand an arabischen Handschriften, an Schriften islamischer Gelehrter und an Hadithsammlungen.

Bekannte Bibliothekskataloge, die für Recherchen im Bereich der Islamischen Theologie herangezogen werden können, sind unter anderem:

- MENAdoc – Sammlung der Universität Halle-Wittenberg (Bibliotheca Islamica, Sammlung Vorderer Orient digital etc.)
- MENAlib – Webportal des Fachinformationsdienstes Nahost, Nordafrika und Islamstudien der Universität Halle-Wittenberg

Schriften von Gelehrten, Korankommentare und Hadithsammlungen liegen oft in Form von Wiederveröffentlichungen (Reprints) oder Übersetzungen (z. B. ins Türkische) vor. Nicht immer sind bei diesen Publikationen alle bibliografischen Angaben ersichtlich oder eine international gültige ISBN-Nummer vorhanden. Das kann ein Problem darstellen, da die entsprechenden Quellen dadurch für Außenstehende nicht immer leicht auffindbar sind. Wiederveröffentlichungen und Übersetzungen können als Quellen benutzt und angeführt werden, sofern diese möglichst klar identifizierbar sind.

10.5 Internet vs. Bibliothek

Online zu recherchieren, ist heutzutage nicht nur die Norm, sondern auch die effizienteste Methode, um Bibliothekskataloge, Literaturverzeichnisse, Datenbanken, Zeitschriften und Repositorien gezielt und systematisch zu durchsuchen. Ohne Internetzugang ist eine Literaturrecherche mittlerweile kaum mehr möglich, wobei man sich aber bei Weitem nicht nur auf die Arbeit mit Google und ähnlichen Suchmaschinen verlassen darf. Ungeachtet dessen sollten jedoch Studierende möglichst bald im Studium auch eine echte Bibliothek von innen gesehen haben. Durch den Aufenthalt und die Recherche in den ‚heiligen Hallen' der Wissenschaft lässt sich ein Gefühl für den bestehenden Wissensstand und vielleicht auch eine gewisse Demut vor den großen Leistungen früherer ForscherInnen entwickeln.

Weiterführende Literatur

Boeglin, Martha (2012): *Wissenschaftlich arbeiten Schritt für Schritt: Gelassen und effektiv studieren*. 2. Aufl., München: W. Fink [v. a. Teil II: Sich informieren, Kap. 2: Recherchieren, S. 84–97].

Lammers, Katharina/von Stosch, Klaus (2014): *Arbeitstechniken Theologie*. Paderborn: Schöningh.

Niedermair, Klaus (2010): *Recherchieren und Dokumentieren: Der richtige Umgang mit Literatur im Studium*. Wien: Huter & Roth.

Raffelt, Albert (2003): *Theologie studieren: Wissenschaftliches Arbeiten und Medienkunde*. Freiburg i. B.: Herder.

Samac, Klaus/Prenner, Monika/Schwetz, Herbert (2014): *Die Bachelorarbeit an Universität und Fachhochschule: Ein Lehr- und Lernbuch zur Gestaltung wissenschaftlicher Arbeiten*. 3. Aufl., Wien: Facultas.

11 Lesen

Nachdem Sie ausgiebig Literatur recherchiert und Zugang zu Quellen gefunden haben, steht das Lesen der Texte an. In zeitlicher Hinsicht findet das Lesen als Arbeitstechnik – besonders, wenn Sie empirisch arbeiten wollen – in der Regel recht früh statt, nämlich im Stadium der Vorbereitung (Kap. 3) und Planung (Kap. 4).

Meist erfolgt das Lesen – wie alle anderen Techniken des wissenschaftlichen Arbeitens auch – unter einem gewissen Zeitdruck. Studierende fragen sich daher oft, ob das Lesen überhaupt so wichtig ist und wie es sich möglichst effizient gestalten lässt.

Festzuhalten ist dazu, dass der Ablauf und die Intensität des Lesens davon abhängen, zu welchem Zweck es geschieht. Ein Roman, ein Bericht in einem Online-Forum und ein Artikel in einer Tageszeitung werden anders gelesen als ein wissenschaftlicher Text. Aber auch bei diesen gibt es große Unterschiede, was die Lesetechnik betrifft:

- An prüfungsrelevante Literatur für eine schriftliche Klausur wird meist anders herangegangen als an Texte, die für eine Seminareinheit vorbereitet werden oder die in eine wissenschaftliche Arbeit einfließen sollen.
- Eine Einführung in ein neues Themengebiet ist mit einem anderen Augenmerk zu lesen als Literatur zu konkreten Fragen, mit denen man sich zuvor bereits intensiv auseinandergesetzt hat.
- Quellen, die eine marginale Rolle in einer wissenschaftlichen Arbeit spielen, erfordern eine andere Aufmerksamkeit als solche, denen eine prominente Stellung zukommt. Marginal sind Quellen dann, wenn sie zum Beispiel nur als Hinweis in der Darstellung des Forschungsstandes Verwendung finden, um zu zeigen, dass Sie mit dem Forschungsfeld vertraut sind. Eine prominente Stellung kommt etwa Texten zu, die im analytischen Teil einer Arbeit detailliert untersucht werden oder aus denen eine methodische Vorgehensweise abgeleitet wird.

Je nach Art, Zweck und Verwendung der Quellen unterscheidet sich die Intensität des Lesens. Die Schritte, die dabei vollzogen werden, sind aber jeweils dieselben. Nur das Ausmaß, wie intensiv man sich mit den einzelnen Schritten beschäftigt, ändert sich. Zu unterscheiden sind hierbei Techniken

- vor dem Lesen (Kap. 11.2),
- während des Lesens (Kap. 11.3) und
- nach dem Lesen (Kap. 11.4).

Bevor wir uns diesen drei Phasen zuwenden, wollen wir aber zunächst erklären, warum das Lesen für das wissenschaftliche Arbeiten und Forschen überhaupt so wichtig ist.

11.1 Sinn und Zweck des Lesens

Oftmals zeigen Studierende nur wenig Engagement, sich mit wissenschaftlicher Literatur auseinanderzusetzen. Der Grund dafür liegt nicht selten darin, dass viele AutorInnen zu einer unnötig komplizierten und spröden Ausdrucksweise neigen – oder laut Norbert Franck: „Viele Texte dokumentieren in erster Linie die Unfähigkeit oder mangelnde Bereitschaft der Autoren, sich klar auszudrücken." (2017, 116)

Durch einen komplizierten sprachlichen Stil sollten Sie sich aber nicht vom Lesen abhalten lassen. Grundsätzlich ist fleißiges Lesen sowohl im Studium als auch generell beim wissenschaftlichen Arbeiten die halbe Miete. Zu studieren bedeutet im Normalfall, einen großen Teil der Zeit mit dem Lesen von Texten verbringen.

Diese Erkenntnis wurde von WissenschaftlerInnen auch schon vor langer Zeit postuliert. So formulierte Carl Hermann Kirchner in seinem *Wegweiser zur Universität für Studierende* bereits 1852 treffend:

> Ein fleissiges Litteraturstudium aber kann dem Studierenden nicht genug empfohlen werden. Die Litteratur ist die halbe Gelehrsamkeit. Sie eröffnet ihm die Quellen des Wissens, bewahrt ihn vor Fehlgriffen und unnützem Abmühen in dem, was bereits bearbeitet und vorhanden ist, erhält ihn auf der Höhe der Zeitbildung und giebt dem ganzen Studium seine Umsicht und innere Sicherheit. Daher muss auf eine gründliche und ausgebreitete Litteraturkenntniss, sowohl seiner Haupt- als Hülfswissenschaften, das Streben des Studierenden um so mehr gerichtet sein, als sich ihm auf der Universität die Mittel dazu reichlicher als meistens im späteren Berufsleben darbieten. (Kirchner 1852, 132 f.)

Der Sinn und Zweck des Lesens, den Kirchner beschreibt, ist bis heute derselbe. Von Bedeutung ist die Literaturkenntnis für das Studium und das wissenschaftliche Arbeiten und Forschen nach wie vor aus den folgenden Gründen:

- Die Quelle des Wissens ist der wissenschaftliche Text. Das Literaturstudium ist daher beim wissenschaftlichen Arbeiten und Forschen unerlässlich. Ob dies mithilfe von gedruckten Schriften oder digital erfolgt, ist nicht von Belang.
- Durch das Lesen wird die Gefahr von Irrtümern, unpassenden Vorgehensweisen und Fehlschlüssen vermindert. Um die Qualität wissenschaftlicher Arbeiten zu erhöhen und Gelehrsamkeit erlangen zu können, sind das Lesen und die Kenntnis einer ganzen Bandbreite an Literatur unabdingbare Voraussetzungen.
- Der Anspruch des wissenschaftlichen Arbeitens und Forschens ist es nicht, das Rad stets neu zu erfinden – und damit Erkenntnisse anderer WissenschaftlerInnen zu ignorieren. Vielmehr geht es darum, den bestehenden Wissens- und Forschungsstand zu kennen und zu würdigen und das eigene Vorhaben darin entsprechend einzubetten.
- Wer wissenschaftlich arbeitet, ist dazu angehalten, auf der Höhe der Zeit zu sein und sich aktueller Forschungstrends, gegenwärtiger sozialer Entwicklungen und politischer Ereignisse bewusst zu sein. Erforderlich sind dafür die Kenntnis von Grundla-

genwerken sowie Einblicke in die Genese des eigenen Fachbereichs und in aktuelle Forschungsarbeiten aus diesem.
- Ein Qualitätskriterium des wissenschaftlichen Arbeitens ist auch die Umsicht. Darunter fällt unter anderem das Triangulieren, also das Verschränken unterschiedlicher analytischer Perspektiven auf einen Forschungsgegenstand. Dem kann man nur gerecht werden, wenn man sich mit den existierenden Perspektiven und Debatten auskennt und einen Überblick über wissenschaftliche Arbeitsprozesse hat.
- Zu guter Letzt gibt das Lesen auch Sicherheit, sorgt für Selbstbewusstsein und nährt die innere Überzeugtheit bei der Bearbeitung eines Gegenstandes.

Nach der Klärung, weshalb das Lesen von so großer Bedeutung ist, wenden wir uns nun dem zu, was in den drei genannten Phasen jeweils zu beachten ist.

11.2 Vor dem Lesen

Die Lektüre wissenschaftlicher Texte hat für gewöhnlich ein bestimmtes Ziel: Sie soll beim Forschungsprozess oder beim Verfassen einer wissenschaftlichen Arbeit unterstützen. Das Lesen ist hier also immer Mittel zum Zweck (Franck 2017, 117). Da während der Recherche in der Regel ein umfangreicher Literaturbestand ausfindig gemacht wird, der für die Bearbeitung einer Forschungsfrage relevant ist, sollten Sie sich im Vorfeld bereits Gedanken darüber machen, wie das Lesen möglichst effizient gestaltet werden kann. Es ist von Vorteil und erspart meist eine Menge unnötiger Arbeit, wenn Sie sich vor dem Lesen mit den folgenden drei Fragen befassen:
- Was ist Ihr konkretes Interesse am Text?
- Welche Rolle und Relevanz kommt dem Text für Ihre Arbeit zu?
- Welche strukturellen Merkmale hat der Text?

Interesse am Text
In unserem Fall beschäftigen wir uns mit dem Musterthema ‚Religiöse Normen im Berufsleben von MuslimInnen' und verfolgen dabei die folgende Forschungsfrage:
➢ *Welche Formen des Umgangs mit dem rituellen Pflichtgebet am Arbeitsplatz entwickeln berufstätige MuslimInnen in Österreich?*

Durchführen möchten wir hierzu eine qualitative empirische Analyse. Bei der diesbezüglichen Literaturrecherche sind wir auf eine wissenschaftliche Quelle gestoßen, die für unser Vorhaben von Interesse ist. Es handelt sich um die Studie *Muslime in Alltag und Beruf: Integration von Flüchtlingen* von Béatrice Hecht-El Minshaw, die 2017 in Berlin beim Verlag Springer veröffentlicht wurde. In der Bibliothek unserer Forschungsinstitution haben wir das Buch bestellt und ausgeliehen.

Bevor wir mit dem Lesen beginnen, überlegen wir nun zunächst, was unser Interesse an dieser Studie ist. Streben wir an,

- uns einen ersten **Überblick** über das Forschungsthema zu verschaffen,
- möchten wir den existierenden **Forschungsstand** sichten,
- soll der Text als **Vergleichsstudie** fungieren
- oder sind wir an einer methodischen **Anleitung** interessiert?

All die genannten Motivationen, den Text zu lesen, sind legitim. Je nach Interessenlage ist der Text allerdings unter etwas anderen Gesichtspunkten zu lesen:

- Wenn wir einen einführenden **Überblick** oder einen generellen Einblick suchen, ist es für uns besonders relevant, was unter religiösen Normen zu verstehen ist, was muslimische Lebenswelten in der Gegenwartsgesellschaft kennzeichnet und wie sich diese Fragen exemplarisch untersuchen lassen.
- Streben wir an, den bestehenden **Forschungsstand** zu sichten, interessieren wir uns dafür, wie das Verhältnis religiöser Normen und beruflicher Kontexte in der Studie untersucht wird und zu welchen Ergebnissen sie kommt.
- Stellt die Studie für unser Vorhaben eine **Vergleichsstudie** dar, so setzen wir uns kritisch mit dieser auseinander, reflektieren deren Methoden, Forschungsdesigns, Befunde und Folgerungen, um Vergleichsmaßstäbe für unser eigenes Vorhaben zu generieren und einen anderen Blick auf unser Thema zu werfen.
- Wird die Studie als **Anleitung** betrachtet, sind wir vorrangig daran interessiert, welche methodische Orientierung sie uns für unsere eigene Forschung liefern kann.

Nachdem wir uns darüber klar geworden sind, welches Interesse wir an der genannten Studie haben, können wir uns mit der nächsten Frage befassen.

Rolle und Relevanz des Textes

Aufgrund des Titels der Studie *Muslime in Alltag und Beruf: Integration von Flüchtlingen* sowie des online verfügbaren Klappentextes und Inhaltsverzeichnisses gehen wir davon aus, dass diese eine wichtige Rolle für unser Vorhaben spielt und einen Bestandteil des zu reflektierenden Forschungsstandes darstellt. Anhand des Titels und der Beschreibung des Klappentextes lässt sich dann sogleich erkennen, dass sich die Arbeit nicht nur mit religiösen Normen im beruflichen Kontext befasst, sondern auch Fragen der Integration aufwirft und sich mit muslimischen Geflüchteten sowie der Flüchtlingsarbeit beschäftigt. Da es sich um keine empirische Studie handelt, können wir aus dem Werk keine klaren Anleitungen für unser Vorhaben ableiten. Dennoch ist die Studie bei der Darstellung des Forschungsstand zu berücksichtigen, weil in ihr berufliche Kontexte und religiös geleitetes Alltagsverhalten behandelt werden.

In unserem Abschnitt zum Forschungsstand sollte die besagte Studie folglich näher beschrieben werden. Dafür müssen wir das Werk natürlich zunächst einmal lesen. Ob das komplett oder nur kapitelweise erfolgt, hängt auch von unseren Vorerfahrungen ab. Wenn wir die Studie von der ersten bis zur letzten Seite lesen, können wir diese jedenfalls am fundiertesten in den eigenen Arbeitsprozess einbeziehen.

Von besonderem Interesse ist dann, was die zentralen Aussagen und Ergebnisse der Studie sind und welche Schlüsse wir daraus für unsere eigene Arbeit ziehen können. Solche Schlüsse können beispielsweise sein, ob wir aufgrund der Ergebnisse der Studie nur bestimmte religiöse Normen wie das Pflichtgebet, das Fastengebot, das Halal-Gebot etc. untersuchen oder wir uns auf eine spezifische Personengruppe fokussieren sollten. Wir können auch unser Untersuchungsvorhaben konkretisieren oder auf Basis jener Studie eine Hypothese formulieren, die wir im Rahmen unserer Forschung überprüfen möchten. So könnten wir erwarten, dass viele muslimische Geflüchtete aus Ländern mit einer mehrheitlich muslimischen Bevölkerung stammen und sie es daher gewohnt sind, Pflichtgebete am Arbeitsplatz zu verrichten, weswegen sie diese Praxis in ihrer neuen Heimat gerne beibehalten würden. Ob diese fiktive Vermutung, die wir aufgrund unseres Literaturstudiums abgeben, tatsächlich zutrifft, werden wir dann in unserer empirischen Forschung überprüfen.

In dem geschilderten Fall kommt der Quelle eine wichtige Rolle für unsere eigene Arbeit zu, weshalb die Quelle besonders intensiv zu lesen ist. Aber auch, wenn der Quelle nur ein geringes Gewicht zukommt, darf sich die Darstellung der Studie in unserer Arbeit nicht darauf beschränken, dass bloß der Klappentext kopiert und eingefügt wird.

Strukturelle Merkmale des Textes

Die Relevanz von Quellen für die eigene Arbeit lässt sich vor dem Lesen anhand von strukturellen Merkmalen abschätzen. Franck (2017, 118 f.) führt aus, dass hierbei Aspekte wie Titel, Art der Quelle, Impressum, Klappentext oder Abstract, Inhaltsverzeichnis und Literaturverzeichnis von Belang sein können. Anhand der genannten Studie *Muslime in Alltag und Beruf* sollen diese Aspekte veranschaulicht werden:

- **Titel:** Was verspricht der Titel, welche Themen stehen im Fokus? In unserem Beispiel verspricht er, die Themen MuslimInnen und Geflüchtete, Alltagsleben und berufliche Kontexte von MuslimInnen sowie Integration zu behandeln. Für unsere Forschungsfrage, welche Formen des Umgangs mit dem rituellen Pflichtgebet am Arbeitsplatz MuslimInnen in Österreich entwickeln, ist der Text folglich von großem Interesse.
- **Art der Quelle:** Zu differenzieren ist, ob es sich bei dem Werk um eine Monografie, einen Sammelband, einen Zeitschriftenaufsatz oder einen Buchbeitrag handelt. In unserem Fall handelt es sich um die Monografie der Autorin Béatrice Hecht-El Minshaw. Da sich eine Monografie besonders intensiv und systematisch mit einem spezifischen Themengebiet bzw. mit einer konkreten Fragestellung auseinandersetzt, kommt der Arbeit große Relevanz für unsere Untersuchung zu. Zu reflektieren ist auch, wer das Buch verfasst hat: Handelt es sich bei der Autorin um eine wissenschaftliche Autorität oder Koryphäe auf dem Fachgebiet und was hat sie zu dem Themengebiet darüber hinaus noch veröffentlicht?
- **Impressum:** Aus dem Impressum lässt sich herauslesen, in welchem Verlag ein Text erschienen ist, ob die Publikation in einer Reihe erfolgte, um welche Auflage es sich handelt und in welchem Jahr die Veröffentlichung stattfand. Besonders der Zeit-

punkt der Veröffentlichung verspricht Auskunft darüber, wie relevant der Text für die eigene Untersuchung ist. In unserem Beispiel wurde die Studie im Jahr 2017 publiziert. Sie verspricht damit, aktuelle Forschungstrends und -strömungen zu reflektieren, das Thema Migration von Geflüchteten im Jahr 2015 nach Europa mit einzubeziehen und daher, Einblicke in die für uns relevanten Themenfelder auf der Höhe der Zeit zu liefern.
- **Klappentext oder Abstract:** Der Klappentext (im Fall eines Sammelbandes oder einer Monografie) bzw. der Abstract (im Fall eines Zeitschriftenaufsatzes) gibt einen knappen und pointierten inhaltlichen Einblick in den jeweiligen Text. Dort wird gesagt, um was für eine Art von Untersuchung es sich handelt (empirische Studie, Literaturanalyse etc.), worin der inhaltliche Schwerpunkt besteht und was die zentralen Thesen und Befunde des Textes sind.
- **Inhaltsverzeichnis:** Die inhaltliche Struktur und Gliederung eines Buches zeigt sich im Inhaltsverzeichnis. Die Abfolge der Kapitel bietet Einblicke darüber, welche thematischen Aspekte breite Aufmerksamkeit erfahren, und lenkt den Fokus auf die Abschnitte, die besonders intensiv zu lesen sind. In unserem Fall versprechen insbesondere die Kapitel 5 („Sitten und Gebräuche der Muslime") und 6 („Traditioneller und globaler Islam") Einblicke, die für unser Vorhaben relevant sein können und daher aufmerksam gelesen werden müssen.
- **Literaturverzeichnis:** Die Relevanz eines Textes kann in Teilen auch mittels des Literaturverzeichnisses eingeschätzt werden. Ersichtlich wird daraus, wie aktuell die zitierte Literatur ist und welche Quellen herangezogen wurden. Daraus kann eine vorläufige Einschätzung darüber abgeleitet werden, wie intensiv in der Studie Literaturrecherche betrieben wurde und welche Forschungstradition verfolgt wird.

11.3 Während des Lesens

Sobald wir unser Interesse am Text, dessen Relevanz für unsere wissenschaftliche Arbeit und dessen strukturelle Merkmale geklärt haben, können wir uns dem eigentlichen Lesen des Textes zuwenden. Es empfiehlt sich, das möglichst neutral und unvoreingenommen zu tun, um das Gesagte in unserer Arbeit unverzerrt und sinnentsprechend wiedergeben zu können.

Da man es meist mit einem umfangreichen Literaturbestand zu tun hat, ist es ratsam, während des Lesens strategisch vorzugehen und sich folgende Fragen zu stellen:
- Wie ist der Text gegliedert?
- Welche Aussagen und Argumentationen lassen sich daraus erfassen?
- Welche Markierungen oder Notizen sollten gemacht werden?

Inhaltliches Gliedern

Zu Beginn ist es sinnvoll, dass wir uns einen ersten Eindruck von dem Text verschaffen und uns gewahr werden, worum es den AutorInnen geht (Moll/Thielmann 2017, 54).

Dies gelingt gut durch kursorisches Lesen, womit wir einen Überblick über die inhaltliche Gliederung des Textes gewinnen können. Das Ziel dabei liegt nach Franck darin, dass die gelesenen Texte „auf ihren Kern verdichte[t]“ (2017, 121) sowie ihre Kernaussagen und deren logischer Zusammenhang herausgearbeitet werden. In der Praxis lässt sich dies am besten bewerkstelligen, indem wir Absatz für Absatz eines Textes kursorisch durchgehen und bestimmen, worum es darin jeweils geht. Dokumentieren können wir die inhaltliche Gliederung durch Notizen oder Stichworte.

Anhand des nachfolgenden Textes wird das inhaltliche Gliedern an einem praktischen Beispiel durchexerziert. Der Text stammt aus der Studie *Konflikte und Konfliktpotentiale in interreligiösen Bildungsprozessen: Empirisch begleitete Grenzgänge zwischen Schule und Universität*, die von Martina Kraml, Zekirija Sejdini, Nicole Bauer und Jonas Kolb (2020) verfasst wurde und im Kohlhammer Verlag erschienen ist. Beim Gliedern wird der Text in Abschnitte unterteilt und wichtige Stellen können markiert werden. In unserem Beispiel machen wir diese mittels <u>Unterstreichungen</u> kenntlich. In der rechten Spalte sind die Absätze (A) mit Schlagwörtern verstehen, anhand derer der logische Zusammenhang des Textes ersichtlich wird.

Textbox 7: Inhaltliches Gliedern anhand eines Beispieltextes

Interreligiöse Zusammenarbeit ist eine der wichtigsten Errungenschaften der letzten Jahre. Bedingt durch die Zunahme der religiös-weltanschaulichen Pluralität in unserer Gesellschaft hat Interreligiosität in immer mehr Bereichen an Gewicht gewonnen. Dies betrifft naturgemäß auch die Religionspädagogik, die sowohl im Hinblick auf interreligiöse Bildung wie auch bei der Entwicklung von Pluralitätsfähigkeit eine zentrale Rolle einnimmt. Interreligiöser Dialog, interreligiöse Bildung oder auch interreligiöses Lernen sind mittlerweile zu festen Bestandteilen der religionspädagogischen bzw. religionsdidaktischen Forschung im europäischen Kontext geworden.	A 1: Hinführung zum Thema Interreligiosität in der Religionspädagogik
Der vorliegende Band soll einen Beitrag zu den Debatten über interreligiöse Aus- und Fortbildung und interreligiöse Zusammenarbeit leisten, die in der Religionspädagogik und -didaktik im deutschsprachigen Raum gegenwärtig geführt werden. Er beschäftigt sich mit <u>Konflikten und Konfliktpotentialen</u>, <u>die in interreligiösen Bildungssettings auftreten</u> – einem Thema, das häufig ausgeblendet wird.	A 2: Fokus der Studie

Die Studie widmet sich manifesten oder latent vorhandenen Spannungsfeldern. Als Forschungsgruppe legen wir mit der vorliegenden Arbeit eine empirische Analyse vor, die systematisch die interreligiöse Kooperation untersucht und reflektiert, die an der Universität Innsbruck bei der Ausbildung von katholischen und islamischen ReligionslehrerInnen seit 2013 besteht. Die Erfahrungen und Erkenntnisse dieser praktischen Arbeit speisen dieses Buch.

A 3: Studie basiert auf einer empirischen Analyse

Unsere empirische Analyse hat dabei allerdings nicht nur Aussagekraft für zeitlich und räumlich begrenzte Kontexte. Zwar sind die beobachteten interreligiösen Settings, Spannungsfelder und Abläufe in der Ausbildungspraxis gebunden an lokal und situativ erhobene empirische Daten. Die Auswertung und Interpretation des Materials soll jedoch allgemein all jenen Empfehlungen und Perspektiven bieten, die in der interreligiösen Arbeit in verschiedenen Bildungskontexten aktiv sind.

A 4: Aussagekraft und Reichweite der empirischen Analyse

Dass wir uns in der vorliegenden empirischen Untersuchung mit dem Thema ‚Konflikte und Konfliktpotentiale in interreligiösen Bildungssettings' beschäftigen, ist zugleich eine Neuheit und ein Wagnis. Eine Neuheit deshalb, weil zwar gegenwärtig viel über Interreligiosität gesprochen wird, es aber an Forschung zu interreligiösen Kooperationen in der religionspädagogischen und religionsdidaktischen Praxis sowie insbesondere an empirischen Studien mangelt.

A 5: Besonderheit der Studie: 1. Neuheit

Ein Wagnis ist das Buch deshalb, da Konflikte, Probleme, Spannungsfelder, Meinungsverschiedenheiten oder Unstimmigkeiten, die in interreligiösen Bildungssettings auftreten, nur selten in den Mittelpunkt gerückt werden. Es scheint vielmehr eine Art Unbehagen oder Zögerlichkeit – in manchen Fällen eventuell auch eine Angst davor – zu bestehen, sich mit diesen Fragen auseinanderzusetzen. Es ist anzunehmen, dass solche Vorbehalte oftmals deshalb existieren, weil aufgetretene Konflikte und bestehende Konfliktpotentiale auch als Argumente

A 6: Besonderheit der Studie: 2. Wagnis

gegen interreligiöse Kooperationen missinterpretiert werden und gegen interreligiöse Begegnungen in Bildungssettings ins Feld geführt werden könnten.

Dieser Unwägbarkeit nachzugeben und Spannungsfelder zu negieren, stellt aber eine große Gefahr dar, der wir mit der vorliegenden Arbeit entgegenwirken möchten. Wenn Konfliktherde nicht angesprochen, analysiert, offengelegt und entsprechende Schlüsse daraus gezogen werden, können interreligiöse Kooperationen in Bildungssettings leicht misslingen. Deshalb richten wir den Fokus unserer empirischen Studie bewusst auf Konflikte und Konfliktpotentiale.

A 7: Relevanz der Studie

Die Schwerpunktsetzung erfolgte nicht zuletzt auch aufgrund unserer persönlichen Sichtweisen. Denn unseres Erachtens stellt die interreligiöse Kooperation einen zukunftsträchtigen Bereich der Religionspädagogik und Religionsdidaktik in gegenwärtigen religiös-weltanschaulichen pluralen Gesellschaften dar. Interreligiöse Kooperationen und Begegnungen in diversen Bildungssettings sind uns deshalb ein Herzensanliegen. Aus diesem Grund thematisieren wir in der vorliegenden Studie explizit Aspekte, Prozesse und Fragen in den beobachteten interreligiösen Bildungssettings, die nicht reibungslos funktionierten, in denen unterschiedliche, widerstreitende Auffassungen bestanden, in denen konträre Ziele verfolgt wurden oder in denen Missstimmungen zu Tage getreten sind. Indem wir uns eindeutig und ausführlich den ‚Fallstricken', Hürden, Widerständen und möglichen Unstimmigkeiten zuwenden, möchten wir dazu beitragen, dass interreligiöse Kooperationen in Bildungskontexten in Zukunft gestärkt und verbessert werden können.

A 8: Persönliche Perspektiven

A 9: Generelle Zielsetzung

Quelle: Kraml, Martina/Sejdini, Zekirija/Bauer, Nicole/Kolb, Jonas (2020): *Konflikte und Konfliktpotentiale in interreligiösen Bildungsprozessen: Empirisch begleitete Grenzgänge zwischen Schule und Universität*. Stuttgart: Kohlhammer, S. 11 f.

Bei dem Beispieltext handelt es sich um einen Ausschnitt aus der Einleitung, in der eine Hinführung zum Thema der empirischen Studie erfolgt. Durch das inhaltliche Gliedern kann der logische Zusammenhang des Beispieltextes Absatz für Absatz sichtbar gemacht werden. Zunächst finden sich einführende Worte zum generellen Themenfeld, in dem die Studie zu verorten ist, nämlich interreligiöses Lernen in der Religionspädagogik (A 1). Im nächsten Schritt wird der Fokus der Studie, also die Analyse von Konflikten und Konfliktpotenzialen in interreligiösen Bildungsprozessen, konkretisiert (A 2). Sodann führen die AutorInnen an, dass die Befunde auf den Erfahrungen einer praktischen Bildungsarbeit und empirischen Daten gründen (A 3). Daran anknüpfend wird gesagt, dass die Studie nicht nur für das untersuchte Fallbeispiel Aussagekraft hat, sondern die Folgerungen auch für die interreligiöse Zusammenarbeit in Bildungskontexten an anderen Orten Geltung haben können (A 4). Im Anschluss heben die AutorInnen die Bedeutung der Studie hervor. Sie tun dies, indem sie zunächst darauf verweisen, dass das Thema ‚Konflikte und Konfliktpotenziale in interreligiösen Bildungsprozessen' ein besonderes ist, da es zum einen eine Neuheit (A 5) und zum anderen ein Wagnis (A 6) darstellt. Um zum Erfolg interreligiöser Bildungsprozesse beitragen zu können, sei es wichtig, mögliche Spannungsfelder systematisch zu untersuchen. Daraus erwächst die grundsätzliche Relevanz der Studie (A 7). Untermauert wird die Bedeutung des thematischen Fokus zudem durch persönliche Perspektiven (A 8) sowie durch das generelle Anliegen der AutorInnen, die interreligiöse Zusammenarbeit in der Religionspädagogik zu stärken und zu verbessern (A 9).

Aussagen und Argumentationen

Um den inhaltlichen Gehalt eines Textes zu entschlüsseln, ist es im nächsten Schritt erforderlich, die Aussagen und Argumentationen einer kritischen Lektüre zu unterziehen. Das Lesen sollte den Grundstein dafür legen, das, was der Text uns sagt, in der eigenen Arbeit korrekt und auf bestmögliche Weise wiederzugeben.

Um eine Analyse der Aussagen und Argumentationen anhand unseres Textbeispiels vorzunehmen, möchten wir uns dem zuwenden, was in den Absätzen 5, 6 und 7 gesagt wird. In diesen verstecken sich die inhaltlichen Kernaussagen des Textausschnittes. Denn darin geht es um die Frage, weshalb die Auseinandersetzung mit Konflikten und Konfliktpotenzialen in interreligiösen Bildungsprozessen von Bedeutung ist. Mit anderen Worten: Welche Relevanz haben die vorliegende Studie und ihr thematischer Fokus?

Die AutorInnen führen zwei Argumente ins Feld, mit denen sie die Bedeutung des Forschungsthemas hervorheben. Zum einen betonen sie in Absatz 5, dass interreligiöse Zusammenarbeit in religionspädagogischen Kontexten in der Gegenwart zwar intensiv erforscht wird, dass die Beschäftigung mit Konflikten, Spannungsfeldern und Hürden in interreligiösen Bildungsprozessen aber bis dato vernachlässigt wurde. Deshalb sei die Studie eine Neuheit und folglich eine Besonderheit. Ein Beleg dieser Aussage erfolgt hier nicht, da es sich um die Einleitung der Studie handelt. Belege für diese Behauptung finden sich aber in späteren Kapiteln, insbesondere in den Ausführungen zum Forschungsstand, auf deren Basis auch das Postulat überprüft werden kann.

Eine Besonderheit ist der thematische Fokus der Studie, so die AutorInnen in Absatz 6, zum anderen auch deshalb, weil die Analyse von Konflikten und Konfliktpotenzialen ein Wagnis darstellt. Denn falls die Untersuchung zutage fördern würde, dass im Verlauf interreligiöser Bildungsprozesse zahlreiche Konflikte und unüberwindbare Gräben auftreten, würden die ForscherInnen ihre eigenen Bemühungen um interreligiöse Begegnungen in religionspädagogischen Kontexten untergraben.

Ungeachtet dessen, was für Konflikte in den interreligiösen Bildungsprozessen auftreten können, ist es nach Ansicht der AutorInnen dennoch von großer Wichtigkeit, bestehende Spannungsfelder systematisch zu erforschen. Nur so können existierende interreligiöse Kooperationen in Bildungssettings weiterentwickelt werden. Daraus erwächst die Relevanz und Bedeutung der Studie, worauf in Absatz 7 hingewiesen wird.

Bei der kritischen Lektüre von Aussagen und Argumentationen kann es hilfreich sein, den Text Zeile für Zeile zu lesen, indem wir beispielsweise einen Finger unter den Zeilen entlanggleiten lassen. Denkbar ist auch, ein anderes Hilfsmittel – wie einen Stift oder ein Lineal – zu verwenden. Das geht natürlich nur, wenn der Text in Printform vor uns liegt. Eingesetzt wird diese Technik, um die Lesegeschwindigkeit zu erhöhen und dabei doch Unkonzentriertheiten sowie ein oberflächliches Überfliegen der Abschnitte zu vermeiden. Bei digitalen Dokumenten ist hierbei anders zu verfahren. Unter anderem können hier ganze Zeilen markiert werden, um die Lesegeschwindigkeit und die Auffassungsfähigkeit beim Lesen zu steigern (Boeglin 2012, 98–103).

Markierungen

Um auf die Quelle in unserer Arbeit an passenden Stellen verweisen zu können, sollten wir unsere Eindrücke während des Leseprozesses festhalten. Erfolgen kann dies über Memos, Notizen, Schlagwörter und Randbemerkungen, die wir uns beim Lesen an den entsprechenden Stellen machen. Wenn wir einen ausgedruckten oder kopierten Text lesen oder ein Buch, das uns gehört, können wir Markierungen, Unterstreichungen und handschriftliche Notizen vornehmen. Bei digitalen Quellen ist es mitunter beschwerlich, wichtige Stellen zu markieren.

Es empfiehlt sich, mit den Markierungen nicht zu früh zu beginnen, denn sonst werden oft zu viele Textstellen oder womöglich fast der gesamte Text markiert. Dies ist aber nicht Sinn der Sache. Ziel ist, prägnante Stellen, wichtige Aussagen, zentrale Stichworte und relevante Argumentationen hervorzuheben. Eine Markierung sollte nicht vorgenommen werden, um das eigene Gewissen zu beruhigen oder um so zu tun, als hätte man den Text gelesen. Die Markierungen können auch ergänzt werden durch inhaltliche Notizen wie zum Beispiel durch Schlagwörter. Diese können eine wichtige Basis dafür liefern, um nach dem Lesen in Form von Exzerpten die Erkenntnisse beim Lesen zu verschriftlichen und Quellen zusammenzufassen.

Markierungen können auch bei Leseproblemen eingesetzt werden. Wenn ein Wort nicht verstanden wird oder ein Fachbegriff nicht geläufig ist, können diese zunächst markiert werden, um im Anschluss – zum Beispiel mithilfe des Duden, der Wikipedia oder eines themenspezifischen Handbuchs – nach deren Bedeutung zu suchen. Alternativ können wir auch ein persönliches Glossar erstellen, in dem wir Schlüsselbegriffe auflisten, mit denen wir nicht vertraut sind.

Wenn wir einen Text in einer Fremdsprache lesen, können zudem sprachliche Probleme auftreten. Ratsam ist es hier, zunächst ganze Abschnitte zu lesen, bevor wir einzelne, nicht verstandene Wörter oder Sätze markieren bzw. notieren. Diesen können wir uns zuwenden, sobald wir das Gesamtgefüge eines Absatzes verstanden haben. Andernfalls besteht die Gefahr, dass wir uns zu lange mit Detailfragen aufhalten und der Lesefluss so sehr gestört wird, dass das Verständnis maßgeblich beeinträchtigt wird.

11.4 Nach dem Lesen

Sobald wir einen Text durchgelesen haben, sollten wir ihn nicht einfach beiseitelegen und uns sofort dem nächsten zuwenden. Vielmehr gilt es, die Ergebnisse des Leseprozesses zunächst zu sichern. Um die Lektüre für die eigene Arbeit fruchtbar zu machen, ist es ratsam, sich mit den folgenden Fragen zu beschäftigen:

- Inwiefern treffen die Aussagen, Argumentationen, Befunde, Thesen und Schlussfolgerungen des Textes zu? Finden sich Kritikpunkte am Text und woran sind diese festzumachen?
- Welche Bilanz kann aus dem Text gezogen werden?
- Wie können die getroffenen Aussagen, Argumentationen, Befunde, Thesen und Schlussfolgerungen des Textes in Form eines Exzerptes zusammengefasst und verschriftlicht werden?

Prüfen und kritisieren

Ein wichtiger Schritt nach dem Lesen eines Textes ist die Prüfung der darin getroffenen Aussagen. Dies betrifft den gesamten Text – vom Titel, über die Einleitung bis hin zum Schlussteil. Für das Prüfen ist es nach Franck (2017, 126 f.) hilfreich, folgende Fragen an den Text zu richten:

- Treffen die formulierten Aussagen inhaltlich zu?
- Wie wird argumentiert und ist die Argumentation(skette) überzeugend?
- Gibt es Widersprüche oder Inkonsistenzen?
- Werden alle relevanten Aspekte der Fragestellung berücksichtigt?
- Werden die getroffenen Aussagen belegt und sind die Quellen und Belege, auf die im Text verwiesen wird, stichhaltig?

Die Liste der genannten Fragen ist auf die wesentlichen Aspekte beschränkt und nach Bedarf erweiterbar. Es handelt sich also nur um eine Hilfestellung für die Frage, worauf nach dem Lesen bei der Prüfung von Texten zu achten ist.

Um dies anhand eines Beispiels zu verdeutlichen, beschäftigen wir uns im Folgenden wieder mit dem Ausschnitt aus der Studie *Konflikte und Konfliktpotentiale in interreligiösen Bildungsprozessen*. Der Vorgang des Prüfens wird anhand der ersten beiden Absätze skizziert. Diese lauten (mit unseren Unterstreichungen und einigen Zusätzen) wie folgt:

Textbox 8: Prüfen anhand eines Beispieltextes

Interreligiöse Zusammenarbeit ist eine der wichtigsten Errungenschaften der letzten Jahre. Bedingt durch die Zunahme der religiös-weltanschaulichen Pluralität in unserer Gesellschaft hat Interreligiosität in immer mehr Bereichen an Gewicht gewonnen [*Satz 1*]. Dies betrifft naturgemäß auch die Religionspädagogik, die sowohl im Hinblick auf interreligiöse Bildung wie auch bei der Entwicklung von Pluralitätsfähigkeit eine zentrale Rolle einnimmt [*Satz 2*]. Interreligiöser Dialog, interreligiöse Bildung oder auch interreligiöses Lernen sind mittlerweile zu festen Bestandteilen der religionspädagogischen bzw. religionsdidaktischen Forschung im europäischen Kontext geworden [*Satz 3*]. A 1

Der vorliegende Band soll einen Beitrag zu den Debatten über interreligiöse Aus- und Fortbildung und interreligiöse Zusammenarbeit leisten, die in der Religionspädagogik und -didaktik im deutschsprachigen Raum gegenwärtig geführt werden [*Satz 4*]. Er beschäftigt sich mit <u>Konflikten und Konfliktpotentialen</u>, <u>die in interreligiösen Bildungssettings auftreten</u> – einem Thema, das häufig ausgeblendet wird [*Satz 5*]. A 2

Quelle: Kraml, Martina/Sejdini, Zekirija/Bauer, Nicole/Kolb, Jonas (2020): *Konflikte und Konfliktpotentiale in interreligiösen Bildungsprozessen: Empirisch begleitete Grenzgänge zwischen Schule und Universität.* Stuttgart: Kohlhammer, S. 11.

Beim Prüfen ist es zunächst wichtig, sich der Funktion des jeweiligen Textabschnitts zu vergewissern. Hier handelt es sich um die beiden einleitenden Absätze der Einleitung einer Monografie. Es wird also ein erster Einstieg in das Thema vorgenommen, das in der Studie behandelt wird. Entsprechend wird darauf in Satz 1 von Absatz 1 mit noch recht allgemein gehaltenen Aussagen hingeleitet, nämlich mit der Aussage, dass interreligiöse Zusammenarbeit in den vergangenen Jahren als eine wichtige Entwicklung einzustufen ist und Interreligiosität aufgrund der Präsenz unterschiedlicher Religionsgemeinschaften in Westeuropa an Gewicht gewonnen hat. In den Fokus wird dann in Satz 2 die Religionspädagogik gerückt, in der der interreligiöse Dialog, interreligiöses Lernen und interreligiöse Bildung wichtige Forschungsfelder darstellen.

Das Prüfen ergibt dann, dass Absatz 1 inhaltlich zutreffend und in sich schlüssig ist. Zwar werden die Aussagen durch keine Quellen oder Zitate belegt, was aber mit der

Funktion des Textabschnitts zusammenhängt. In den einführenden Sätzen einer Einleitung wird für gewöhnlich auf Quellenbelege verzichtet. Angestellt werden könnte aber die Überlegung, ob es neben der Präsenz unterschiedlicher religiöser Gemeinschaften im heutigen Europa noch weitere Faktoren gibt, die dazu beigetragen haben, dass Interreligiosität als Thema an Bedeutung gewonnen hat. Um dies zu prüfen, ist ein Überblick über die entsprechende Fachliteratur erforderlich. Ebenso könnte darüber reflektiert werden, ob neben dem in Satz 3 genannten interreligiösen Dialog, der interreligiösen Bildung und dem interreligiösen Lernen noch weitere relevante Forschungsfelder zu nennen wären, die sich durch die gewachsene Bedeutung von Interreligiosität im religionspädagogischen Setting entwickelt haben.

Als Nächstes können wir uns Absatz 2 zuwenden. Darin wird in Satz 4 zunächst das Ziel der vorliegenden Studie formuliert, einen Beitrag zur interreligiösen Zusammenarbeit bei Aus- und Fortbildungen zu leisten. Es ist ratsam, sich dieses Anliegen zu notieren und nach dem Lesen der weiteren Kapitel der Quelle kritisch zu reflektieren, ob die Zielsetzung erreicht wurde. Sollte dies nicht der Fall sein, kann dies als Kritikpunkt an der Studie notiert werden und entsprechend begründet in Ihre eigene Arbeit (z. B. in die Darstellung des Forschungsstandes) einfließen. In Satz 5 wird der Fokus der Studie auf Konflikte und Konfliktpotenziale in interreligiösen Bildungsprozessen eingegrenzt. Begründet wird dies damit, dass dieser Bereich in der bisherigen Forschung noch zu wenig beleuchtet worden sei – ein Hinweis, der im späteren Verlauf (in Absatz 5) nochmals aufgegriffen wird und daher für die AutorInnen offenkundig von Bedeutung ist.

Um diese Behauptung zu prüfen, ist zum einen ein Blick auf die Darstellung und Reflexion des Forschungsstandes in den späteren Kapiteln der Studie zu werfen, ob diesbezüglich ähnlich lautende Äußerungen getroffen werden oder ob Inkonsistenzen innerhalb der Studie festzustellen sind. Zum anderen gilt es, den Forschungsstand zum Thema auch selbstständig dahingehend zu überprüfen, ob die Aussage zutrifft. Sollte dies nicht der Fall sein, ist dies als Kritikpunkt festzuhalten und in die Reflexion des Forschungsstandes in der eigenen Arbeit einzubringen.

Das Prüfen des gelesenen Textes kann Absatz für Absatz oder Aussage für Aussage nach dem hier skizzierten Muster erfolgen. Lassen sich Inkonsistenzen, Widersprüche, Kritikpunkte oder inhaltlich unzutreffende Aussagen finden, sollte dies schriftlich notiert werden. Wenn bestehende Quellen kritisiert werden, gilt es zunächst, die Aussagen der jeweiligen AutorInnen neutral und unvoreingenommen so darzustellen, wie sie getroffen wurden. Erst wenn das Gesagte unverzerrt und sinnentsprechend wiedergegeben wurde, kann die Kritik erfolgen. Je stichhaltiger Kritikpunkte belegt und je besser begründet sie dargelegt werden, desto nachvollziehbarer und überzeugender sind sie.

Bilanz ziehen

Nach dem Prüfen gilt es, den Text zu bilanzieren. Die Kernfrage ist dabei, was der Ertrag des Textes ist. Laut Franck (2017, 127 f.) ist es hilfreich, sich dabei Folgendes zu fragen:

- Welche Kernaussagen zeichnen den Text aus?
- Wurden die formulierten Zielsetzungen erfüllt oder wurden im Verlauf des Textes manche Anliegen außer Acht gelassen?
- Gibt es Unklarheiten oder logische Widersprüche?
- Welche neuen Erkenntnisse fördert der Text zutage?
- Inwiefern kann aus dem Text etwas verallgemeinernd gefolgert und auf andere Zusammenhänge übertragen werden?
- Was lässt sich aus dem Text für die eigene Arbeit ziehen?

Beim Bilanzieren geht es darum, die Kernbotschaften eines Textes und die zentralen Eindrücke zusammenfassend festzuhalten. Zu beachten ist dabei, dass die bilanzierten Kernaussagen, Erkenntnisse und Befunde immer die Meinung der jeweiligen AutorInnen sind und entsprechend gekennzeichnet werden sollten. Dafür können Formulierungen verwendet werden wie: „Kraml et al. beschreiben die Untersuchung von Konflikten und Konfliktpotenzialen in interreligiösen Bildungsprozessen sowohl als Neuheit als auch als Wagnis“ oder „Nach Darstellung von Kraml et al. wurde das Themengebiet noch nicht ausreichend erforscht.“

Besonders wichtig ist beim Bilanzieren, was aus dem Text für die eigene Arbeit gefolgert werden kann. Sollte aufgrund der Leseerfahrung die eigene Fragestellung zum Beispiel konkretisiert, das methodische Vorgehen adaptiert oder die bisherige Gliederung verändert werden? Mit Fragen wie diesen gilt es sich hier zu beschäftigen.

Exzerpieren

Was Ihnen vor, während und nach dem Lesen eines Textes durch den Kopf geht, lässt sich nicht alles behalten. Daher ist es notwendig, dass Sie sich Notizen machen und Ihre Gedanken zu Papier bringen. Eine nützliche Methode, wie dies nach dem Lesen erfolgen kann, ist das Anfertigen von Exzerpten.

Das Wort selbst stammt von dem lateinischen Begriff *excerptum*, was so viel bedeutet wie ‚Auszug‘. Ein Exzerpt stellt also einen Auszug aus einem Text dar (Frank/Haacke/Lahm 2007, 39). Es beinhaltet alle wichtigen Informationen eines Textes bzw. zu einem Text und ist für die spätere Verwendung im Rahmen einer wissenschaftlichen Arbeit gedacht. Exzerpte werden also nicht aus reinem Selbstzweck erstellt, sondern sind idealerweise bereits so angelegt, dass sie in eine schriftliche Arbeit einfließen können (Boeglin 2012, 114). Bei der Erstellung von Exzerpten ist auf folgende Aspekte zu achten:

- Eine sinnvolle Gliederung kann wie folgt aussehen: bibliografische Angaben, Kernaussagen des Textes, direkte und indirekte Zitate, Kritikpunkte, Bilanz und Zusammenfassung sowie Stellenwert für die eigene Arbeit.
- Nennen Sie im Exzerpt den genauen Titel sowie alle bibliografischen Angaben, damit es zu keiner Verwechslung kommen kann (Rost 2010, 196).
- Kopieren Sie den Text nicht Wort für Wort, sondern umschreiben Sie die wichtigen inhaltlichen Aussagen in eigenen Worten als Paraphrase.

- Umschreiben Sie die zentralen Aussagen in ganzen Sätzen, nicht in Form von Stichworten. Das Exzerpt ist so zu verfassen, dass es auch Monate oder Jahre später noch gelesen und verstanden werden kann. Entsprechend ist es ratsam, Abkürzungen zu verwenden, die Sie auch später noch zuordnen können (Franck 2017, 84). Notieren Sie in dem Exzerpt auch den Zeitpunkt der Abfassung.
- Wichtige Aussagen sind mit Quellenangaben zu belegen, sonst wird es Ihnen zu einem späteren Zeitpunkt schwerfallen, Paraphrasierungen von Kernaussagen, also indirekte Zitate, genau zu belegen. Kennzeichnen Sie daher sowohl direkte als auch indirekte Zitate mit präzisen Seitenangaben.
- Es bietet sich an, Texte abschnittsweise zu exzerpieren. Bei ganzen Büchern ist dieses Verfahren besonders umfangreich. Exzerpte bieten sich als Methode der Texterschließung daher insbesondere für Aufsätze und Buchkapitel an.
- Lassen Sie in das Exzerpt Ihre Überlegungen, Fragen und Bewertungen vor, während und nach dem Lesen einfließen. Das Hauptaugenmerk liegt aber auf der Textzusammenfassung. Verfasst wird ein Exzerpt erst nach dem Lesen. Dies fällt leichter, wenn Sie auf Notizen und Randbemerkungen zurückgreifen können, die Sie bereits während des Lesens gemacht haben.
- Arbeiten Sie das Exzerpt an Ihrem Endgerät aus und speichern Sie die Datei in einer sinnvoll geordneten Ordnerstruktur ab, damit Sie auf das Exzerpt zu einem späteren Zeitpunkt ohne Probleme zugreifen können. Es bietet sich an, ein Archiv von Exzerpten anzulegen. Die Verwaltung und Organisation von Exzerpten kann durch Literaturverwaltungsprogramme (wie Endnote, Citavi, Zotero etc.) erleichtert werden (Boeglin 2012, 114).

Insgesamt kosten das Lesen und Exzerpieren von Texten viel Zeit. Ungeachtet dessen erleichtern Exzerpte das wissenschaftliche Arbeiten enorm, denn sie sind eine effektive Vorarbeit für das Schreiben. Gerade für die besonders wichtigen Quellen, auf die Sie immer wieder zurückgreifen werden, bietet es sich daher an, Exzerpte anzufertigen.

Abschließende Gedanken

Das Lesen ist eine zentrale wissenschaftliche Arbeitstechnik. Ohne zu lesen, ist es nicht möglich, wissenschaftlich zu forschen und zu arbeiten. Zu differenzieren ist beim Lesen grundsätzlich zwischen drei Phasen mit unterschiedlichen Teilschritten. Diese sind in Abbildung 13 noch einmal grafisch dargestellt.

Wissenschaftliche Texte sollten also nicht einfach nur durchgelesen werden, sondern man sollte den Leseprozess strukturiert und systematisch vor- und nachbereiten. Erst so kann das Lesen effektiv gestaltet werden. Es empfiehlt sich auch, nicht zu viele Quellen gleichzeitig zu lesen, damit der Überblick nicht verloren geht.

Neben dem vorgeschlagenen Modell gibt es auch alternative Lesetechniken, die das Ziel haben, Fachtexte in eigenen Worten wiederzugeben. Dazu zählen beispielsweise das

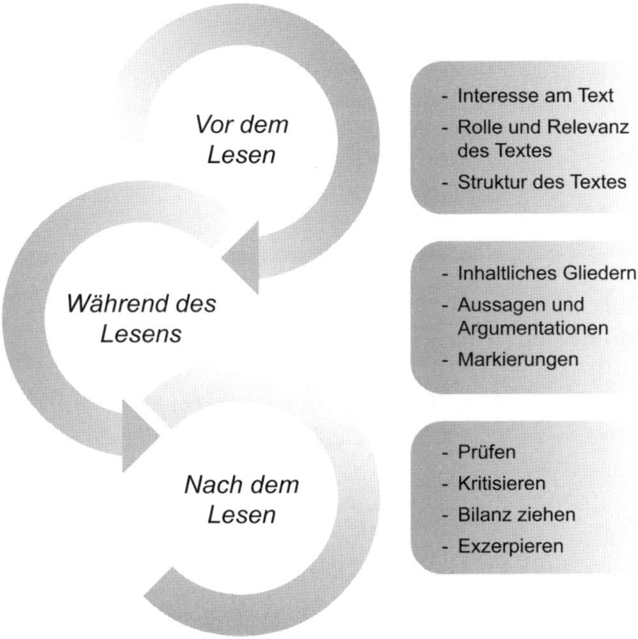

Abbildung 13: Schritte beim Lesen wissenschaftlicher Quellen

SQR-Verfahren[19] und die Sechs-Schritte-Methode (PQ4R)[20] (Rost 2010, 183 f.). Diese zeichnen sich durch Vorgehensweisen aus, die mit dem hier vorgestellten Modell vergleichbar sind.

Auf die Frage, ob immer alle wissenschaftlichen Quellen gelesen werden müssen, die für die eigene Arbeit als relevant identifiziert wurden, gibt es keine eindeutige Antwort. Es gibt hier einen gewissen Spielraum, der vom Charakter der zu verfassenden Arbeit abhängt. Der Leseprozess nimmt bei Dissertationen um ein Vielfaches mehr Zeit in Anspruch, als wenn Sie zum Beispiel eine Seminararbeit zu verfassen haben. Die recher-

19 SQR ist ein Akronym für die Schritte **S**urvey (Überblick gewinnen), **Q**uestion (Fragen an den Text stellen) und **R**ead (aufmerksam lesen). Im Anschluss kann mit den weiteren Phasen – Write (Rohtext schreiben), Herkunft explizit ausführen, direkte Zitate einarbeiten und bibliografische Daten darlegen – begonnen werden (Wolfsberger 2016, 150–153).

20 Das Akronym PQ4R steht für die Schritte **P**review (Übersicht gewinnen), **Q**uestions (Fragen an den Text formulieren und niederschreiben), **R**ead (den Text auf die Fragen hin lesen), **R**eflect (nach der Lektüre eines Abschnitts über dessen Inhalt nachdenken), **R**ecite (das Gelesene durch schriftliche Beantwortung der Fragen aus dem Gedächtnis wiederholen) und **R**eview (Rückblick und Überprüfung vornehmen) (Rost 2010, 183 f.)

chierte Literatur sollte jedoch auch bei Seminararbeiten und Referaten zumindest kursorisch gelesen werden. Die Lektüre ist besonders dann unerlässlich, wenn der Quelle eine wichtige Rolle für die eigene Arbeit zukommt oder wenn eine Publikation angestrebt wird.

Weiterführende Literatur

Boeglin, Martha (2012): *Wissenschaftlich arbeiten Schritt für Schritt: Gelassen und effektiv studieren*. 2. Aufl., München: W. Fink [v. a. Teil II: Sich informieren, Kap. 3: Lesestrategien, S. 98–109, und Kap. 4: Aktiv lesen, S. 109–125].

Franck, Norbert (2017): *Handbuch Wissenschaftliches Arbeiten*. 3. Aufl., Paderborn: Schöningh [v. a. Abschnitte: Exzerpieren, S. 79–85, und Abschnitt: Lesen, S. 116–129].

Kruse, Otto (2018): *Lesen und Schreiben: Der richtige Umgang mit Texten im Studium*. 3. Aufl., München: UVK.

Leiner, Martin (2008): *Methodischer Leitfaden Systematische Theologie und Religionsphilosophie*. Göttingen: V & R [v. a. Kap. 5: Wie lese ich einen Text?, S. 89–107, Kap. 6: Wie fasse ich einen Text zusammen?, S. 108–121, Kap. 7: Wie interpretiere ich einen Text?, S. 122–137, und Kap. 8: Wie kritisiere ich einen Text?, S. 138–144].

Niedermair, Klaus (2010): *Recherchieren und Dokumentieren: Der richtige Umgang mit Literatur im Studium*. Wien: Huter & Roth.

Rost, Friedrich (2010): *Lern- und Arbeitstechniken für das Studium*. 6. Aufl., Wiesbaden: VS Verlag für Sozialwissenschaften.

12 Schreiben

Wissenschaftliche Arbeiten werden meist in Textform verfasst, abgegeben, eingereicht und veröffentlicht. Trotz Ausnahmen – wie Vorträgen, Referaten und zum Beispiel Video-Arbeiten in manchen Disziplinen – werden sie also für gewöhnlich verschriftlicht. Dies gilt auch für die Islamische Theologie, in der aktuell keine anderen Formen der Präsentation vorgesehen oder anerkannt sind. Somit kommt dem Schreiben als wissenschaftlicher Technik eine essentielle Rolle zu. Ohne Fertigkeiten im Schreiben können Analysen nicht in Form gegossen werden. Für Studierende erscheint der Schreibprozess aber häufig wie eine Blackbox, über die kaum näher geredet wird. Entsprechend ist zu erläutern, wie das Schreiben eigentlich abläuft und was dabei zu beachten ist (Wolfsberger 2016, 102).

In diesem Kapitel werden wir uns die verschiedenen Phasen des Schreibprozesses und die damit verbundenen Fragen genauer ansehen. Dieser Prozess ist eng mit anderen Techniken des wissenschaftlichen Arbeitens verknüpft – wie dem Recherchieren, Lesen, Paraphrasieren, Argumentieren, Formulieren und Zitieren. Im Zuge einer Forschung kommt das Schreiben während der Präsentation (Kap. 6) zum Einsatz.

In den folgenden Abschnitten werden wir uns mit diesen Fragen beschäftigen:

- Warum ist das Schreiben so bedeutsam? (Kap. 12.1)
- Wie lässt sich der Prozess des Schreibens vorbereiten? Was ist im Vorfeld zu tun? (Kap. 12.2)
- Für wen wird geschrieben und wie lässt sich die LeserInnenorientierung gewährleisten? (Kap. 12.3)
- Welche Phasen gibt es beim Schreiben? (Kap. 12.4)
- Was kennzeichnet den wissenschaftlichen Stil? Muss ein Text trocken, einschläfernd und humorbefreit sein oder kann er auch spannungsgeladen und erzählerisch ansprechend gestaltet werden? (Kap. 12.5)
- Wie sollten fremde Textteile wie Zitate in einen Fließtext eingebunden werden? (Kap. 12.6)
- Wie ist mit arabischen Quellen und Fachbegriffen umzugehen? (Kap. 12.7)
- Wie zeigt sich das schreibende Subjekt? Oder anders gefragt: Darf in einem wissenschaftlichen Text von ‚ich' oder ‚wir' die Rede sein? (Kap. 12.8)

12.1 Zur Bedeutung des Schreibens

Das Schreiben als wissenschaftliche Arbeitstechnik ist aus verschiedenen Gründen von größter Bedeutung. Das liegt zunächst daran, dass von einem Forschungsprojekt und einer Studie nur die veröffentlichten schriftlichen Ergebnisse – also die Monografien, die Fachartikel und Aufsätze sowie die Projektberichte – tatsächlich dauerhafter Natur sind. Die schriftliche Präsentation bestimmt maßgeblich die Wahrnehmung und die Rezeption einer Forschung. Auch die sorgfältigsten, detailliertesten, kreativsten und innovativsten Auswertungen und Interpretationen können vergebens sein, wenn sie nicht verschriftlicht werden. Die knappe Zeit, die Ihnen für eine Forschung zur Verfügung steht, sollte daher so eingesetzt werden, dass Sie einen wissenschaftlichen Text effizient verfassen können. Wichtig ist dies, weil das verschriftlichte Werk das sichtbare Zeugnis Ihrer Forschung ist. Nur das Geschriebene bleibt.

Das Schreiben ist dabei jedoch mehr als das bloße Überführen von losen Gedanken und Überlegungen in einen anderen Aggregatzustand, also in einen Text. Vielmehr ist es selbst auch ein Teil des Analyseprozesses. Denn das Formulieren von Zusammenhängen ist Teil dieses Prozesses und hilft dabei, ungeordnete Gedanken zu sortieren, Fragen systematisch zu durchdenken, konkrete Argumentationen aufzubauen sowie Ursache-Wirkungs-Zusammenhänge aufzuzeigen. Das Schreiben stellt hier eine Art Brücke dar, die von der Seite der fluiden und ungeordneten Überlegungen hin zur Seite der präzisen und sprachlich fixierten Darlegung wissenschaftlicher Gedankengänge führt. Erst im Zuge des Schreibens nehmen wissenschaftliche Befunde, Thesen und Aussagen Gestalt an. Damit soll bei den LeserInnen erreicht werden, „das Zustandekommen der Resultate nachvollziehen und kritisch würdigen zu können" (Hermisson/Weiß 2018, 316).

Hervorzuheben ist auch die reflexive Funktion des Schreibprozesses, denn oftmals macht erst das Schreiben bestimmte Aspekte einer Analyse bewusst. So können Lücken in der Argumentation sichtbar, Unklarheiten in den analysierten Quellen offenkundig und begriffliche Unschärfen deutlich werden. Dies resultiert unter anderem daraus, dass das Schreiben Präzision und Konkretheit verlangt und zuvor fluide Gedanken in konsistente Argumente verwandelt. Insofern bedeutet das Schreiben auch zu denken, zu reflektieren, zu planen und zu klären (Frank/Haacke/Lahm 2007, 79). Unterstützt werden können diese Prozesse durch Methoden wie Clustering, Freewriting, Mind-Mapping und das Führen eines Schreibtagebuchs (ebd., 80–88).

Im folgenden Abschnitt wenden wir uns der Frage zu, wie der Prozess des Schreibens vorbereitet werden kann. Vorausschicken möchten wir noch, dass ein guter Text nicht einfach so vom Himmel fällt. Vielmehr macht Übung den Meister bzw. die Meisterin. Gutes wissenschaftliches Schreiben will geübt sein (Rost 2010, 219). Dafür braucht es auch eine gute Vorbereitung und gezielte Vorüberlegungen.

12.2 Vorbereitungen: Das Inhaltsverzeichnis

Bevor das Schreiben beginnt, ist zu überlegen, wie das Resultat gegliedert sein soll. Ohne eine durchdachte Planung kann ein Werk nicht verfasst werden. Die Struktur des Textes wird üblicherweise in einem vorläufigen Inhaltsverzeichnis zusammengefasst. Erstellt wird eine solche Gliederung in der Regel dann, wenn die Vorbereitung (Kap. 3), Planung (Kap. 4) und Analyse (Kap. 5) einer Forschung sowie das Recherchieren (Kap. 10) und Lesen (Kap. 11) der relevanten Literatur abgeschlossen sind.

Bei der Konzeption eines Inhaltsverzeichnisses geht es darum, einen Plan zu entwickeln, wie die Ergebnisse der Forschung aufbereitet und dargelegt werden können. Festgelegt wird so eine Art Fahrplan des Textes und die Route, die die Analyse nimmt

(Wolfsberger 2016, 87–93). Das Inhaltsverzeichnis kann unterschiedliche Formen annehmen, je nachdem, ob es sich um eine Seminar-, Bachelor- oder Masterarbeit, einen Aufsatz, eine Monografie oder eine Dissertation handelt (Hug/Poscheschnik 2020, 239–244). Dennoch gibt es grundlegende Aspekte, die bei der Gestaltung zu berücksichtigen sind. Dazu gehören neben dem formellen Rahmen aus Deckblatt, Inhalts- und Literaturverzeichnis sowie einem aussagekräftigen Titel insbesondere die klassische Struktur von Einleitung, Hauptteil und Schluss. Diese kann folgende Unterabschnitte umfassen:

- Einleitung
  - Hinführung zum Thema
  - Problemstellung
  - Fragestellung und Unterfragen
  - Darlegung der Struktur der Arbeit

- Hauptteil
  - Begriffsbestimmungen und Definitionen
  - Darstellung des Forschungsstandes
  - Auseinandersetzung mit Theorien und Konzepten
  - Vorstellung der methodischen Vorgehensweise
  - Präsentation der Daten und deren Analyse
  - Darstellung und Diskussion der Ergebnisse
  - Beantwortung der Fragestellung
  - Entwicklung von Schlussfolgerungen und Empfehlungen

- Schluss
  - Zusammenfassung und Fazit
  - Ausblick

Nach dem Schlussteil werden in der Regel noch das Literaturverzeichnis sowie bei Bedarf bestimmte Anhänge beigefügt.

Der Umfang der einzelnen Kapitel und Unterabschnitte hängt vom Charakter der Arbeit ab. Bei der Platzierung mancher Unterabschnitte besteht ein gewisser Spielraum. So können Ausführungen zur Begriffsbestimmung und zu Definitionen entweder im Hauptteil oder auch schon in der Einleitung untergebracht werden. Ebenso kann die Beantwortung der Fragestelltung entweder im Haupt- oder im Schlussteil erfolgen.

Die Überschriften der Kapitel sollten eine klare Vorstellung von dem vermitteln, was darin jeweils behandelt wird, ohne dass die entsprechenden Kapitel gelesen werden müssen. Entsprechend sind treffende Titel und Formulierungen zu wählen. In wissenschaftlichen Texten werden meist Nominalphrasen als Kapitelüberschriften verwendet (z. B. „Religiöse Normen in theologischen Quellen“ oder „Ein Überblick über islamische Organisationen in Deutschland“). Aussagesätze oder Fragen finden sich dagegen nur in Ausnahmefällen und sollten vermieden werden (Beinke et al. 2016, 47).

Die Schwerpunktsetzung, das methodische Design und die Logik einer wissenschaftlichen Arbeit müssen sich auch in deren Inhaltsverzeichnis abbilden. Empirische Studien etwa erfordern zu Beginn einen Teil mit theoretischen Grundlagen und eine Darstellung der gewählten Methoden. Den größten Umfang nimmt dann die Analyse der empirischen Daten ein. Zum Abschluss erfolgt eine Zusammenführung von Theorie und Empirie. Zu vermeiden ist dabei, dass die theoretischen und die empirischen Abschnitte unverbunden nebeneinanderstehen, so als hätten sie keinen Bezug zueinander oder als wären sie rein zufällig dort platziert. Anzustreben ist vielmehr eine enge Verzahnung von Theorie und Empirie.

Was zunächst einfach klingen mag, ist in der praktischen Umsetzung nicht so leicht. Auch erfahrene ForscherInnen scheitern zum Teil an dieser Aufgabe. Denn die Abschnitte zu den Grundlagen (Begriffsdefinition, Forschungsstand, theoretische Zugänge etc.) sollten bereits so geschrieben sein, dass sie zur empirischen Analyse hinführen. Seitenlange Ausführungen zu einem theoretischen Konzept, das in der späteren Darstellung gar keine Rolle spielt, sind für die Arbeit ohne Nutzen und deshalb zu vermeiden (Boeglin 2012, 142). Bei der Analyse der empirischen Daten sollte auf die theoretische Diskussion dann jeweils kurz Bezug genommen werden, damit die unterschiedlichen Abschnitte in einem erkennbaren inhaltlichen Zusammenhang stehen. Spätestens in der Zusammenführung sind die beiden Aspekte, also die empirischen und die theoretischen, dann noch einmal systematisch miteinander zu verknüpfen.

Neben empirischen Arbeiten, die eine bestimmte Gliederungsart erfordern, gibt es weitere Textarten, die nach anderen Prinzipien gegliedert sein können. Beispielsweise kann das Inhaltsverzeichnis durch ein induktives (vom Besonderen zum Allgemeinen) oder ein deduktives Vorgehen (vom Allgemeinen zum Besonderen) oder auch durch einen chronologischen Aufbau (vom zeitlich Älteren zum Aktuelleren) gekennzeichnet sein (Rost 2010, 285).

Die Kapitel einer Arbeit sollten das Thema und die bearbeitete Fragestellung vollständig und angemessen gewichtet abdecken. Wenn eine Fragestellung formuliert wurde, die auf einen Vergleich abzielt, muss dies auch im Inhaltsverzeichnis so ersichtlich sein. Bei einem solchen Design sind zunächst theoretische Grundlagen und Vergleichskriterien darzulegen, dann erfolgt die Analyse eines Falls A, gefolgt von der Analyse von Fall B und vielleicht auch C, D usw. Am Schluss mündet die Analyse der Einzelfälle in eine systematische Gegenüberstellung anhand nachvollziehbarer Vergleichskriterien.

In formeller Hinsicht werden Inhaltsverzeichnisse meist numerisch gegliedert. Einzelne Kapitel sind die Summe ihrer Unterkapitel. Wenn es einen Unterabschnitt 1.1 gibt, muss es also zwingend auch einen Abschnitt 1.2 geben. Andernfalls fehlt der Untergliederung die Sinnlogik. Die Anzahl der Gliederungsebenen (1, 1.1, 1.1.1 etc.) sollte überschaubar gehalten werden, damit der Überblick nicht verloren geht. Selbstverständlich müssen die Überschriften des Inhaltsverzeichnisses mit den Überschriften im Fließtext genau übereinstimmen. Nicht jeder einzelne kurze Absatz sollte eine eigene Nummer haben, es kann auch mit Zwischenüberschriften ohne Nummern gearbeitet werden. Als Faustregel empfiehlt sich, dass ein Kapitel oder Unterkapitel mindestens eine Seite umfasst, damit der Lesefluss gewährleistet ist.

12.3 Der rote Faden. Oder: Die LeserInnenführung

Zum Verständnis von Texten trägt der sogenannte ‚rote Faden' bei. Gemeint ist damit ein Leitgedanke oder ein Leitmotiv, das sich auf gedanklicher Ebene durch den Text zieht. In wissenschaftlichen Texten unterstützt der rote Faden dabei,
- Orientierung zu bieten,
- die Zielsetzung der Arbeit präsent zu halten,
- Unübersichtlichkeit zu vermeiden,
- den Aufbau des Textes von der Einleitung, über die Fragestellung, die Analyse und die Befunde bis hin zum Schluss zu verdeutlichen sowie
- die Grenzen des gewählten Themas nicht zu überschreiten (Boeglin 2012, 177).

Dem roten Faden kommt in einer wissenschaftlichen Arbeit eine essentielle Rolle zu, da er beim Lesen durch den Text führt. Das kann zum Beispiel dadurch geschehen, dass bestimmte Inhalte angekündigt werden, die die LeserInnen erwarten, oder regelmäßig wichtige Aspekte nochmals zusammengefasst werden (Beinke et al. 2016, 152). Der rote Faden orientiert sich an der Fragestellung, auf deren Bearbeitung und Beantwortung die Arbeit abzielt.

Der rote Faden kann sich in der expliziten LeserInnenführung durch klare sprachliche Signale im Text oder implizit durch den gut nachvollziehbaren argumentativen Aufbau der einzelnen Textabschnitte zeigen (ebd., 155–162). Ein klarer roter Faden ergibt sich erst dann, wenn auf den inhaltlichen Aufbau eines Textes häufig genug hingewiesen wird. Erfolgen kann dies beispielsweise an den folgenden Stellen und auf folgende Weise:
- **Einleitung:** Hier ist es ratsam, die allgemeine Gliederung und die Abfolge der Kapitel zu erklären. Dabei können Sie darlegen, was Sie wann und zu welchem Zweck tun. Das erleichtert es den LeserInnen, das Leitmotiv und die Logik Ihres Textes nachzuvollziehen.
- **Definitionen:** Begriffe zu bestimmen und zu definieren ist wichtig, um präzise zu arbeiten und Missverständnisse zu vermeiden. Die Erklärung, wie ein Begriff in Ihrer Arbeit verwendet wird, kann aber auch dazu dienen, den Bezug zu Ihrem roten Faden herzustellen.
- **Kapitelbeginn:** Mit Verweisen auf Vorangegangenes und noch Kommendes kann der rote Faden verdeutlicht werden (z. B. „Nachdem wir uns im vorigen Kapitel mit der Frage befasst haben, was unter dem Begriff religiöse Normen zu verstehen ist, setzen wir uns nun damit auseinander, welche dieser Normen in beruflichen Kontexten für MuslimInnen im deutschsprachigen Raum relevant sind"). Auf diese Weise kann die Bedeutung eines Abschnitts im Rahmen des Gesamttextes aufgezeigt werden.
- **Kapitelende:** Am Ende eines Kapitels bietet es sich an, wichtige Befunde oder Aussagen noch einmal Revue passieren zu lassen und festzuhalten. Dies kann in Form eines kurzen Fazits oder einer Zwischenbilanz erfolgen. Dadurch wird die Relevanz des Kapitels für den Gesamtzusammenhang betont.
- **Schluss:** Am Ende eines Textes ist es zentral, die zum Ausdruck gebrachten Grundideen und die gegangenen argumentativen Schritte nochmals aufzugreifen und dar-

zulegen, welche Route der Text aus welchem Grund genommen hat (Frank/Haacke/Lahm 2007, 45–48; Boeglin 2012, 177–179).

Um einen klaren roten Faden zu gewährleisten, sollte den LeserInnen ein verständlicher Leseplan an die Hand gegeben werden, der die Intentionen des Textes explizit hervorhebt (Beinke et al. 2016, 162). Wer eine wissenschaftliche Arbeit liest, darunter nicht zuletzt auch die BetreuerInnen von Qualifikationsarbeiten, hat in der Regel wenig Zeit und wird deshalb über eine klare Leseanleitung sehr dankbar sein.

12.4 Vom ersten Entwurf zur finalen Fassung in sieben Schritten

Von den Überlegungen, die vor dem Verfassen eines Textes erfolgen sollten, wenden wir uns nun der Frage zu, durch welche Phasen sich der wissenschaftliche Schreibprozess auszeichnet. Grundsätzlich ist es ratsam, das Verfassen eines Textes Schritt für Schritt vorzunehmen, denn so kann ein Text zunehmend entwickelt und verbessert werden. Zu unterscheiden sind dabei laut Boeglin (2012, 130) sieben Schritte:

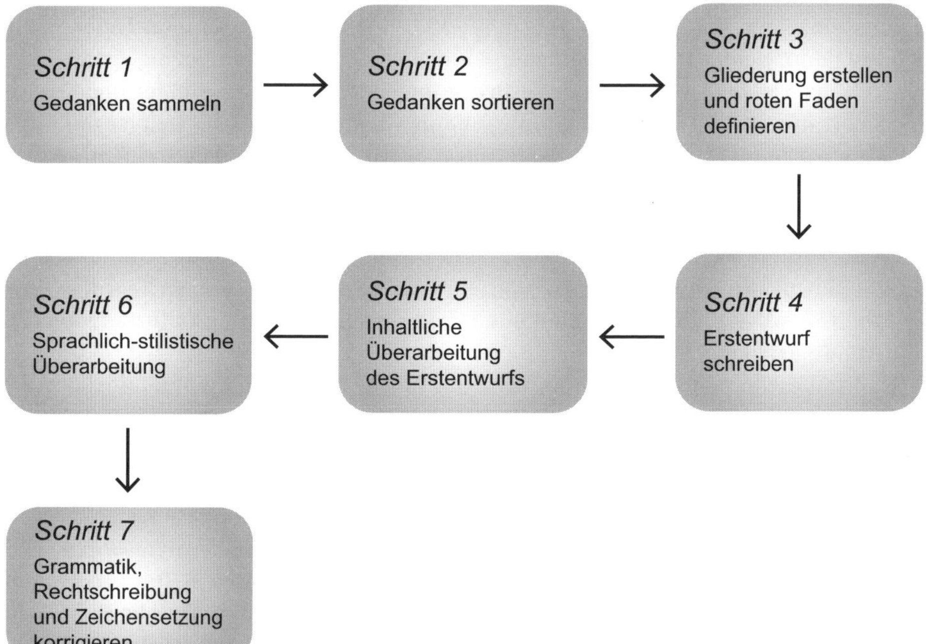

Abbildung 14: Die sieben Schritte des Schreibprozesses

Zu Beginn des Schreibprozesses ist es förderlich, die eigenen freien und ungeordneten Gedanken zum geplanten Textvorhaben zu sammeln (Schritt 1), zum Beispiel mittels Brainstorming, Mindmapping oder anderer kreativer Methoden. Im Anschluss werden die Gedanken dann systematisiert und sortiert, indem etwa Überlegungen zur Textgattung (Aufsatz, Masterarbeit etc.), zum Umfang und zur grundsätzlichen Struktur angestellt werden (Schritt 2). Daraufhin erfolgt die Erstellung einer provisorischen Gliederung. An dieser Stelle bietet es sich an, auch über den roten Faden des Textes nachzudenken und diesen zu definieren (Schritt 3). Danach kann mit dem eigentlichen Schreiben begonnen werden, indem ein Erstentwurf erstellt wird (Schritt 4). Hier kann man noch relativ spontan drauflos schreiben, ohne sich lange mit Verbesserungsversuchen (zur Systematisierung, Formulierung etc.) aufzuhalten, da einen das auch blockieren kann. In dieser Phase geht es nicht darum, einen perfekten Text zu erstellen, sondern eine erste Grundlage für das geplante Vorhaben zu schaffen. Der Erstentwurf wird in der Folge inhaltlich redigiert (Schritt 5) und sprachlich-stilistisch Stück für Stück weiter verbessert (Schritt 6). Hierbei sind in der Regel mehrere Überarbeitungsschritte notwendig. Erst zum Abschluss werden Grammatik, Rechtschreibung und Zeichensetzung korrigiert (Schritt 7).

12.5 Charakteristika des wissenschaftlichen Schreibens

Wenn Studierende an wissenschaftliche Arbeiten denken, haben sie nicht selten Texte vor Augen, deren Sätze sich, mit Fachbegriffen gespickt, über eine halbe Seite ziehen. Solche Negativbeispiele kommen leider immer wieder vor, in den Geisteswissenschaften sind ein schwer lesbarer Jargon und Wuchersätze keine Seltenheit (Franck 2017, 207). Dabei erfordert das wissenschaftliche Schreiben eigentlich keineswegs zwingend eine verschachtelte und komplizierte Ausdrucksweise. Das A und O ist vielmehr, dass sich ein Text durch einen verständlichen, präzisen und neutralen Stil auszeichnet. Zu verstehen ist darunter Folgendes:

- **Verständlich:** Wissenschaftliche Texte sollten einen einfachen Sprachbau und geläufige Wörter in kurzen Satzkonstruktionen aufweisen, damit sich der Bedeutungsgehalt des Textes beim Lesen gut und einfach erschließen lässt. Zur wissenschaftlichen Arbeit gehört es, komplizierte Sachverhalte sprachlich so auszudrücken, dass sie gut nachvollziehbar sind, ohne Abstriche bei der inhaltlichen Komplexität zu machen. Verständliche Formulierungen sind dafür erforderlich, wollen aber auch geübt sein – oder wie Karl Raimund Popper es in einem berühmten Zitat drastisch formulierte: „Wer's nicht einfach und klar sagen kann, der soll schweigen und weiterarbeiten, bis er's kann" (1999, 147). Unterstützt werden kann die Verständlichkeit eines Textes durch verschiedene Mittel. So ist es meist förderlich, wenn die Sätze eines Absatzes oder einer Argumentationskette mit Konjunktionen miteinander verbunden sind und sich systematisch aufeinander beziehen. Aussagen, die zueinander in engem Zusammenhang stehen, werden in einem Absatz zusammengefasst. Wird ein neues Thema eröffnet, kann ein neuer Absatz begonnen werden. Zentrale Begriffe können durch Kursiv- oder Fettsatz hervorgehoben werden. Zu formulieren sind wissenschaftliche Texte so, dass sie für ein möglichst breites Publikum nachvollziehbar und verständlich sind (Rost 2010, 213).

- **Präzise:** Weil Wissenschaft sich mit komplexen Sachverhalten beschäftigt, erfordert das adäquate und treffende Ausdrücken von Erkenntnissen, Befunden und Schlussfolgerungen eine präzise und akkurate Schreibweise. Die Verwendung von Fremdwörtern und eines spezifischen Fachvokabulars ist in der Regel notwendig, um an wissenschaftliche Diskurse anzuknüpfen und ein Fachpublikum anzusprechen. Komplizierte Befunde lassen sich nicht immer in einfachen Worten oder in kurzen Sätzen ausdrücken. Gleichwohl sollte das präzise Formulieren nicht in ein Imponiergehabe abgleiten, bei dem Fremdwort an Fremdwort gereiht ist und möglichst komplexe Schachtelsätze gebildet werden, wobei Textverständnis und ansprechender Stil auf der Strecke bleiben (ebd., 211 f.). Denn wissenschaftliche Texte sollten nicht nur dem Fachpublikum, sondern auch der interessierten Öffentlichkeit Ergebnisse und Schlussfolgerungen der eigenen Arbeit präzise vermitteln. Umschweifige Erläuterungen und vage Umschreibungen, die für die zentralen Aussagen eines Textes nicht zwingend notwendig sind und diesen unnötig aufblähen, sollten ebenfalls unterlassen werden. Stattdessen gilt das Prinzip: In der Kürze liegt die Würze (Franck 2017, 211–213).

- **Neutral:** Außer durch seinen verständlichen und präzisen Charakter zeichnet sich das wissenschaftliche Schreiben zudem durch seinen neutralen Stil aus. Analysen sind also sachlich darzulegen und sollten nicht bewertend oder beurteilend erfolgen. Denn die Aufgabe von Wissenschaft ist es eben nicht – wie der Soziologe Max Weber in seiner bekannten Schrift *Wissenschaft als Beruf* von 1919 ausführt –, Zusammenhänge und Sachverhalte danach zu beurteilen, wie sie sein *sollten*, sondern wie sie *sind* (Weber 1988a, 598). Aussagen, wie etwas sein solle oder wie Menschen handeln sollten, „können nur Religionen, Propheten oder (politische) Führer machen“ (Rosa/Strecker/Kottmann 2018, 52). Werturteile und normative Zuschreibungen (wie z. B.: ‚vorbildliche Handlungsweise‘, ‚guter Muslim‘ etc.) sind daher zu vermeiden (Rost 2010, 214; Beinke et al. 2016, 207). Ob AutorInnen persönlich einer bestimmten Auffassung zuneigen, ist davon jedoch unbenommen. Partei für oder wider eine Position aus rein subjektiven Wertorientierungen heraus und in Ermangelung sachlicher Begründungen zu ergreifen, ist hingegen zu unterlassen. Wenn wir etwa zu unserem Musterthema ‚Religiöse Normen im Berufsleben von MuslimInnen‘ eine empirische Analyse mit Interviews durchführen, sind Beurteilungen zu vermeiden. Falls wir dabei Interviews mit Personen führen, die dem Pflichtgebet am Arbeitsplatz nicht nachkommen, ist diese Umgangsform in der Arbeit später nicht als Fehlverhalten abzuurteilen oder als frevelhaftes Abweichen von religiösen Geboten anzukreiden. Vielmehr hat sich das wissenschaftliche Schreiben dadurch auszuzeichnen, dass die Bedingungen, Faktoren und Auslöser für diese Umgangsformen präzise und neutral beschrieben und analyisiert werden.

12.6 Sprachstil und Einbindung fremder Textteile

Dass sich das wissenschaftliche Schreiben durch Verständlichkeit, Präzision und Neutralität auszeichnet, muss nicht zwingend bedeuten, dass wissenschaftliche Texte einschläfernd und restlos humorbefreit sein müssen. Hierzu gibt es jedoch kontroverse Auffassungen. So ist nach Ansicht von manchen ein wissenschaftlicher Stil erst dann erreicht, wenn er möglichst trocken und spannungslos ist. Wir möchten an dieser Stelle jedoch eine Lanze dafür brechen, dass wissenschaftliche Inhalte sehr wohl auch erzählerisch ansprechend und mit einem packenden Spannungsbogen vermittelt werden können, ohne dass dies zulasten des verständlichen, präzisen und neutralen Stils gehen muss. Auch einem wissenschaftlichen Text ist es zuträglich, wenn den LeserInnen auf die Forschungsfrage nicht sofort ohne Umschweife oder Spannungsaufbau alle Antworten auf einen Schlag präsentiert werden, sondern wenn dies häppchenweise oder Schritt für Schritt erfolgt (Boeglin 2012, 131 f.). Prinzipiell erachten wir es daher als förderlich, wenn wissenschaftliche Analysen nicht auf blutleere Weise abgehandelt, sondern als fesselnde wissenschaftliche Geschichten erzählt werden und beim Lesen in den Bann ziehen. Auch persönliche Zugänge und Anekdoten können dabei eingeflochten werden (Becker 1998). Anders als in belletristischer Literatur oder Krimis dürfen die LeserInnen durch einen künstlichen Spannungsaufbau aber nicht irregeführt oder getäuscht werden.

Wie dies erfolgen kann, soll an einem exemplarischen Textbeispiel gezeigt werden, das der Studie *Muslimische Diversität: Ein Kompass zur religiösen Alltagspraxis in Österreich* von Ednan Aslan, Jonas Kolb und Erol Yildiz (2017) entnommen ist. Bei der Monografie handelt es sich um eine empirische Untersuchung, in der qualitative und quantitative Forschungsmethoden miteinander trianguliert werden. Bei der Beschreibung religiöser Orientierungen wird auf die Darstellungsmethode der Einzelfallanalyse zurückgegriffen, um exemplarische Formen des Umgangs mit religiösen Normen anhand von konkreten Biografiepfaden lebensnah zu beschreiben. Eine solche Einzelfallanalyse – in diesem Fall eines 38-jährigen Interviewpartners, der im Süden von Wien aufgewachsen ist – steht im Mittelpunkt des nachfolgenden Textausschnitts. Der Text ist unterteilt in verschiedene Absätze, die mit Schlagworten versehen sind, um deren Funktion zu benennen. Die Darstellung bedient sich eines verständlichen, präzisen und neutralen Stils, ist deshalb aber nicht humorbefreit oder einschläfernd. Eingeflochten sind in die Fallanalyse auch fremde Textbausteine (Beinke et al. 2016, 91–132) – in diesem Fall direkte Zitate des Interviewpartners. Auf die Einbindung der Textbausteine wird im Anschluss mithilfe der Unterstreichungen im Beispieltext eingegangen.

Textbox 9: Wissenschaftliches Schreiben anhand eines Beispieltextes

Geboren ist der Mann im Industrieviertel in Niederösterreich im Süden von Wien. Seine Eltern kamen im Erwachsenenalter als sogenannte Gastarbeiter nach Österreich. Seit ihrer Pensionierung verbringen sie die eine Hälfte des Jahres, also die Zeit von Mai bis Oktober, in der Türkei, die andere in Österreich. Als seine Muttersprache betrachtet der 38-jährige Techniker Deutsch. Zu Hause, mit den Eltern spreche er nur Türkisch, sonst aber überall Deutsch. Gelebt hat er zeit seines Lebens in Österreich, deswegen fühlt er sich auch als Österreicher. Die Anerkennung dieser Selbstzuschreibung bleibe ihm jedoch, wie er sagt, von Teilen der nichtmuslimischen österreichischen Mehrheitsgesellschaft verwehrt, was bei ihm ein ambivalentes Gefühl zurücklässt.

A 1: Einleitung der Fallanalyse

[...]

Nicht nur bei der Frage seiner Identität, seines Selbstbildes und seiner Zugehörigkeit zeigen sich Brüche. Auch was seinen Biografiepfad angeht, kommen Sackgassen und Irrwege zum Vorschein. Als Jugendlicher und junger Erwachsener wollte er Profisportler werden. Durch eine schwere Verletzung sei ihm dies aber nicht möglich gewesen und er musste sich umorientieren. Dabei hatte er mit allerlei Problemen zu kämpfen. So besuchte er die Handelsschule, brach diese aber ab, war lange Zeit arbeitslos und irgendwann machte er eine Ausbildung zum Bürokaufmann. Allerdings fand er keine Anstellung in diesem Bereich, stattdessen hangelte er sich von Job zu Job. Erst vor wenigen Jahren bekam er als Techniker in einer öffentlichen Einrichtung in Wien die Möglichkeit einer Fixanstellung. <u>Über diesen Job ist er sehr zufrieden:</u> „Ja, ich bin eigentlich voll happy" (IP 38).

A 2: Identität und Biografiepfad

Er wohnt zusammen mit seiner Freundin in einer kommunal geförderten Wohnung in einer Stadt im Einzugsbereich von Wien. Verheiratet ist das Paar nicht. Seine Freundin hat christlichen Hintergrund, ist aber aus der Kirche ausgetreten. Zwar sei sie derzeit arbeitslos und sein eigenes Einkommen sei auch nicht sonderlich hoch, aber da die Miete für die Wohnung einigermaßen bezahlbar ist, kämen sie irgendwie durch. Als Jugendlicher und junger Mann war er sehr umtriebig, ein Nachtschwärmer, auch trank er beim Ausgehen früher viel Alkohol, aber „die Zeiten sind vorbei, bin jetzt ruhiger geworden" (IP 38), wie er sagt. Seit seinem Karriereende ist er dem Sport dennoch verbunden geblieben, wenn auch auf ganz andere Weise. So treibt er sich seit dieser Zeit viel in Wettlokalen herum und gibt mitunter einiges an Geld für Sportwetten aus.

A 3: Familienstand und Freizeitaktivitäten

Seit seinem 16. Lebensjahr missachtet er das Halal-Gebot – nicht nur bei der Frage des Alkohols, er isst auch Schweinefleisch. Dies begann zu einem Zeitpunkt, als er bereits nicht mehr zu Hause wohnte, und es kam so:

A 4: Hinführung zum direkten Zitat

> I hab angfangen so mit sechzehn Jahren, Schweinefleisch zu essen, zuerst einmal. Das auch nur, weil ich im Internat war, weißt [...]. Dort bin ich in die Schule gangen. Und ja, da hab ich mit sechzehn Jahren angfangen, Schweinefleisch zu essen. Aber das erste Mal war es grauslich. Da hab ich mich angspiebn. Und danach habe ich's nur dann immer gessen, wenn's mir geschmeckt hat. Hab's probiert, hat's geschmeckt, dann hab ich's gessen. Wenn nicht, habe ich's liegen lassen. So hat es angefangen mit mir und mit'm Schweinefleisch. (IP 38)

A 5: Direktes Zitat

Dass er damit begann, Schweinefleisch zu essen, begründete sich einerseits dadurch, dass er sich nicht traute, in der Schulkantine etwas anderes zu verlangen, und andererseits durch die in seinem damaligen muslimischen Freundeskreis herrschende Dynamik:

A 6: kurze Interpretation des Zitats und Überleitung zum nächsten Zitat

> Ich meine natürlich, wenn ich gesagt hätt: ‚Ich bin Moslem, ich darf das nicht essen!' Dann hätte ich wahrscheinlich eh was anderes bekommen, ja. Aber ja, ich hab mich halt nicht getraut, oder keine Ahnung, weiß ich nicht. Ja, und dann meine Freunde haben auch dann, dann hat der eine mal angefangen, Schweinefleisch zu essen, dann hat

> es der andere mal gekostet. Aber die warn halt auch immer nur so: ‚Moslem?' – ‚Ja, bin ich.' ‚Trinkst du Alkohol?' – ‚Ja. Rauchen und Schweinefleisch auch.'. ‚Na gut, was bist'n du dann für ein Moslem?' – ‚Ja, was soll ich machen? Is halt so.' So, solche Moslems war'n wir. Jetzt nicht richtige Moslems. (IP 38)

A 7: Direktes Zitat

Die muslimische Religiosität spielte im Alltag des Interviewpartners nie eine sonderlich ausgeprägte Rolle. Dass er Alkohol trank, Schweinefleisch aß und rauchte, stellte für ihn keinen kategorischen Widerspruch zu seinem Muslimischsein dar. Um die Übereinstimmung seiner Gewohnheiten mit der religiösen Normenlehre kümmerte er sich damals wenig. Gleichwohl betrachtete er sich aber auch nicht als „richtiger Moslem" (IP 38), da er nicht fünfmal am Tag das rituelle Pflichtgebet verrichtete, nicht jeden Freitag zum Freitagsgebet eine Moschee aufsuchte und im Fastenmonat Ramadan dem Fastengebot nicht nachkam. Dieser Umgang mit Religion hatte zur Folge, dass sein religiöses Wissen rapide schwand – so weit, dass er sich fälschlicherweise dem schiitischen Glauben zurechnet:

A 8: Interpretation des Zitats und Überleitung zum nächsten

> Also ich weiß jetzt nicht, ob meine Eltern Schiiten sind oder Sunniten sind. Was ich jetzt bin, weiß ich nicht. Ja aber, wenn dann sind sie beide vom selben halt. Ich glaub, Schii… wie heißt des, Sunniten und Schiiten gibt es ja. […] Ich glaub, Schiiten sind wir. Keine Ahnung, kann ich dir ehrlich gesagt nicht sagen, weil ich es selber nicht weiß. (IP 38)

A 9: direktes Zitat

In Bezug auf islamische Rechtsschulen ist der Interviewpartner vollkommen unbedarft. Nicht anders verhält es sich mit religiösen Feiertagen. Dazu meint er: „Ha, ha, islamische Feiertage. Hab keine Ahnung, wann die sind" (IP 38). Dabei meldet er sich an den Feiertagen bei seinen Verwandten, um ihnen Glückwünsche zu übermitteln. Um diesen Anlass nicht zu verpassen, bekomme er jedoch stets „einen Tipp von meinem Vater" (IP 38). Bayram wird in der Familie ebenso gefeiert, in erster Linie jedoch aus kultureller Tradition, weniger aus religiösen

A 10: Interpretation und Überleitung zum nächsten Zitat

Gründen. Die familiären Zusammenkünfte laufen folgendermaßen ab:

> Na ja, es ist halt so wie Weihnachten bei euch. Dass halt die Jüngsten zu den Älteren gehen, zu den Eltern gehen und feiern. Die ganzen Kinder, sag ich jetzt mal, nach Hause kommen und deren Kinder, wenn die noch Kinder haben, was bei meinem Bruder der Fall ist. Und dann geht's halt zu den nächstälteren Verwandten oder du teilst das halt ein. Am ersten Tag zu dem und am zweiten Tag zu dem. Aber dadurch, dass ich halt keine Verwandten hier hab, ruf ich in der Türkei an und wünsche alles Gute. (IP

A 11: direktes Zitat

Seine alltäglichen Umgangsformen änderten sich jedoch an religiösen Feiertagen nur sehr wenig: „Ich mein, ich schau, dass ich an diesen Tagen wirklich kein' Alkohol trinke. Darauf schaue ich schon, aber wenn ich es vergesse, dann trinke ich halt mal was." (IP 38)

A 12: Überleitung und nächstes Zitat

Der 38-Jährige hebt jedoch auch hervor, dass er nicht religiös erzogen wurde und dass seine Eltern einen ähnlichen Umgang mit Religion pflegten wie er selbst. So habe er den islamischen Religionsunterricht in der Hauptschule besucht, auch in der Moschee in seinem Geburtsort im Süden von Wien habe er eine religiöse Erziehung erfahren, da sei „aber nicht viel hängen geblieben" (IP 38). Seine Familie hätte zwar die religiösen Festtage gefeiert, ansonsten verfüge er jedoch nur über wenig religiöses Wissen: „Ich glaube, da bist du bei mir am Falschen" (IP 38). Von der Pilgerfahrt wisse er nur, dass man danach streng nach dem Glauben leben müsse, genau kenne er sich jedoch nicht aus. Von den anderen religiösen Säulen wie der Zakat, der Almosensteuer, hat er indessen noch nie gehört. Zwar besitzt er einen Koran auf Deutsch, liest aber nicht darin.

A 13: Interpretation

Quelle: Aslan, Ednan/Kolb, Jonas/Yildiz, Erol (2017): *Muslimische Diversität: Ein Kompass zur religiösen Alltagspraxis in Österreich*. Wiesbaden: Springer VS, S. 330–333.

In dieser Darstellung werden an vielen Stellen fremde Textteile verwendet, die nicht von den Autoren selbst stammen, sondern vom Interviewpartner. Markiert werden die direkten Zitate (mit Ausnahme der Blockzitate) auf dieselbe Weise, nämlich durch doppelte Anführungsstriche. Die Einbindung der Textteile in den Fließtext ist aber unterschiedlich. Werden nur wenige Wörter direkt zitiert – wie zum Beispiel in Absatz 8 („richtiger Moslem") –, können diese in einen bestehenden Satz eingeflochten werden. Das Zitat wird damit übergangslos und ohne Brüche in den Fließtext integriert (Berger 2019, 86 f.).[21] Weil der Lesefluss dadurch kaum gestört wird, gilt diese Methode in der Regel als ein besonders eleganter und lesefreundlicher Umgang mit fremden Textteilen.

Manchmal bietet es sich aber auch an, dass ein ganzer Satz oder mehrere Sätze komplett zitiert werden, so wie in den Absätzen 5, 7, 9 und 11. Wenn das direkte Zitat länger ist als drei Zeilen, wird es optisch meist vom sonstigen Fließtext in Form eines Blockzitats etwas abgehoben, indem es in einer etwas geringeren Schriftgröße leicht eingerückt wird (ebd., 88). Meist werden bei Blockzitaten die Anführungszeichen weggelassen, da sich durch das Abheben vom Fließtext und den beizufügenden Quellenbeleg ein weiterer Hinweis, dass es sich um ein Zitat handelt, erübrigt. Weil der Lesefluss durch Blockzitate gehemmt werden kann, ist es wichtig, diese gut in den Fließtext einzubetten, indem sie jeweils kurz eingeleitet und im Nachhinein kommentiert bzw. interpretiert werden.

Direkte Zitate unterstützen den wissenschaftlichen Charakter eines Textes. Sie lockern Ausführungen aber auch auf, sorgen für Abwechslung, machen den Text vielstimmig und bringen die Perspektiven anderer Menschen wie InterviewpartnerInnen oder sonstiger AutorInnen direkt und unvermittelt ein. Es sollten aber nicht zu viele längere Blockzitate eingeflochten werden, da dies den Lesefluss beeinträchtigen kann. Zwei bis drei solche Zitate auf einer Seite gelten als Maximum. Generell ist mit direkten Zitaten sparsam umzugehen. Binden Sie daher nur besonders wichtige direkte Zitate ein und verzichten Sie auf solche, die für die Kernaussagen Ihrer Arbeit nicht relevant sind.

Direkte Zitate sprechen zudem nicht einfach so für sich, sondern müssen systematisch in einen Text eingearbeitet werden. Jedes längere Direktzitat braucht eine Hinführung, eine Kommentierung bzw. Interpretation sowie eine Überleitung zum nächsten Abschnitt. Die Hinführung kann die Form einer Ankündigung haben, die mit einem Doppelpunkt endet und auf das nachfolgende Zitat verweist. In Textbox 9 haben wir diese Stellen unterstrichen. Die Hinführungen können kürzer oder länger sein – wie z. B.: „Über diesen Job ist er sehr zufrieden:" (A 2), „Dies begann zu einem Zeitpunkt, als er bereits nicht mehr zu Hause wohnte, und es kam so:" (A 4), „Dazu meint er:" (A 10). Im Anschluss an das Zitat ist eine Kommentierung bzw. Interpretation erforderlich, die nicht nur die zitierte Aussage mit anderen Worten ausdrückt, sondern auch zumindest

21 Die Hinweise in diesem Abschnitt zielen auf die sprachliche und stilistische Einbindung von fremden Textbausteinen – in diesem Fall direkten Zitaten – in einen wissenschaftlichen Text ab. Auf formelle Richtlinien, die den Umgang mit Zitaten und die Zitierweise betreffen, wird in Kapitel 14 eingegangen.

partiell darüber hinaus geht, etwa indem das Gesagte auf ein abstrakteres Niveau gehoben wird. Angebracht ist dann in der Regel noch eine gewisse Überleitung, die eine Brücke zum nachfolgenden Textbaustein schlägt. Eine bloße Aneinanderreihung von Zitaten reicht also nicht aus.

Es empfiehlt sich auch, an verschiedenen Stellen im Text hervorzuheben, dass es sich um eine Fallanalyse handelt. Erfolgen kann dies mit sprachlichen Mitteln wie etwa in Absatz 14 durch die Nennung des Interviewpartners („Der 38-Jährige") und die Verwendung der indirekten Rede („wisse er", „kenne er"). Dadurch weisen die Autoren darauf hin, dass ihre Interpretationen von den Aussagen der interviewten Person abgeleitet wurden (Beinke et al. 2016, 208–211).

Eine Schwierigkeit für Studierende und junge ForscherInnen stellt beim Schreiben immer wieder auch die Frage dar, welche konkreten Formulierungen sich anbieten und welche eher ungeeignet sind. Gibt es also gängige Textbausteine, die für wissenschaftliche Texte gut und sicher verwendet werden können? Derartige Empfehlungen und Hilfestellungen wurden in der Literatur zu den Methoden des wissenschaftlichen Schreibens bereits zur Genüge ausgearbeitet. Zusammengestellt wurde eine Reihe von Formulierungsmustern etwa von Stefan Kühtz (2021, 75–108). Abhängig vom Zweck eines Textabschnitts (z. B. Schwerpunkte setzen, Definitionen liefern, Zitate einleiten, Bezüge herstellen, Bilanz ziehen, Stellung nehmen, Vergleiche anstellen, Begründungen abgeben etc.) findet sich hier eine umfangreiche Sammlung von Formulierungshilfen.

12.7 Der Umgang mit arabischen Quellen und Fachbegriffen

Nachdem wir uns in den vorangegangenen Abschnitten mit der Frage beschäftigt haben, was das wissenschaftliche Schreiben auszeichnet, wollen wir uns im Folgenden einer spezifischen Frage zuwenden, die sich Studierenden und Forschenden in der Islamischen Theologie immer wieder stellt: Wie ist mit arabischen Quellen und Fachbegriffen in der eigenen wissenschaftlichen Arbeit umzugehen?

Diese Frage resultiert unter anderem daraus, dass religiöse Quellen wie der Koran und die Sunna in arabischer Sprache verfasst sind. Die islamische wissenschaftliche Tradition hat sich über Jahrhunderte hinweg zu einem großen Teil in der arabischen Welt bzw. in arabischer Sprache abgespielt. Wichtige theologische Werke und Abhandlungen sind auf Arabisch verfasst. Daher müssen Studierende und Forschende in der Islamischen Theologie in ihrer wissenschaftlichen Arbeit stets auch auf die korrekten Formen des Umgangs mit arabischsprachigen Quellen und Fachbegriffen bedacht sein, die mit den etablierten Wissenschaftstraditionen in Europa konform sind. Diese Formen werden in den folgenden Abschnitten vorgestellt, während Fragen des Zitierens religiöser Quellen wie Koran und Hadith später behandelt werden (siehe Kap. 14.6).

Sofern keine Umschreibung möglich ist oder eingedeutschte Begriffe verwendet werden können, ist der Umgang mit arabischen Begriffen eine Herausforderung, weil sich die arabische Sprache in vielen Aspekten von den lateinischen Alphabeten unterscheidet, die in Europa gebräuchlich sind. Durch die Integration arabischer Ausdrücke in das hiesige Schriftsystem kann ein einheitliches Schriftbild gewährleistet und die Lesbarkeit eines wissenschaftlichen Textes erhöht werden (El Omari/Roters 2019, 69). Wichtig ist dies nicht zuletzt, weil die arabische Sprache in Westeuropa und im angloamerikanischen Raum keine etablierte Wissenschaftssprache darstellt. Daher ist eine Umschrift des Arabischen ins lateinische Schriftsystem erforderlich. Dies kann einzelne wichtige Begriffe betreffen, aber auch direkte Zitate und Blockzitate.

Zu differenzieren ist bei Fragen der Umschrift zwischen den Begriffen ‚Transkription' und ‚Transliteration'. Beide Formen werden im Deutschen auch als ‚Umschrift' bezeichnet. Der Begriff ‚Transkription' steht dabei für die zielsprachenspezifische Umschrift, bei der die Phonetik der Zielsprache, in unserem Fall also des Deutschen, berücksichtigt wird.[22] ‚Transliteration' hingegen meint, dass eine buchstabengetreue Übertragung des Originals in eine Zielsprache erfolgt und die Schreibweise der Originalsprache erkennbar bleibt. Durch die Verwendung diakritischer Zeichen – also von Punkten, Strichen, Häkchen etc. im Zusammenhang mit den regulären Buchstaben – ist eine eindeutige Rückübertragung in die Ausgangssprache möglich (Lisbach 2011, 41–44). Die gängige Form der Transliteration der arabischen Schrift, die sich im deutschsprachigen Raum in diversen Varianten durchgesetzt hat, geht auf Empfehlungen der Deutschen Morgenländischen Gesellschaft (DMG) zurück (Brockelmann et al. 1935).[23]

Ein Begriff in arabischer Schrift ist beispielsweise اجتهاد. Gemeint ist damit das Streben nach der Ableitung von Normen durch eigenständige Urteilsbemühungen. Der arabische Ausdruck wird in der DMG-Transliteration als *iǧtihād* übertragen. In deutschsprachigen Texten kann der Begriff aber auch als *Idschtihad* umgeschrieben werden. Für andere Sprachen wurden hingegen andere Formen der Umschrift entwickelt. So ist im Englischen zum Beispiel häufig von *ijtihad* die Rede.

Nicht immer müssen die Unterschiede zwischen den Schreibweisen so augenscheinlich sein. Ein weiterer Begriff in arabischer Schrift ist beispielsweise أهل الكتاب. Bezeichnet werden damit die sogenannten ‚Schriftbesitzer' – also die jüdische und christliche Bevölkerung, die zur Zeit der Entstehung des Korans im arabischen Raum lebte und über eigene religiöse Schriften verfügte. Wenn der Ausdruck in wissenschaftlichen Arbeiten im deutschsprachigen Raum Verwendung findet, wird er für gewöhnlich nach den Prinzipien der DMG als *ahl al-kitāb* geschrieben. Die nicht-wissenschaftliche Form des Begriffs ist im Deutschen hingegen, ganz ähnlich, *ahl al-kitab*.

---

22 Wie oben gesehen, kann damit auch die Verschriftlichung von audiotechnisch aufgezeichneten verbalen Daten (z. B. von qualitativen Leitfadeninterviews) gemeint sein.

23 Für weitere Informationen siehe: El Omari/Roters 2019, 70–76. Eine detaillierte Zeichentabelle und praktische Hinweise zu diesbezüglichen Besonderheiten liefert Hildebrandt (o. J.). Eine technische Anleitung für die Umschrift sowie zum Schreiben arabischer Texte findet sich zudem auf der Homepage des Instituts für Islamische Theologie der Universität Osnabrück unter https://www.irp.uni-osnabrueck.de/en/studium/werkzeugkasten.html.

Werden in einem wissenschaftlichen Text arabischsprachige Begriffe in Transliteration angeführt, ist das nicht nur bei einigen ausgewählten Begriffen zu tun und bei anderen nicht. Auch sollte ein Begriff nicht an der einen Stelle in wissenschaftlicher Umschrift und an anderen Stellen in arabischer Schrift oder in einer vereinfachten Form der Umschrift angeführt werden. Die Schreibweise sollte also stets konsistent und einheitlich sein und einer bestimmten Systematik folgen.

Anders verhält es sich mit arabischen Begriffen, die Eingang in die deutsche Sprache gefunden haben und die im Duden als gängige Begriffe anerkannt sind. Diese müssen nicht wissenschaftlich transliteriert werden, sondern können – ja sollten meist – in der im Deutschen üblichen Form geschrieben werden. Beispiele dafür sind die Begriffe ‚Koran', ‚Muslim', ‚Islam', ‚Sunna' und ‚Hadith'.

Die dargelegten Regeln dafür, wie mit Zitaten und Begriffen aus dem Arabischen zu verfahren ist, gelten selbstverständlich auch für Sprachen mit anderen Schriftsystemen wie Urdu und Griechisch.

12.8 Das schreibende Subjekt: ‚ich', ‚wir', ‚man' oder Passivkonstruktionen?

Eine Frage, die Studierende und junge ForscherInnen häufig umtreibt, ist, ob und wie sich AutorInnen selbst in ihren Text einbringen dürfen. Wie subjektiv dürfen wissenschaftliche Texte also verfasst sein? (Wolfsberger 2016, 111; Franck 2017, 220). Und ist es erlaubt, Pronomen wie ‚ich' und ‚wir' in einem wissenschaftlichen Text zu verwenden, oder sollte stattdessen eine unpersönliche Schreibweise mit ‚man' oder eine Passivkonstruktion gewählt werden?

Generell gilt die Verwendung von ‚ich' in wissenschaftlichen Texten als heikel; in der Vergangenheit wurde oft sogar ganz davon abgeraten. Mittlerweile hat hier aber ein gewisses Umdenken stattgefunden (Esselborn-Krumbiegel 2012, 14). Zwei Lager stehen sich in dieser Frage gegenüber:

- Die eine, eher traditionelle Position macht sich dafür stark, dass wissenschaftliche Arbeiten keinen persönlichen Erlebnisbericht präsentieren, sondern rein objektiv und damit auch unpersönlich zu sein haben. Hier wird also die Objektivität der Forschung in den Mittelpunkt gerückt, weshalb subjektive Wendungen und persönliche Äußerungen zu vermeiden seien.
- Die andere, jüngere Position betrachtet Forschung und Wissenschaft nicht als rein objektive Angelegenheiten, sondern hebt die Rolle von WissenschaftlerInnen und ForscherInnen als aktiv handelnde Subjekte hervor. Subjektive Ausdrücke werden hier deshalb nicht per se abgelehnt.

Hat sich das frühere Tabu gegenüber dem ‚ich' zwar abgeschwächt, gibt es dazu auch weiterhin unterschiedliche Auffassungen. Positionen, Begründungen, Interpretationen und Argumente aus einer Ich-Perspektive zu verfassen, wird von vielen nach wie vor als unwissenschaftlich betrachtet. Wollen Sie sichergehen, vermeiden Sie also in solchen Zusammenhängen Formulierungen wie „ich denke…“, „ich meine…“, „ich finde…“ und „meines Erachtens…“. Prinzipiell hat der zu behandelnde Sachverhalt im Vordergrund zu stehen, während Sie als AutorIn in weiten Teilen des Textes eher unsichtbar bleiben sollten (Kühtz 2021, 29).

Sehr wohl kann ‚ich‘ aber zum Beispiel verwendet werden, wenn es darum geht, die Struktur eines wissenschaftlichen Textes vorzustellen, wie es in der Einleitung geschehen sollte. Dieser Textteil muss also nicht in einer unpersönlichen Manier verfasst werden. So lässt sich dort etwa sagen: „Im ersten Kapitel werde ich einen Überblick über bestehende Ansätze der Islamischen Religionspädagogik geben“ oder „Im Anschluss diskutiere ich die Aussagen von al-Ġazālī zu der Frage, ob der Mensch über einen freien Willen verfügt.“ In solchen Kontexten ist es legitim, die Ich-Perspektive zu gebrauchen.

Eine weitere Möglichkeit, Textabschnitte aus einer subjektiven Perspektive zu schreiben, sind methodische Schilderungen. Wenn Sie etwa eine empirische Erhebung in einem Moscheeverein oder während eines islamischen Religionsunterrichts durchgeführt haben, müssen Sie ausführen, wie Sie Zugang dazu gefunden haben. Wichtig ist dies, weil Sie Ihre Beziehung zum erforschten Feld und Ihre Rolle darin offenlegen müssen, damit Ihre Forschungsergebnisse und Befunde adäquat eingeschätzt werden können (Przyborski/Wohlrab-Sahr 2014, 403). Hier kann es durchaus geboten sein, aus der Ich-Perspektive zu beschreiben, wie der Feldzugang bewerkstelligt werden konnte.

Mit der Frage nach der subjektbezogenen oder unpersönlichen Schreibweise ist auch die Frage nach der Verwendung von Passiv- oder Aktivkonstruktionen verbunden. Falls eine subjektbezogene Perspektive unerwünscht oder unpassend ist, lassen sich Aussagen mittels Passivkonstruktion, Passiversatz oder Aktivsatz mit ‚man‘ auch unpersönlich formulieren (Beinke et al. 2016, 206). Verdeutlicht werden soll dies an einem Beispiel:

Tabelle 7: Subjektbezogene und unpersönliche Formulierungen

Subjektbezogene Formulierung		Unpersönliche Formulierung		
Aktiv (‚ich‘)	**Aktiv (‚wir‘)**	**Passiv**	**Passiversatz**	**Aktiv mit ‚man‘**
Vor diesem Hintergrund verstehe ich interreligiöse Bildung als (…).	In diesem Sinne verstehen wir interreligiöse Bildung als (…).	In diesem Sinne kann interreligiöse Bildung als (…) verstanden werden.	In diesem Sinne lässt sich interreligiöse Bildung als (…) verstehen.	Vor diesem Hintergrund kann man interreligiöse Bildung als (…) verstehen.

Welche der genannten Formen gewählt wird, hängt oft auch vom Inhalt ab. Das Beispiel hier könnte eine Art Schlussfolgerung sein – etwa nach einer Definition des Konzepts ‚interreligiöse Bildung‘ –, mit der erklärt wird, wie in dem Text mit diesem Begriff verfahren wird. Hierbei bietet sich eine subjektbezogene Formulierung an, weil so die forschende Person als handelndes Subjekt im Mittelpunkt steht. Wenn es sich um nur *eine* Person handelt, liegt die Ich-Perspektive nahe, bei mehreren AutorInnen die Wir-Form. Wird von nur *einer* schreibenden Person die Wir-Form verwendet, empfinden das viele als stilistisch altbacken oder überheblich; andere sehen darin jedoch eine Form der Bescheidenheit. In dem Beispiel könnte zugleich aber auch eine unpersönliche Formulierung in Form einer Passivkonstruktion, eines Passiversatzes oder eines Aktivsatzes mit ‚man' verwendet werden. Bei der Formulierung mit ‚man' ist eine gewisse Vorsicht geboten, denn Sätze dieser Art klingen leicht verallgemeinernd, unpräzise oder stilistisch unvorteilhaft (Franck 2017, 220; Berger 2019, 171), und manche halten sie auch aus genderspezifischen Gründen für problematisch.

Passivformen tauchen in vielen wissenschaftlichen Texten sehr regelmäßig auf, was das Lesegefühl allerdings stören kann. Vor Augen geführt werden soll dies anhand eines fiktiven Beispiels, in dem eine Passivkonstruktion auf die nächste folgt:

Textbox 10: Beispiel für eine Häufung von Passivkonstruktionen

In Kapitel 1 <u>werden</u> die bestehenden Arbeiten zum Forschungsthema behandelt. Beschrieben <u>werden</u> hier Studien zum Verhältnis von Religion und Konflikt. Im Anschluss daran <u>werden</u> in Kapitel 2 theoretische Perspektiven auf die Phänomene religiöse Identität und Konflikt diskutiert. Geschärft <u>wird</u> damit der Blick dafür, was unter religiösen Konflikten und Konfliktpotenzialen zu verstehen ist. In Kapitel 3 <u>werden</u> dann die Forschungsmethodologie sowie das methodische Design der Studie dargestellt.

Jeder Satz dieses Beispiels zeichnet sich durch eine Passivkonstruktion aus. Bei einem solchen Text entsteht beim Lesen der Eindruck, als gäbe es keinerlei handelnde Subjekte. Dadurch wirkt der Text quasi seelenlos. Dabei wird Wissenschaft jedoch von Menschen gemacht, Studien werden von ForscherInnen durchgeführt und Texte von AutorInnen geschrieben. Durch die ständigen Passivkonstruktionen wirkt der Text schwerfällig und langweilig (Rost 2010, 216). Das Passiv gilt daher als Lesbarkeitskiller (Berger 2019, 194). Meist wird dadurch auch die Aussage eines Satzes unklarer, da die handelnden Akteure verschleiert werden. Wenn wir in den Text hingegen Aktivkonstruktionen einflechten und für eine Abwechslung von Aktiv und Passiv sorgen, liest sich der Text gleich ganz anders, wie in Textbox 11 deutlich wird:

Textbox 11: Die Durchmischung von Aktiv- und Passivkonstruktionen

Kapitel 1 <u>behandelt</u> die bestehenden Arbeiten zum Forschungsthema. Beschrieben <u>werden</u> hier Studien zum Verhältnis von Religion und Konflikt.

Im Anschluss daran diskutiert Kapitel 2 theoretische Perspektiven auf die Phänomene religiöse Identität und Konflikt und schärft damit den Blick dafür, was unter religiösen Konflikten und Konfliktpotenzialen zu verstehen ist. Kapitel 3 widmet sich dann der Darstellung der Forschungsmethodologie sowie des methodischen Designs der Studie.

Im Vergleich zur vorigen Variante wird der Lesefluss hier durch das Einflechten von Aktivkonstruktionen stark verbessert. So ist kein Rückgriff auf das Hilfsverb ‚werden' notwendig und Satzkonstruktionen können kürzer und einfacher gehalten werden. Der Sinngehalt der Aussagen lässt sich bei Aktivkonstruktionen zudem in der Regel besser erschließen, da die handelnden Akteure klarer benannt werden (Franck 2017, 218 f.). Dadurch wird der Text in der Summe lebendiger.

In der Literatur wird allerdings darauf hingewiesen, dass durchaus Vorsicht geboten ist, was als Subjekt in wissenschaftlichen Texten betrachtet wird. Ein Satz wie „Der islamische Religionsunterricht in Österreich fördert religiöses Wissen und versteht sich als interreligiöses Lernen" ist jedenfalls Unsinn, denn nur Menschen können sich als etwas verstehen; Dinge oder Unterrichtsfächer können nicht über sich selbst reflektieren und sich als etwas definieren. Eine solche Aktivformulierung macht keinen Sinn (ebd., 219). Doch es gibt auch Grenzfälle. Ein Kapitel (wie in Textbox 11), ein Buch und eine Studie können unseres Erachtens durchaus als Subjekt von Aktivkonstruktionen auftreten und etwas ‚diskutieren', etwas ‚behandeln' oder sich etwas ‚widmen'. Allerdings gibt es zu dieser Frage auch unterschiedliche Auffassungen (ebd., 220).

Abschließende Gedanken: Üben, üben, üben

Das wissenschaftliche Schreiben ist eine Arbeitstechnik, die WissenschaftlerInnen und ForscherInnen jedweder Disziplin zwingend beherrschen müssen. Man muss die eigenen Arbeiten also auf jeden Fall selbst schreiben. GhostwriterInnen mit der Schreibarbeit zu betrauen, ist kein Kavaliersdelikt, sondern ein Verstoß gegen jeden wissenschaftlichen Kodex und ein strafrechtlich relevantes Vergehen. Das wissenschaftliche Forschen und Arbeiten ist derart textdominiert, dass Studierende und ForscherInnen in allen Disziplinen dringend herausgefordert sind, sich Kompetenzen im Schreiben anzueignen und diese stetig zu verbessern. Wie kann man das also erreichen?

Dazu ist nochmals zu sagen, dass ein guter wissenschaftlicher Text nicht vom Himmel fällt. Auch erfahrenen ForscherInnen fällt das Schreiben nicht immer leicht. Ein Text weist in der ersten Rohfassung nur selten schon eine hohe Qualität auf, sondern wird stets Stück für Stück verbessert. Ein guter Schreibstil ist nicht einfach so gegeben, sondern erfordert üben, üben und nochmals üben. Das wissenschaftliche Schreiben lässt sich aber nicht allein durch Ratgeber erlernen, auch wenn diese eine gute und hilfreiche Stütze darstellen können. Stattdessen gilt: „wissenschaftliches Schreiben lernt man durch ebensolches" (Rost 2010, 219).

Weiterführende Literatur

Boeglin, Martha (2012): *Wissenschaftlich arbeiten Schritt für Schritt: Gelassen und effektiv studieren.* 2. Aufl., München: W. Fink [v. a. Teil III: Schreiben, S. 127–185].

Esselborn-Krumbiegel, Helga (2012): *Richtig wissenschaftlich schreiben: Wissenschaftssprache in Regeln und Übungen.* 2. Aufl., Paderborn: Schöningh.

Franck, Norbert (2017): *Handbuch Wissenschaftliches Arbeiten.* 3. Aufl., Paderborn: Schöningh [v. a. Abschnitt: Schreiben in der Wissenschaft – Der Prozess, S. 195–205, und Abschnitt: Schreiben in der Wissenschaft – Wissenschaftlicher Stil, S. 206–221].

Frank, Andrea/Haacke, Stefanie/Lahm, Swantje (2007): *Schlüsselkompetenzen: Schreiben in Studium und Beruf.* Stuttgart: Metzler.

Hermisson, Sabine/Weiß, Thomas (2018): „Eine empirische Forschungsarbeit verfassen". In: Pirner, Manfred L./Rothgangel, Martin (Hg.): *Empirisch forschen in der Religionspädagogik: Ein Studienbuch für Studierende und Lehrkräfte.* Stuttgart: Kohlhammer, S. 315–327.

Kruse, Otto (2018): *Lesen und Schreiben: Der richtige Umgang mit Texten im Studium.* 3. Aufl., München: UVK.

Kühtz, Stefan (2021): *Wissenschaftlich formulieren: Tipps und Textbausteine für Studium und Schule.* 6. Aufl., Paderborn: Schöningh.

Wolfsberger, Judith (2016): *Frei geschrieben: Mut, Freiheit und Strategie für wissenschaftliche Abschlussarbeiten.* 4. Aufl., Wien: Böhlau.

13 Argumentieren

Wissenschaftliche Arbeiten müssen so gestaltet sein, dass die getätigten Aussagen für die LeserInnen nicht nur verständlich, sondern auch überzeugend sind. Dies erfolgt in der Regel über das Entwickeln von Argumenten, die in einer bestimmten Abfolge dargelegt werden. Das Argumentieren stellt ebenso wie das Recherchieren, Lesen und Schreiben eine eigenständige wissenschaftliche Arbeitstechnik dar. Zum Einsatz kommt sie nicht nur beim Verfassen von Texten, sondern auch beim Halten von Referaten und Vorträgen sowie beim mündlichen Debattieren über spezifische Fragen.

Zum Tragen kommt das Argumentieren immer dann, wenn die getroffenen Erkenntnisse und Befunde einem bestimmten Publikum – LeserInnen, GutachterInnen, DozentInnen oder BetreuerInnen einer Qualifikationsarbeit – vermittelt werden sollen. Von Relevanz ist die Technik folglich bei jeglicher Form der Präsentation (Kap. 6) der Ergebnisse eines wissenschaftlichen Forschungsprozesses.

Im Rahmen dieses Kapitels werden wir uns mit folgenden Fragen beschäftigen:

- Weshalb ist das Argumentieren von Bedeutung? Was ist der Sinn und Zweck dieser Arbeitstechnik? (Kap. 13.1)
- Welche Struktur oder Abfolge bietet sich für Argumente und Argumentationsketten sinnvollerweise an? (Kap. 13.2)
- Wie kann eine Argumentationskette konkret aussehen? (Kap. 13.3)
- Welche Schritte sind bei der Entwicklung eine Argumentation zu beachten? (Kap. 13.4)

13.1 Sinn und Zweck des Argumentierens

Wichtig ist das Argumentieren, weil wissenschaftliche Arbeiten sich mit Themen befassen, über die nicht alle LeserInnen alles wissen und über die sich nicht alle Interessierten einig sind. Deshalb reicht es nicht aus, als WissenschaftlerIn die persönliche Meinung zu etwas darzustellen, sondern es müssen Argumente oder Argumentationsketten entwickelt und vorgebracht werden. Hierbei gilt es auch, bereits bestehende Positionen und Befunde anderer WissenschaftlerInnen mit heranzuziehen. Es genügt aber nicht, diese Positionen und Befunde nur kurz zu nennen, sondern sie müssen auch auf nachvollziehbare Weise dargelegt werden. Die eigenen Argumente werden stärker, wenn auch Gegenpositionen fair dargestellt und ausreichend diskutiert werden. So lassen sich mögliche Einwände antizipieren und miteinbeziehen, um die eigene Darstellung überzeugender zu machen.

Grundsätzlich können Argumente unterschiedliche Funktionen haben (Boeglin 2012, 154 f.). Das Ziel des Argumentierens kann es unter anderem sein,

- Behauptungen, Annahmen und Hypothesen zu stärken, zu bestätigen oder zu widerlegen,
- unbegründete Positionen und irrtümliche Annahmen zu entkräften,

- die Wahrheit oder Richtigkeit von Befunden, Belegen und Aussagen zu begründen und damit überprüfbar zu machen,
- die Bedeutung von Begriffen zu erklären,
- bestimmte Vorgehensweisen, Interpretationsweisen oder Entscheidungen im Forschungsprozess zu legitimieren
- sowie Ergebnisse zu belegen und damit intersubjektiv nachvollziehbar zu machen.

13.2 Struktur und Logik von Argumentationsketten

Prinzipiell folgen Argumentationen stets einer gewissen Logik und Struktur, auch wenn es hier einen großen Spielraum für Variationen gibt. Aus logisch korrekt aneinandergereihten Argumenten lassen sich aus Sicht der LeserInnen jedenfalls Schlussfolgerungen ziehen; ansonsten wird es meist schwierig. Oft werden auch mehrere Teilargumente miteinander zu Ketten verwoben, um eine bestimmte These zu untermauern oder eines der eben genannten Ziele zu erreichen (Beinke et al. 2016, 136–145).

Eine solche Argumentationskette muss nach rein sachlichen Aspekten aufgebaut sein. Subjektive Empfindungen, Emotionen, eigene Überzeugungen oder der persönliche religiöse Glauben sollten dabei ausgeklammert bleiben. Verdeutlichen können wir dies anhand unseres Musterthemas ‚Religiöse Normen im Berufsleben von MuslimInnen': Wenn Sie sich bei der Präsentation der Ergebnisse einer empirische Studie zu diesem Thema damit befassen, welche Faktoren im praktischen Berufsalltag MuslimInnen darin hindern, das Pflichtgebet auszuüben, haben Ihre subjektiven Überzeugungen hier keine Relevanz und sind außen vor zu lassen. Ob Sie persönlich der Meinung sind, dass man das Pflichtgebet – ungeachtet der umgebenden Umstände – nach den vorgegebenen Zeiten und Abläufen stets zu verrichten hat, oder nicht, ist in diesem Zusammenhang irrelevant. Wichtig ist vielmehr, welche Faktoren Sie aus der Analyse von Literaturquellen oder von empirischem Datenmaterial identifizieren können, die nach Meinung der von Ihnen befragten Menschen oder von anderen WissenschaftlerInnen MuslimInnen vom Beten des Pflichtgebets am Arbeitsplatz abhalten. Basierend auf den Erklärungsfaktoren in den Quellen (Forschungsstand und empirisches Material) können Sie dann Stück für Stück Argumente bzw. Argumentationsketten entwickeln. Wie so etwas typischerweise aufgebaut ist, wird in Abbildung 15 schematisch dargestellt.

Jedes Argument und jede Argumentationskette sind einem bestimmten Ziel oder Zweck untergeordnet. Definiert wird dadurch die Logik des argumentativen Verfahrens (Boeglin 2012, 155). Gerahmt werden Argumente bzw. Argumentationsketten am besten durch eine Hinführung von den vorherigen und eine Überleitung zu den nachfolgenden Textbausteinen. Der Ablauf eines Arguments beginnt in schematischer Hinsicht mit der Nennung des Arguments bzw. dem Anführen einer These. Verdeutlicht wird dies meist mit einer Erklärung sowie einem Beispiel. Anschließend kann daraus ein Schluss gezogen werden. Dieser Ablauf wiederholt sich mit anderen Argumenten, wobei Abwei-

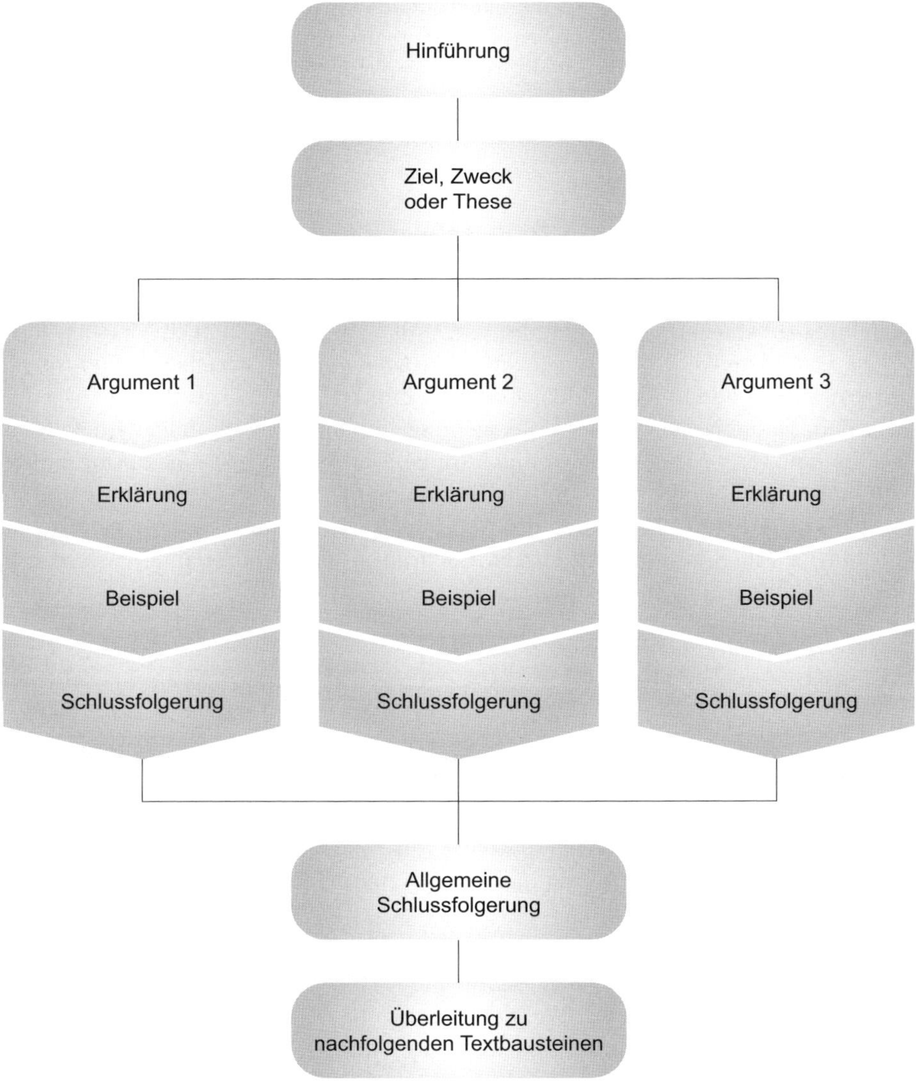

Abbildung 15: Das Schema einer Argumentationskette

Quelle: Boeglin 2012, 160

chungen vom Grundschema jederzeit denkbar sind. Im Zusammenspiel bilden die verschiedenen Argumente dann eine Argumentationskette, aus der sich eine übergreifende allgemeine Schlussfolgerung ableiten lässt.

Die dargelegten Argumente können auch unterschiedliche Antworten auf eine bestimmte Grundfrage liefern. So können Argumente und Gegenargumente im Sinne einer Pro-Contra-Gegenüberstellung angeführt oder verschiedene Positionen zu einer These dargelegt werden. Im Anschluss geht es in solchen Fällen darum, Stellung zu beziehen und auf sachlich begründete Weise Schlussfolgerungen zu ziehen.

13.3 Praktisches Beispiel einer Argumentationskette

Wie eine Argumentationskette aufgebaut sein kann, wollen wir durch die idealtypische Darstellung anhand eines Textabschnitts verdeutlichen. Hierfür dient eine leicht gekürzte Passage aus dem Werk *Muslimische Diversität: Ein Kompass zur religiösen Alltagspraxis in Österreich* von Ednan Aslan, Jonas Kolb und Erol Yildiz (2017) als Beispiel. Der Text wurde dem theoretischen Teil der Untersuchung entnommen. Begründet wird darin die gewählte empirische Vorgehensweise der Studie. Der Text enthält eine ausformulierte Argumentationskette, die unterschiedliche Argumente umfasst. Die Struktur und die Vorgehensweise bei der Entfaltung der Argumente werden im Folgenden veranschaulicht. Mittels Schlagwörtern und kurzen Erklärungen am Rand erläutern wir, welche Funktionen die spezifischen Textpassagen haben.

Textbox 12: Beispiel für die Struktur einer Argumentationskette

Die Bezeichnung Muslim oder muslimisch ist – obwohl im alltagssprachlichen Gebrauch selten hinterfragt – alles andere als selbsterklärend. Aus theologischer Perspektive bezeichnet der Begriff ‚Muslim', der sich aus dem Arabischen ableitet und sich mit ‚derjenige oder diejenige, der/die sich in Gott ergibt oder zum Islam bekennt' übersetzen lässt, die Anhänger des Islams. Religionsgesetzlich ist damit eine Person Muslim oder Muslimin, der/die das Glaubensbekenntnis des Islams, die *Schahada*, vor Zeugen ausspricht. Die Schahada lautet: ‚Ich bezeuge, dass es keine Gottheit außer Gott (Allah) gibt und dass Mohammed der Gesandte Gottes ist' (Esen 2013, 269).	<u>Einleitung (mit theologischem Einschub)</u> Die Bezeichnungen ‚Muslim' und ‚muslimisch' sind nicht selbsterklärend. Zunächst wird ein Blick auf die theologische Fassung des Begriffs geworfen (mit Verweis auf die *šahāda*).
Aus sozialwissenschaftlicher Perspektive hingegen ist der Bedeutungsgehalt, also das, was mit muslimisch gemeint ist, oder die Einstufung, wer als Muslim bzw. Muslimin einzuordnen ist, keinesfalls	<u>These/Zielsetzung (mit Belegen)</u> Aus sozialwissenschaftlicher Sicht lässt es sich

klar umrissen (Jeldtoft 2009; Spielhaus 2011). Der Soziologe Rogers Brubaker sieht für sozialwissenschaftliche Studien denn auch die Gefahr, sich bei der Verwendung der analytischen Kategorie Muslim von der Art und Weise ihres Gebrauchs als Kategorie der Praxis in journalistischen, gesellschaftlichen oder politischen Zusammenhängen beeinflussen zu lassen […] (Brubaker 2013, 2).
[…].

nicht klären, wer MuslimIn ist und wer nicht. Das hinter dieser Frage stehende Anliegen oder Ziel ist die Klärung, wie das Sample in einer empirischen Studie gezogen werden kann, und damit die Legitimierung des methodischen Vorgehens.

So wäre es reichlich unangebracht und pauschalisierend, eine als Muslim definierte Person schlichtweg nach dem Vorbild eines praktizierenden Gläubigen zu konstruieren, der oder die sein/ihr gesamtes Leben orthodox nach islamischen Vorschriften und Regeln ausrichtet.

Argument 1
Eine Einteilung von MuslimInnen nach dem Schema ‚praktizierend/nicht-praktizierend' ist pauschalisierend und daher abzulehnen.

Derartige Vorstellungen lassen die mögliche Variationsbreite religiöser Alltagspraxis und die Unterschiedlichkeit religiöser Überzeugungen vollkommen außer Acht.

<u>Erklärung 1.1</u>
Bei einem solchen Schema wird die Variationsbreite religiöser Praxis außer Acht gelassen.

Daneben bergen Einstufungen von Muslimen nach dem Kriterium des Praktizierens oder des Nichtpraktizierens der Religion gewisse Tücken. So gehen in der Regel mit derartigen kategorialen Klassifikationen von außen ideologische Implikationen einher:

> The description of Muslims in categories of 'practising/observing Muslims' and 'cultural/nominal' Muslims can be problematic because the descriptions are ambivalent and reflect contestation. They are often used as opposites and as such are in some contexts used politically to distinguish between 'good' ('non-

<u>Erklärung 1.2 (mit direktem Zitat als Beleg)</u>
Solche Schemata werden von außen projiziert und zielen darauf ab, eine Einteilung oder Klassifikation vorzunehmen.

> practising-and-therefore-secular' and 'integrated/assimilated') and 'bad' ('practising-therefore-fundamentalist') Muslims. (Jeldtoft 2009, 13)

Eine Vorabeinstufung von Muslimen nach dem Schema praktizierend/nichtpraktizierend bringt nicht nur normative Zuschreibungen und Bewertungen mit sich, sondern birgt auch Schwierigkeiten für die methodische Erhebung.	Erklärung 1.3 Die Gegenüberstellung würde eine normative Bewertung mit sich bringen und zu Problemen bei der empirischen Erhebung führen.
Aufgrund der uneindeutigen und unklaren Einstufungskriterien, wer als praktizierender und wer eben als nichtpraktizierender Muslim gilt, …	Erklärung 1.4 Solche Schemata basieren auf uneindeutigen und unklaren Bewertungskriterien.
… besteht die Möglichkeit, dass bestimmte Segmente und relevante Aspekte des Felds zwar ungewollt, aber dennoch gezielt aus einer empirischen Untersuchung ausgeschlossen werden.	Erklärung 1.5 Dadurch besteht die Gefahr eines ungewollten Ausschlusses von Personen aus dem Sample.
Daneben gibt es noch einen Grund, warum von solchen Vorabeinstufungen aufgrund von inhaltlichen Kriterien abzuraten ist:	**Argument 2** Das Schema ‚praktizierend/nicht-praktizierend' ist auch aus inhaltlichen Gründen nicht angebracht.
Muslime, die einer besonders orthodoxen, hochreligiösen islamischen Glaubenslehre anhängen, sprechen anderen Muslimen, die die religiösen Säulen des Islams, also das rituelle Pflichtgebet, das Fastengebot, die Almosenspende oder die Pilgerfahrt nicht praktizieren und sich von Religion distanzieren, mitunter das Muslimischsein ab.	Beispiel für Erklärung 2.1 Bestimmte MuslimInnen betreiben zum Beispiel *takfir* und bezichtigen damit andere MuslimInnen des Abfalls vom Glauben.

In theologischer Hinsicht betreiben die hochreligiösen Gruppen *takfir* und betrachten diejenigen, die sich im Alltag von Religion abwenden, als *kafir,* also als Ungläubige (Modarressi 2016).

Erklärung 2.1 (mit Beleg)
Zum dichotomen Schema bestehen unterschiedliche Auffassungen, die mit unklaren Kriterien operieren.

Abgesehen davon, dass durch den Ausschluss bestimmter Personengruppen als vermeintliche Nichtmuslime aus der Untersuchungsgruppe in konfliktträchtigen Glaubensfragen von wissenschaftlicher Seite einseitig und unreflektiert Position bezogen wird, würde damit auch in ein innerhalb der muslimischen Bevölkerung umkämpftes, strittiges Thema eingegriffen – eben weil die Grenzziehungen und Demarkationslinien, wer als Muslim anzusehen ist und wer nicht, auch innerhalb der Bevölkerungsgruppe selbst keineswegs eindeutig und weithin anerkannt sind […] (Buijs/Rath 2003, 5 f.).

Erklärung 2.2 (mit Beleg)
Durch die Verwendung der Dichotomie ‚praktizierend/nicht-praktizierend' würde auf einseitige und unreflektierte Weise Position bezogen.

Fremdzuschreibungen darüber, wer als Muslimin bzw. Muslim anzusehen sei, verbieten sich vor diesem Hintergrund schon von selbst. Nicht nur wegen ihrer Tendenz zur normativen Etikettierung, sondern auch, weil durch solche Definitionen der Forschungsrahmen unnötig verengt und bestimmte Bevölkerungsgruppen kategorisch ausgeschlossen würden […].

Allgemeine Schlussfolgerungen
Schlussfolgerung 1
Eine Zuschreibung von außen, wer als MuslimIn zu gelten hat, ist abzulehnen.

Bei der Frage, wer als Muslim gilt, versuchen wir jede Form von Zuschreibung oder Einteilung zu vermeiden. Wir verfolgen dagegen eine möglichst offene Definition und überlassen die eigene Zuordnung oder Nichtzuordnung den befragten Personen selbst. Dementsprechend wurde im Rahmen der Studie eine Minimaldefinition angewendet: Muslim ist, wer sich selbst dazu bekennt (Spielhaus 2011, 97; Heine/Spielhaus 2005, 128). Der Maßstab ist folglich die subjektive Perspektive, d. h. inwiefern sich die Befragten selbst als Muslim wahrnehmen. Ein derartiges

Schlussfolgerung 2 (mit Belegen)
Als weitere Konsequenz wird eine Strategie formuliert, wie das Sampling angegangen wird: Statt explizit ‚praktizierende' und/oder ‚nicht-praktizierende' MuslimInnen zu befragen, sollen alle teilneh-

Verständnis des Muslimischseins gewährt selbstredend noch keine Einblicke in die Religiosität, die religiöse Alltagspraxis und den tatsächlichen Umgang mit muslimischen Glaubensprinzipien und lässt innermuslimische Spannungen unberücksichtigt.

men können, die sich als MuslimIn definieren.

Zitierte Quellen:

- Brubaker, Rogers (2013): „Categories of Analysis and Categories of Practice: A Note on the Study of Muslims in European Countries of Immigration". In: *Ethnic and Racial Studies*, 36 (1), S. 1–8. DOI: 10.1080/01419870.2012.729674.
- Buijs, Frank J./Rath, Jan (2006): *Muslims in Europe: The state of research: IMISCOE Working Paper Nr. 7*. Amsterdam: Universiteit Amsterdam.
- Esen, Muammer (2013): „Glaubenszeugnis". In: Heinzmann, Richard et al. (Hg.): *Lexikon des Dialogs: Grundbegriffe aus Christentum und Islam: Bd. 1*. Freiburg i. B.: Herder, S. 269.
- Heine, Peter/Spielhaus, Riem (2005): „Das Verbreitungsgebiet der islamischen Religion: Zahlen und Informationen zur Situation in der Gegenwart". In: Ende, Werner/Steinbach, Udo (Hg.): *Der Islam in der Gegenwart: Entwicklung und Ausbreitung, Kultur und Religion, Staat, Politik und Recht*. München: C. H. Beck, S. 128–148.
- Jeldtoft, Nadia (2009): „On Defining Muslims". In: Nielsen, Jørgen S. et al. (Hg.): *Yearbook of Muslims in Europe*. Leiden: Brill, S. 9–14.
- Modarressi, Hossein (2016): „Essential Islam: The Minimum that a Muslim is Required to Acknowledge". In: Adnang, Camilla et al. (Hg.): *Accusations of Unbelief in Islam: A Diachronic Perspective on Takfir*. Leiden: Brill, S. 395–412.
- Spielhaus, Riem (2011): *Wer ist hier Muslim? Die Entwicklung eines islamischen Bewusstseins in Deutschland zwischen Selbstidentifikation und Fremdzuschreibung*. Würzburg: Ergon.

Quelle: Aslan, Ednan/Kolb, Jonas/Yildiz, Erol (2017): *Muslimische Diversität: Ein Kompass zur religiösen Alltagspraxis in Österreich*. Wiesbaden: Springer VS, S. 7–10.

Die Abfolge der vorliegenden Argumentationskette ist etwas anders gestaltet als das in Abbildung 15 dargestellte idealtypische Muster. In Abbildung 16 ist die Struktur des Beispieltextes schematisch zusammengefasst.

Das Ziel des zitierten Ausschnittes ist es, auf nachvollziehbare Weise zu begründen, wer die TeilnehmerInnen sind, die für die Studie *Muslimische Diversität* befragt wurden oder hätten befragt werden können. Die zentrale These ist dabei, dass eine Voreinstufung, wer MuslimIn ist, zu vermeiden ist und dass jede Person, die sich selbst als MuslimIn definiert, als StudienteilnehmerIn in Frage kommt. Diese Vorgehensweise, die in der Studie auch so praktiziert wurde, wird durch verschiedene Argumente begründet. Auf diesem Weg wird die gewählte methodische Vorgehensweise durch Erläuterungen, Erklärungen und Literaturverweise intersubjektiv nachvollziehbar gemacht.

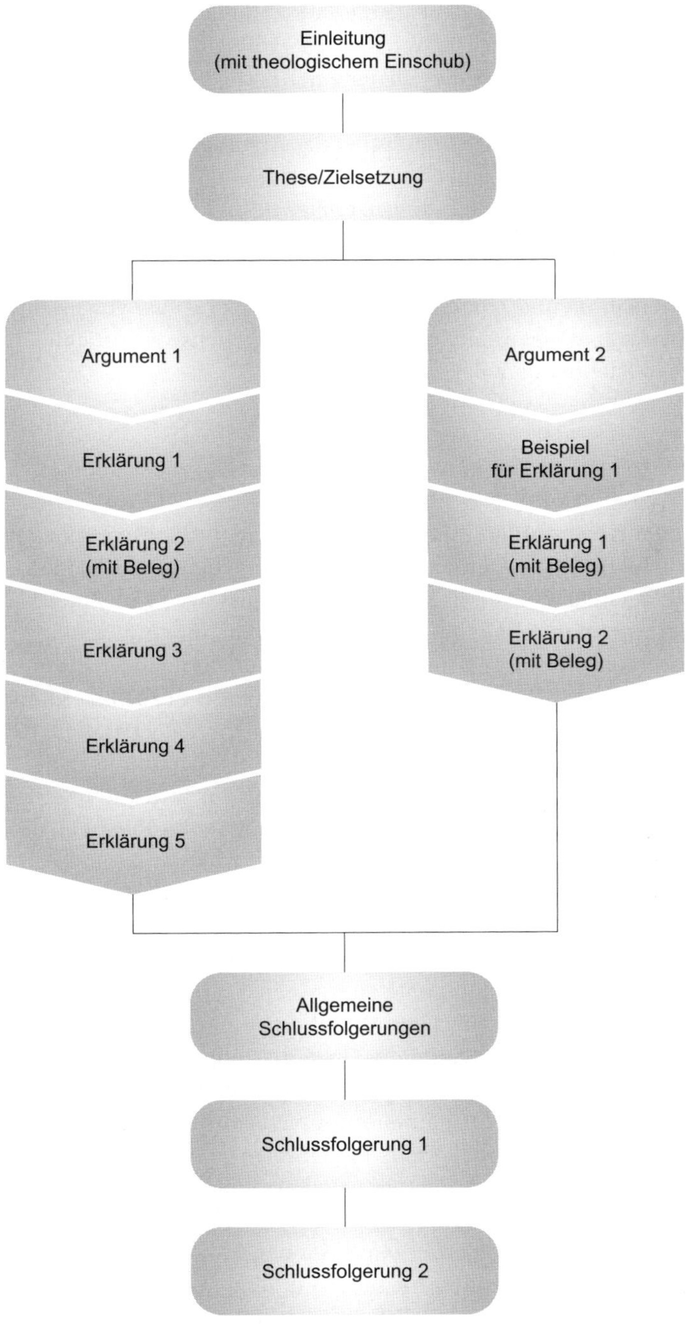

Abbildung 16: Schematische Darstellung der Argumentationskette des Beispieltextes

Die Argumentationskette ist dabei keinesfalls zufällig so, wie sie ist, sondern sie verfolgt eine bestimmte Intention. Die Abfolge ist sorgfältig überlegt, und die einzelnen Argumente greifen ineinander wie die Glieder einer Kette.

Die obige Aufschlüsselung zeigt die einzelnen Elemente dieser Kette, ihre Funktion und Komposition sowie das Zusammenspiel der Argumente. Diese sind so aufeinander abgestimmt, dass eine These zunächst aufgestellt (Benennung des Arguments), im Anschluss durch verschiedene Begründungen erläutert (Erklärung) sowie exemplarisch veranschaulicht (Beispiel) wird. Die Unterschritte fußen dabei nicht etwa auf persönlichen Wertungen oder Empfindungen, sondern auf sachlichen Ausführungen, die auf der Basis von Literaturverweisen und Zitaten belegt werden. Das Ziel der vorgestellten Argumentation besteht darin, die gewählte methodische Vorgehensweise stichhaltig zu begründen und nachvollziehbar darzulegen.

13.4 Schritte bei der Entwicklung einer Argumentationskette

Wenn Sie vor der Herausforderung stehen, eine Argumentationskette zu entwickeln und zu verschriftlichen, sollten Sie dabei umsichtig vorgehen. Pascal Pitz-Klauser (2019, 147–158) schlägt hier eine dreischrittige Vorgehensweise vor: Zunächst erfolgt die Sammlung der Argumente, dann ihre Gewichtung, dann ihre Anordnung:

1. Bei der Vorbereitung der Argumentationskette gilt es zunächst, die einzelnen Argumente zu sammeln. Die Argumentationskette kann etwa dazu dienen, eine bestimmte These sachlich zu begründen. Auf Basis Ihrer Recherchen, Exzerpte, Analysen und Interpretationen des Datenmaterials können Sie die Argumente, Erklärungen und Beispiele zusammenführen, die zur Begründung Ihrer These beitragen. Bei der Sammlung der Argumente sollten Sie im Blick behalten, inwiefern sich diese Aspekte überlappen und dass diese logisch stimmig sind. Sammeln sollten Sie nicht nur die Argumente, die Ihre These stützen, sondern auch Gegenargumente, die Ihre These anzweifeln.
2. Anschließend geht es darum, die gesammelten Argumente zu gewichten. Es gilt hierbei, Pro- und Contra-Argumente zu trennen. Zu reflektieren ist in dieser Phase, welcher Begründungsfigur eine zentrale Rolle zukommt und welche eher nebensätzlich oder unterstützend wirkt, um die These zu untermauern. Die Bedeutung jedes Pro- und jedes Contra-Arguments ist hierbei genau abzuwägen.
3. Auf dieser Basis können die Argumente dann angeordnet werden. Dabei werden die Begründungsfiguren in eine logische Reihenfolge gebracht. Hierfür ist auch strategisch zu überlegen, wie die Argumente am besten ineinandergreifen, um die These überzeugend, transparent, nachvollziehbar und schlüssig darzulegen. Die Anordnung kann dabei linear erfolgen, indem ausgehend vom schwächsten Argument eine Steigerung erfolgt bis hin zum stärksten Argument, mit dem hoffentlich auch letzte ZweiflerInnen überzeugt werden. Erfolgen kann sie aber auch nach einem dialektischen Prinzip, indem Sie Pro- und Contra-Argumente abwechselnd diskutieren so-

wie zum Schluss zwischen diesen abwägen und entsprechende Schlussfolgerungen ziehen. Erst wenn die Argumente komplett geordnet sind und die Struktur feststeht, können Sie mit dem Schreiben Ihrer Argumentationskette beginnen.

In wissenschaftlichen Texten ist das Argumentieren immer und überall wichtig, wenn nicht sogar unumgänglich. Denn die Darlegung von Argumenten und Argumentationsketten betrifft alle Stadien und Phasen einer Forschung. Ausformuliert werden Argumente und Argumentationsketten bei der Verschriftlichung, also bei der Präsentation (Kap. 6) eines Forschungsprozesses. In inhaltlicher Hinsicht drehen können sie sich aber um:

- die Begründung der Themenwahl und der Problemstellung (Vorbereitung, Kap. 3),
- die Entwicklung der Fragestellung (Planung, Kap. 4),
- die Wahl der Analysemethoden und der methodischen Vorgehensweise (Planung, Kap. 4),
- die Auswahl von Quellen (Planung, Kap. 4; Analyse, Kap. 5),
- die Interpretation und inhaltliche Analyse des Datenmaterials (Analyse, Kap. 5)
- sowie die Präsentation der Befunde und das Ziehen von Schlussfolgerungen (Präsentation, Kap. 6).

Weiterführende Literatur

Beinke, Christiane/Brinkschulte, Melanie/Bunn, Lothar/Thürmer, Stefan (2016): *Die Seminararbeit: Schreiben für den Leser*. 3. Aufl., Konstanz: UVK [v. a. Kap. 8: Nachvollziehen von Argumentationen und eigenständiges Argumentieren, S. 135–149].

Boeglin, Martha (2012): *Wissenschaftlich Arbeiten Schritt für Schritt: Gelassen und effektiv studieren*. 2. Aufl., München: W. Fink [v. a. Abschnitte: Wie bereite ich eine Argumentation vor?, S. 154–156, und: Wie strukturiere ich eine Argumentation?, S. 157–161].

Kühtz, Stefan (2021): *Wissenschaftlich formulieren: Tipps und Textbausteine für Studium und Schule*. 6. Aufl., Paderborn: Schöningh [v. a. Kap. 2: Formulierungsmuster für wissenschaftliche Erkenntnisprozesse, S. 75–108].

Pitz-Klauser, Pascal (2019): *Analysieren, Interpretieren, Argumentieren: Grundlagen der Textarbeit fürs Studium*. Tübingen: Narr Francke Attempto.

Rost, Friedrich (2010): *Lern- und Arbeitstechniken für das Studium*. 6. Aufl., Wiesbaden: VS Verlag für Sozialwissenschaften [v. a. Kap. 9.6: Das Argumentationsschema eines Textes analysieren und Argumente prüfen, S. 193–196].

14 Zitieren

Nach dem Recherchieren, Lesen, Schreiben und Argumentieren wenden wir uns einer weiteren wichtigen Arbeitstechnik zu: dem Zitieren. Katharina Lammers und Klaus von Stosch formulieren den Leitsatz „Du sollst nicht falsch zitieren!" als eine Art Gebot des wissenschaftlichen Arbeitens (2014, 35).

Anhand von Beispielen aus dem Bereich der Islamischen Theologie behandeln wir in diesem Kapitel Grundsätze, die beim Zitieren zu beachten sind. Dabei beschäftigen wir uns mit den folgenden Fragen:

- Weshalb kommt dem Zitieren eine so große Bedeutung zu? Was ist der Sinn und Zweck von Belegen und Zitaten? (Kap. 14.1)
- Welche unterschiedlichen Formen des Zitierens gibt es? (Kap. 14.2)
- Wie ist mit Satzzeichen bei der Einpassung von direkten Zitaten in den Fließtext zu verfahren? (Kap. 14.3)
- Was ist zu tun, wenn eine Änderung des Wortlauts direkter Zitate erforderlich ist? (Kap. 14.4)
- Welche Formen von Quellenverweisen und Zitierstilen gibt es? (Kap. 14.5)
- Welche Regeln gelten beim Zitieren von Koran und Hadith (Kap. 14.6) sowie von fremdsprachlichen Quellen (Kap. 14.7)?

Von Relevanz ist das Zitieren bei der Verschriftlichung einer wissenschaftlichen Arbeit. Zur Anwendung kommt diese Arbeitstechnik also in Phase 4 eines Forschungsprozesses, wenn es um das Präsentieren von Ergebnissen und Analysen geht (Kap. 6).

14.1 Sinn und Zweck des Zitierens

Wissenschaftliches Arbeiten hat das Ziel, relevante Fragestellungen zu beantworten. Zu diesem Zweck ist eine umfangreiche Recherche notwendig, denn relevante Quellen müssen gelesen werden und in den eigenen wissenschaftlichen Text einfließen. Keine Arbeit fängt von Null an, sondern es geht stets darum, bereits gewonnene Erkenntnisse aufzugreifen, darzulegen, gegebenenfalls neu zu interpretieren oder als Ausgangspunkt für eigene Überlegungen und Forschungen zu machen (Franck 2017, 283 f.). Dies gilt für jeden wissenschaftlichen Text, sei es eine Seminar-, Bachelor- oder Masterarbeit, eine Dissertation, ein Aufsatz oder eine Monografie.

Von Relevanz auf diesem Gebiet sind daher sowohl die eigenen als auch fremde Gedanken. Der Grundstock an bereits bestehenden Erkenntnissen und Überlegungen zu dem bearbeiteten Thema ist nachvollziehbar zu markieren, sodass transparent wird, auf welche Werke Sie sich berufen. Was die Leistungen anderer WissenschaftlerInnen sind und was Ihre eigenen, muss in Ihrem Text klar ersichtlich sein (Rost 2010, 240). Deshalb ist das Zitieren unter anderem ein Gebot der intersubjektiven Nachvollziehbarkeit sowie der eigenständigen Gedankenarbeit und Ehrlichkeit, die zentrale Gütekriterien des wissenschaftlichen Arbeitens darstellen.

Leider wird dieses Gebot nicht immer und von allen beherzigt, weshalb allzu oft eine fehlerhafte Zitierpraxis festzustellen ist, ja in den vergangenen Jahrzehnten ein häufiges Stolpern über Plagiatsaffären zu beobachten war. Gegen die Regeln des Zitierens kann auf verschiedene Weise verstoßen werden. Zum einen können Gedankengänge anderer WissenschaftlerInnen sinnentstellend und damit inhaltlich falsch wiedergegeben werden. Zum anderen – und hierbei handelt es sich um den schlimmeren Verstoß – kommt es immer wieder vor, dass Gedankengänge und Aussagen anderer WissenschaftlerInnen verwendet, aber mit keinem Herkunftsbeleg versehen werden. Dadurch wird sozusagen ‚abgekupfert' und das fremde Gedankengut wird fälschlicherweise als das eigene ausgegeben. Dies ist als Plagiat zu werten, stellt einen Täuschungsversuch dar und ist alles andere als ein Kavaliersdelikt. Es kann juristische Folgen haben, die bis hin zur Aberkennung von akademischen Titeln reichen (Rost 2010, 240).

Studierende empfinden das Zitieren mitunter als Zwang, dem im Wissenschaftsbetrieb als trockene Vorschrift nachgekommen werden muss. Dabei existieren Zitierregeln nicht um ihrer selbst willen, sondern sie erfüllen einen wichtigen Zweck. Ihr Sinn ist es, dass die Quellen einer wissenschaftlichen Arbeit offengelegt werden müssen. Jeder Gedanke, den Sie nicht selbst entwickelt, sondern von anderen übernommen haben, muss als solcher gekennzeichnet sein. Dieser Grundsatz gilt ausnahmslos für alle Zitate – ob Sie nun etwas wörtlich aus einer anderen Quelle übernehmen oder ob Sie Überlegungen, Argumente und Ideen anderer WissenschaftlerInnen aufgreifen und in eigenen Worten ausdrücken (Lammers/von Stosch 2014, 36). Auch Abbildungen und Tabellen, die Sie nicht selbst erstellt haben, müssen mit Quellenverweisen gekennzeichnet sein. Denn der Grundsatz, dass die Herkunft aller Gedankengänge und Überlegungen belegt werden muss, gilt auch unabhängig vom jeweiligen Medium. Folglich können und müssen ganz unterschiedliche Quellenarten – wie etwa Monografien, Zeitungsartikel, Posts in Onlineforen, Aussagen in Interviews, Tabellen und Abbildungen – zitiert werden.

14.2 Direktes und indirektes Zitieren

Quellenverweise können in wissenschaftlichen Arbeiten in zwei unterschiedlichen Formen erfolgen: in Gestalt eines direkten oder eines indirekten Zitats. Direkt ist ein Zitat, wenn aus einer anderen Quelle eine Passage mit identischem Wortlaut übernommen wird. Ein solches Zitat wird daher auch ‚wörtliches Zitat' genannt (Boeglin 2012, 170). In Textbox 13 findet sich ein Beispiel dafür, wie der exakte Wortlaut einer Quelle Eingang in einen Text finden kann. Das zitierte Werk ist in der Textbox als Quelle angegeben.

Textbox 13: Beispiel für ein direktes Zitat

Ein interreligiös ausgerichteter Religionsunterricht verfolgt das Prinzip, dass SchülerInnen nicht, wie in der klassischen konfessionellen Unterrichtsform, den eigenen Glauben nur aus der Perspektive der eigenen Religion heraus betrachten, sondern gleichsam auch die Perspektive anderer im Unterricht vertretener Glaubensgemeinschaften mitberücksichtigen. Somit werde in der Folge auch die „andere Religion nicht nur mit den eigenen Augen, sondern auch mit den Augen der anderen" (van der Ven/Ziebertz 1995, 264) gesehen.

Quelle: van der Ven, Johannes A./Ziebertz, Hans-Georg (1995): „Religionspädagogische Perspektiven zur interreligiösen Bildung". In: Ziebertz, Hans-Georg/Simon, Werner (Hg.): *Bilanz der Religionspädagogik*. Düsseldorf: Patmos, S. 259–273.

Als Direktzitat übernommen werden können ganze Sätze, Halb- und Teilsätze sowie eine Reihe von hintereinander folgenden Wörtern. Markiert wird die übernommene Passage aus der Originalquelle durch doppelte Anführungsstriche.

Auf die Quelle verwiesen wird in der Textbox (und auch in den folgenden) mittels einer Zitierweise im Fließtext: In runden Klammern wird dabei ein Kurzbeleg gegeben, der die Nachnamen der AutorInnen, das Erscheinungsjahr sowie die zitierte Seite umfasst. Alternativ können Quellenbelege auch in Fußnoten angegeben werden.[24]

Direktzitate müssen in die eigene Arbeit systematisch eingeflochten werden. Deren bloße Aneinanderreihung oder Auflistung macht noch keine wissenschaftliche Arbeit aus. Die Zitate müssen durch dieses Vorgehen quasi ‚zum Sprechen gebracht' werden. In der Regel erfolgt dies durch eine gewisse Hinführung auf die Zitate sowie durch eine darauf folgende Interpretation bzw. durch Schlussfolgerungen, die aus dem Zitat gezogen werden.[25] Direktzitate sollten niemals unkommentiert in einem wissenschaftlichen Text auftauchen (Boeglin 2012, 171).

Ein Zitat ist aber keineswegs nur dann ein solches, wenn die Gedankengänge anderer WissenschaftlerInnen Wort für Wort zitiert werden. Auch wenn Ideen, Überlegungen, Thesen oder Befunde anderer AutorInnen mit eigenen Worten ausgedrückt werden, handelt es sich um ein Zitat. Wenn nicht ein exakter Wortlaut, sondern eine Passage oder ein Gedanke mit eigenen Worten wiedergegeben wird, spricht man von einem ‚indirekten' bzw. ‚sinngemäßen Zitat' (Berger 2019, 91–96).

---

24 Verschiedene Formen von Quellenverweisen und Zitierstile werden in Kapitel 14.5 detailliert behandelt.

25 Zur Frage der Einbettung von Zitaten in eine wissenschaftliche Arbeit siehe auch Kapitel 12.6, wo bezogen auf den Schreibprozess die Einbindung von fremden Textteilen diskutiert wird.

Textbox 14: Beispiel für ein indirektes Zitat

Ein zweites Moment interreligiöser Bildung besteht laut Folkert Rickers darin, dass es sich hierbei um eine Querschnittsmaterie handelt, die sich auf verschiedene Unterrichtsgegenstände erstreckt und die damit nicht auf den Religionsunterricht beschränkt ist (Rickers 2001, 875).

Quelle: Rickers, Folkert (2001): „Interreligiöses Lernen". In: Mette, Robert/ders. (Hg.): *Lexikon der Religionspädagogik: Bd. 1: A–K.* Neukirchen-Vluyn: Neukirchener Verlag, S. 874–881.

Kennzeichnend für ein indirektes Zitat ist es, dass eine Überlegung, eine Aussage oder ein Gedankengang anderer AutorInnen mit eigenen Worten ausgedrückt, d. h. paraphrasiert wird. Das indirekte Zitat verwendet damit nicht den Originalwortlaut der Quelle und hebt sich in sprachlicher Hinsicht nicht vom Fließtext der eigenen Arbeit ab. Die Aussage bzw. der Sinn der zitierten Passage muss aber sehr wohl unverändert vermittelt werden. Markiert wird ein sinngemäßer Verweis nicht mit Anführungsstrichen. Platziert wird der Quellenbeleg am Ende der Passage mit dem Zitat. In manchen Zitierstilen werden indirekte Zitate auch mit der Abkürzung ‚vgl.' (für ‚vergleiche') kenntlich gemacht. In diesem Buch verzichten wird auf die Angabe von ‚vgl.' bei indirekten Zitaten, da Direktzitate durch doppelte Anführungszeichen bereits ausreichend gekennzeichnet sind. Liegen keine doppelten Anführungszeichen vor, handelt es sich also stets um ein indirektes Zitat.

In wissenschaftlichen Texten finden sich meist sowohl direkte als auch indirekte Zitate. Die Mehrzahl der Fälle sollte aus sinngemäßen Zitaten bestehen, während man wörtliche Zitate hingegen sparsam und gezielt an besonders wichtigen Stellen anbringen sollte, in denen der genaue Wortlaut des Originals von Relevanz ist.

Bei jedem Quellenverweis stellt sich zudem die Frage, an welcher Stelle der Beleg zu platzieren ist. Zu differenzieren ist hierbei je nach der Art des Zitats. Bei einem wörtlichen Zitat ist der Quellenbeleg stets unmittelbar nach den schließenden Anführungszeichen einzufügen.

Textbox 15: Platzierung des Quellenbelegs bei direkten Zitaten

Karl Ernst Nipkow plädiert dafür, die universitäre Religionspädagogik „stärker analytisch und empirisch im kulturwissenschaftlichen interkulturellen Kontext zu betreiben" (Nipkow 2002, 117).

Quelle: Nipkow, Karl Ernst (2002): „Multikulturelle und multireligiöse Erziehung in der Schule". In: *Zeitschrift für Pädagogik und Theologie,* 53 (2), S. 101–118.

In diesem Beispiel wird das direkte Zitat in den Fließtext integriert und mit einem laufenden Satz verbunden. Da das Satzzeichen (in diesem Fall der Punkt) nicht Bestandteil der zitierten Passage ist, wird der Beleg direkt im Anschluss an die Anführungszeichen, aber vor dem Punkt, platziert.

Bei indirekten Zitaten bestehen hingegen mehrere Möglichkeiten, wo der Quellenbeleg eingefügt wird. Er kann etwa am Ende eines Satzes bzw. Absatzes oder nach einzelnen Wörtern gesetzt werden. Abhängig davon, wo er steht, bezieht sich der Beleg dann aber auch auf Unterschiedliches.

Textbox 16: Platzierung des Quellenbelegs bei indirekten Zitaten

In aktuellen religionspädagogischen Debatten wird oftmals dafür plädiert, dass interreligiöses Lernen bereits in der Ausbildung an den Universitäten seinen Platz haben solle. Karl Ernst Nipkow tritt in diesem Kontext dafür ein, dass sich die universitäre Religionspädagogik – auch im Sinne einer Migrationspädagogik (Mecheril 2016) – stärker noch als bis dato für analytische Zugänge öffnen und vermehrt empirische Forschung mit einem kulturwissenschaftlichen Einschlag praktizieren solle (Nipkow 2002, 117).

Quellen: Mecheril, Paul (2016): „Migrationspädagogik: Ein Projekt". In: Mecheril, Paul (Hg.): *Handbuch Migrationspädagogik*. Weinheim: Beltz, S. 8–30; Nipkow, Karl Ernst (2002): „Multikulturelle und multireligiöse Erziehung in der Schule". In: *Zeitschrift für Pädagogik und Theologie*, 53 (2), S. 101–118.

Im vorangegangenen Beispiel finden sich zwei indirekte Zitate: Der erste Quellenbeleg ist nach dem Ausdruck ‚Migrationspädagogik' positioniert. Er ist eher unspezifisch, da er keine Seitenzahl beinhaltet, und verweist damit auf die gesamte Quelle – einen Aufsatz des Autors Paul Mecheril mit dem Titel *Migrationspädagogik: Ein Projekt*. Der Beleg bezieht sich in diesem Fall somit nur auf den Ausdruck Begriff ‚Migrationspädagogik'. Der zweite Beleg ist am Ende des Absatzes platziert und bezieht sich dadurch entweder auf den gesamten vorangegangenen Satz oder auf den gesamten Absatz.

14.3 Der Umgang mit Satzzeichen

Während sich indirekte Zitate meist ohne allzu großen Aufwand in den Fließtext einer Arbeit integrieren lassen, können sich bei Direktzitaten mitunter sprachliche Probleme ergeben, weil einen die wörtliche Übernahme von Passagen vor Herausforderungen stellen kann. Eine zentrale Frage ist dabei das Setzen von Satzzeichen nach dem Zitat. Veranschaulicht wird dies nachfolgend anhand zweier Beispiele in Textbox 17.

Textbox 17: Das Setzen von Satzzeichen bei direkten Zitaten

Beispiel 1: Zitat ohne Punkt

Die Grundform interreligiösen Lernens stellt laut Rickers die sogenannte ‚authentische Begegnung' dar. Dieser vierte Aspekt derartiger Bildungsprozesse zeichne sich dadurch aus, dass „jede Religion das ihr Eigene sagen und behaupten kann" (Rickers 1998, 126).

Quelle: Rickers, Folkert (1998): „Interreligiöses Lernen: Die religionspädagogische Herausforderung unserer Zeit". In: ders./Gottwald, Eckart (Hg.): *Vom religiösen zum interreligiösen Lernen: Wie Angehörige verschiedener Religionen und Konfessionen lernen: Möglichkeiten und Grenzen interreligiöser Verständigung*. Neukirchen-Vluyn: Neukirchener Verlagshaus, S. 119–139.

Beispiel 2: Zitat mit Punkt

Personale Identitäten sind von kollektiven Wir-Identitäten zu unterscheiden. Bei beiden handelt es sich um soziale Konstruktionen, die durch Abgrenzung und Identifikation zustande kommen. Wie Jan Assmann betont, ist eine kollektive Identität immer nur so wirkmächtig, wie sich Individuen mit ihr identifizieren: „Sie ist so stark oder so schwach, wie sie im Bewusstsein der Gruppenmitglieder lebendig ist und deren Denken und Handeln zu motivieren vermag." (Assmann 2007, 132)

Quelle: Assmann, Jan (2007): *Das kulturelle Gedächtnis: Schrift, Erinnerung und politische Identität in frühen Hochkulturen*. 6. Aufl., München: C. H. Beck.

Bei direkten Zitaten stellt sich die Frage, ob Satzzeichen wie Punkt und Komma innerhalb der Anführungsstriche zu platzieren sind oder erst im Anschluss. Zu beachten sind dabei folgende Regeln:

- In **Beispiel 1** ist es so, dass das direkte Zitat innerhalb der Anführungsstriche in der Originalquelle nicht mit einem Punkt endet, der Satz im eigenen Fließtext aber zu Ende ist. In diesem Fall wird der Beleg an die schließenden Anführungsstriche angehängt und der Satz dann mit einem Punkt abgeschlossen. In dem Beispiel wurde so also ein laufender Satz der eigenen Arbeit mit einem direkten Zitat – im Umfang einer Reihe von Wörtern – vervollständigt. Da das Zitat im Original keinen Punkt an der Stelle hat, an der der eigene Satz grammatikalisch zu beenden ist, muss das Satzzeichen nach den schließenden Anführungsstrichen und nach dem Quellenbeleg ergänzt werden.
- In **Beispiel 2** endet hingegen die direkt zitierte Passage in der Originalquelle mit einem Punkt. Eingeleitet wird das Zitat durch einen eigenen Satz, nach dem der Satz

des Direktzitats übernommen wird. Hierbei gilt: Wird ein vollständiger Satz zitiert, der mit einem Punkt endet, dann ist dieser Punkt aus der Originalquelle zu übernehmen und *vor* die schließenden Anführungsstriche zu setzen. Wird von dem Satz hingegen nur ein bestimmter Schlussteil zitiert, also bis zum Punkt, dann ist dieser Punkt *nicht* mitzuzitieren. Im ersten Fall steht dann nach dem Kurzbeleg kein Punkt, im zweiten aber schon.

14.4 Änderungen des Wortlauts bei Direktzitaten

Neben der Frage der Satzzeichen können sich noch weitere Herausforderungen ergeben, wenn ein wörtliches Zitat in den eigenen Fließtext eingepasst wird. So ist es denkbar, dass in den Wortlaut der Originalquelle etwas eingefügt, daraus etwas ausgelassen oder darin etwas ersetzt werden muss. Der Sinngehalt des Originalzitats darf dadurch jedoch nicht verändert werden. Werden derartige Änderungen vorgenommen, sind sie eindeutig kenntlich zu machen. Was dabei zu beachten ist, zeigen die folgenden Beispiele in Textbox 18.

Textbox 18: Änderungen des Wortlauts bei direkten Zitaten

<u>Beispiel 1: Auslassung</u>
Erfahrungen zu machen, kann für empirisches Forschen laut Thomas A. Lotz zweierlei bedeuten: einerseits Erfahrungswissen einzuholen und andererseits Empfehlungen zu geben, die in der erfahrungsbasierten Lebenswirklichkeit angewendet werden können:

> Gegen die aus abstrakten Grundprinzipien auf dem Wege logischer Deduktion gewonnenen Einsichten der klassischen Geisteswissenschaften [...] trat die empirische Forschung gerade mit dem Anspruch an, Wirklichkeiten zu erfassen und in Forschungsergebnisse umzusetzen, und umgekehrt ihre Forschungsergebnisse immer wieder der Bewährung in der Wirklichkeit auszusetzen. (Lotz 2007, 60)

Quelle: Lotz, Thomas A. (2007): „Phänomenologie als methodologische Grundlage für empirische Praktische Theologie“. In: Dinter, Astrid/Heimbrock, Hans-Günter/Söderblom, Kerstin (Hg.): *Einführung in die Empirische Theologie: Gelebte Religion erforschen.* Göttingen: V&R, S. 60–72.

<u>Wortlaut im Original</u>
Gegen die aus abstrakten Grundprinzipien auf dem Wege logischer Deduktion gewonnenen Einsichten der klassischen Geisteswissenschaften, die auf interner

begrifflicher Kohärenz beruhten, trat die empirische Forschung gerade mit dem Anspruch an, Wirklichkeiten zu erfassen und in Forschungsergebnisse umzusetzen, und umgekehrt ihre Forschungsergebnisse immer wieder der Bewährung in der Wirklichkeit auszusetzen.

<u>Beispiel 2: Hinzufügung</u>

Martina Kraml et al. weisen darauf hin, dass das frühe Kennenlernen von Angehörigen anderer Religionen für Kinder als förderliche Erfahrung einzuschätzen ist, da solche

> interreligiöse[n] Begegnungen [...] positiv zur religiösen Identitätsentwicklung [von Kindern (Anm. d. Verf.)] beitragen [können]. Auch den Vorurteilen und der Stereotypenbildung wird durch die Begegnung mit Andersgläubigen entgegengewirkt. (Kraml et al. 2020, 227)

Quelle: Kraml, Martina/Sejdini, Zekirija/Bauer, Nicole/Kolb, Jonas (2020): *Konflikte und Konfliktpotentiale in interreligiösen Bildungsprozessen: Empirisch begleitete Grenzgänge zwischen Schule und Universität.* Stuttgart: Kohlhammer.

<u>Wortlaut im Original</u>

> Frühe interreligiöse Begegnungen können positiv zur religiösen Identitätsentwicklung beitragen. Auch den Vorurteilen und der Stereotypenbildung wird durch die Begegnung mit Andersgläubigen entgegengewirkt.

<u>Beispiel 3: Ersetzung</u>

Eine Herausforderung für die islamisch-theologischen Studien stellen darüber hinaus die soziale Position und die sich wandelnde Identität von Musliminnen im heutigen Europa dar, denn

> [d]ie neue muslimische Frau fordert die islamische Theologie ganz besonders heraus, die klassische, von männlich dominierten Theologien dogmatisierte Rolle im Lichte veränderter gesellschaftlicher Voraussetzungen zu reflektieren. (Aslan/Kolb/Yildiz 2017, 459)

Quelle: Aslan, Ednan/Kolb, Jonas/Yildiz, Erol (2017): *Muslimische Diversität: Ein Kompass zur religiösen Alltagspraxis.* Wiesbaden: Springer VS.

Wortlaut im Original

> Die neue muslimische Frau fordert die islamische Theologie ganz besonders heraus, die klassische, von männlich dominierten Theologien dogmatisierte Rolle im Lichte veränderter gesellschaftlicher Voraussetzungen zu reflektieren.

Für Änderungen im Wortlaut der Originalquelle gelten folgende Regeln:

- **Auslassungen** werden in der Regel mit einem Auslassungszeichen bestehend aus drei Punkten in eckigen Klammern gekennzeichnet. Alternativ gibt es auch die Variante, dass Auslassungen von bis zu drei Wörtern nur mit drei Punkten und Auslassungen von mehr als drei Wörtern mit drei Punkten in eckigen Klammern markiert werden. Auslassungen vor dem ersten und nach dem letzten übernommenen Wort aus der Originalquelle werden – wie in Beispiel 1 ersichtlich – nicht mit Punkten kenntlich gemacht.
- Bei **Hinzufügungen** ist danach zu differenzieren, ob es sich um inhaltliche oder rein redaktionelle Zusätze handelt, die aus sprachlichen Gründen erforderlich sind, um das Zitat in den Satzfluss zu integrieren. Beide Arten werden grundsätzlich in eckigen Klammern vorgenommen (siehe Beispiel 2). Inhaltliche Zusätze werden zusätzlich mit dem Kürzel ‚Anm. d. Verf.' (für: Anmerkung des Verfassers, der Verfasserin bzw. der VerfasserInnen) oder den Initialen der verfassenden Person ergänzt (Berger 2019, 84).
- **Ersetzungen** sind streng genommen eine Kombination von Auslassungen und Hinzufügungen. Hier dürfen bei einem einzelnen zu ersetzenden Buchstaben die Auslassungszeichen weggelassen werden; die Hinzufügung muss aber angezeigt werden (Lammers/von Stosch 2014, 43). In Beispiel 3 wird daher das Wort ‚Die' aus dem Original durch ‚[d]ie' ersetzt.

Wenn Formatänderungen im Wortlaut eines Originalzitats vorgenommen werden, müssen diese ebenfalls gekennzeichnet werden. Das ist der Fall, wenn etwa ein Wort im Original fett oder kursiv gedruckt ist, aber nun im eigenen Text im ‚normalen' (*recte*) Schriftstil formatiert wird. Ist in der Originalquelle etwas fett oder kursiv, kann man die Übernahme der Formatierung durch den Vermerk ‚[Herv. im Orig.]' (für ‚Hervorhebung im Original') kenntlich machen; das muss aber auch nicht sein, denn es gilt ja das Prinzip, dass stets so zitiert wird, wie es im Original steht. Der Vermerk kann innerhalb des Quellenbelegs platziert werden (siehe die folgende Textbox 19).

Hinsichtlich der Rechtschreibung wird bei Direktzitaten Genauigkeit verlangt. Das heißt, dass die Schreibweise des Originals übernommen werden muss, auch wenn es darin Rechtschreibfehler oder altmodische bzw. überholte Schreibweisen gibt. Sollten aber in einer Originalquelle tatsächlich Verstöße gegen bestimmte sprachliche Regeln vorliegen, aus welchem Grund auch immer, können diese per Fußnote mit dem Hinweis ‚Fehler im Original' oder durch die Ergänzung ‚[*sic*]' bzw. ‚[*sic!*]' (lat.: *sic erat scriptum*, d.h.: ‚so stand es geschrieben') in eckigen Klammern im Fließtext kenntlich gemacht werden.

Es gibt aber auch eine Ausnahme vom Prinzip der Genauigkeit: Während sonst bei Direktzitaten stets die Regel gilt, dass das Original unverändert wiedergegeben und Modifizierungen kenntlich gemacht werden müssen, verhält es sich bei der Übernahme von Anführungsstrichen anders. Denn wörtliche Zitate in einem wörtlichen Zitat werden nicht, wie im Original, in doppelte, sondern nur noch in einfache Anführungsstriche gesetzt, um das Aufeinanderfolgen von doppelten Anführungsstrichen zu verhindern, wie in Textbox 19 ersichtlich wird.

Textbox 19: Die Umwandlung von Anführungsstrichen bei direkten Zitaten

Die Selbstbilder von MuslimInnen der zweiten und dritten Migrationsgeneration zeichnen sich oft durch Brüche und Ambivalenzen aus. Die Autoren verdeutlichen dies am Fall eines Familienvaters mit türkischem Hintergrund, der in Wien geboren und aufgewachsen ist. Dabei zeige sich, dass „die Betonung der hohen Wertschätzung für das Leben in Österreich (als ‚zweite Heimat‘ [IP 6]), der eigenen Zugehörigkeit oder der gleichzeitigen Identifikation mit dem Herkunftsland *und* Österreich“ (Aslan/Kolb/Yildiz 2017, 452 [Herv. im Orig.]) für Angehörige der zweiten und dritten Migrationsgeneration besonders wichtig sei.

Quelle: Aslan, Ednan/Kolb, Jonas/Yildiz, Erol (2017): *Muslimische Diversität: Ein Kompass zur religiösen Alltagspraxis*. Wiesbaden: Springer VS.

Wortlaut im Original

> Auch die Betonung der hohen Wertschätzung für das Leben in Österreich (als „zweite Heimat“ [IP 6]), der eigenen Zugehörigkeit oder der gleichzeitigen Identifikation mit dem Herkunftsland *und* Österreich – beispielsweise als „Halbösterreicher“ oder als „Austrotürke“ (IP 15) – lassen darauf schließen, wie wichtig den Menschen ist, dass ihre Aussagen nicht pauschal im Sinne eines Widerspruchs oder eines grundsätzlichen Gegensatzes zur österreichischen Gesellschaft interpretiert werden.

Zu Schwierigkeiten führt oft auch das Zitieren aus Sekundärquellen. Grundsätzlich gilt, dass Sie möglichst die Originalquelle kennen und direkt aus dieser zitieren sollten. Denn auf die Zusammenfassungen und die punktuellen Zitate von anderen sollte man sich nicht unbedingt verlassen, und beim Zitieren aus zweiter Hand riskiert man es auch, eventuelle Fehler zu übernehmen. Sollte die Originalquelle nicht verfügbar oder nicht zugänglich sein, ist das Zitieren aus zweiter Hand eine Option. Das entsprechende Verfahren wird in Textbox 20 dargestellt.

Textbox 20: Zitieren aus zweiter Hand

Differenzen und Unterschiede in religiöser Hinsicht sind auch als soziale Konstruktionen zu verstehen. An deren Herstellung sind nicht zuletzt auch die Religionen selbst beteiligt, denn:

> Indem sie das Nichtbestimmbare im Rekurs auf Bestimmtes und Bestimmbares zur Sprache bringen, generieren Religionen Differenzen, Unterscheidungen, Spannungen und Paradoxe, die nicht Unterscheidungen im Bestimmbaren und zwischen Phänomenen sind [...], sondern die die Grundunterscheidung zwischen bestimmbaren Phänomenen und dem Nichtbestimmbaren im Bestimmbaren (in der Sprache und in den Handlungsvollzügen des Kultes) symbolisieren und variieren. (Dalferth 2011, 11, zit. nach Kraml et al. 2020, 47)

Quellen: Dalferth, Ingolf U. (2011): „Einleitung: Religionen und Konflikte: Konflikthermeneutische Vorüberlegungen". In: ders./Schulz, Heiko (Hg.): *Religion und Konflikt: Grundlagen und Fallanalysen.* Göttingen: V&R, S. 9–22 (Originalquelle); Kraml, Martina/Sejdini, Zekirija/Bauer, Nicole/Kolb, Jonas (2020): *Konflikte und Konfliktpotentiale in interreligiösen Bildungsprozessen: Empirisch begleitete Grenzgänge zwischen Schule und Universität.* Stuttgart: Kohlhammer (Sekundärquelle).

Das Zitieren aus zweiter Hand wird im Quellenbeleg mittels des Kürzels ‚zit. nach' (für: ‚zitiert nach') kenntlich gemacht. Im Beleg wird zunächst die Originalquelle genannt, aus der das Zitat ursprünglich stammt. Dann wird nach dem ‚zit. nach' die Sekundärquelle angeführt, aus der das Zitat übernommen wurde. In das Literaturverzeichnis wird dann nur die Sekundär-, nicht aber die Primärquelle aufgenommen.

14.5 Formen von Quellenverweisen und Zitierstile

Für die Form von Quellenverweisen in wissenschaftlichen Texten gibt es prinzipiell zwei Formen: entweder durch Belege im Fließtext oder durch Fußnoten. Beide Wege sind grundsätzlich legitim. Wichtig ist jedoch, dass die Art und Weise, wie zitiert wird, innerhalb einer Arbeit stets einheitlich ist.

Beim Belegen im Fließtext wird der Quellenverweis nach dem zu belegenden Zitat in runden Klammern platziert:

Textbox 21: Belege im Fließtext

Empirische Forschungsmethoden werden in der Islamischen Theologie besonders im Bereich der Religionspädagogik angewandt. Begründet werden kann dies in methodologischer Hinsicht auch durch die Erkenntnisinteressen der Theologie. So führt Fahimah Ulfat aus, dass das Fach nicht als zeitlos gültige Erkenntnisbemühung über das Wesen Gottes verstanden werden könne, die für alle Zeit festgelegt sei und sich einzig der religiösen Schriften als Quellen bedienen dürfe. Vielmehr werde die Islamische Theologie „weiterhin und auf Dauer unabgeschlossen formuliert werden. Das Woher und Wohin der Erkenntnis befindet sich, was die Theologie betrifft, also im Fluss." (Ulfat 2022, 109)

Quelle: Ulfat, Fahimah (2022): „Was zeichnet wissenschaftlichen Erkenntnisgewinn in der Islamischen Religionspädagogik aus? – Eine Annäherung". In: Poya, Abbas/Suleiman, Farid/Weineck, Benjamin (Hg.): *Bildungskulturen im Islam: Islamische Theologie lehren und lernen.* Berlin: De Gruyter, S. 103–114.

Im vorliegenden Lehrbuch haben wir Quellenbelege ausschließlich im Fließtext genannt. Dabei wird eine Kurzform verwendet, denn in den runden Klammern werden nur die Informationen Nachname, Erscheinungsjahr und Seite(n) angeführt. Je nach gewähltem Zitierstil kann sich der Quellenbeleg hier leicht unterscheiden, etwa darin, ob die einzelnen Informationen mit einem Komma oder einem Doppelpunkt voneinander getrennt werden oder ob bei der Seitenangabe ein ‚S.' platziert wird oder nicht. Im Literaturverzeichnis am Schluss des Buches werden die Quellenangaben in voller Länge genannt.

Beim Belegen mithilfe von Fußnoten werden nach den zu belegenden Textabschnitten Fußnoten gesetzt, in denen der jeweilige Quellenverweis untergebracht wird:

Textbox 22: Belege in Fußnoten

Abdoldjavad Falaturi analysiert in seinem Aufsatz *Hermeneutik des Dialogs aus islamischer Sicht* die Voraussetzungen des erfolgreichen interreligiösen Dialogs. Dabei beschreibt er die Empathie mit dem Gesprächspartner als zentrale Voraussetzung:

> Zum einen hat jeder der Dialogpartner durch die ganze Begegnungszeit hindurch sich darum zu bemühen, den anderen annähernd so zu verstehen und zu begreifen, wie er sich selbst versteht und wie er seine eigene Religiosität empfindet. Zum

anderen hat jeder Dialogpartner zu versuchen, sich insofern in die Lage des anderen zu versetzen, als er sich stets zum Ziel setzt, von dem anderen so verstanden und nachempfunden zu werden, wie er sich in seinem eigenen religiösen Bewusstsein begreift.[1]

Option 1: Beleg in Kurzform (Varianten)
[1] Falaturi 2002, 74.
[1] Falaturi, *Dialog*, S. 74.

Option 2: Beleg in Langform
[1] Falaturi, Abdoldjavad (2002): *Dialog zwischen Christentum und Islam.* Hamburg: Islamische Akademie Deutschland, S. 74.

Quelle: Falaturi, Abdoldjavad (2002): *Dialog zwischen Christentum und Islam.* Hamburg: Islamische Akademie Deutschland.

Bei der Nennung der Quelle in der Fußnote kann ebenfalls mit einer Kurzzitierweise gearbeitet werden, wofür es unterschiedliche Varianten gibt. Es besteht aber auch die Möglichkeit, bei der ersten Nennung eine Langform zu verwenden, bei der die kompletten Informationen so angegeben werden, wie es auch im Literaturverzeichnis der Fall ist, und ab der zweiten Nennung zu einer der besagten Kurzformen überzugehen. Für welche der Möglichkeiten man sich entscheidet, hängt von unterschiedlichen Faktoren ab, vor allem davon, ob man es für wichtig erachtet, dass die vollen Angaben beim ersten Auftreten der Quelle ersichtlich sind. Eine Alternative zum Belegen in Fußnoten stellt die Verwendung von sogenannten Endnoten dar, die nicht am Fußende einer Seite, sondern ganz hinten am Ende des Textes platziert werden.

Ob Quellenbelege im Fließtext oder in Fußnoten genannt werden, hängt häufig von der jeweiligen wissenschaftlichen Disziplin, aber oft auch von persönlichen Präferenzen ab. In theologischen Forschungstraditionen im deutschsprachigen Kontext findet sich oftmals das Belegen mit Fußnoten. In vielen anderen Wissenschaftsbereichen wird hingegen oft im Fließtext belegt. Im englischsprachigen Raum ist das Belegen mit Fußnoten kaum zu finden; dort wird fast standardmäßig das Belegen im Fließtext verwendet.

Wie die Belege im Fließtext bzw. in den Fußnoten konkret aussehen, hängt davon ab, welcher Zitierstil gewählt wird. Mit ‚Zitierstil' ist gemeint, welche Informationen in einem Beleg genannt und wie diese formatiert sowie voneinander abgetrennt werden. Einige besonders verbreitete Zitierstile, die ihren Ursprung allerdings im englischen Sprachraum haben, sind in Textbox 23 aufgelistet.

Textbox 23: Zwei verbreitete Zitierstile

APA Citation Style (American Psychological Association 2020)
- Zitierweise im Fließtext: (Aslan, Kolb & Yildiz, 2017, 56)
- Zitierweise in Fußnoten (Langform) und im Literaturverzeichnis: Aslan, Ednan, Kolb, Jonas & Yildiz, Erol (2017). *Muslimische Diversität: Ein Kompass zur religiösen Alltagspraxis in Österreich.* Springer VS, 56.

Chicago Citation Style (University of Chicago Press 2017)
- Zitierweise im Fließtext: (Aslan, Kolb, und Yildiz, *Muslimische Diversität,* 56)
- Zitierweise in Fußnoten (Langform) und im Literaturverzeichnis: Aslan, Ednan, Kolb, Jonas, und Erol Yildiz. 2017. *Muslimische Diversität: Ein Kompass zur religiösen Alltagspraxis in Österreich.* Wiesbaden: Springer VS, 56.

Neben den genannten Stilen gibt es im englischsprachigen Raum eine Vielzahl weiterer Stile wie etwa den Harvard-Stil und den der MLA (Modern Language Association). Jeder Stil gibt vor, wie die Quellenverweise im Text (im Fließtext oder in den Fußnoten) sowie im Literaturverzeichnis auszusehen haben. Monografien, Aufsätze und Internetquellen werden dabei je unterschiedlich angegeben. Das betrifft Fragen wie die Art der Trennung der Informationen (z. B. durch Leerzeichen, Komma, Punkt oder Doppelpunkt) und der Formatierung (z. B. kursiv), aber auch die Frage, ob bestimmte Informationen (wie z. B. der Verlagsort) genannt werden oder nicht.

Im deutschsprachigen Raum gibt es verschiedene Varianten und Gepflogenheiten, die im Gegensatz zu den in Textbox 23 angeführten Stilen nicht auf eine autoritative Instanz zurückgehen. Es besteht also kein Zwang, sich an die genannten Zitierstile aus dem englischsprachigen Raum exakt zu halten. Diese haben aber den Vorteil, dass sie weithin anerkannt und verbreitet sind; ein Problem können aber auch gewisse Eigenheiten des Englischen sein (wie z. B. das sogenannte Oxford-Komma vor dem letzten Glied der Aufzählung im Chicago Citation Style, das es im Deutschen nicht gibt). Bei Aufsätzen in Fachzeitschriften und Sammelbänden wird in der Regel verlangt, sich an bestimmte vorgegebene Richtlinien (meist ‚Stylesheet' genannt) zu halten. In Seminar-, Bachelor- und Masterarbeiten sowie bei Dissertationen spricht indes nichts dagegen, die bekannten Zitierstile anzupassen oder eigene Stile zu entwickeln. Zu beachten ist aber auch hier der zentrale Grundsatz, dass jeder Stil einheitlich sein und von der ersten bis zur letzten Seite durchgehalten werden muss.

Die Nutzung von Literaturverwaltungsprogrammen wie Endnote, Citavi und Zotero kann eine große Hilfe für das Zitieren und Belegen darstellen. Quellenbelege im Text und in Fußnoten sowie Literaturverzeichnisse können mittels dieser Programme vergleichsweise einfach und einheitlich erstellt werden. Bekannte Zitierstile wie die eben genannten sind bereits konfiguriert und können ausgewählt werden. Zudem bieten diese Programme die Möglichkeit, Literaturangaben systematisch zu verwalten.

Erwähnt seien hier noch verschiedene Sonderfälle und Abkürzungen, die bei Quellenverweisen häufig auftauchen. In Textbox 24 werden einige wichtige Informationen hierzu kurz zusammengefasst.[26]

Textbox 24: Sonderfälle und Abkürzungen bei Quellenverweisen

Beispiel 1: mehrere AutorInnen
Martina Kraml et al. weisen darauf hin, dass in interreligiösen Bildungsprozessen in schulischen und universitären Kontexten auch methodisch-didaktische Fragen ein Konfliktfeld darstellen können (Kraml et al. 2020, 123–138).

Quelle: Kraml, Martina/Sejdini, Zekirija/Bauer, Nicole/Kolb, Jonas (2020): *Konflikte und Konfliktpotentiale in interreligiösen Bildungsprozessen: Empirisch begleitete Grenzgänge zwischen Schule und Universität.* Stuttgart: Kohlhammer.

Beispiel 2: Wiederholung der Quelle
Die grundsätzliche inhaltliche Bestimmung interreligiösen Lernens wurde durch Folkert Rickers bereits umfangreich ausgearbeitet. Er versteht unter interreligiöser Bildung vorrangig ein Begegnungslernen zwischen Angehörigen verschiedener Religionen in schulischen Kontexten (2001, 875). Kennzeichnend für interreligiöses Lernen sind nach Rickers fünf Aspekte. Als ersten davon nennt er die räumlichen Bedingungen. Die besten Voraussetzungen für das interreligiöse Lernen biete der schulische Religionsunterricht, denn dort seien aufgrund der langfristigen Kopräsenz interaktive Begegnungen und ein Austausch über Glaubensfragen zwischen Angehörigen verschiedener Religionen möglich (ebd.).

Quelle: Rickers, Folkert (2001): „Interreligiöses Lernen". In: Mette, Robert/ders. (Hg.): *Lexikon der Religionspädagogik: Bd. 1: A–K.* Neukirchen-Vluyn: Neukirchener Verlag, S. 874–881.

Die Beispiele thematisieren unterschiedliche Sonderfälle und beinhalten Abkürzungen, auf die beim Zitieren zu achten ist.

26 Für weitere Sonderfälle siehe Träger 2018; Prexl 2019; Jele 2021.

- **Beispiel 1** greift die Frage auf, was zu tun ist, wenn eine Quelle von mehreren AutorInnen stammt. Hier gilt die Regel, dass bei zwei AutorInnen stets beide im Quellenbeleg zu nennen sind. Bei drei AutorInnen besteht ein Spielraum, ob alle Personen angeführt werden oder nur die erste. Ab vier VerfasserInnen werden die weiteren mit ‚et al.' für *et alii* (lat. für ‚und andere') abgekürzt. Der Quellenbeleg im Fließtext in Beispiel 1 lautet daher ‚Kraml et al. 2020'. Bei den Angaben in den Fußnoten besteht zudem die Option, bei der ersten Nennung alle AutorInnen zu nennen und ab der zweiten nur noch mit der Kurzform ‚et al.' zu arbeiten.

  Wenn Quellenbelege auf einen Bereich von mehreren Seiten verweisen, ist es zu empfehlen, wie in dem genannten Beispiel den gesamten Bereich zu nennen. Das muss allerdings nicht unbedingt geschehen. So kann man, wenn es sich um nur zwei aufeinanderfolgende Seiten handelt, mit einem kleinen ‚f.' (ursprünglich für *folio*, lat. ‚Blatt', heute aber oft als Abkürzung für ‚folgende' verstanden) die Sache abkürzen. Erstreckt sich ein zitierter Abschnitt über mindestens drei Seiten, wird von manchen auch die Pluralform ‚ff.' (für ‚plus mehr als zwei Seiten') verwendet. Von dieser Form möchten wir jedoch abraten, da es nicht ersichtlich ist, auf wie viele Seiten sich der Verweis genau bezieht, und da das ‚ff.' gelegentlich auch im Sinne von ‚plus *exakt* zwei Seiten' verstanden wird. Um solche Unsicherheiten zu vermeiden, verzichten auch wir auf das ‚ff.' und nennen die genaue Seitenspanne der zitierten Stelle, während unser ‚f.' stets nur auf *eine* zusätzliche Seite verweist.

- **Beispiel 2** zeigt, was passiert, wenn Zitate aus ein- und derselben Originalquelle hintereinander zitiert werden. Hier kann der Beleg ab der zweiten Nennung abgekürzt werden. Zunächst wird hier also die Originalquelle mit einem regulären Kurzbeleg zitiert, und wenige Zeilen später wird der sich wiederholende Beleg dann mit ‚ebd.' (für ‚ebenda') abgekürzt. Dies gilt sowohl für die Belege im Text als auch für solche in Fußnoten. Da im zweiten Beleg in unserem Beispiel keine Seite angegeben ist, bezieht er sich auf dieselbe Seite wie im ersten Beleg. Soll indes auf eine andere Seite verwiesen werden, ist diese im Beleg zu nennen.

  Bei der Angabe, wie die Quelle im Literaturverzeichnis aufscheinen sollte, finden sich zwei weitere Abkürzungen: Da der Autor Folkert Rickers nicht nur den zitierten Beitrag verfasst, sondern auch das Lexikon mitherausgegeben hat, in dem eben jener Beitrag erschienen ist, kann sein Name bei der Nennung der HerausgeberInnen (hier abgekürzt als ‚Hg.') mit ‚ders.' (für ‚derselbe') angegeben werden. Im Falle einer Autorin/Herausgeberin oder bei mehreren AutorInnen/HerausgeberInnen ist dann entsprechend ‚dies.' (für ‚dieselbe' bzw. ‚dieselben') zu verwenden.

14.6 Das Zitieren von Koran und Hadith

Eine wichtige Frage für das wissenschaftliche Arbeiten in der Islamischen Theologie ist auch, wie aus rein technischer Sicht mit Zitaten aus den religiösen Primärquellen Koran und Hadith zu verfahren ist. Grundsätzlich ist es hier legitim, neben den Originalquellen auch Übersetzungen zu verwenden. Die Entscheidung darüber, wie aus diesen Quellen genau zitiert wird, sollte auch davon abhängig gemacht werden, welches Zielpublikum Sie mit Ihrem Text ansprechen wollen. Wenn Sie etwa LeserInnen erreichen möchten, die zwar der deutschen, aber in der Regel nicht der arabischen Sprache mächtig sind, macht es zum Beispiel wenig Sinn, diese Quellen ausschließlich im Original zu zitieren. Ein anderer Faktor, der bei Ihrer Entscheidung eine Rolle spielen kann, sind natürlich Ihre eigenen Sprachkenntnisse.

Wenn Sie Übertragungen des Korans ins Deutsche heranziehen, müssen Sie das Werk jeweils exakt angeben. Übersetzungen, die in wissenschaftlichen Arbeiten gut verwendet werden können, sind unter anderem die von Rudi Paret, Hartmut Bobzin, Adel Theodor Khoury und Muhammad Asad. Von vielen Übersetzungen, die im Internet kursieren, ist hingegen abzuraten, da sie in der Regel nicht dauerhafter Natur sowie keinem Übersetzer bzw. keiner Übersetzerin klar zuzuordnen sind. Zu warnen ist auch vor Übersetzungen, die von bestimmten Glaubensgemeinschaften angefertigt und zum Teil gratis verteilt werden, weil darin oftmals theologische Spezialmeinungen zum Ausdruck kommen, die von der großen Mehrheit der MuslimInnen so nicht geteilt werden oder die auf keiner wissenschaftlichen Grundlage beruhen. Herangezogen werden sollten ausschließlich in der Fachwelt anerkannte und korrekt publizierte Übersetzungen.

Da der Koran auf eine bekannte und etablierte Weise gegliedert ist, gelten hier für Zitate im Vergleich zu sonstigen Quellen andere Regeln, wie es etwa auch für Zitate aus der Bibel gilt. Spezifisch ist bei diesen Quellen, dass hier auf Seitenangaben verzichtet werden kann, wenn die entsprechende Gliederungseinheit angegeben wird. Im Fall des Korans sind hier also die Sure und der relevante Vers bzw. die Verse anzugeben (z. B. ‚Koran 49:10–13' oder ‚Q 49:10–13', wobei das Q für ‚Qur'ān' steht) und bei der Bibel entsprechend Buch, Kapitel und Verse (z. B. ‚Genesis 1,1–3' oder ‚Gen 1,1–3').

Ob Verweise auf den Koran im Fließtext in Klammern oder in Fußnoten genannt werden, hängt auch vom gewählten Zitierstil ab. Eine weitere Möglichkeit ist, den Verweis in den eigenen Satzbau einzuflechten, wie Textbox 25 es zeigt.

Textbox 25: Zitieren aus dem Koran im Textfluss

Zu dem Gedanken, dass Vielfalt zum Wesen der Schöpfung gehört, finden sich auch im Koran wichtige Aussagen. So heißt es etwa in Koran 49:13:

> O Menschen! Siehe, Wir haben euch alle aus einem Männlichen und einem Weiblichen erschaffen, und haben euch zu Nationen und Stämmen gemacht, auf daß ihr einander kennenlernen möget. Wahrlich, der Edelste von euch in der Sicht Gottes ist der, der sich Seiner am tiefsten bewußt ist. Siehe, Gott ist allwissend, allgewahr.[1]
>
> ---
>
> [1] Die in dieser Arbeit zitierten Koranverse sind der Übersetzung von Muhammad Asad (2009) entnommen.
>
> Quelle: Asad, Muhammad (2009): *Die Botschaft des Koran: Übersetzung und Kommentar*. Düsseldorf: Patmos.

In dem Beispiel wird darauf hingewiesen, welche Koranübersetzung verwendet wird. Es ist zu empfehlen, einen solchen Hinweis – entweder im Fließtext oder in einer Fußnote – bei der ersten relevanten Stelle oder auch bereits in der Einleitung zu platzieren.

Wenn wiederum der Koran im arabischen Original oder in Umschrift zitiert wird, wie es je nach inhaltlicher Ausrichtung der Arbeit sinnvoll sein kann, sind dieselben Zitierregeln zu beachten. Zusätzlich sind noch die Regeln zur Umschrift zu beherzigen, die in Kapitel 12.7 zum Umgang mit arabischen Quellen ausgeführt wurden. Der Normalfall in einer Arbeit, die sich im deutschen Sprachraum an ein deutschsprachiges Publikum richtet, wird es aber sein, dass Koranzitate im Prinzip auf Deutsch angegeben werden.

Beim Zitieren von Hadithen ist ähnlich zu verfahren wie bei Zitaten aus dem Koran. Zu beachten ist hier jedoch, dass es verschiedene Hadithsammlungen gibt, in denen sich unterschiedliche Hadithe finden bzw. oft auch ähnliche Hadithe mit leicht abweichendem Wortlaut. Daher muss stets angegeben werden, welche Sammlung für die Zitation eines Hadithes herangezogen wurde. Denn nur so lässt sich das Zitat nachvollziehen und gegebenenfalls überprüfen. Eine gute Alternative zu gedruckten Hadithsammlungen stellen mittlerweile verlässliche Online-Datenbanken wie https://dorar.net und https://sunnah.com dar.

Als Form zum Belegen von Hadithzitaten schlagen El Omari und Roters (2019, 105) folgendes Schema vor: ÜberlieferIn (evtl. in Kurzform), *Titel* oder Nummer des Buches (d. h. des inhaltlichen Teilabschnitts der Sammlung), Nummer des Hadithes. Das ergibt zusammengenommen z. B.: ‚Aḥmad Ibn Ḥanbal, *Musnad* VI, Nr. 145‘ bzw. ‚Ibn Ḥanbal, *Musnad* VI, Nr. 145‘ oder ‚al-Buḫārī, *Ǧumʿa*, Nr. 935‘. Zu beachten ist hier jedoch, dass die Hadithnummer in einigen Sammlungen, abhängig von der benutzten Edition oder Übersetzung, variieren kann.

Alternativ ist beim Zitieren von Hadithen auch die folgende Form denkbar:

Textbox 26: Zitieren von Hadithen

Bildung gilt in der Sunna in der Regel als ein erstrebenswertes Ziel, und MuslimInnen sind dazu angehalten, sich Wissen zu erwerben; und auch das Ausbilden und Lehren wird hochgeschätzt. Ein bekannter Hadith auf diesem Gebiet betont den hohen Wert der Wissensaneignung: „Wer einen Weg beschreitet, um Wissen zu erlangen, dem wird Gott deshalb den Weg zum Paradies ebnen." (Muslim 2006, Nr. 1242 [eigene Übers.])

Quelle: Muslim Ibn al-Ḥağğāğ (2006): *Ṣaḥīḥ Muslim*. Riad: Dār Ṭayba, Nr. 1242.

In dem Beispieltext wird auf einen berühmten Hadith verwiesen, der sich in der Sammlung von Muslim Ibn al-Ḥağğāğ befindet. Als Quelle wird eine moderne Ausgabe aus dem Jahr 2006 verwendet. In diesem Fall bezieht sich die angegebene Hadithnummer 1242 auf die Nummerierung in dieser Ausgabe. Der Beleg erfolgt dabei wie bei einer gewöhnlichen Quelle – mit dem Unterschied jedoch, dass statt der Seite(n) die Hadithnummer genannt wird. Dem Quellenbeleg wurde zudem noch die Anmerkung hinzugefügt, dass es sich bei der Übertragung des Originals ins Deutsche um eine eigene Übersetzung handelt.

14.7 Der Umgang mit fremdsprachlichen Quellen

Beim direkten Zitieren fremdsprachlicher Quellen sind gesonderte Richtlinien zu beachten. Wenn es sich um eine Sprache handelt, deren Verständnis beim Zielpublikum generell vorausgesetzt werden kann, müssen solche Zitate nicht übersetzt werden. Dies ist im deutschen Sprachraum aber im Grunde nur beim Englischen der Fall, und selbst hier ist das Verständnis nicht automatisch bei allen gegeben. Um den LeserInnen die Möglichkeit zu geben, Ihre Arbeit ohne größeren Aufwand zu verstehen, kann eine Übersetzung also in bestimmten Fällen empfehlenswert sein. Bei der Verwendung von Zitaten aus dem Arabischen können entweder arabische Schriftzeichen verwendet werden oder es sind – ebenso wie bei anderen Sprachen mit anderen Schriftsystemen – die jeweiligen Regeln der Umschrift zu beachten.

Wie man fremdsprachliche Quellen zitiert, hängt auch von der Art der wissenschaftlichen Arbeit ab. In Qualifikations- und Seminararbeiten ist die Frage am besten direkt mit der Betreuungsperson zu klären. In Monografien und Aufsätzen werden englischsprachige Zitate meist nicht übersetzt, da es sich hier um eine gängige Wissenschaftssprache handelt. Bei anderen Fremdsprachen kann dies hingegen ratsam oder verlangt sein.

Wenn fremdsprachliche Zitate übersetzt werden, gibt es dafür im Grunde zwei Optionen, die in Textbox 27 für das bessere Verständnis anhand eines englischsprachigen Beispiels veranschaulicht werden.

Textbox 27: Übersetzen fremdsprachlicher Quellen

Option 1: Original im Fließtext, Übersetzung in Fußnote

Eine wesentliche Rolle bei der Gestaltung eines wertschätzenden Umgangs mit Pluralität kommt den Religionen zu, die angehalten sind, der wachsenden gesellschaftlichen Vielfalt mit neuen und theologisch fundierten Konzepten zu begegnen. Denn entgegen der apologetischen Behauptung, dass die Religionen an sich pluralistisch seien, gilt folgendes:

> Within each of the major religions we find a range of different approaches to religious plurality, both in terms of how to understand it doctrinally and how to relate to it practically. (Schmidt-Leukel 2017, 1)[1]

---

[1] Übersetzt: „In jeder der großen Religionen finden sich unterschiedliche Einstellungen zur religiösen Vielfalt, sowohl im Hinblick auf das doktrinäre Verständnis davon als auch auf den praktischen Umgang damit." (eigene Übers.)

Option 2: Übersetzung im Fließtext, Original in Fußnote

Eine wesentliche Rolle bei der Gestaltung eines wertschätzenden Umgangs mit Pluralität kommt den Religionen zu, die angehalten sind, der wachsenden gesellschaftlichen Vielfalt mit neuen und theologisch fundierten Konzepten zu begegnen. Denn entgegen der apologetischen Behauptung, dass die Religionen an sich pluralistisch seien, gilt folgendes:

> In jeder der großen Religionen finden sich unterschiedliche Einstellungen zur religiösen Vielfalt, sowohl im Hinblick auf das doktrinäre Verständnis davon als auch auf den praktischen Umgang damit. (Schmidt-Leukel 2017, 1 [eigene Übers.]).[1]

---

[1] Im Original: „Within each of the major religions we find a range of different approaches to religious plurality, both in terms of how to understand it doctrinally and how to relate to it practically."

Quelle: Schmidt-Leukel, Perry (2017): *Religious Pluralism & Interreligious Theology: The Gifford Lectures: An Extended Edition*. Maryknoll, NY: Orbis, S. 1.

Es besteht die Möglichkeit, entweder den fremdsprachlichen Wortlaut der Originalquelle im Fließtext und die Übersetzung des Zitats in einer Fußnote zu platzieren (Option 1) oder umgekehrt (Option 2). Beide Methoden sind denkbar und anerkannt. Hinzuweisen ist in der Regel jedenfalls darauf, wer den Text übersetzt hat, was durch eine Ergänzung in Klammern geschehen kann. Wenn Ihr Text eine Vielzahl an übersetzten Zitaten aufweist, kann auch an einer passenden Stelle die Vorgehensweise ausgeführt werden (z. B. mit dem Hinweis: ‚Alle Zitate wurden durch den Autor/die Autorin übersetzt.'). Falls indes unterschiedliche Personen die Zitate übersetzt haben, müssen diese auch jeweils namentlich angeführt werden. Für den Fall, dass ein ursprünglich in einer Fremdsprache erschienenes Buch ins Deutsche übersetzt und veröffentlicht wurde, ist bei der Zitierung aus der deutschen Ausgabe hingegen nicht unbedingt der Name des Übersetzers bzw. der Übersetzerin anzugeben (Rost 2010, 246).

Abschließende Gedanken. Oder: Das Ausmaß des Zitierens

Eine Frage, die Studierende und angehende ForscherInnen immer wieder umtreibt, ist, in welchem Umfang zitiert werden sollte bzw. muss. Das hängt nicht zuletzt davon ab, um welche Art von wissenschaftlicher Arbeit es sich handelt. Während der Rechercheprozess bei Seminar- und Bachelorarbeiten innerhalb von einigen Wochen oder Monaten bewältigt werden muss und eine entsprechend überschaubare Anzahl von Quellen zu zitieren sind, können sich Recherchen für Doktorarbeiten über Jahre hinziehen, da eine große Fülle an relevanter Literatur zu reflektieren und mittels Zitaten in die Arbeit zu integrieren ist. Eine pauschale Angabe, wie viele Zitate und Belege eine Arbeit aufweisen muss, kann somit nicht geliefert werden. Eine bestimmte Quote von Zitaten pro Seite oder eine Mindestzahl an zitierter Literatur gibt es einfach nicht.

Sinn und Zweck des Zitierens ist es jedenfalls nicht, stets möglichst viele Quellenverweise anzubringen, denn das Zitieren ist nicht dafür da, um die Seiten zu füllen – oder mit den Worten von Norbert Franck:

> Zitat-Huberei ist kein Indiz für Wissenschaftlichkeit. Vielmehr ist ständiges Zitieren ein Hindernis – für die Entwicklung *eigener* Gedanken, beim Verfolgen eines *eigenen* Ziels bzw. einer eigenen Fragestellung. (2017, 284)

Das Aneinanderreihen von Zitaten und Gedanken Anderer macht also noch keine wissenschaftliche Arbeit aus. Es kommt vor allem darauf an, ein Thema bzw. eine Fragestellung selbstständig zu behandeln. Dies gelingt nicht durch eine möglichst große Zahl von Zitaten, sondern besonders durch eigenständige Gedankenarbeit, Reflexionen und Argumentationsketten.

Zitate und Literaturverweise sind für das wissenschaftliche Arbeiten nur Mittel zum Zweck (ebd., 285). Zitate sollten daher nicht inflationär, sondern stets behutsam und zielgerichtet eingesetzt werden. Selbstverständlichkeiten und allgemein zugängliche Informationen, die sich also in zahlreichen Quellen finden lassen, müssen nicht extra belegt werden. So benötigt die Aussage ‚Der Koran umfasst 114 Suren mit zusammen

6.236 Versen' keinen Quellenbeleg. Wer doch einen setzt, zeigt damit in der Regel, dass er diese Information selbst erst nachschlagen musste. Kontroverse inhaltliche Aussagen und spezielle Thesen oder Forschungsergebnisse erfordern hingegen einen Nachweis.

Oftmals gibt es in wissenschaftlichen Texten Abschnitte, in denen besonders häufig, und andere, in denen eher wenig zitiert wird. Ersteres kann zum Beispiel bei der Darstellung des Forschungsstandes oder bei der Definition wichtiger Begriffe der Fall sein. Damit lassen sich möglichst viele Studien einbeziehen und ein mehrperspektivischer Blick auf eine bestimmte Fragestellung werfen. So lässt sich auch aufzeigen, dass man sich gut mit der Materie auskennt und die eigene Arbeit in den dazugehörigen Forschungsstand einordnen kann. Allerdings sollte die Darstellung nicht in ein bloßes Namedropping oder ein wissenschaftliches Imponiergehabe abdriften. Man sollte also stets nur in dem Umfang zitieren, wie es notwendig ist, um das bearbeitete Thema in der angestrebten Tiefe zu bearbeiten (Berger 2019, 81).

Weiterführende Literatur

Beinke, Christiane/Brinkschulte, Melanie/Bunn, Lothar/Thürmer, Stefan (2016): *Die Seminararbeit: Schreiben für den Leser*. 3. Aufl., Konstanz: UVK [v. a. Kap. 7: Einbinden fremder Textteile, S. 91–132].

Franck, Norbert (2017): *Handbuch Wissenschaftliches Arbeiten*. 3. Aufl., Paderborn: Schöningh [v. a. Abschnitt: Zitat, zitieren, S. 283–291].

Jele, Harald (2021): *Richtig zitieren*. 4. Aufl., Stuttgart: Kohlhammer.

Lammers, Katharina/von Stosch, Klaus (2014): *Arbeitstechniken Theologie*. Paderborn: Schöningh.

Rost, Friedrich (2010): *Lern- und Arbeitstechniken für das Studium*. 6. Aufl., Wiesbaden: VS Verlag für Sozialwissenschaften [v. a. Kap. 10.5: Das Belegen und Zitieren, S. 240–276].

Samac, Klaus/Prenner, Monika/Schwetz, Herbert (2014): *Die Bachelorarbeit an Universität und Fachhochschule: Ein Lehr- und Lernbuch zur Gestaltung wissenschaftlicher Arbeiten*. 3. Aufl., Wien: facultas.

Sandberg, Berit (2017): *Wissenschaftliches Arbeiten von Abbildung bis Zitat: Lehr- und Übungsbuch für Bachelor, Master und Promotion*. 3. Aufl., Berlin: De Gruyter.

Schluss

Das vorliegende Lehr- und Studienbuch beschäftigt sich mit einigen zentralen Fragen des wissenschaftlichen Forschens und Arbeitens. Es führt in diese Themen ein und soll dabei auch Ansporn zur weiteren Vertiefung sein. Dafür werden Studierende angesprochen, und es werden Leitfäden für Arbeitstechniken und Forschungsmethoden vermittelt, die als eine Gebrauchsanweisung gemeint sind, mit der man die eigenen Kompetenzen und Expertisen weiterentwickeln kann.

Basierend auf unserer Erfahrung in Forschung und Lehre in der Islamischen Theologie seit deren Begründung im deutschsprachigen Raum konnten wir drei Felder identifizieren, in denen ein Bedarf für eine derartige Einführung besteht: die Phasen der Forschung, die Methoden des Forschens sowie die Techniken des wissenschaftlichen Arbeitens. Das vorliegende Werk ist das erste im deutschsprachigen Raum, das diese drei Bereiche systematisch und umfassend behandelt und entsprechende Einblicke anhand praktischer Beispiele liefert.

Zum Ablauf von Forschungsvorhaben haben wir zunächst ausgeführt, welche Schritte den Forschungsprozess auszeichnen, worauf dabei zu achten ist, was im Bereich der Islamischen Theologie zu einem Untersuchungsgegenstand werden kann und wie eine Fragestellung für ein Forschungsvorhaben formuliert und eingegrenzt werden kann. Zu den Methoden des Forschens haben wir dann dargestellt, welche textanalytischen und empirischen Forschungsinstrumente in der Disziplin zum Einsatz kommen können, worin das Potenzial der jeweiligen Methoden liegt, wie diese konkret angewandt und welche Fragestellungen mit ihnen bearbeitet werden können. Anhand eines gleichbleibenden Musterthemas konnten wir Potenziale und Grenzen sowie Gemeinsamkeiten und Unterschiede zwischen den verschiedenen Methoden aufzeigen. Zuletzt haben wir dann die verschiedenen Techniken des wissenschaftlichen Arbeitens dargelegt, die nicht nur beim Forschen, sondern auch bei allen weiteren wissenschaftlichen Tätigkeiten relevant sind. Dabei haben wir uns mit den Fragen befasst, wie Recherchen durchgeführt werden können, worauf beim Lesen zu achten ist, wie das wissenschaftliche Schreiben erfolgen sollte, was das Argumentieren auszeichnet und welche Regeln beim Zitieren einzuhalten sind.

Mit unserem Buch möchten wir einen Beitrag zur weiteren Etablierung der noch jungen Islamischen Theologie in universitären Kontexten im deutschsprachigen Raum leisten. Dies ist insofern von Bedeutung, da in der Disziplin noch keine klare Übereinkunft zu anerkannten Forschungsmethoden und Arbeitstechniken besteht. Deshalb ist es uns ein Anliegen, an der Weiterentwicklung des Faches mitzuwirken, auch indem wir etablierte Techniken und Methoden aus benachbarten Disziplinen vorstellen und deren innovatives Potenzial beleuchten.

Zum Abschluss möchten wir noch einige Anregungen skizzieren, die für das Forschen und wissenschaftliche Arbeiten allgemein von Bedeutung sind und die in der Islamischen Theologie in Zukunft noch besonders wichtig sein können. Bezogen auf die *Phasen des Forschungsprozesses* möchten wir folgende Punkte hervorheben:

- Das Forschen ist ein Prozess, in dessen Verlauf alle vier Phasen von Bedeutung sind. Die Vorbereitung, Planung, Analyse und Präsentation verdienen jeweils alle umfangreiche Aufmerksamkeit und sind mit der nötigen Sorgfalt durchzuführen. Sich auf nur eine der Phasen zu konzentrieren und andere zu vernachlässigen, gefährdet das Gesamtprodukt. Denn eine Forschung ist immer als Summe ihrer Teile zu begreifen. Leidet eine Phase, leidet die gesamte Forschung.
- Zentral im Forschungsprozess ist die Entwicklung einer adäquaten Fragestellung. Es ist wichtig, diesem Schritt die nötige Aufmerksamkeit zukommen zu lassen, um eine Forschung passend anzulegen. Ein nur unklar definiertes Erkenntnisinteresse und eine nicht klar genug formulierte Fragestellung führen oftmals dazu, dass die Umsetzung eines Vorhabens mit enormen Hürden verbunden ist oder gar nicht erst gelingt.
- Forschungen in der Islamischen Theologie können sich mit verschiedenen Bereichen befassen. Hilfreich ist dabei die Unterscheidung von Wilfred Cantwell Smith, der zwischen den institutionalisierten Formen einer Religion (*cumulative traditions*) mit den Teilbereichen tradierte Glaubenslehre (*belief*) und persönlicher Glaube (*faith*) differenziert. Wissenschaftliche Fragestellungen zielen meist auf die Analyse von Aspekten der institutionalisierten Formen bzw. der tradierten Lehre ab. Der persönliche Glaube steht hingegen in der Regel nicht im Vordergrund theologischer Reflexionsbemühungen.

Hinsichtlich der *Methoden des Forschens* in der Islamischen Theologie möchten wir auf folgende Aspekte hinweisen:

- Verfahren und Eigenschaften von Forschungsmethoden lassen sich besonders gut anhand von Beispielen nachvollziehen. Deshalb haben wir mithilfe unseres fiktiven Musterthemas ‚Religiöse Normen im Berufsleben von MuslimInnen' veranschaulicht, was angemessene Fragestellungen zu diesem Thema sind, die mittels einer spezifischen Methode zielführend bearbeitet werden können. Damit konnten wir aufzeigen, dass es zu einem Thema eine ganze Bandbreite denkbarer Fragestellungen gibt, die mit unterschiedlichen Designs und verschiedenen methodischen Zugängen untersucht werden können. Es ist wichtig, sich dieser Vielfalt bewusst zu sein und Fragestellungen möglichst konkret auszuformulieren, um den Grundstein für ein Forschungsvorhaben schon früh zu legen.
- In der Islamischen Theologie können sowohl textanalytische als auch empirische Verfahren zum Einsatz kommen. In beiden Fällen stehen jeweils unterschiedliche Methoden zur Auswahl. Ausschlaggebend für die Entscheidung sollte sein, was diese Methoden zur Bearbeitung der gewählten Fragestellung beitragen können. Alle Verfahren können auf vielseitige Art und Weise angewendet werden. Für uns stellt eine empirische Islamische Theologie eine wichtige Perspektive dafür dar, wie die Disziplin im deutschsprachigen Raum weiterentwickelt werden kann.
- In der Geschichte der islambezogenen Forschung wurden verschiedene Methoden entwickelt, die es in deutschsprachigen universitären Kontexten kritisch zu reflek-

tieren gilt. Die Islamische Theologie ist aber gut daran beraten, auch über den eigenen Tellerrand hinauszublicken und bewährte Traditionen und Methoden aufzugreifen, die sich ursprünglich in benachbarten Disziplinen aus dem Bereich der Geistes-, Sozial- und Bildungswissenschaften herausgebildet haben.

Bezogen auf *Techniken des wissenschaftlichen Arbeitens* möchten wir schließlich noch auf folgende Punkte aufmerksam machen:

- Die Techniken des wissenschaftlichen Arbeitens stellen das handwerkliche Gerüst aller Erkenntnisbemühungen dar. Jegliches Forschen, Interpretieren von Texten und Auswerten von Daten ist nichts wert, wenn nicht auch sorgfältig recherchiert, argumentiert, formuliert, belegt und zitiert wird. Eine Forschung kann nur dann richtig zur Geltung kommen, wenn sie von einem stabilen Fundament getragen wird, dessen Pfeiler die zentralen Techniken auf diesem Gebiet (Recherchieren, Lesen, Schreiben, Argumentieren und Zitieren) sind.
- Wissenschaftliches Arbeiten findet nie im luftleeren Raum statt, denn kein Thema ist noch gänzlich unerforscht. Es gibt immer Arbeiten und Studien, die Sie bei der Auseinandersetzung mit einem bestimmten Thema heranziehen müssen bzw. an die Sie andocken können. Forschung ist auch als eine Schnittstelle zwischen gestern und heute, zwischen bestehendem Forschungsstand und neuem Wissen zu verstehen. Niemand erfindet das Rad gänzlich neu. Vielmehr gilt es, mittels der Techniken des wissenschaftlichen Arbeitens in eine Auseinandersetzung mit der bisherigen Forschung zu treten, um die Bedeutung und Tragweite der eigenen Befunde sichtbar zu machen. Dies erfordert äußerste Sorgfalt in allen genannten Techniken.
- Die akribische Durchführung wissenschaftlicher Techniken bildet die Grundlage dafür, dass eine Arbeit wissenschaftliche Gütekriterien einhält. Dies bedeutet aber nicht, dass die verschriftlichten Ergebnisse einschläfernd oder humorbefreit sein müssen. Sehr wohl können die Techniken kreativ angewandt sowie die Befunde stilistisch ansprechend und spannend vermittelt werden.

Zum Abschluss möchten wir betonen, dass Forschungen selten vollkommen sind. In der Entwicklung einer Fragestellung, der Konzeption eines Forschungsdesigns, der Durchführung von Forschungsmethoden und der Anwendung von wissenschaftlichen Arbeitstechniken gibt es stets Verbesserungsbedarf. Meisterschaft im wissenschaftlichen Forschen und Arbeiten fällt nicht einfach vom Himmel, sondern erfordert üben, üben und nochmals üben. In der Hoffnung, dass diese Gebrauchsanweisung Ihnen das Forschen und Arbeiten in der Islamischen Theologie erleichtert, wünschen wir Ihnen gutes Gelingen bei all Ihren Forschungsvorhaben!

Anhang

Hinweise zur Transkription von verbalen Daten

Die folgende Tabelle listet verschiedene Regeln mit konkreten Beispielen dafür auf, wie empirisch erhobene verbale Daten systematisch transkribiert werden können. Wenn Sie eine empirische Analyse mittels verbaler Erhebungen durchführen, empfehlen wir Ihnen, die von Ihnen befolgten Transkriptionsregeln in einer Übersicht zu dokumentieren.

Transkriptionsart	Erläuterung
Natürlich muss ich die religiösen Säulen so akzeptieren, wie sie sind. (...) Aber leider Gottes kann ich die Pflichtgebete nicht alle verrichten.	Pausen ab drei Sekunden werden mit ‚(...)' oder auch mit Angabe der Pausenlänge (z. B. ‚5 Sek.') markiert.
Naja, so war das damals [seufzt].	Nonverbale Informationen wie Lachen, Seufzen etc. stehen in eckigen Klammern.
Also, **fünfmal am Tag zu beten, ist durch die Arbeit leider** problematisch.	Wortbetonungen werden **fett** markiert.
In der Moschee sind die (unv.) und verrichten gemeinsam das Gebet.	Wenn ein Wort bzw. mehrere Wörter akustisch nicht zu verstehen sind, setzt man ein ‚(unv.)' für ‚unverständlich'.
In der Moschee sind die (Gläubigen?) und verrichten gemeinsam das Gebet.	Wenn ein Wort bzw. mehrere Wörter akustisch nicht zu verstehen sind, man aber inhaltlich eine Vermutung hat, was gesagt wurde, setzt man es mit einem Fragezeichen in Klammern.
Das geht mir sehr, sehr nah.	Wortwiederholungen werden in der Regel nicht transkribiert, es sei denn, sie sind ein rhetorisches Stilmittel oder aus anderen Gründen relevant.
I	Kürzel für ‚InterviewerIn'; bei mehreren InterviewerInnen: I1, I2 usw.
B	Kürzel für ‚Befragte(r)'; bei mehreren Befragten: B1, B2 usw.

Quelle: Dresing, Thorsten/Pehl, Thorsten (2018): *Praxisbuch Interview, Transkription & Analyse: Anleitungen und Regelsysteme für qualitativ Forschende*. 8. Aufl., Marburg: Eigenverlag, S. 21 f.

Die Transliteration des Arabischen nach den Regeln der Deutschen Morgenländischen Gesellschaft (DMG)

Bei den im Jahre 1935 im Auftrag der DMG vorgelegten Regeln handelt es sich um Vorschläge zur Übertragung arabischer (und anderer orientsprachlicher) Schriftzeichen in die lateinische Schrift, die sich in wissenschaftlichen Kontexten im deutschsprachigen Raum inzwischen weitgehend durchgesetzt haben. Die Vorschläge sind durch gewisse Variationsmöglichkeiten gekennzeichnet (El Omari/Roters 2019, 72–76). In der Tabelle sind die den arabischen Buchstaben entsprechenden Zeichen aufgelistet.

Arabischer Buchstabe	Transliteration
ء	ʾ
ا	ā
ب	b
ت	t
ث	ṯ
ج	ǧ
ح	ḥ
خ	ḫ
د	d
ذ	ḏ
ر	r
ز	z
س	s
ش	š
ص	ṣ
ض	ḍ
ط	ṭ
ظ	ẓ
ع	ʿ
غ	ġ
ف	f
ق	q

Arabischer Buchstabe	Transliteration
ك	k
ل	l
م	m
ن	n
ه	h
و	w/ū
ي	y/ī

Abbildungsverzeichnis

Tabellenverzeichnis

Textboxverzeichnis

Literaturverzeichnis

ʿAbd ar-Raḥmān, ʿĀʾiša (1962): *at-Tafsīr al-bayānī li-l-Qurʾān al-karīm*. Kairo: Dār al-Maʿārif.

Abu Dawud Sulaiman bin Ash'ath (2008): *Sunan Abu Dawud – Vol. 1: From Hadith no. 01 to 1160. Ahâdith edited & referenced by Hâfiz Abu Tâhir Zubair 'Alî Za'î. Translated by Yaser Qadhi*. Riad: Darussalam.

Abū Zayd, Naṣr Ḥāmid (1990): *Mafhūm an-naṣṣ: Dirāsa fī ʿulūm al-Qurʾān*. Kairo: al-Hayʾa al-Miṣrīya al-ʿĀmma li-l-Kitāb.

––––– (2015): *Nasr Hamid Abu Zaid: Ein Leben mit dem Islam. Erzählt von Navid Kermani*. Neuausgabe. Freiburg i. B.: Herder.

Adamina, Marco (2004): „Bottom Up und Top down: Die Verschränkung von schulpraktischen und grundlegenden fachdidaktischen Anliegen bei der Entwicklung von Lern- und Lehrmaterialien". In: Aeberli, Christian (Hg.): *Lehrmittel neu diskutiert: Ergebnisse des 1. Schweizer Lehrmittelsymposiums vom 29. und 30. Januar 2004 auf dem Wolfsberg in Ermatingen TG*. Zürich: Lehrmittelverlag des Kantons Zürich, S. 67–86.

Aeppli, Jürg/Gasser, Luciano/Gutzwiller, Eveline/Tettenborn, Annette (2014): *Empirisches wissenschaftliches Arbeiten: Ein Studienbuch für die Bildungswissenschaften*. Bad Heilbrunn: Klinkhardt.

Agai, Bekim/Bassiouni, Mahmoud/Başol, Ayşe/ Ben Abdeljelil, Jamel /Bodenstein, Mark Chalil/Çakır, Naime/Güneş, Serdar/Omerika, Armina/Rahmati, Fateme/Özsoy, Ömer/ Şahin, Ertuğrul/Simon, Udo (2014): „Islamische Theologie in Deutschland: Herausforderungen im Spannungsfeld divergierender Erwartungen". In: *Frankfurter Zeitschrift für Islamisch-Theologische Studien*, 1 (1), S. 7–28.

Ahmed, Leila (1992): *Women and Gender in Islam: Historical Roots of a Modern Debate*. New Haven, CT: Yale Univ. Press.

Akash, Hussein Ali (2006): *Die sufische Koranauslegung: Semantik und Deutungsmechanismen in der išārī-Exegese*. Berlin: Klaus Schwarz.

Ali, Kecia (2004): „'A Beautiful Example': The Prophet Muḥammad as a Model for Muslim Husbands". In: *Islamic Studies*, 43 (2), S. 273–291.

American Psychological Association (Hg.) (2020): *Publication Manual of the American Psychological Association: The Official Guide to APA Style*. 7. Aufl., Washington, DC: American Psychological Association.

Amin, Kamaruddin (2004): „Nāṣiruddīn al-Albānī on Muslim's Ṣaḥīḥ: A Critical Study of His Method". In: *Islamic Law and Society*, 11 (2), S. 149–176.

Amirpur, Katajun (2014): „Die Hermeneutik als traditionelle islamische Wissenschaft: Das Alte neu entdecken". In: *Praktische Theologie*, 49 (3), S. 143–150. DOI: 10.14315/prth-2014-0305.

––––– (2018): „Lesen ist nicht gleich Verstehen". In: *Die Zeit* (Beitrag vom 9. September 2018). URL: https://www.zeit.de/kultur/2018-08/koran-islam-interpretation-terroristen-exegese; Abrufdatum: 1. 2. 2022.

Anawati, Georges (1983): „Philosophie, Theologie und Mystik". In: Schacht, Joseph/Bosworth, Clifford E. (Hg.): *Das Vermächtnis des Islams: Bd. 2*. München: dtv, S. 119–165.

Asad, Muhammad (2009): *Die Botschaft des Koran: Übersetzung und Kommentar*. Düsseldorf: Patmos.

Aslan, Ednan (2008): „‚Wir erwarten europaweit Impulse': Die Stimme eines Hochschullehrers". In: Behr, Harry Harun/Rohe, Mathias/Schmid, Hansjörg (Hg.): *„Den Koran zu lesen genügt nicht!" – Fachliches Profil und realer Kontext für ein neues Berufsfeld: Auf dem Weg zum Islamischen Religionsunterricht*. Münster: LIT, S. 63–74.

Aslan, Ednan/Kolb, Jonas/Yildiz, Erol (2017): *Muslimische Diversität: Ein Kompass zur religiösen Alltagspraxis*. Wiesbaden: Springer VS.

Assmann, Jan (2007): *Das kulturelle Gedächtnis: Schrift, Erinnerung und politische Identität in frühen Hochkulturen*. 6. Aufl., München: C. H. Beck.

Atteslander, Peter (1971): *Methoden der empirischen Sozialforschung*. 2. Aufl., Berlin: De Gruyter.

––––– (2010): *Methoden der empirischen Sozialforschung*. 13. Aufl., Berlin: Erich Schmidt.

Axt-Piscalar, Christine (2013): *Was ist Theologie? Klassische Entwürfe von Paulus bis zur Gegenwart*. Tübingen: Mohr Siebeck.

Bakhtiar, Laleh (2006): *The Sublime Quran: Translated by Laleh Bakhtiar*. Chicago, IL: Kazi Publications.

Barlas, Asma (2002): *"Believing Women" in Islam: Unreading Patriarchal Interpretations of the Qur'ān*. Austin, TX: Univ. of Texas Press.

––––– (2023): „When Gender Is a Problem in Islamic Theology and Qur'anic Tafsir". In: *Forum Islamisch-Theologische Studien*, 2 (1), S. 3–15.

Barth, Hans-Martin/Elsas, Christoph (Hg.) (1997): *Hermeneutik in Islam und Christentum: Beiträge zum interreligiösen Dialog: Rudolf-Otto-Symposion 1996*. Hamburg: EB-Verlag.

Bauer, Thomas (2011): *Die Kultur der Ambiguität: Eine andere Geschichte des Islams*. Berlin: Verlag der Weltreligionen.

Becker, Howard S. (1998): *Tricks of the Trade: How to Think About Your Research While You're Doing it*. Chicago, IL: Univ. of Chicago Press.

––––– (2007): *Writing for Social Scientists: How to Start and Finish Your Thesis, Book, or Article*. 2. Aufl., Chicago, IL: Univ. of Chicago Press.

Beinke, Christiane/Brinkschulte, Melanie/Bunn, Lothar/Thürmer, Stefan (2016): *Die Seminararbeit: Schreiben für den Leser*. 3. Aufl., Konstanz: UVK.

Benzine, Rachid (2012): *Islam und Moderne: Die neuen Denker*. Frankfurt a. M.: Suhrkamp.

Berger, Helga (2019): *Schritt für Schritt zur Abschlussarbeit: Gliedern – formulieren – formatieren*. Paderborn: Schöningh.

Berger, Lutz (2010): *Islamische Theologie*. Wien: facultas.wuv.

Bobzin, Hartmut (1999): *Der Koran: Eine Einführung*. München: C. H. Beck.

Boeck, Nadja (2019): „Dokumentarische Methode". In: *WIReLex. Das Wissenschaftlich-Religionspädagogische Lexikon im Internet*. URL: https://www.bibelwissenschaft.de/

wirelex/das-wissenschaftlich-religionspaedagogische-lexikon/wirelex/sachwort/anzeigen/details/dokumentarische-methode/ch/20b35c27235c3d41586bd78e492a21e3/; Abrufdatum: 12. 2. 2022.

Boeglin, Martha (2012): *Wissenschaftlich arbeiten Schritt für Schritt: Gelassen und effektiv studieren*. 2. Aufl., München: W. Fink.

Bogner, Alexander/Littig, Beate/Menz, Wolfgang (Hg.) (2009): *Experteninterviews: Theorien, Methoden, Anwendungsfelder*. Wiesbaden: VS Verlag für Sozialwissenschaften.

––––– (2014): *Interviews mit Experten: Eine praxisorientierte Einführung*. Wiesbaden: Springer VS.

Bogner, Alexander/Menz, Wolfgang (2009): „Das theoriegenerierende Experteninterview: Erkenntnisinteresse, Wissensformen, Interaktion". In: Bogner, Alexander/Littig, Beate/Menz, Wolfgang (Hg.): *Experteninterviews. Theorien, Methoden, Anwendungsfelder*. Wiesbaden: VS Verlag für Sozialwissenschaften, S. 33–70.

Bohl, Thorsten (2008): *Wissenschaftliches Arbeiten im Studium der Pädagogik: Arbeitsprozesse, Referate, Hausarbeiten, mündliche Prüfungen und mehr...* 3. Aufl., Weinheim: Beltz.

Bohnsack, Ralf (2001): „Typenbildung, Generalisierung und komparative Analysen: Grundprinzipien der dokumentarischen Methode". In: ders./Nentwig-Gesemann, Iris/Nohl, Arnd-Michael (Hg.): *Die dokumentarische Methode und ihre Forschungspraxis: Grundlagen qualitativer Sozialforschung*. Opladen: Leske + Budrich, S. 225–252.

––––– (2003): „Dokumentarische Methode". In: ders./Marotzki, Winfried/Meuser, Michael (Hg.): *Hauptbegriffe Qualitativer Sozialforschung: Ein Wörterbuch*. Opladen: Leske + Budrich, S. 40–44.

––––– (2008): *Rekonstruktive Sozialforschung: Einführung in qualitative Methoden*. 7. Aufl., Opladen: Budrich.

––––– (2013): „Gruppendiskussion". In: Flick, Uwe/von Kardoff, Ernst/Steinke, Ines (Hg.): *Qualitative Forschung: Ein Handbuch*. 10. Aufl., Reinbek: Rowohlt, S. 369–384.

Bohnsack, Ralf/Nentwig-Gesemann, Iris/Nohl, Arnd-Michael (Hg.) (2001): *Die dokumentarische Methode und ihre Forschungspraxis: Grundlagen qualitativer Sozialforschung*. Opladen: Leske + Budrich.

Bortz, Jürgen (1993): *Statistik: Für Sozialwissenschaftler*. Berlin: Springer.

Brandner, Vera/Kolb, Jonas/Gelengec, Aykut (2022): „Transdisziplinäre Grenzarbeit zwischen hochschulgebundener, schulischer und außerschulischer Bildung: Ein konzeptioneller Beitrag am Fallbeispiel der islamischen Bildung in Österreich". In: Brocca, Nicola/Dittrich, Ann-Kathrin/Kolb, Jonas (Hg.): *Grenzgänge und Grenzziehungen: Transdisziplinäre Ansätze in der Lehrer*innenbildung*. Innsbruck: iup, S. 173–200.

Breidenstein, Georg (2008): „Allgemeine Didaktik und praxeologische Unterrichtsforschung". In: *Zeitschrift für Erziehungswissenschaft*, 10, Sonderheft 9, S. 201–215.

Breidenstein, Georg/Hirschauer, Stefan/Kalthoff, Herbert/Nieswand, Boris (2015): *Ethnografie: Die Praxis der Feldforschung*. 2. Aufl., UVK: Konstanz.

Breuer, Franz (2010): *Reflexive Grounded Theory: Eine Einführung für die Forschungspraxis*. 2. Aufl., Wiesbaden: VS Verlag für Sozialwissenschaften.

Brockelmann, Carl/Fischer, August/Heggening, Willi/Taeschner, Franz (1935): *Die Transliteration der arabischen Schrift in ihrer Anwendung auf die Hauptliteratursprachen der islamischen Welt: Denkschrift dem 19. Internationalen Orientalistenkongreß in Rom vorgelegt von der Transkriptionskommission der Deutschen Morgenländischen Gesellschaft*. Leipzig: Brockhaus.

Brown, Jonathan A. C. (2009): *Hadith: Muhammad's Legacy in the Medieval and Modern World*. Oxford: Oneworld.

––––– (2011): „Even If It's Not True It's True: Using Unreliable Ḥadīths in Sunni Islam". In: *Islamic Law and Society*, 18 (1), S. 1–52. DOI: 10.1163/156851910X517056.

Brunner, Rainer (2012): „(Islamische) Theologie an der Universität: Warum eigentlich?" In: Khorchide, Mouhanad/Schöller, Marco (Hg.): *Das Verhältnis zwischen Islamwissenschaft und Islamischer Theologie: Beiträge der Konferenz Münster: 1.–2. Juli 2011*. Münster: agenda, S. 100–108.

Bucher, Anton A. (1994): *Einführung in die empirische Sozialwissenschaft: Ein Arbeitsbuch für TheologInnen*. Stuttgart: Kohlhammer.

Campanini, Massimo (2011): *The Qur'an: Modern Muslim Interpretations*. Milton Park: Routledge.

Charmaz, Kathy (2006): *Constructing Grounded Theory: A Practical Guide Through Qualitative Analysis*. London: Sage.

Çınar, Hüseyin İlker (2017): *Koranwissenschaften und Koranexegese: Eine Einführung*. Mannheim: IFIZ & IZ Publications.

Clarke, Adele E. (2012): *Situationsanalyse: Grounded Theory nach dem Postmodern Turn*. Wiesbaden: Springer VS.

Conermann, Stephan (2018): „Apostasie". In: Elger, Ralf/Stolleis, Friederike (Hg.): *Kleines Islam-Lexikon: Geschichte – Alltag – Kultur*. 6. Aufl., München: C. H. Beck, S. 21.

Creswell, John W./Plano Clark, Vicki L. (2007): *Designing and Conducting Mixed Methods Research*. Thousand Oaks: Sage.

ad-Dasūqī, Muḥammad (1984): *Manhaǧ al-baḥṯ fī l-ʿulūm al-islāmīya*. Doha: Dār al-Awzāʿī.

Decker, Doris (2013): *Frauen als Trägerinnen religiösen Wissens: Konzeptionen von Frauenbildern in frühislamischen Überlieferungen bis zum 9. Jahrhundert*. Stuttgart: Kohlhammer.

Denzin, Norman K. (1989): *The Research Act: A Theoretical Introduction to Sociological Methods*. 3. Aufl., Englewood Cliffs, NJ: Prentice-Hall.

Dere, Ali (1997): „Ein Überblick über Entwicklung des Hadīṯ und seinen formalen Aspekt". In: *Ankara Üniversitesi İlahiyat Fakültesi Dergisi* (*AÜİF*), 36, S. 423–441.

Diaz-Bone, Rainer (2006): „Zur Methodologisierung der Foucaultschen Diskursanalyse". In: *Historical Social Research*, 31 (2), S. 243–274. DOI: 10.12759/hsr.31.2006.2.243-274.

Diekmann, Andreas (2010): *Empirische Sozialforschung: Grundlagen – Methoden – Anwendungen*. 4. Aufl., Reinbek: Rowohlt.

Dierk, Heidrun (2005): „Ein ›Schatz in irdenen Gefäßen‹ – Wege der Schriftauslegung“: In: Müller, Peter/dies./Müller-Friese, Anita: *Verstehen lernen: Ein Arbeitsbuch zur Hermeneutik*. Stuttgart: Calwer, S. 79–141.

Dinter, Astrid (2007): „Methoden der Website-Analyse: Ein Element visueller Forschungszugänge“. In: dies./Heimbrock, Hans-Günter/Söderblom, Kerstin (Hg.): *Einführung in die Empirische Theologie: Gelebte Religion erforschen*. Göttingen: V & R, S. 291–303.

Dinter, Astrid/Heimbrock, Hans-Günter/Söderblom, Kerstin (Hg.) (2007): *Einführung in die Empirische Theologie: Gelebte Religion erforschen*. Göttingen: V & R.

Dörfler, Benjamin (2014): „Der islamistische Denker Sayyid Qutb“. In: Hafez, Farid (Hg.): *Islamisch-politische Denker: Eine Einführung in die islamisch-politische Ideengeschichte*. Frankfurt a. M.: Peter Lang, S. 79–90.

Dresing, Thorsten/Pehl, Thorsten (2018): *Praxisbuch Interview, Transkription & Analyse: Anleitungen und Regelsysteme für qualitativ Forschende*. 8. Aufl., Marburg: Eigenverlag.

Eckholt, Margit/Mallouki, Lahbib (Hg.) (2021): *Offenbarung und Sprache: hermeneutische und theologische Zugänge aus christlicher und islamischer Perspektive*. Göttingen: V & R unipress.

Eith, Kathrin (2018): „Ankaraner Schule“. In: Elger, Ralf/Stolleis, Friederike (Hg.): *Kleines Islam-Lexikon: Geschichte – Alltag – Kultur*. 6. Aufl., München: C. H. Beck, S. 19 f.

El Omari, Dina (2016): *Einführung in die Koranwissenschaften*. Freiburg i. B.: Kalam.

––––– (2021): *Koranische Geschlechterrollen in Schöpfung und Eschatologie: Versuch einer historisch-literaturwissenschaftlichen Korankommentierung*. Freiburg i. B.: Herder.

El Omari, Dina/Roters, Daniel (2019): *Einführung in das wissenschaftliche Arbeiten*. Freiburg i. B.: Kalam.

Elger, Ralf/Stolleis, Friederike (Hg.) (2018): *Kleines Islam-Lexikon: Geschichte – Alltag – Kultur*. 6. Aufl., München: C. H. Beck.

Engelhardt, Jan F. (2017): *Islamische Theologie im deutschen Wissenschaftssystem: Ausdifferenzierung und Selbstkonzeption einer neuen Wissenschaftsdisziplin*. Wiesbaden: Springer VS.

Esselborn-Krumbiegel, Helga (2012): *Richtig wissenschaftlich schreiben: Wissenschaftssprache in Regeln und Übungen*. 2. Aufl., Paderborn: Schöningh.

––––– (2014): *Von der Idee zum Text: Eine Anleitung zum wissenschaftlichen Schreiben*. 4. Aufl., Paderborn: Schöningh.

Falaturi, Abdoldjavad (2002): *Dialog zwischen Christentum und Islam*. Hamburg: Islamische Akademie Deutschland.

Fleet, Kate/Krämer, Gudrun/Matringe, Denis/Nawas, John/Rowson, Everett (Hg.) (2007): *Encyclopaedia of Islam*. 3. Aufl., Leiden: Brill.

Flick, Uwe (2012): *Qualitative Sozialforschung: Eine Einführung*. 5. Aufl., Reinbek: Rowohlt.

––––– (2013a): „Design und Prozess qualitativer Forschung“. In: ders./von Kardoff, Ernst/Steinke, Ines (Hg.): *Qualitative Forschung: Ein Handbuch*. 10. Aufl., Reinbek: Rowohlt, S. 252–265.

––––– (2013b): „Triangulation in der qualitativen Forschung". In: ders./von Kardoff, Ernst/Steinke, Ines (Hg.): *Qualitative Forschung: Ein Handbuch.* 10. Aufl., Reinbek: Rowohlt, S. 309–318.

Foucault, Michel (1972): *Die Geburt der Klinik: Eine Archäologie des ärztlichen Blicks.* Frankfurt a. M.: Suhrkamp.

––––– (1973): *Wahnsinn und Gesellschaft.* Frankfurt a. M.: Suhrkamp.

––––– (1977): *Überwachen und Strafen: Die Geburt des Gefängnisses.* Frankfurt a. M.: Suhrkamp.

––––– (1989): *Der Wille zum Wissen: Sexualität und Wahrheit. Bd. 1.* Frankfurt a. M.: Suhrkamp.

Franck, Norbert (2017): *Handbuch Wissenschaftliches Arbeiten.* 3. Aufl., Paderborn: Schöningh.

Frank, Andrea/Haacke, Stefanie/Lahm, Swantje (2007): *Schlüsselkompetenzen: Schreiben in Studium und Beruf.* Stuttgart: Metzler.

Franke, Edith/Maske, Verena (2011): „Teilnehmende Beobachtung als Verfahren der Religionsforschung: Der Verein ‚Muslimische Jugend in Deutschland e. V.'". In: Kurth, Stefan/Lehmann, Karsten (Hg.): *Religionen erforschen: Kulturwissenschaftliche Methoden in der Religionswissenschaft.* Wiesbaden: VS Verlag für Sozialwissenschaften, S. 105–134.

Froschauer, Ulrike/Lueger, Manfred (2020): *Das qualitative Interview: Zur Praxis interpretativer Analyse sozialer Systeme.* 2. Aufl., Wien: facultas.

Gadamer, Hans-Georg (1960): *Wahrheit und Methode: Grundzüge einer philosophischen Hermeneutik.* Tübingen: Mohr.

Garz, Detlef (2010): „Objektive Hermeneutik". In: Friebertshäuser, Barbara/Langer, Antje/Prengel, Annedore (Hg.): *Handbuch Qualitative Forschungsmethoden in der Erziehungswissenschaft.* 3. Aufl., Weinheim: Beltz, S. 249–262.

Gharaibeh, Mohammad (2016): *Einführung in die Wissenschaften des Hadith, seine Überlieferungsgeschichte und Literatur.* Freiburg i. B.: Kalam.

Glaser, Barney (1992): *Emergence vs. forcing: Basics of grounded theory analysis.* Mill Valley, CA: Sociology Press.

Glaser, Barney/Strauss, Anselm (1967): *The Discovery of Grounded Theory: Strategies for Qualitative Research.* Chicago, IL: Aldine.

Glaser, Edith (2010): „Dokumentenanalyse und Quellenkritik". In: Friebertshäuser, Barbara/Langer, Antje/Prengel, Annedore (Hg.): *Handbuch Qualitative Forschungsmethoden in der Erziehungswissenschaft.* 3. Aufl., Weinheim: Beltz, S. 365–375.

Gläser, Jochen/Laudel, Grit (2010): *Experteninterviews und qualitative Inhaltsanalyse.* 4. Aufl., Wiesbaden: VS Verlag für Sozialwissenschaften.

Gläser-Zikuda, Michaela/Seidel, Tina/Rohlfs, Carsten/Gröschner, Alexander/Ziegelbauer, Sascha (Hg.) (2012): *Mixed Methods in der empirischen Bildungsforschung.* Münster: Waxmann.

Göcke, Benedikt Paul (Hg.) (2018a): *Die Wissenschaftlichkeit der Theologie: Bd. 1: Historische und systematische Perspektiven.* Münster: Aschendorff.

––––– (2018b): „Katholische Theologie als Wissenschaft? Einwände und die Agenda der analytischen Theologie“. In: ders. (Hg.): *Die Wissenschaftlichkeit der Theologie: Bd. 1: Historische und systematische Perspektiven*. Münster: Aschendorff, S. 145–164.

Goffman, Erving (1959): *The Presentation of Self in Everyday Life*. New York, NY: Anchor Books.

Goldziher, Ignaz (1920): *Die Richtungen der islamischen Koranauslegung: An der Universität Upsala gehaltene Olaus-Petri-Vorlesungen*. Leiden: Brill.

Görmez, Mehmet (2020): *Sünnet ve Hadisi Anlama Kılavuzu*. Ankara: Otto.

Greve, Werner/Wentura, Dirk (1997): *Wissenschaftliche Beobachtung: Eine Einführung*. Weinheim: Beltz.

Habermas, Jürgen (1988): *Theorie des kommunikativen Handelns. Bd. 1*. Neuausgabe. Frankfurt a. M.: Suhrkamp.

––––– (2004): „Die Grenze zwischen Glauben und Wissen: Zur Wirkungsgeschichte und aktuellen Bedeutung von Kants Religionsphilosophie“. In: *Revue de métaphysique et de morale*, 44 (4), S. 460–484.

Hartnack, Florian (Hg.) (2019): *Qualitative Forschung mit Kindern: Herausforderungen, Methoden und Konzepte*. Wiesbaden: Springer VS.

Haußmann, Werner (2018): „Schulbuchanalyse“. In: Pirner, Manfred L./Rothgangel, Martin (Hg.): *Empirisch forschen in der Religionspädagogik: Ein Studienbuch für Studierende und Lehrkräfte*. Stuttgart: Kohlhammer, S. 235–254.

Haußmann, Werner/Pirner, Manfred L. (2018): „Von der Forschungsidee zum Forschungsdesign“. In: Pirner, Manfred L./Rothgangel, Martin (Hg.): *Empirisch forschen in der Religionspädagogik: Ein Studienbuch für Studierende und Lehrkräfte*. Stuttgart: Kohlhammer, S. 41–53.

Hecht-El Minshaw, Béatrice (2017): *Muslime in Alltag und Beruf: Integration von Flüchtlingen*. Berlin: Springer.

Helfferich, Cornelia (2011): *Die Qualität qualitativer Daten: Manual für die Durchführung qualitativer Interviews*. 4. Aufl., Wiesbaden: VS Verlag für Sozialwissenschaften.

––––– (2014): „Leitfaden- und Experteninterviews“. In: Baur, Nina/Blasius, Jörg (Hg.): *Handbuch Methoden der empirischen Sozialforschung*. Wiesbaden: Springer VS, S. 559–574.

Hermanns, Harry (1991): „Narratives Interview“. In: Flick, Uwe/von Kardoff, Ernst/Keupp, Heiner/von Rosenstiel, Lutz/Wolff, Stephan (Hg.): *Handbuch Qualitative Sozialforschung: Grundlagen, Konzepte, Methoden und Anwendungen*. München: Psychologie Verlags Union, S. 182–185.

Hermisson, Sabine/Rothgangel, Martin (2018): „Grounded Theory“. In: Pirner, Manfred L./Rothgangel, Martin (Hg.): *Empirisch forschen in der Religionspädagogik: Ein Studienbuch für Studierende und Lehrkräfte*. Stuttgart: Kohlhammer, S. 111–126.

Hermisson, Sabine/Weiß, Thomas (2018): „Eine empirische Forschungsarbeit verfassen“. In: Pirner, Manfred L./Rothgangel, Martin (Hg.): *Empirisch forschen in der Religionspädagogik: Ein Studienbuch für Studierende und Lehrkräfte*. Stuttgart: Kohlhammer, S. 315–327.

Hildebrandt, Thomas (o. J.): *Die wissenschaftliche Umschrift der arabischen Sprache: Ein Leitfaden für die orientalistischen Fächer der Universität Bamberg*. URL: https://www.uni-bamberg.de/fileadmin/uni/fakultaeten/split_faecher/orientalistik/Dateien/Translit.pdf; Abrufdatum: 1. 10. 2021.

Hirsch, Jr., Eric D. (1978): *Validity in Interpretation*. New Haven, CT: Yale Univ. Press.

Hoffmann, Nicole (2018): *Dokumentenanalyse in der Bildungs- und Sozialforschung: Überblick und Einführung*. Beltz: Weinheim.

Hopf, Christel (2013): „Qualitative Interviews – ein Überblick". In: Flick, Uwe/von Kardoff, Ernst/Steinke, Ines (Hg.): *Qualitative Forschung: Ein Handbuch*. 10. Aufl., Reinbek: Rowohlt, S. 349–360.

Hron, Aemilian (1994): „Interview". In: Huber, Günter L./Mandl, Heinz (Hg.): *Verbale Daten: Eine Einführung in die Grundlagen der Erhebung und Auswertung*. 2. Aufl., Weinheim: Beltz: Weinheim, S. 119–140.

Huber, Christina/Lehmann, Lukas (2014): „Auswertung Qualitativer Daten". In: Aeppli, Jürg/Gasser, Luciano/Gutzwiller, Eveline/Tettenborn, Annette: *Empirisches wissenschaftliches Arbeiten: Ein Studienbuch für die Bildungswissenschaften*. Bad Heilbrunn: Klinkhardt, S. 230–264.

Huemer, Birgit/Rheindorf Markus/Gruber, Helmut (2012): *Abstract, Exposé und Förderantrag: Eine Schreibanleitung für Studierende und junge Forschende*. Wien: Böhlau.

Hug, Theo/Poscheschnik, Gerald (2020): *Empirisch forschen: Die Planung und Umsetzung von Projekten im Studium*. 3. Aufl., München: UVK.

Jele, Harald (2021): *Richtig zitieren*. 4. Aufl., Stuttgart: Kohlhammer.

Jung, Martin H. (2004): *Einführung in die Theologie*. Darmstadt: WBG.

Karagedik, Ulvi (2022a): *Hadithhermeneutik: Methoden, Grundlagen und Praxis*. Göttingen: V & R.

––––– (2022b): „Leitfaden zur Verwendung der Sunna im islamischen Religionsunterricht". In: Aslan, Ednan (Hg.): *Handbuch Islamische Religionspädagogik: Teil 1*. Göttingen: V & R, S. 521–543.

Karčić, Fikret (2006): „Textual Analysis in Islamic Studies: A Short Historical and Comparative Survey". In: *Islamic Studies*, 45 (2), S. 191–220.

––––– (2012): *Über die Methode der Textanalyse in den islamischen Wissenschaften: Kurzer historischer und vergleichender Abriss*. Freiburg i. B.: VIBE.

Kaufmann, Jean-Claude (1999): *Das verstehende Interview: Theorie und Praxis*. Konstanz: UVK.

Kelle, Udo/Kluge, Susann (2010): *Vom Einzelfall zum Typus: Fallvergleich und Fallkontrastierung in der qualitativen Sozialforschung*. 2. Aufl., Wiesbaden: VS Verlag für Sozialwissenschaften.

Keller, Reiner (2011): *Wissenssoziologische Diskursanalyse: Grundlegung eines Forschungsprogramms*. 3. Aufl., Wiesbaden: VS Verlag für Sozialwissenschaften.

Kermani, Navid (1999): *Gott ist schön: Das ästhetische Erleben des Koran*. München: C. H. Beck.

Khalfaoui, Mouez/Ehret, Jean (Hg.) (2021): *Islamische Theologie in Deutschland: Ein Modell für Europa und die Welt*. Freiburg i. B.: Herder.

Khalfaoui, Mouez/Möhring-Hesse, Matthias (Hg.) (2015): *Eine Arbeitsgesellschaft – auch für Muslime: Interdisziplinäre und interreligiöse Beiträge zur Erwerbsarbeit*. Münster: Waxmann.

Khatab, Sayed (2006): *The Political Thought of Sayyid Qutb: The Theory of* Jahiliyyah. London: Routledge.

Kienpointner, Manfred (1992): *Alltagslogik: Struktur und Funktion von Argumentationsmustern*. Stuttgart: problemata frommann-holzboog.

Kirchner, Carl Hermann (1852): *C. Kirchner's Hodegetik oder Wegweiser zur Universität für Studierende: Nebst einer systematischen Uebersicht der Wissenschaften und Künste und den Studienplänen für die einzelnen Fächer des Gelehrtenberufs*. Leipzig: Fr. Chr. Wilh. Vogel.

Kirste, Reinhard/Schultze, Herbert/Tworuschka, Udo (1995): *Die Feste der Religionen: Ein interreligiöser Kalender mit einer synoptischen Übersicht*. Gütersloh: Gütersloher Verlagshaus.

Kleemann, Frank/Krähnke, Uwe/Matuschek, Ingo (2013): *Interpretative Sozialforschung: Eine Einführung in die Praxis des Interpretierens*. 2. Aufl., Wiesbaden: Springer VS.

Knoblauch, Hubert (2003): *Qualitative Religionsforschung: Religionsethnographie in der eigenen Gesellschaft*. Paderborn: Schöningh.

Kolb, Jonas (2022): *Muslimische Alltagspraxis und religiöse Bildung in der Gegenwartsgesellschaft: Religionssoziologische Befunde und bildungsbezogene Reflexionen*. Habilitationsschrift. Universität Innsbruck.

König, Hans-Dieter (2013): „Tiefenhermeneutik". In: Flick, Uwe/von Kardoff, Ernst/Steinke, Ines (Hg.): *Qualitative Forschung: Ein Handbuch*. 10. Aufl., Reinbek: Rowohlt, S. 556–569.

Konrad, Klaus (2010): „Lautes Denken". In: Mey, Günter/Mruck, Katja (Hg.): *Handbuch Qualitative Forschung in der Psychologie*. Wiesbaden: VS Verlag für Sozialwissenschaften, S. 476–490.

Körner, Felix (2005): *Revisionist Koran Hermeneutics in Contemporary Turkish University Theology: Rethinking Islam*. Würzburg: Ergon.

––––– (Hg.) (2006): *Alter Text – neuer Kontext: Koranhermeneutik in der Türkei: Ausgewählte Texte, übersetzt und kommentiert von Felix Körner, SJ*. Freiburg i. B.: Herder.

Kornmeier, Martin (2013): *Wissenschaftlich schreiben leicht gemacht für Bachelor, Master und Dissertation*. 6. Aufl., Bern: Haupt.

Körtner, Ulrich H. J. (2006): *Einführung in die theologische Hermeneutik*. Darmstadt: WBG.

Kowal, Sabine/O'Connell, Daniel C. (2013): „Zur Transkription von Gesprächen". In: Flick, Uwe/von Kardoff, Ernst/Steinke, Ines (Hg.): *Qualitative Forschung: Ein Handbuch*. 10. Aufl., Reinbek: Rowohlt, S. 437–447.

Krämer, Gudrun (2007): *Geschichte des Islam*. Sonderausgabe. München: C. H. Beck.

Kraml, Martina/Sejdini, Zekirija/Bauer, Nicole/Kolb, Jonas (2020): *Konflikte und Konfliktpotentiale in interreligiösen Bildungsprozessen: Empirisch begleitete Grenzgänge zwischen Schule und Universität.* Stuttgart: Kohlhammer.

Kromrey, Helmut (2009): *Empirische Sozialforschung: Modelle und Methoden der standardisierten Datenerhebung und Datenauswertung.* 12. Aufl., Stuttgart: Lucius + Lucius.

Krumm, Thomas/Noetzel, Thomas/Westle, Bettina (2009): „Dokumentenanalyse". In: Westle, Bettina (Hg.): *Methoden der Politikwissenschaft.* Baden-Baden: Nomos, S. 325–334.

Kruse, Jan (2015): *Qualitative Interviewforschung: Ein integrativer Ansatz.* 2. Aufl., Weinheim/Basel: Beltz/Juventa.

Kruse, Otto (2018): *Lesen und Schreiben: Der richtige Umgang mit Texten im Studium.* 3. Aufl., München: UVK.

Kuckartz, Udo (2014a): *Mixed Methods: Methodologie, Forschungsdesigns und Analyseverfahren.* Wiesbaden: Springer VS.

––––– (2014b): *Qualitative Inhaltsanalyse: Methoden, Praxis, Computerunterstützung.* Weinheim/Basel: Beltz/Juventa.

Kühn, Thomas/Koschel, Kay-Volker (2017): *Gruppendiskussionen: Ein Praxis-Handbuch.* 2. Aufl., Wiesbaden: Springer VS.

Kühtz, Stefan (2021): *Wissenschaftlich formulieren: Tipps und Textbausteine für Studium und Schule.* 6. Aufl., Paderborn: Schöningh.

Kurth, Stefan/Lehmann, Karsten (2011): „Narrativ fundierte Interviews mit religiösen Subjekten: Individualsynkretismus als Typus moderner Religiosität". In: dies. (Hg.): *Religionen erforschen: Kulturwissenschaftliche Methoden in der Religionswissenschaft.* Wiesbaden: VS Verlag für Sozialwissenschaften, S. 135–168.

Küsters, Ivonne (2009): *Narrative Interviews: Grundlagen und Anwendungen.* 2. Aufl., Wiesbaden: VS Verlag für Sozialwissenschaften.

Lammers, Katharina/von Stosch, Klaus (2014): *Arbeitstechniken Theologie.* Paderborn: Schöningh.

Lamnek, Siegfried/Krell, Claudia (2016): *Qualitative Sozialforschung.* 6. Aufl., Weinheim: Beltz.

Langer, Antje/Wrana, Daniel (2010): „Diskursforschung und Diskursanalyse". In: Friebertshäuser, Barbara/Langer, Antje/Prengel, Annedore (Hg.): *Handbuch Qualitative Forschungsmethoden in der Erziehungswissenschaft.* 3. Aufl., Weinheim: Beltz, S. 335–349.

Lehmann, Günter (2017): *Wissenschaftliche Arbeiten zielwirksam verfassen und präsentieren.* 6. Aufl., Tübingen: expert.

Leiner, Martin (2008): *Methodischer Leitfaden Systematische Theologie und Religionsphilosophie.* Göttingen: V & R.

Lieberknecht, Agnes/May, Yomb (2019): *Wissenschaftlich formulieren – ein Arbeitsbuch: Mit zahlreichen Übungen für Schreibkurse und Selbststudium.* Tübingen: Narr Francke Attempto.

Lisbach, Bertrand (2011): *Linguistisches Identity Matching: Paradigmenwechsel in der Suche und im Abgleich von Personendaten*. Wiesbaden: Vieweg + Teubner.

Loos, Peter/Schäffer, Burkhard (2001): *Das Gruppendiskussionsverfahren: theoretische Grundlagen und empirische Anwendung*. Opladen: Leske + Budrich.

Lotz, Thomas A. (2007): „Phänomenologie als methodologische Grundlage für empirische Praktische Theologie". In: Dinter, Astrid/Heimbrock, Hans-Günter/Söderblom, Kerstin (Hg.): *Einführung in die Empirische Theologie: Gelebte Religion erforschen*. Göttingen: V & R, S. 60–72.

Lucius-Hoene, Gabriele/Deppermann, Arnulf (2004): *Rekonstruktion narrativer Identität: Ein Arbeitsbuch zur Analyse narrativer Interviews*. Wiesbaden: VS Verlag für Sozialwissenschaften.

Lüders, Christian (2013): „Beobachten im Feld und Ethnographie". In: Flick, Uwe/von Kardoff, Ernst/Steinke, Ines (Hg.): *Qualitative Forschung: Ein Handbuch*. 10. Aufl., Reinbek: Rowohlt, S. 384–401.

Lueger, Manfred/Froschauer, Ulrike (2018): *Artefaktanalyse: Grundlagen und Verfahren*. Wiesbaden: Springer VS.

Luther, Martin (1883): „Asterici Lutheri adversus Obeliscos Eckii (erschienen 1518)". In: *Weimarer Ausgabe: D. Martin Luthers Werke: kritische Gesamtausgabe: Bd. 1*. Weimar: Böhlau, S. 278–314.

Mädler, Inken (2007): „Ein Weg zur gegenstandsbegründeten Theoriebildung: Grounded Theory". In: Dinter, Astrid/Heimbrock, Hans-Günter/Söderblom, Kerstin (Hg.): *Einführung in die Empirische Theologie: Gelebte Religion erforschen*. Göttingen: V & R, S. 242–254.

Malti, Tina/Schwyzer, Isabella (2014): „Einzelfallstudie". In: Aeppli, Jürg/Gasser, Luciano/Gutzwiller, Eveline/Tettenborn, Annette: *Empirisches wissenschaftliches Arbeiten: Ein Studienbuch für die Bildungswissenschaften*. Bad Heilbrunn: Klinkhardt, S. 204–215.

Mannheim, Karl (1980): *Strukturen des Denkens*. Frankfurt a. M.: Suhrkamp.

Mauz, Andreas/Tietz, Christiane (Hg.) (2020): *Verstehen und Interpretieren: Zum Basisvokabular von Hermeneutik und Interpretationslehre*. Paderborn: Schöningh.

Mayring, Philipp (2013): „Qualitative Inhaltsanalyse". In: Flick, Uwe/von Kardorff, Ernst/Steinke, Ines (Hg.): *Qualitative Forschung: Ein Handbuch*. 10. Aufl., Reinbek: Rowohlt, S. 468–475.

––––– (2015): *Qualitative Inhaltsanalyse: Grundlagen und Techniken*. 12. Aufl., Weinheim: Beltz.

––––– (2016): *Einführung in die qualitative Sozialforschung: Eine Anleitung zu qualitativem Denken*. 6. Aufl., Weinheim: Beltz.

Mecheril, Paul (2016): „Migrationspädagogik: Ein Projekt". In: Mecheril, Paul (Hg.): *Handbuch Migrationspädagogik*. Weinheim: Beltz, S. 8–30.

Meinefeld, Werner (2013): „Hypothesen und Vorwissen in der qualitativen Sozialforschung". In: Flick, Uwe/von Kardoff, Ernst/Steinke, Ines (Hg.): *Qualitative Forschung: Ein Handbuch*. 10. Aufl., Reinbek: Rowohlt, S. 265–275.

Meuser, Michael/Nagel, Ulrike (1991): „ExpertInneninterviews – vielfach erprobt, wenig bedacht: Ein Beitrag zur qualitativen Methodendiskussion“. In: Garz, Detlef/Kraimer, Klaus (Hg.): *Qualitativ-empirische Sozialforschung: Konzepte, Methoden, Analysen*. Opladen: Westdeutscher Verlag, S. 441–471.

Mey, Günter/Mruck, Katja (2009): „Methodologie und Methodik der Grounded Theory“. In: Kempf, Wilhem/Kiefer, Markus (Hg.): *Forschungsmethoden der Psychologie: Zwischen naturwissenschaftlichem Experiment und sozialwissenschaftlicher Hermeneutik: Bd. 3: Psychologie als Natur- und Kulturwissenschaft: Die soziale Konstruktion der Wirklichkeit*. Berlin: Regener, S. 100–152.

––––– (2011): „Grounded-Theory-Methodologie: Entwicklung, Stand, Perspektiven“. In: dies. (Hg.): *Grounded Theory Reader*. 2. Aufl., Wiesbaden: VS Verlag für Sozialwissenschaften, S. 11–48.

Misoch, Sabina (2019): *Qualitative Interviews*. 2. Aufl., Berlin: De Gruyter.

Mohn, Bina E./Amann, Klaus (2006): *Lernkörper: Kamera-Ethnographische Studien zum Schülerjob*. Göttingen: IWF (DVD).

Moll, Melanie/Thielmann, Winfried (2017): *Wissenschaftliches Deutsch: Wie es geht und worauf es dabei ankommt*. Konstanz: UVK.

Moritz, Christine (Hg.) (2014): *Transkription von Video- und Filmdaten in der Qualitativen Sozialforschung: Multidisziplinäre Annäherungen an einen komplexen Datentypus*. Wiesbaden: Springer VS.

Motzki, Harald (Hg.) (2004): *Hadith: Origins and Developments*. Aldershot: Ashgate.

––––– (2010): „Ewig wahre Quellen? Wie glaubwürdig sind die Hadithe? Die klassische islamische Hadith-Kritik im Licht moderner Wissenschaften“. In: Schneiders, Thorsten G. (Hg.): *Islamverherrlichung: Wenn die Kritik zum Tabu wird*. Wiesbaden: VS Verlag für Sozialwissenschaften, S. 57–72.

Müller, Peter (2005): „Grundprobleme (theologischer) Hermeneutik“. In: ders./Dierk, Heidrun/Müller-Friese, Anita: *Verstehen lernen: Ein Arbeitsbuch zur Hermeneutik*. Stuttgart: Calwer, S. 20–41.

Müller, Rabeya (2016): „Der Koran im Unterricht: Chance für Geschlechtergerechtigkeit oder Anleitung zum Extremismus?“ In: Sejdini, Zekirija (Hg.): *Islamische Theologie und Religionspädagogik in Bewegung: Neue Ansätze in Europa*. Bielefeld: transcript, S. 91–100.

Muslim Ibn al-Ḥaǧǧāǧ (2006): *Ṣaḥīḥ Muslim*. Riad: Dār Ṭayba.

Nadwi, Muhammad Akram (2013): *al-Muḥaddithāt: The Women Scholars in Islam*. 2. Aufl., Oxford: Interface.

Neuwirth, Angelika (1987): „Koran“. In: Gätje, Helmut (Hg.): *Grundriß der arabischen Philologie: Bd. 2: Literaturwissenschaft*. Wiesbaden: Dr. Ludwig Reichert Verlag, S. 96–135.

Niedermair, Klaus (2010): *Recherchieren und Dokumentieren: Der richtige Umgang mit Literatur im Studium*. Wien: Huter & Roth.

Nipkow, Karl Ernst (2002): „Multikulturelle und multireligiöse Erziehung in der Schule“. In: *Zeitschrift für Pädagogik und Theologie*, 53 (2), S. 101–118.

Nohl, Arnd-Michael (2009): *Interview und dokumentarische Methode: Anleitungen für die Forschungspraxis*. 3. Aufl., Wiesbaden: VS Verlag für Sozialwissenschaften.

Özsoy, Ömer (2006a): „Darf der Koran historisch-hermeneutisch gelesen werden?" In: Altermatt, Urs/Delgado, Mariano/Vergauwen, Guido (Hg.): *Der Islam in Europa: Zwischen Weltpolitik und Alltag*. Stuttgart: Kohlhammer, S. 153–160.

––––– (2006b): „Die Geschichtlichkeit der koranischen Rede und das Problem der ursprünglichen Bedeutung von geschichtlicher Rede". In: Körner, Felix (Hg.): *Alter Text – neuer Kontext: Koranhermeneutik in der Türkei heute*. Freiburg i. B.: Herder, S. 78–88.

––––– (2015): „Islamische Theologie als Wissenschaft: Funktionen, Methoden, Argumentationen". In: Gharaibeh, Mohammed/Begic, Esnaf/Schmid, Hansjörg/Ströbele, Christian (Hg.): *Zwischen Glaube und Wissenschaft: Theologie in Christentum und Islam*. Regensburg: Pustet, S. 56–68.

Paret, Rudi (1966): *Der Koran*. Stuttgart: Kohlhammer.

Parker, Ian (2013): „Die diskursanalytische Methode". In: Flick, Uwe/von Kardoff, Ernst/Steinke, Ines (Hg.): *Qualitative Forschung: Ein Handbuch*. 10. Aufl., Reinbek: Rowohlt, S. 546–556.

Pickel, Gert/Sammet, Kornelia (2014): *Einführung in die Methoden der sozialwissenschaftlichen Religionsforschung*. Wiesbaden: Springer VS.

Pink, Johanna (2016): „Striving for a New Exegesis of the Qur'ān". In: Schmidtke, Sabine (Hg.): *The Oxford Handbook of Islamic Theology*. Oxford: Oxford Univ. Press, S. 765–792.

Pirner, Manfred L. (2018): „Fragebogen". In: ders./Rothgangel, Martin (Hg.): *Empirisch forschen in der Religionspädagogik: Ein Studienbuch für Studierende und Lehrkräfte*. Stuttgart: Kohlhammer, S. 95–107.

Pirner, Manfred L./Tribula, Christa/Roth, Andrea (2018): „Dokumentation und Präsentation von Forschung". In: Pirner, Manfred L./Rothgangel, Martin (Hg.): *Empirisch forschen in der Religionspädagogik: Ein Studienbuch für Studierende und Lehrkräfte*. Stuttgart: Kohlhammer, S. 297–313.

Pitz-Klauser, Pascal (2019): *Analysieren, Interpretieren, Argumentieren: Grundlagen der Textarbeit fürs Studium*. Tübingen: Narr Francke Attempto.

Popper, Karl Raimund (1935): *Logik der Forschung: Zur Erkenntnistheorie der modernen Naturwissenschaft*. Springer: Wien.

––––– (1989): *Logik der Forschung: Zur Erkenntnistheorie der modernen Naturwissenschaft*. 9. Aufl., Tübingen: Mohr Siebeck.

––––– (1999): *Auf der Suche nach einer besseren Welt: Vorträge und Aufsätze aus dreißig Jahren*. 10. Aufl., München: Pieper.

––––– (2009): *Vermutungen und Widerlegungen: Das Wachstum der wissenschaftlichen Erkenntnis (hrsg. v. Herbert Keuth)*. Tübingen: Mohr Siebeck.

Porst, Ralf (2009): *Fragebogen: Ein Arbeitsbuch*. 2. Aufl., Wiesbaden: VS Verlag für Sozialwissenschaften.

––––– (2014): „Frageformulierung". In: Baur, Nina/Blasius, Jörg (Hg.): *Handbuch Methoden der empirischen Sozialforschung*. Wiesbaden: Springer VS, S. 687–699.

Prexl, Lydia (2019): *Mit digitalen Quellen arbeiten: Richtig zitieren aus Datenbanken, E-Books, YouTube und Co.* 3. Aufl., Paderborn: Schöningh.

Przyborski, Aglaja/Wohlrab-Sahr, Monika (2014): *Qualitative Sozialforschung: Ein Arbeitsbuch.* 4. Aufl., München: Oldenbourg.

Quṭb, Sayyid (1982): *Fī ẓilāl al-Qurʾān.* 10. Aufl., Beirut: Dār aš-Šurūq.

Raffelt, Albert (2003): *Theologie studieren: Wissenschaftliches Arbeiten und Medienkunde.* Freiburg i. B.: Herder.

Rahman, Fazlur (1980): *Major Themes of the Qur'an.* Chicago, Ill.: Univ. of Chicago Press.

—— (1982): *Islam and Modernity: Transformation of an Intellectual Tradition.* Chicago, Ill.: Univ. of Chicago Press.

—— (1995): *Islamic Methodology in History.* 3. Aufl., Islamabad: Islamic Research Institute.

Raithel, Jürgen (2008): *Quantitative Forschung: Ein Praxisbuch.* 2. Aufl., Wiesbaden: Verlag für Sozialwissenschaften.

Reichertz, Jo (2013): „Abduktion, Deduktion und Induktion in der qualitativen Forschung". In: Flick, Uwe/von Kardorff, Ernst/Steinke, Ines (Hg.): *Qualitative Forschung: Ein Handbuch.* 10. Aufl., Reinbek: Rowohlt, S. 276–286.

Reinders, Heinz (2011): „Fragebogen". In: ders./Ditton, Hartmut/Gräsel, Cornelia/Gniewosz, Burkhard (Hg.): *Empirische Bildungsforschung: Strukturen und Methoden.* Wiesbaden: VS Verlag für Sozialwissenschaften.

—— (2016): *Qualitative Interviews mit Jugendlichen führen: Ein Leitfaden.* 3. Aufl., Berlin: De Gruyter.

Renz, Andreas (2002): *Der Mensch unter dem An-Spruch Gottes: Offenbarungsverständnis und Menschenbild des Islam im Urteil gegenwärtiger christlicher Theologie.* Würzburg: Ergon.

Rickers, Folkert (1998): „Interreligiöses Lernen: Die religionspädagogische Herausforderung unserer Zeit". In: ders./Gottwald, Eckart (Hg.): *Vom religiösen zum interreligiösen Lernen: Wie Angehörige verschiedener Religionen und Konfessionen lernen: Möglichkeiten und Grenzen interreligiöser Verständigung.* Neukirchen-Vluyn: Neukirchener Verlagshaus, S. 119–139.

—— (2001): „Interreligiöses Lernen". In: Mette, Robert/ders. (Hg.): *Lexikon der Religionspädagogik: Bd. 1: A–K.* Neukirchen-Vluyn: Neukirchener Verlag, S. 874–881.

Riegel, Ulrich/Gennerich, Carsten (2015): „Forschungsmethoden, religionspädagogisch". In: *WIReLex. Das Wissenschaftlich-Religionspädagogische Lexikon im Internet.* URL: https://www.bibelwissenschaft.de/wirelex/das-wissenschaftlich-religionspaedagogische-lexikon/wirelex/sachwort/anzeigen/details/forschungsmethoden-religionspaedagogische/ch/af06af04b891d1bbaf665a2bf7fffd6d/; Abrufdatum: 15. 5. 2022.

Riegel, Ulrich/Rothgangel, Martin (2023): „Developing a Generic Model to Reconstruct Research Designs in Religious Didactics: Results from an International Delphi Study". In: *Religions* [*im Erscheinen*].

Rittelmeyer, Christian/Parmentier, Michael (2007): *Einführung in die pädagogische Hermeneutik: Mit einem Beitrag von Wolfgang Klafki.* 3. Aufl., Darmstadt: WBG.

Rosa, Hartmut/Strecker, David/Kottmann, Andrea (2018): *Soziologische Theorien.* 3. Aufl., Konstanz: UVK.

Rosenthal, Gabriele (1995): *Erlebte und erzählte Lebensgeschichte: Gestalt und Struktur biographischer Selbstbeschreibungen.* Frankfurt a. M.: Campus.

Rosenthal, Gabriele/Fischer-Rosenthal, Wolfram (2013): „Analyse narrativ-biographischer Interviews“. In: Flick, Uwe/von Kardorff, Ernst/Steinke, Ines (Hg.): *Qualitative Forschung: Ein Handbuch.* 10. Aufl., Reinbek: Rowohlt, S. 456–468.

Rost, Friedrich (2010): *Lern- und Arbeitstechniken für das Studium.* 6. Aufl., Wiesbaden: VS Verlag für Sozialwissenschaften.

Roth, Andrea (2018): „Analyse quantitativer Daten“. In: Pirner, Manfred L./Rothgangel, Martin (Hg.): *Empirisch forschen in der Religionspädagogik: Ein Studienbuch für Studierende und Lehrkräfte.* Stuttgart: Kohlhammer, S. 167–180.

Rothgangel, Martin (2018): „Beobachtung“. In: Pirner, Manfred L./ders. (Hg.): *Empirisch forschen in der Religionspädagogik: Ein Studienbuch für Studierende und Lehrkräfte.* Stuttgart: Kohlhammer, S. 57–70.

Rothgangel, Martin/Hermisson, Sabine (2018): „Forschung evaluieren“. In: Pirner, Manfred L./Rothgangel, Martin (Hg.): *Empirisch forschen in der Religionspädagogik: Ein Studienbuch für Studierende und Lehrkräfte.* Stuttgart: Kohlhammer, S. 329–341.

Rothgangel, Martin/Saup, Judith (2003): „Eine Religionsunterrichts-Stunde – nach der Grounded Theory untersucht“. In: Fischer, Dietlind/Elsenbast, Volker/Schöll, Albrecht (Hg.): *Religionsunterricht erforschen: Beiträge zur empirischen Erkundung von religionsunterrichtlicher Praxis.* Münster: Waxmann, S. 85–102.

Samac, Klaus/Prenner, Monika/Schwetz, Herbert (2014): *Die Bachelorarbeit an Universität und Fachhochschule: Ein Lehr- und Lernbuch zur Gestaltung wissenschaftlicher Arbeiten.* 3. Aufl., Wien: facultas.

Sajak, Clauß Peter (2012): „Einführung in die Religionspädagogik“. In: ders./Ruhstorfer, Karlheinz (Hg.): *Praktische Theologie.* Paderborn: Schöningh, S. 65–119.

Sandberg, Berit (2017): *Wissenschaftliches Arbeiten von Abbildung bis Zitat: Lehr- und Übungsbuch für Bachelor, Master und Promotion.* 3. Aufl., Berlin: De Gruyter.

Sarasin, Philipp (2003): *Geschichtswissenschaft und Diskursanalyse.* Frankfurt a. M.: Suhrkamp.

Sarıkaya, Yaşar (2016): „Der Hadith im islamischen Religionsunterricht: eine religionspädagogische Herausforderung“. In: Sejdini, Zekirija (Hg.): *Islamische Theologie und Religionspädagogik in Bewegung: Neue Ansätze in Europa.* Bielefeld: transcript, S. 101–118.

––––– (2017): „‚Folge nicht dem, wovon du kein Wissen hast‘ (Koran 17/36): Islamisch-theologische Grundlagen der Erziehung zu religiöser Mündigkeit“. In: Sarıkaya, Yaşar/Bäumer, Franz-Josef (Hg.): *Aufbruch zu neuen Ufern: Aufgaben, Problemlagen und Profile einer Islamischen Religionspädagogik im europäischen Kontext.* Münster: Waxmann, S. 137–158.

––––– (2021): *Hadith und Hadithdidaktik: Eine Einführung.* Paderborn: Schöningh.

Sayeed, Asma (2013): *Women and the Transmission of Religious Knowledge in Islam*. New York, NY: Cambridge Univ. Press.

Schärtl, Thomas (2018): „Theologie – Weisheit – Wissenschaft: Ein Vorschlag". In: Göcke, Benedikt Paul (Hg.): *Die Wissenschaftlichkeit der Theologie: Bd. 1: Historische und systematische Perspektiven*. Münster: Aschendorff, S. 227–276.

Schmidt, Christiane (1997): „‚Am Material'. Auswertungstechniken für Leitfadeninterviews". In: Friebertshäuser, Barbara/Prengel, Annedore (Hg.): *Handbuch Qualitative Forschungsmethoden in der Erziehungswissenschaft*. Weinheim: Juventa, S. 544–568.

Schmidt-Leukel, Perry (2017): *Religious Pluralism & Interreligious Theology: The Gifford Lectures: An Extended Edition*. Maryknoll, NY: Orbis.

––––– (2019): *Wahrheit in Vielfalt: Vom religiösen Pluralismus zur interreligiösen Theologie*. Gütersloh: Gütersloher Verlagshaus.

Scholl, Armin (2018): *Die Befragung*. 4. Aufl., Konstanz: UVK.

Schöller, Marco (2000): *Methode und Wahrheit in der Islamwissenschaft: Prolegomena*. Wiesbaden: Harrassowitz.

Scholtz, Christopher P. (2007): „Teilnehmende Beobachtung". In: Dinter, Astrid/Heimbrock, Hans-Günter/Söderblom, Kerstin (Hg.): *Einführung in die Empirische Theologie: Gelebte Religion erforschen*. Göttingen: V & R, S. 214–225.

Schöndorf, Harald (2010): „Gegenstand/Objekt". In: Brugger, Walter/Schöndorf, Harald (Hg.): *Philosophisches Wörterbuch*. Freiburg i. B.: Alber, S. 149.

Schöneck, Nadine M./Voß, Werner (2005): *Das Forschungsprojekt: Planung, Durchführung und Auswertung einer quantitativen Studie*. Wiesbaden: VS Verlag für Sozialwissenschaften.

Schröder, Bernd (2012): *Religionspädagogik*. Tübingen: Mohr Siebeck.

––––– (2016): „Vergleichende historische Religionspädagogik – methodologische Überlegungen". In: *Zeitschrift für Pädagogik und Theologie*, 68 (2), S. 238–251. DOI: 10.1515/zpt-2016-0023.

Schulz, Claudia (2013): *Empirische Forschung als Praktische Theologie: Theoretische Grundlagen und sachgerechte Anwendung*. Göttingen: V & R.

Schulze, Reinhard (2012): „Islamische Studien und Islamwissenschaft: Sieben Thesen zur notwendigen Differenzierung". In: Khorchide, Mouhanad/Schöller, Marco (Hg.): *Das Verhältnis zwischen Islamwissenschaft und Islamischer Theologie: Beiträge der Konferenz Münster: 1.–2. Juli 2011*. Münster: agenda, S. 183–191.

Schütze, Fritz (1983): „Biographieforschung und narratives Interview". In: *Neue Praxis*, 13 (3), S. 283–293.

Schwarz, Susanne (2018): „Unterrichtsanalyse anhand von Videoaufnahmen". In: Pirner, Manfred L./Rothgangel, Martin (Hg.): *Empirisch forschen in der Religionspädagogik: Ein Studienbuch für Studierende und Lehrkräfte*. Stuttgart: Kohlhammer, S. 197–218.

Schweitzer, Friedrich/Ulfat, Fahimah (2022): *Dialogisch – kooperativ – elementarisiert: Interreligiöse Einführung in die Religionsdidaktik aus christlicher und islamischer Sicht*. Göttingen: V & R.

Sejdini, Zekirija (2016): „Zwischen Gewissheit und Kontingenz: Auf dem Weg zu einem neuen Verständnis von islamischer Theologie und Religionspädagogik im europäischen Kontext". In: ders. (Hg.): *Islamische Theologie und Religionspädagogik in Bewegung: Neue Ansätze in Europa*. Bielefeld: transcript, S. 15–31.

——— (2022): *Rethinking Islam in Europe: Contemporary Approaches in Islamic Religious Education and Theology*. Berlin: De Gruyter.

Seker, Nimet (2017): „Geschichtlichkeit in der Koranexegese: Die Kontextgebundenheit der Bedeutungen des Korans". In: Poya, Abbas (Hg.): *Koranexegese als »Mix and Match«: Zur Diversität aktueller Diskurse in der tafsīr-Wissenschaft*. Bielefeld: transcript, S. 131–162.

——— (2019): *Der Koran als Rede und Text: Hermeneutik sunnitischer Koranexegeten zwischen Textkohärenz und Offenbarungskontext*. Berlin: EBV.

——— (2020): *Koran und Gender: Exegetische und hermeneutische Studien zum Geschlechterverhältnis im Koran*. Hamburg: Editio Gryphus.

Seven, Şuayip (2018): *Traditionelle Hadith-Hermeneutik im Zusammenhang mit modernen Ansätzen der Ankaraner Schule*. Berlin: Klaus Schwarz.

Shepard, William E. (2003): „Sayyid Qutb's Doctrine of *Jāhiliyya*". In: *International Journal of Middle East Studies*, 35 (4), S. 521–545. DOI: 10.1017.S0020743803000229.

Smith, Wilfred Cantwell (1987): *Faith and Belief*. 2. Aufl., Princeton, NJ: Princeton Univ. Press.

——— (1991a): *The Meaning and End of Religion*. Neuausgabe. Minneapolis, MN: Fortress Press.

——— (1991b): „Menschlicher Glaube – Das gemeinsame Zentrum aller religiösen Traditionen". In: Bernhardt, Reinhold (Hg.): *Horizontüberschreitung: Die Pluralistische Theologie der Religionen*. Gütersloh: Gerd Mohn, S. 151–174.

Söderblom, Kerstin (2007): „Leitfadeninterviews". In: Dinter, Astrid/Heimbrock, Hans-Günter/Söderblom, Kerstin (Hg.): *Einführung in die Empirische Theologie: Gelebte Religion erforschen*. Göttingen: V & R, S. 254–269.

Steinke, Ines (2013): „Gütekriterien qualitativer Forschung". In: Flick, Uwe/von Kardoff, Ernst/dies. (Hg.): *Qualitative Forschung: Ein Handbuch*. 10. Aufl., Reinbek: Rowohlt, S. 319–331.

Strack, Fritz/Martin, Leonard L. (1987): „Thinking, Judging, and Communicating: A Process Account of Context Effects in Attitude Surveys". In: Hippler, Hans-J./Schwarz, Norbert/Sudman, Seymour (Hg.): *Social Information Processing and Survey Methodology*. New York, NY: Springer, S. 123–148.

Strauss, Anselm/Corbin, Juliet (1990): *Basics of Qualitative Research: Grounded Theory Procedures and Techniques*. Newbury Park, CA: Sage.

Strübing, Jörg (2004): *Grounded Theory: Zur sozialtheoretischen und epistemologischen Fundierung des Verfahrens der empirisch begründeten Theoriebildung*. Wiesbaden: VS Verlag für Sozialwissenschaften.

——— (2011): „Zwei Varianten von Grounded Theory? Zu den methodologischen und methodischen Differenzen zwischen Barney Glaser und Anselm Strauss". In: Mey,

Günter/Mruck, Katja (Hg.): *Grounded Theory Reader*. 2. Aufl., Wiesbaden: VS Verlag für Sozialwissenschaften, S. 261–277.

——— (2018): *Qualitative Sozialforschung: Eine komprimierte Einführung*. 2. Aufl., Berlin: De Gruyter.

Sya'bani, Mohammad A. Y. (2019): „Interpretation of Hermeneutics and Religious Normativity: Hermeneutic Approach in Scientific Studies in the Islamic World". In: *International Journal of Islamic Studies and Humanities*, 2 (1), S. 11–21. DOI: 10.26555/ijish.v2i1.535.

Takim, Abdullah (2006): „›Wirf dich nieder und nähere dich Gott!‹ (Sure 96,19): Das Gebet im Islam als Ausdruck der Gottesnähe". In: Schmid, Hansjörg (Hg.): *„Im Namen Gottes …": Theologie und Praxis des Gebets in Christentum und Islam*. Regensburg: Pustet, S. 127–142.

Tanaseanu-Döbler, Ilinca/Döbler, Marvin (2011): „Interpretation religiöser Quellentexte: Die Natur zwischen Gott und Menschen in der Schrift *De planctu naturae* des Alanus ab Insulis". In: Kurth, Stefan/Lehmann, Karsten (Hg.): *Religionen erforschen: Kulturwissenschaftliche Methoden in der Religionswissenschaft*. Wiesbaden: VS, S. 21–41.

Tapp, Christian (2018): „Wissenschaftliche Theologie: Anforderungen und Grundlinien eines theorie-orientierten Modells". In: Göcke, Benedikt Paul (Hg.): *Die Wissenschaftlichkeit der Theologie: Bd. 1: Historische und systematische Perspektiven*. Münster: Aschendorff, S. 203–225.

Theuerkauf, Gerhard (1997): *Die Interpretation historischer Quellen: Schwerpunkt: Mittelalter*. 2. Aufl., Paderborn: Schöningh.

Träger, Thomas (2018): *Zitieren 2.0: Elektronische Quellen und Projektmaterialien richtig zitieren*. 2. Aufl., München: Vahlen.

Treibel, Annette 2015: *Integriert Euch!: Plädoyer für ein selbstbewusstes Einwanderungsland*. Frankfurt a. M.: Campus.

Tribula, Christa (2018): „Interviews". In: Pirner, Manfred L./Rothgangel, Martin (Hg.): *Empirisch forschen in der Religionspädagogik: Ein Studienbuch für Studierende und Lehrkräfte*. Stuttgart: Kohlhammer, S. 71–93.

Ulfat, Fahimah (2018a): „Das Kamishibai als erzählgenerierender Eingangsstimulus für narrative Interviews mit Kindern". In: *Zeitschrift für Pädagogik und Theologie*, 70 (1), S. 49–60. DOI: 10.1515/zpt-2018-0005.

——— (2018b): „Dokumentarische Methode". In: Pirner, Manfred L./Rothgangel, Martin (Hg.): *Empirisch forschen in der Religionspädagogik: Ein Studienbuch für Studierende und Lehrkräfte*. Stuttgart: Kohlhammer, S. 147–166.

——— (2022): „Was zeichnet wissenschaftlichen Erkenntnisgewinn in der Islamischen Religionspädagogik aus? – Eine Annäherung". In: Poya, Abbas/Suleiman, Farid/Weineck, Benjamin (Hg.): *Bildungskulturen im Islam: Islamische Theologie lehren und lernen*. Berlin: De Gruyter, S. 103–114.

Ullah, Kifayat (2017): *Al-Kashshāf: Al-Zamakhsharī's Muʿtazilite Exegesis of the Qurʾān*. Berlin: De Gruyter.

University of Chicago Press (Hg.) (2017): *The Chicago Manual of Style: The Essential Guide for Writers, Editors, and Publishers*. 17. Aufl., Chicago, Il: Univ. of Chicago Press.

Unser, Alexander (2018): „Fragebogen“. In: *WIReLex. Das Wissenschaftlich-Religionspädagogische Lexikon im Internet*. URL: https://www.bibelwissenschaft.de/wirelex/das-wissenschaftlich-religionspaedagogische-lexikon/wirelex/sachwort/anzeigen/details/fragebogen/ch/7bdc0e5e678993e3232a23031b5e99d7/; Abrufdatum: 15.8.2022.

Unser, Alexander/Riegel, Ulrich (2022): *Grundlagen der quantitativ-empirischen Religionspädagogik: Eine anwendungsorientierte Einführung*. Waxmann: Münster.

van der Ven, Johannes A./Ziebertz, Hans-Georg (1995): „Religionspädagogische Perspektiven zur interreligiösen Bildung“. In: Ziebertz, Hans-Georg/Simon, Werner (Hg.): *Bilanz der Religionspädagogik*. Düsseldorf: Patmos, S. 259–273.

Vimercati Sanseverino, Ruggero (2016): „Was ist Islamische Theologie? Für eine akademische Glaubenswissenschaft des Islams“. In: *Frankfurter Zeitschrift für islamisch-theologische Studien*, 3 (1), S. 171–184.

––––– (2020): „Mit dem Propheten Muḥammad in den Islamischen Religionsunterricht – Theologische Impulse für eine erfahrungsbezogene Prophetologie“. In: Ulfat, Fahimah/Ghandour, Ali (Hg.): *Islamische Bildungsarbeit in der Schule: Theologische und didaktische Überlegungen zum Umgang mit ausgewählten Themen im Islamischen Religionsunterricht*. Wiesbaden, Springer VS, S. 95–144.

Voigt, Jörg (1997): „Unterrichtsbeobachtung“. In: Friebertshäuser, Barbara/Prengel, Annedore (Hg.): *Handbuch Qualitative Forschungsmethoden in der Erziehungswissenschaft*. Weinheim: Juventa, S. 785–794.

Voss, Rödiger (2018): *Wissenschaftliches Arbeiten: ... leicht verständlich*. 6. Aufl., München: UVK.

Waardenburg, Jacques (2002): *Islam: Historical, Social and Political Perspectives*. Berlin: De Gruyter.

Wadud, Amina (1999): *Qur'an and Woman: Rereading the Sacred Text from a Woman's Perspective*. New York, NY: Oxford Univ. Press.

Weber, Max (1988a): „Wissenschaft als Beruf“. In: ders.: *Gesammelte Aufsätze zur Wissenschaftslehre (hrsg. v. Johannes Winckelmann)*. 7. Aufl., Tübingen: J.C.B. Mohr (Paul Siebeck), S. 582–613.

––––– (1988b): „Die ‚Objektivität‘ sozialwissenschaftlicher und sozialpolitischer Erkenntnis“. In: ders.: *Gesammelte Aufsätze zur Wissenschaftslehre (hrsg. v. Johannes Winckelmann)*. 7. Aufl., Tübingen: J.C.B. Mohr (Paul Siebeck), S. 146–214.

Weidle, Renate/Wagner, Angelika C. (1994): „Die Methode des Lauten Denkens“. In: Huber, Günther L./Mandl, Heinz (Hg.): *Verbale Daten: Eine Einführung in die Grundlagen und Methoden der Erhebung und Auswertung*. 2. Aufl., Weinheim: Beltz, S. 81–193.

Weiß, Thomas (2016): *Fachspezifische und fachübergreifende Argumentationen am Beispiel von Schöpfung und Evolution: Theoretische Grundlagen – Empirische Analysen – Jugendtheologische Konsequenzen*. Göttingen: V & R unipress.

—–—– (2018): „Qualitative Inhaltsanalyse“. In: Pirner, Manfred L./Rothgangel, Martin (Hg.): *Empirisch forschen in der Religionspädagogik: Ein Studienbuch für Studierende und Lehrkräfte*. Stuttgart: Kohlhammer, S. 127–145.

—–—– (2021): „Qualitative Inhaltsanalyse“. In: *WIReLex. Das Wissenschaftlich-Religionspädagogische Lexikon im Internet*. URL: https://www.bibelwissenschaft.de/wirelex/das-wissenschaftlich-religionspaedagogische-lexikon/wirelex/sachwort/anzeigen/details/qualitative-inhaltsanalyse/ch/46f3451e74601d1e0a4a0bc64187223f/; Abrufdatum: 15. 6. 2022.

Werbick, Jürgen (2010): *Einführung in die theologische Wissenschaftslehre*. Freiburg i. B.: Herder.

Wild, Stefan (2001): *Mensch, Prophet und Gott im Koran: Muslimische Exegeten des 20. Jahrhunderts und das Menschenbild der Moderne*. Münster: Rhema.

Wissenschaftsrat (Hg.) (2010): *Empfehlungen zur Weiterentwicklung von Theologien und religionsbezogenen Wissenschaften an deutschen Hochschulen* (*Drs. 9678–10*). Berlin: Wissenschaftsrat.

Witzel, Andreas (1982): *Verfahren der qualitativen Sozialforschung: Überblick und Alternativen*. Frankfurt a. M.: Campus.

—–—– (1985): „Das problemzentrierte Interview“. In: Jüttemann, Gerd (Hg.): *Qualitative Forschung in der Psychologie: Grundfragen, Verfahrensweisen, Anwendungsfelder*. Weinheim: Beltz, S. 227–255.

—–—– (2000): „Das problemzentrierte Interview“. In: *Forum Qualitative Sozialforschung/Forum: Qualitative Social Research* (*Online Journal*), 1 (1).

Wolff, Stephan (2013): „Dokumenten- und Aktenanalyse“. In: Flick, Uwe/von Kardoff, Ernst/Steinke, Ines (Hg.): *Qualitative Forschung: Ein Handbuch*. 10. Aufl., Reinbek: Rowohlt, S. 502–513.

Wolfsberger, Judith (2016): *Frei geschrieben: Mut, Freiheit und Strategie für wissenschaftliche Abschlussarbeiten*. 4. Aufl., Wien: Böhlau.

Woppowa, Jan (2018): *Religionsdidaktik*. Paderborn: Schöningh.

Zirker, Hans (2007): „›Tag der Versammlung‹: Der islamische Freitag im Kontext von Sabbat und Sonntag“. In: *Religionen unterwegs*, 13 (2), S. 10–17.

Zonne, Erna (2007): „Diskursanalyse“. In: Dinter, Astrid/Heimbrock, Hans-Günter/Söderblom, Kerstin (Hg.): *Einführung in die Empirische Theologie: Gelebte Religion erforschen*. Göttingen: V & R, S. 269–279.

Zulehner, Paul M. (2015): *Muslimas und Muslime in Österreich im Migrationsstress*. Wiesbaden: Springer VS.